Eclipse für C/C++-Programmierer

Sebastian Bauer arbeitet als wissenschaftlicher Mitarbeiter am Klinikum Charité in Berlin. Erste Gehversuche mit Eclipse unternahm er während eines Praktikums bei IBM, das er im Rahmen seines Informatikstudiums durchführte. Seitdem ist ihm Eclipse bei der Softwareentwicklung ein ständiger Begleiter, den er nicht nur im Beruf einzusetzen weiß. In seiner Freizeit betreut er verschiedene Open-Source-Projekte für Amiga-Betriebssysteme. Zudem ist er seit 1999 Mitentwickler aktueller Versionen des Amiga-Betriebssystems. Als Autor veröffentlichte er Artikel über Eclipse und CDT im Amiga Magazin und im Eclipse Magazin.

Sebastian Bauer

Eclipse für C/C++-Programmierer

Handbuch zu den Eclipse C/C++ Development Tools (CDT)

dpunkt.verlag

Sebastian Bauer
mail@sebastianbauer.info

Lektorat: René Schönfeldt
Copy-Editing: Annette Schwarz, Ditzingen
Satz: Science & More, www.science-and-more.de
Herstellung: Nadine Berthel
Umschlaggestaltung: Helmut Kraus, www.exclam.de
Druck und Bindung: Koninklijke Wöhrmann B.V., Zutphen, Niederlande

Bibliografische Information Der Deutschen Bibliothek
Die Deutsche Bibliothek verzeichnet diese Publikation in der Deutschen Nationalbibliografie;
detaillierte bibliografische Daten sind im Internet über <http://dnb.ddb.de> abrufbar.

ISBN 978-3-89864-515-7

1. Auflage 2009

Ringstraße 19
69115 Heidelberg

5 4 3 2 1 0

Für G.

Vorwort

Über Eclipse

Der Ursprung von Eclipse liegt in *VisualAge*, IBMs Produktlinie von integrierten Entwicklungsumgebungen für eine Vielzahl verschiedener Programmiersprachen, darunter C/C++, Fortran, Java und Smalltalk. Anfänglich waren diese Programme in der Sprache Smalltalk geschrieben, die sich Mitte der 90er-Jahre großer Beliebtheit erfreute. Durch das aufkeimende frei beziehbare Java verblasste die Popularität von Smalltalk jedoch recht schnell. So erblickte im Jahre 1999 *VisualAge Micro Edition* (VAME) das Licht der Welt, das als erstes Produkt der Reihe komplett auf Java aufsetzte. VAME selbst zielte auf Java-fähige eingebettete Systeme ab.

VisualAge

Für seine Oberfläche nutzte VAME ein eigenes Toolkit, das *Standard Widget Toolkit* (SWT), was für Java-Applikationen sehr ungewöhnlich war, aber den Vorteil hatte, das native Feeling des Betriebssystems zu wahren. Ein flinker inkrementeller Java-Compiler wurde hinzugefügt und machte es möglich, dass Projekte zu jedem Zeitpunkt auch in übersetzter Form vorlagen. Unter der Haube war die IDE sehr flexibel, so konnte sie durch Plugins erweitert werden. Der richtige Erfolg wollte sich jedoch noch nicht einstellen.

1999: VAME

Die Erfahrungen, die die Entwickler in der VisualAge-Reihe sammelten, und das Framework von VAME flossen zusammen und mündeten schließlich in einem neuen Produkt, das IBM unter dem Namen *Eclipse* im November 2001 in die Öffentlichkeit trug. Die Ankündigung sorgte für viel Furore, denn im Gegensatz zu VisualAge wurden die Quellen offen gelegt. IBM brüstete sich mit einer Wohltat an die Open-Source-Gemeinde: Der Wert der Quellen betrüge 40 Millionen US-Dollar. Zynisch gewählt war der Name, denn Eclipse (zu Deutsch: Finsternis) stand in direkter Konkurrenz zu *NetBeans*, das ein Jahr zuvor durch Java-Mutter Sun (zu Deutsch: Sonne) als Open Source zur Welt gebracht wurde und ebenfalls als IDE für Java um die Gunst der Entwickler buhlte.

2001: Eclipse

Eine Plattform für alles und nichts im Besonderen

Eclipse ließ sich jedoch nicht auf eine Java-IDE reduzieren. Das aus VAME vererbte, jedoch verbesserte Plugin-Konzept ebnete den Weg einer universellen Entwicklungsplattform. »The Eclipse Platform is an IDE for anything, and for nothing in particular«, hieß es zeitweilig auf `http://www.eclipse.org`.

Das Eclipse-Konsortium

Zeitgleich zur ersten Veröffentlichung wurde das Eclipse-Konsortium *eclipse.org* von den Firmen Borland, IBM, MERANT, QNX Software Systems, Rational Software, Red Hat, SuSE, TogetherSoft und Webgain aus der Taufe gehoben. Fortan fasste dieses Konsortium die Entwicklung der Plattform unter einem Dach zusammen. Es schrieb sich auf die Fahne, alle beigesteuerten Produkte und deren Quellen unter die von der *Open Source Initiative* [14] akzeptierte *Common Public License* (CPL) zu stellen. Zahlreiche andere Hersteller schlossen sich mit der Zeit dem Konsortium an. Die Mitglieder verpflichteten sich neben der Leistung von Beiträgen auch zur Bereitstellung von Mitarbeitern.

2004: Eclipse wird gemeinnützig.

Auf der ersten, von da an jährlich stattfindenden Eclipse-Konferenz Anfang 2004 [5] wurde bekannt gegeben, dass das Konsortium zu einer unabhängigen Non-Profit-Organisation, der *Eclipse-Foundation*, umorganisiert werden sollte. Man stellte die bis dato initiierten Projekte unter die *Eclipse Public License* (EPL), und die ohnehin schon große Gemeinde bekam weitere neue Mitglieder. Inzwischen zählt sie knapp 180 Unterstützer (Stand Januar 2009). Selbst Microsoft kündigte jüngst eine Zusammenarbeit mit der Eclipse-Foundation an.

Ab 2006: Gleichzeitige Veröffentlichung von Eclipse-Projekten

Die Veröffentlichung von Eclipse findet zusammen mit weiteren Projekten seit dem Jahr 2006 synchronisiert statt. Die Zyklen tragen den Namen von Jupitermonden: Callisto (2006, 10 Projekte), Europa (2007, 21 Projekte) und Ganymede (2008, 24 Projekte). Die Zusammenfassung der sonst unabhängigen Projekte wurde vorgenommen, weil die Plattform Eclipse nicht nur stetige Erweiterungen erfuhr, sondern auch tiefgreifende Änderungen im Kern umfasste, die in Teilen Inkompatibilitäten zu vorherigen Revisionen verursachten. Benutzer können zumindest von den unter gleicher Bezeichnung veröffentlichten Paketen sicher sein, dass sie ohne solche auftretenden Kompatibilitätsprobleme miteinander harmonieren.

Über CDT

Entstehung von CDT

Ein halbes Jahr nach der ersten Veröffentlichung von Eclipse legte Konsortiums-Gründungsmitglied und Echtzeitbetriebssystemspezialist QNX Teile der Quellen seiner *QNX Momentics Development Suite* offen. QNX kündigte an, diese Suite in das Eclipse-Framework zu integrieren, und übernahm schließlich die Leitung des CDT-Projektes, das zum Ziel hat, Eclipse eine umfangreiche Unterstützung für die Programmiersprachen C/C++ zu geben. Im April 2003 folgte schließlich die erste Veröffentlichung von CDT für Eclipse 2.0. So wurde die Behauptung, Eclipse sei eine Mehrsprachenplattform, das erste Mal tatsächlich realisiert: Neben einfachem Syntax Highlighting wurde die GNU-Toolchain integriert, wobei auch der Debugger nicht ausgelassen wurde.

CDT war auch Teil der ersten koordinierten Veröffentlichung der Eclipse-Projekte im Jahr 2006, zu der es CDT schon bis zur Version 3.1 geschafft hatte. In der letzten Fassung von 2008 liegt es bereits in Version 5.0 vor, die auch Gegenstand dieses Buches ist. Der schnelle Sprung zu hohen Versionsnummern zeigt, dass CDT eine sehr dynamische Entwicklung hinter sich hat.

CDT macht vom Angebot der Eclipse-Plattform Gebrauch, eigene spezifische Erweiterungspunkte bereitzustellen. Das erlaubt auch für CDT ein gewisses Maß an Flexibilität. So ist es für einen Anbieter einer Compiler-Suite sehr leicht möglich, diese in das Eclipse-/CDT-Framework einzubinden.

Zielsetzung des Buches

Zahlreiche Bücher über Eclipse sind bereits erschienen. Schaut man sich den Markt jedoch genauer an, so stellt man schnell fest, dass sich die meisten Werke dem Produkt Eclipse nur in Zusammenhang mit der Java-Entwicklung nähern. Andere Plugins oder andere Programmiersprachen finden, wenn überhaupt, nur am Rande Erwähnung.

Dieses Buch möchte die Lücke für die Programmiersprache C und ihren Abkömmling C++ schließen und den Leser in die Benutzung von Eclipse und CDT einführen.

Vorkenntnisse

Kenntnisse über Eclipse sind nicht notwendig. Weiterhin ist es unerheblich, in welcher Art und Weise der Leser seine C/C++-Projekte bisher verwirklicht hat, sei es mittels einer Entwicklungsumgebung wie Microsofts *Visual Studio* oder ganz traditionell über Texteditor, *Make* und Kommandozeile.

Keine Einführung in C/C++

In die Programmiersprachen C und C++ kann das Buch jedoch nicht einführen. Hierfür existiert bereits sehr gute und umfangreiche Literatur [11], die teilweise sogar kostenlos angeboten wird, wie z.B. im Falle des Wikibooks *C-Programmierung*, auf das unter der URL `http://de.wikibooks.org/wiki/C-Programmierung` zugegriffen werden kann. Die Handhabung von Werkzeugen, die unmittelbar mit der Programmiersprache assoziiert sind, wie z.B. *Make*, steht ebenso wenig im Vordergrund. Dennoch ist das Buch auch für C/C++-Einsteiger als Ergänzung zu einem C/C++-Einführungsbuch von Interesse, da eine Umgebung wie CDT dem Entwickler jede Menge Hilfestellungen in den einzelnen Entwicklungsphasen liefert und es ihm erlaubt, sich auf das Wesentliche zu konzentrieren. Gerade Neulinge werden dies als praktisch empfinden. Beispielsweise sind Kenntnisse über das erwähnte *Make* bei vielen Projekten gar nicht nötig.

Hauptsächlich CDT »pur«

Das Buch beschreibt CDT in seiner rohen Form, so wie es von *eclipse.org* heruntergeladen werden kann. Erweiterungen, die in den CDT-basierten Entwicklungsumgebungen von Drittanbietern zu finden sind, spielen nur eine geringe Rolle. Da das Buch eine benutzerorientierte Einführung darstellt, wird auch die Beschreibung der API, die für das Erweitern von CDT von Bedeutung ist, außen vor gelassen. Für ein solches Vorhaben sind freilich Kenntnisse über die Konzepte und die Abläufe von Bedeutung, auf die in den entsprechenden Abschnitten detailliert eingegangen wird. Insofern werden Sie auch als potenzieller Plugin-Anbieter von der Lektüre profitieren können.

Buchaufbau

Einführung

Die Grobgliederung des Buches besteht aus drei Teilen. Der erste Teil führt Sie in die Welt von Eclipse und CDT ein. Los geht's mit einer Installationsbeschreibung, die je nach verwendeter Plattform und Anforderung mehr oder weniger kompliziert durchgeführt werden muss. Anschließend werden Sie in die Begriffe und die wichtigsten Prozeduren anhand eines einfach gehaltenen Beispiels eingeführt. So können Sie bereits nach kurzer Zeit einfache C/C++-Projekte mit Eclipse/CDT erstellen, bearbeiten, übersetzen, ausführen und debuggen.

CDT als Unterstützer in den einzelnen Phasen des Entwicklungsprozesses

Der zweite Teil orientiert sich an den einzelnen Phasen, die ein C/C++-Programmierer zu bewerkstelligen hat, damit am Ende ein lauffähiges Produkt zustande kommt. Es wird aufgezeigt, was mit Eclipse/CDT derzeit möglich ist, bei welchen Problemen Ihnen diese Kombination Hilfestellungen geben kann und was derzeit noch nicht oder nur unzureichend implementiert ist. Zusätzlich zu der Beschreibung der Bedienung werden konkrete Problemstellungen aufgezeigt, die unter Zuhilfenahme kleiner Beispiele eine Lösung finden.

Weiterführende Themen

Der dritte Teil widmet sich schließlich weiterführenden Themen. Sie werden z.B. erfahren, wie Sie Ihre Projekte mit Eclipse in einem Team organisieren, mit Hilfe von weiteren Plugins aufgabenfokussierte Entwicklung betreiben oder das Dokumentationswerkzeug *doxygen* in den Entwicklungsprozess einbinden.

Terminologie

Eclipse ist internationalisiert und kann so theoretisch in anderen Sprachen als Englisch betrieben werden. Allerdings wurde bisher nur für die Version 3.2 von Eclipse ein komplettes Sprachpaket durch IBM gesponsert, das für aktuelle Versionen nur beschränkte Gültigkeit hat. Aus diesem Grund wird hier die englische Version des Programmpakets beschrieben. Die im Buch verwendete Terminologie, z.B. bei der Beschreibung von Benutzeroberflächenelementen, ist deshalb ebenso an die englischen Fachausdrücke angelehnt, wenn dafür keine adäquate Übersetzung bekannt ist.

Webseite und Kontakt

Zum Buch existiert eine Webseite, die Sie unter

`http://www.dpunkt.de/buecher/2828.html`

abrufen können. Neben den Quelltexten und einer Errata-Liste werden dort alle im Buch aufgeführten Verweise auf Webressourcen aufgelistet. Zusätzlich finden Sie einen Katalog von Eclipse-Erweiterungen, die für C/C++-Programmierer interessant sind.

Haben Sie Fragen zum Buch, einen Fehler entdeckt, Vorschläge oder Kritiken? Dann können Sie mir unter

`mail@sebastianbauer.info`

eine Nachricht zukommen lassen.

Inhaltsverzeichnis

III Fortgeschrittene Entwicklung 285

Teil I

Einstieg in Eclipse und CDT

1 Installation

In diesem Kapitel wird auf die Installation der IDE eingegangen. Da sich die Voraussetzungen je nach Art des Betriebssystems zum Teil erheblich unterscheiden, wird, nach einer zunächst allgemeinen Einführung in die von CDT unterstützten Compiler, die Installation unter Linux und Windows in zwei getrennten Abschnitten beschrieben. Falls Sie Eclipse bereits benutzen, beispielsweise für Java-Projekte, sind für Sie wahrscheinlich nur die Abschnitte 1.3.1 bzw. 1.4.1 und 1.7.1 von Interesse.

Mac OS X

Sowohl Eclipse also auch CDT laufen auf weiteren Plattformen, auf die in diesem Buch jedoch nicht explizit eingegangen wird, hauptsächlich weil dem Autor eine solche Plattform nicht zur Verfügung stand. Zu diesen Plattformen zählt auch *Mac OS X*, für das Eclipse in Version 3.4 die klassische Carbon-Schnittstelle nutzt.[1] Die Installation sollte hier allerdings ähnlich der Linux-Variante verlaufen.

1.1 C/C++-Compiler

Im Unterschied zu den *Java Development Tools* (JDT), die einen eigenen Java-Compiler integriert haben, bringt das CDT in der standardmäßigen Auslieferung keinen C/C++-Compiler mit sich. Vielmehr agiert CDT als Frontend für eine Reihe von Compilern. Dabei werden in der Version 5.0 von CDT die C/C++-Compiler der GNU Compiler Collection, ihre Windows-Portierung MinGW sowie optional, d.h. über weitere Zusatzpakete, IBM XL C/C++ unterstützt, auf die in diesem Buch aber nicht eingegangen wird. C-Dialekterweiterungen wie *Unified Parallel* C können auf diese Weise gleichfalls benutzt werden. Wie Sie später sehen werden, ist es auch möglich, andere Übersetzungsprogramme wie z.B. *Visual* C++ einzubinden, wenngleich schon hier deutlich gemacht werden soll, dass diese Variante stark an Komfort zu wünschen übrig lässt, sofern die Anbindung nicht über ein Zusatzpaket realisiert ist. Für *Visual* C++ lag ein solches Zusatzpaket bei Drucklegung noch nicht vor.

[1]Eine Cocoa-Implementierung ist für Eclipse in der Version 3.5 angedacht.

1.2 Das richtige Eclipse-Archiv finden

Seit der Europa-Veröffentlichung im Juli 2007 existieren bereits auf verschiedene Entwicklerbedürfnisse zugeschnittene Pakete, die neben dem Hauptprogramm auch gleich die notwendigen Plugins beinhalten – im Besonderen existiert auch ein solches für die C/C++-Entwicklung, das wir nun herunterladen möchten.

Eclipse/CDT-Paket finden

Ausgehend von `http://www.eclipse.org/` folgen Sie einem *Download*-Link, um auf einer Seite mit der Adresse

`http://www.eclipse.org/downloads/`

zu landen. Dort werden die für spezielle Aufgabengebiete zusammengeschnürten Pakete präsentiert, wie in Abbildung 1-1 zu sehen ist. Die hier interessante Variante verbirgt sich natürlich unter *Eclipse IDE for C/C++ Developers*. Der Link führt über eine Mirror-Seite zum Archiv, das auf Ihrer Plattform lauffähig ist. Das Archiv sollten Sie jetzt herunterladen. Sollte die korrekte Erkennung Ihrer Systemkonfiguration fehlschlagen, dann führen die Links zum Ziel, die in der Abbildung eingekreist sind. Nach dem Herunterladen können Sie je nach verwendetem Betriebssystem zur nächsten oder übernächsten Sektion springen.

Eclipse 3.4 ohne CDT runterladen

Ist es nicht gelungen, im Angebot eine kompatible Version zu finden, dann suchen Sie auf der Webseite – am besten mit der Browser-Suchfunktion – nach einem Link mit dem Titel *Other downloads*, der sich im Abschnitt *Eclipse Classic* befinden sollte. Dieser führt Sie hoffentlich zu einer Webseite, die unter der Adresse

`http://download.eclipse.org/eclipse/downloads/`

abgelegt ist. Auf ihr befindet sich eine Liste, die zahlreiche weitere Pakete enthält, darunter auch die neusten Meilensteine und die aktuellen Nightly Builds. Die letzte offizielle Veröffentlichung finden Sie immer unter *Latest Release*. Für dieses Buch wird die Version 3.4.x benutzt.

Wenn Sie wieder einem dieser Links folgen, erhalten Sie eine Seite, die mehrere Listen enthält, wovon Sie die Liste *Eclipse SDK* in Abbildung 1-2 sehen können. In einer Liste werden alle von Eclipse unterstützten Architekturen aufgeführt, von denen Sie sich eine passende aussuchen müssten. So existiert das Produkt unter Linux für x86, x86 für 64 Bit und für den PowerPC[2]. In gleicher Vielfalt existiert Eclipse für das Windows-Betriebssystem, hier allerdings neben x86 auch für IA64 anstelle für den PowerPC. Hinzu kommt noch eine Version für die *Windows Presentation Foundation* (WPF), die Präsentations-Programmierschnittstelle, die auch Bestandteil von *Windows Vista* ist. Versionen für

[2]Neben der GTK-Variante existiert immer noch eine an Motif angepasste Version, die allerdings unter Linux zunehmend an Bedeutung verliert.

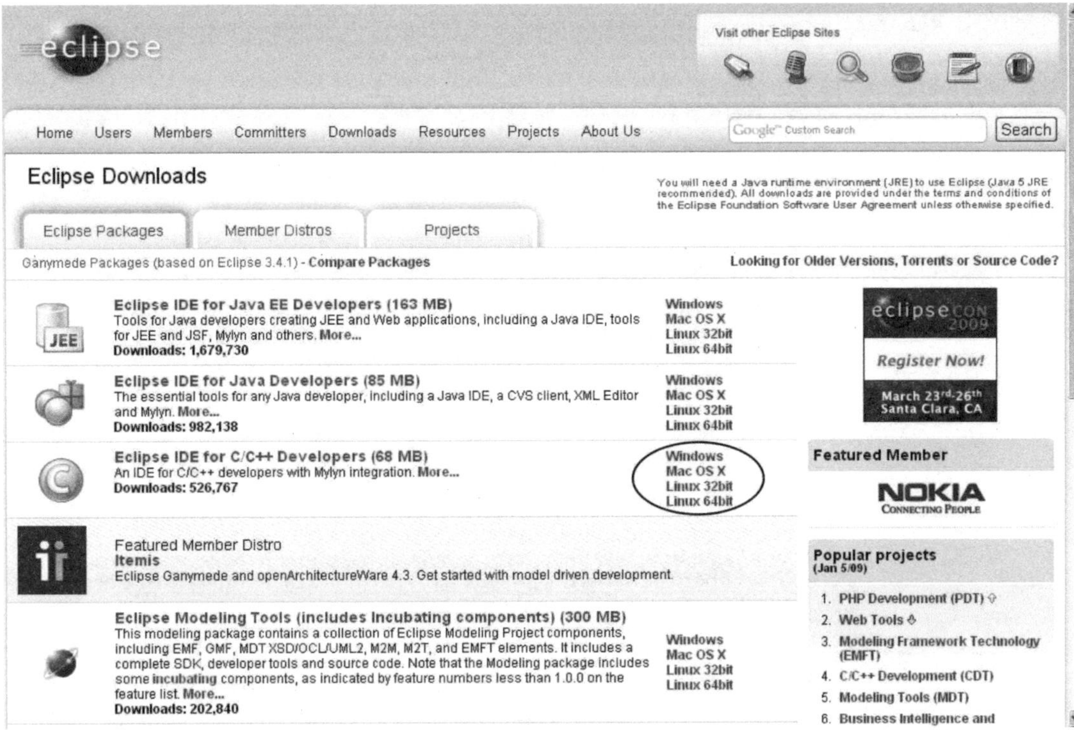

Abb. 1-1
Ausschnitt der Downloadseite vom Januar 2009. Die Links, die zu Archiven für verschiedene Plattformen führen, sind eingekreist.

andere Betriebssysteme wie *Mac OS X* oder *QNX* sind hierüber ebenso verfügbar.

Eine Eclipse-Version, zu der auch gleich CDT geliefert wird, finden Sie in diesen Listen jedoch nicht. Sie sollten deshalb auf jeden Fall Abschnitt 1.7.1 nicht vergessen, da dort beschrieben wird, wie CDT zu einer bestehenden Eclipse-Installation hinzugefügt wird. Welches in der Liste aufgeführte Paket ist aber das richtige? Wenn Sie für Java entwickeln wollen, dann bietet sich das *Eclipse SDK* an. Andernfalls können Sie auch mit dem Archiv *Platform Runtime Binary* vorlieb nehmen, das allerdings auch keine CVS-Unterstützung mit sich bringt. Freilich können Sie auch diese bei Bedarf problemlos nachinstallieren.

1.3 Installation unter Linux

Distribution oder Download?

Um Eclipse und CDT unter Linux zu installieren, existieren im Wesentlichen zwei Möglichkeiten. Zum einen bieten zahlreiche Distributionen Pakete für Hauptprogramm und CDT-Plugin an, zum andern lässt sich

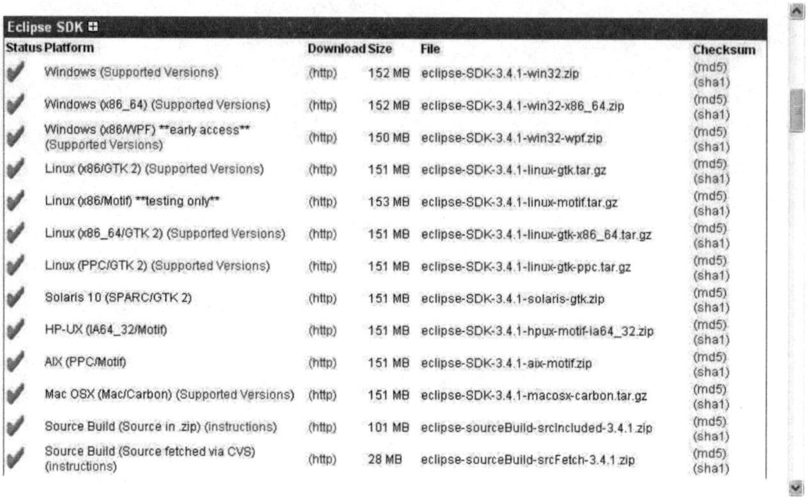

Status	Platform	Download	Size	File	Checksum
✔	Windows (Supported Versions)	(http)	152 MB	eclipse-SDK-3.4.1-win32.zip	(md5) (sha1)
✔	Windows (x86_64) (Supported Versions)	(http)	152 MB	eclipse-SDK-3.4.1-win32-x86_64.zip	(md5) (sha1)
✔	Windows (x86/WPF) **early access** (Supported Versions)	(http)	150 MB	eclipse-SDK-3.4.1-win32-wpf.zip	(md5) (sha1)
✔	Linux (x86/GTK 2) (Supported Versions)	(http)	151 MB	eclipse-SDK-3.4.1-linux-gtk.tar.gz	(md5) (sha1)
✔	Linux (x86/Motif) **testing only**	(http)	153 MB	eclipse-SDK-3.4.1-linux-motif.tar.gz	(md5) (sha1)
✔	Linux (x86_64/GTK 2) (Supported Versions)	(http)	151 MB	eclipse-SDK-3.4.1-linux-gtk-x86_64.tar.gz	(md5) (sha1)
✔	Linux (PPC/GTK 2) (Supported Versions)	(http)	151 MB	eclipse-SDK-3.4.1-linux-gtk-ppc.tar.gz	(md5) (sha1)
✔	Solaris 10 (SPARC/GTK 2)	(http)	151 MB	eclipse-SDK-3.4.1-solaris-gtk.zip	(md5) (sha1)
✔	HP-UX (IA64_32/Motif)	(http)	151 MB	eclipse-SDK-3.4.1-hpux-motif-ia64_32.zip	(md5) (sha1)
✔	AIX (PPC/Motif)	(http)	151 MB	eclipse-SDK-3.4.1-aix-motif.zip	(md5) (sha1)
✔	Mac OSX (Mac/Carbon) (Supported Versions)	(http)	151 MB	eclipse-SDK-3.4.1-macosx-carbon.tar.gz	(md5) (sha1)
✔	Source Build (Source in .zip) (instructions)	(http)	101 MB	eclipse-sourceBuild-srcIncluded-3.4.1.zip	(md5) (sha1)
✔	Source Build (Source fetched via CVS) (instructions)	(http)	28 MB	eclipse-sourceBuild-srcFetch-3.4.1.zip	(md5) (sha1)

Abb. 1-2 *Liste der von Eclipse unterstützten Architekturen vom Januar 2009*

Eclipse über die Downloadseite von `http://www.eclipse.org` herunterladen, so wie in Abschnitt 1.2 beschrieben.

Durch die automatische Auflösung von Paketabhängigkeiten stellt der erste Weg sicher, dass alle von Eclipse geforderten Softwarevoraussetzungen erfüllt sind. Dagegen ist bei der zweiten Variante der Benutzer dafür verantwortlich, dass eine kompatible Java-Runtime sowie die freie Komponentenbibliothek GTK+, auf die das Benutzerinterface der in diesem Buch verwendeten Eclipse-Version unter Linux aufsetzt, installiert sind.

Download

Trotz der automatischen Abhängigkeitsauflösung, die lange Such- und Findespiele vermeiden würde, empfehle ich Ihnen, die Installation unter der Umgehung eines Paketverwaltungssystems durchzuführen. Diese Vorgehensweise hat den Vorteil, den Zugriff auf die aktuelle Eclipse-Version zu ermöglichen, denn oft hinken die Paket-Maintainer der Entwicklung um Monate hinterher, insbesondere finden sich die relativ häufig herausgegebenen Meilensteine kaum in den Archiven. Zudem können Sie auf diese Weise problemlos mehrere Versionen von Eclipse installieren, um beispielsweise den neusten Meilenstein zu testen.

1.3.1 Compiler und Tools

Die Installation von Compiler, Debugger und Make sollte unter Linux kein Problem darstellen. Häufig gehören die wichtigsten Entwicklerwerkzeuge in der Standard-Installation dazu oder können zumindest leicht zum System hinzugefügt werden. Überprüfen Sie, indem Sie z.B. im Terminal

```
gcc --version
```

und

```
make --version
```

eingeben, ob die Software vorhanden ist. Sollte dies nicht der Fall sein, installieren Sie entsprechende Pakete. Bei Debian-Linux erledigt dies unter *root* folgende Kommandozeile:

```
aptidude install gcc gdb make
```

1.3.2 Java

Damit Ihr Linux-Betriebssystem mit Java-Applikationen, wie es Eclipse ist, zurechtkommt, existieren diverse Runtime-Umgebungen. Eclipse ist neben der Umgebung von Sun auch auf IBMs Java-Umgebung und auf BEA JRockit als lauffähig getestet. Hingegen wurde die Plattform nicht mit GCJ, dem freien Java-Compiler der GNU Compiler Collection, getestet, so dass bei Verwendung Probleme nicht auszuschließen sind. Empfehlen würde ich Ihnen ohnehin, die Runtime-Umgebung von Sun zu verwenden, da die Installation recht einfach gelingt.

Die Installation von Suns Java kann entweder direkt über das von `http://java.sun.com/` heruntergeladene Archiv oder über eine Methode erfolgen, die von der Distribution angeboten wird. Da in der Regel die Installation Root-Zugriff benötigt, ist letztere Methode, weil sie distributionspezifische Feinheiten beachtet, zu empfehlen. Falls die Runtime von Suns Java in der Version 6 installiert werden soll, erledigt man dies unter Debian-Linux z.B. mit

```
aptidude install sun-java6-jre,
```

falls die Runtime von Suns Java in der Version 6 installiert werden soll. Falls Sie ausschließlich C/C++-Programme mit Eclipse entwickeln möchten und für fast das ganze Themenspektrum, das dieses Buch abdeckt, reicht eine Runtime ohne Java-Entwicklerunterstützung völlig aus.

1.3.3 Eclipse

Um Eclipse auf Linux zu installieren, genügt es, das heruntergeladene Archiv in einem Verzeichnis Ihrer Wahl (zum Beispiel Ihrem Home-Verzeichnis) zu entpacken. Dort kann Eclipse per Eingabe von

```
~/eclipse/eclipse
```

in einer Kommandozeile gestartet werden.

1.4 Installation unter Windows

Standardmäßig kein eigener C/C++-Compiler auf Windows-Systemen

Da Windows keinen C/C++-Compiler mit sich bringt, ist der Aufwand der manuellen Installation etwas größer als unter Linux. Möchten Sie die GNU Compiler Collection verwenden, haben Sie die Auswahl zwischen zwei verschiedenen Paketen, nämlich Cygwin und MinGW, die sich in ihrer Philosophie leicht unterscheiden. In Unterabschnitt 1.4.1 beleuchten wir diese beiden Varianten etwas näher und erläutern, wie sie auf dem Rechner eingerichtet werden können. Anschließend wird kurz auf die Bereitstellung von Java unter Windows eingegangen, um sich schließlich der Installation von Eclipse selbst zuzuwenden.

Wascana

Wenn Sie etwas Scheu haben, die Schritte einzeln auszuführen, oder einfach nur ganz schnell mit dem Schreiben von Programmen loslegen möchten, könnte das Projekt *Wascana* Ihre Aufmerksamkeit erregen. Wascana stellt eine komplette C/C++-Entwicklungsumgebung für Windows dar, die auf Eclipse und dem CDT-Paket aufsetzt und dazu gleich Java-Runtime, MinGW Compiler und zahlreiche andere für Windows-Entwickler interessante Bibliotheken mitbringt. Mehr hierzu erfahren Sie in Abschnitt 1.4.4.

1.4.1 Compiler und Tools

Cygwin

Die erste Variante, einen lauffähigen GNU Compiler auf Windows zu verwenden, wird durch das Cygwin-Projekt ermöglicht. Cygwin zielt auf eine möglichst einfache Portierung von POSIX-kompatibler Software auf das Windows-Betriebssystem ab. Es ist dabei als dynamische Bibliothek entworfen, die die POSIX-API transparent auf die Windows-API abbildet. Neben einer Fülle von Entwickler-Tools existiert eine breite Palette von Software, die auf diese Weise auf Windows lauffähig gemacht worden ist. Als komplexer Vertreter solcher Software sei ein kompletter X-Server genannt.

MinGW

Die zweite Option bietet das MinGW-Projekt. Dabei steht die Abkürzung MinGW für »Minimalist GNU for Windows«. Die Entwickler verfolgen eine möglichst umfassende Unterstützung zum Kompilieren von GNU-Programmen, die dann nativ auf dem Windows-Betriebssystem laufen.

Im Rahmen dieses Buches ist es bis auf ganz wenige Ausnahmen unerheblich, für welche Variante Sie sich entscheiden. An gegebener Stelle wird auf die Ausnahmen hingewiesen. Prinzipiell ist es möglich, beide Versionen parallel zu installieren und bei Bedarf umzuschalten. Unterschiede gibt es allerdings in der Verteilung der damit erzeugten Programme: Während die mit der GPL-Variante von Cygwin erstellten Programme nur unter einer von der *Open Source Initiative* akzeptierten

Lizenz (z.B. GPL) verteilt werden dürfen, unterliegt die Verteilung der mit MinGW entwickelten Programme keinerlei Einschränkung.

Cygwin installieren

Laden Sie zuerst die `setup.exe`-Datei von

`http://www.cygwin.com`

herunter. Dieses Programm wird sowohl für die Einrichtung wie auch für die Aktualisierung der Cygwin-Umgebung benutzt. Führen Sie diese Datei nach dem Download aus. Es erscheint ein Wizard, der Sie durch die Installation führt.

Den Installationspfad, den Benutzer und Zeilenabgrenzer angeben

Die erste Seite können Sie mit *Weiter* überspringen. Wählen Sie auf der zweiten Seite *Install from Internet* aus und gehen Sie zur nächsten Seite über. Hier legen Sie den Pfad des Root-Verzeichnisses fest, in dem die von Unix-Betriebssystemen bekannte Verzeichnisstruktur angelegt wird. Weiterhin können Sie entscheiden, ob Cygwin nur für das aktuelle Benutzerkonto installiert werden soll oder für alle Benutzerkonten bereitstehen soll, was dann Administratorrechte erfordert. Ebenso lässt sich der Abgrenzer, der in Textdateien eine neue Zeile einleitet (engl. *line delimiter*), angeben. Windows verwendet im Gegensatz zu anderen Betriebssystemen traditionell die Aneinanderreihung von Carriage Return (CR) und Line Feed (LF). Empfohlen wird die Unix-artige Variante, die lediglich den Code eines Line Feed für Zeilenenden benutzt. Klicken Sie anschließend wieder auf *Weiter*.

Wahl von Download-Verzeichnis und Internet-Setup

Auf der nächsten Seite werden Sie nach einem Verzeichnis gefragt, in dem die heruntergeladenen Pakete abgelegt werden. Nach erfolgter Wahl des Ordners werden Sie auf der folgenden Seite aufgefordert, Angaben über Ihre Internet-Einstellungen zu machen, bevor das Setup-Programm die Liste aller Mirrors herunterlädt und bei Erfolg anzeigt. Wählen Sie davon einen aus, so dass das Programm nun damit beginnt, die Liste verfügbarer Pakete herunterzuladen.

Minimale Auswahl der Pakete

Die aktuelle Paketliste erscheint auf einer neuen Seite, wie in Abbildung 1-3. Wählen Sie dort in *All > Devel* mindestens *gcc-core*, *gcc-g++*, *gdb* und *make* an[3], indem Sie innerhalb der korrespondieren Zeilen in der *New*-Spalte auf *Skip* klicken, so dass die zu installierende Version des entsprechenden Pakets erscheint. Zusätzlich werden dabei alle Pakete automatisch selektiert, von denen die gewählten Pakete abhängig

[3]Zum Zeitpunkt der Drucklegung basiert die von Cygwin offiziell unterstützte *GNU Compiler Collection* auf der betagten 3er-Reihe, genauer auf Version 3.4.4. Seit September 2008 wird an der Integration der aktuellen 4er-Version gearbeitet. Bis sie offiziell sind, sind diese in der Paketliste sowie auf der Kommandozeile mit einem Versionssuffix versehen.

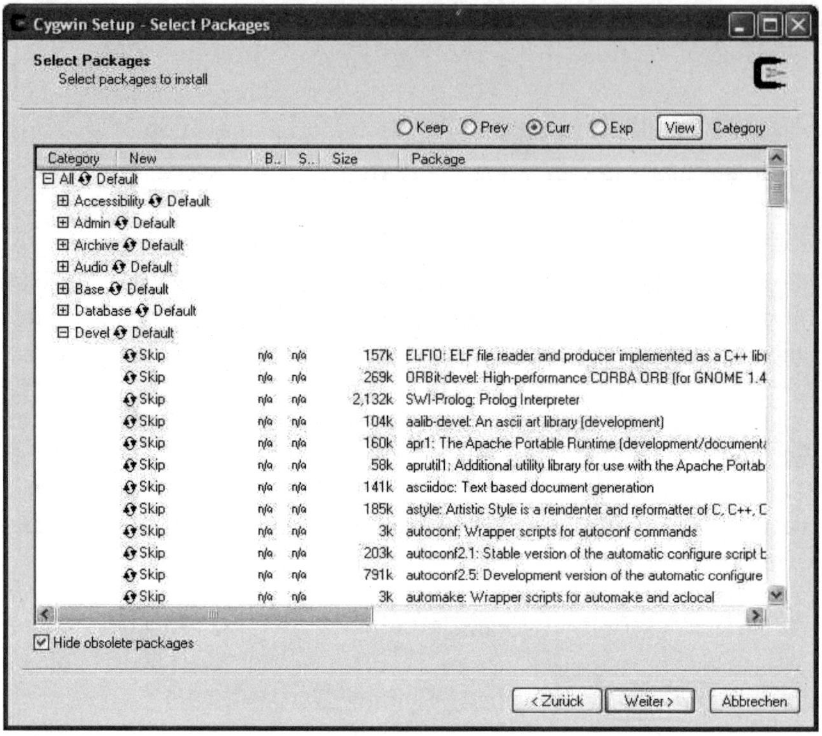

Abb. 1-3
Der Paketbaum von Cygwin

sind. Klicken Sie dann *Weiter*, woraufhin die Daten heruntergeladen werden.

Abschließende Installationsschritte

Dieser Vorgang sollte kurze Zeit später erfolgreich zu Ende geführt worden sein. Sie werden schließlich noch gebeten, anzugeben, ob für das Öffnen einer Bash-Shell ein Startmenüeintrag vorgenommen werden soll oder ob ein Icon auf Ihrem Desktop erscheinen soll. Dann beenden Sie die Installation mit *Beenden*.

Cygwin-Installation testen

Öffnen Sie die Bash-Shell, indem Sie z.B. das Piktogramm *Cygwin* auf dem Desktop öffnen. Dabei werden beim ersten Start für den aktuellen Benutzer relevante Verzeichnisse wie das Home-Verzeichnis erstellt. Erstellen Sie danach ein kleines Testprogramm mit Hilfe eines beliebigen Texteditors mit z.B. folgendem Inhalt:

Listing 1.1
Das obligatorische »Hallo Welt« gibt es auch in diesem Buch.

```
#include <stdio.h>

int main(int argc, char *argv[])
{
```

```
  printf("Hallo Welt!\n");
  return 0;
}
```

Wechseln Sie in der Bash-Shell mit `cd` in das Verzeichnis, in dem Sie den Quelltext abgelegt haben. Falls Sie die Datei nicht in einer vom Root-Verzeichnis erreichbaren Position erstellt haben, hilft Ihnen das Verzeichnis `/cygdrive` weiter, dessen Inhalt alle Windows-Laufwerke abbildet. Beispielsweise entspricht der Unix-Pfad `/cygdrive/c/test.c` der Datei `C:\test.c`.

Anschließend kompilieren Sie die Datei mit:

```
gcc test.c -o test
```

Dabei werden Fehlermeldungen über die Konsole ausgegeben. Bei Erfolg sollten Sie den Kommando-Prompt jedoch ohne weitere Ausgaben dazwischen vorfinden. Ausführen können Sie das kompilierte Programm, indem Sie

```
./test
```

eingeben, wobei der Punkt wie in der Unix-Welt üblich für das aktuelle Verzeichnis steht.

Programme, die wie oben übersetzt werden, benötigen zur Laufzeit die `cygwin.dll`-Bibliothek. Sollte das aus irgendwelchen Gründen unerwünscht sein, kann man die Compiler-Option `-mno-cygwin` benutzen.

Cygwin entfernen

Sollten Sie einmal den Wunsch hegen, Cygwin zu deinstallieren, so genügt es, das Verzeichnis der Installation zu löschen sowie evtl. Startmenüeinträge oder Desktopsymbole zu entfernen.

MinGW installieren

Gehen Sie auf die Downloadseite von MinGW (`http://www.mingw.org/download.shtml`), wo Sie unter dem Downloadtitel einen Link zu MinGWs SourceForge-Release-Seite finden. Von dort laden Sie die aktuelle Version von *Automated MinGW Installer* herunter und führen die Datei mit Administratorrechten aus. Die folgende Anleitung stützt sich auf den Installer, der die Version 5.1.3 trägt.

Das Installationsprogramm zeigt als Erstes eine in die Installation einführende Seite an. Klicken Sie darin auf den Button *Next*.

Auf der nächsten Seite wählen Sie nun *Download and install* an und klicken danach wieder auf *Next*, um anschließend die Lizenzbestimmungen zu lesen, die Sie mit *I Agree* bestätigen. Auf der nächsten

Seite können Sie sich für einen Versionszweig entscheiden. Der Installer schlägt mit *Current* die im Moment als stabil bezeichnete Version vor; genau diese empfehle ich Ihnen auch. Mit Klick auf *Next* wird auf der nächsten Seite, die in Abbildung 1-4 dargestellt ist, nach den zu installierenden MinGW-Komponenten gefragt. Für den C- und C++-Compiler sollte ein Häkchen vor *MinGW base tools* und *g++ compiler* zu finden sein. Es wird nicht empfohlen, das mitgelieferte Make auszuwählen, da, sofern Sie Make überhaupt verwenden möchten, MSYS eine bessere Variante mitliefert und wir die Funktionalität von MSYS im weiteren Verlauf des Buches ohnehin benötigen. Bestätigen Sie Ihre Auswahl mit *Next*.

Auf der folgenden Seite wählen Sie ein Verzeichnis aus, in dem sich MinGW nach der Installation befinden soll. Nach der Bestätigung mit *Next* werden Sie nach dem Namen des Startmenüeintrags gefragt, bevor nach erneutem Klick auf *Next* der Download und danach die Installation durchgeführt werden. Kurze Zeit später sollte eine Erfolgsmeldung erscheinen, und Sie können mit *Next* und einer nachfolgenden Betätigung des *Finish*-Knopfes die Installation abschließen.

Abb. 1-4
MinGW-Pakete

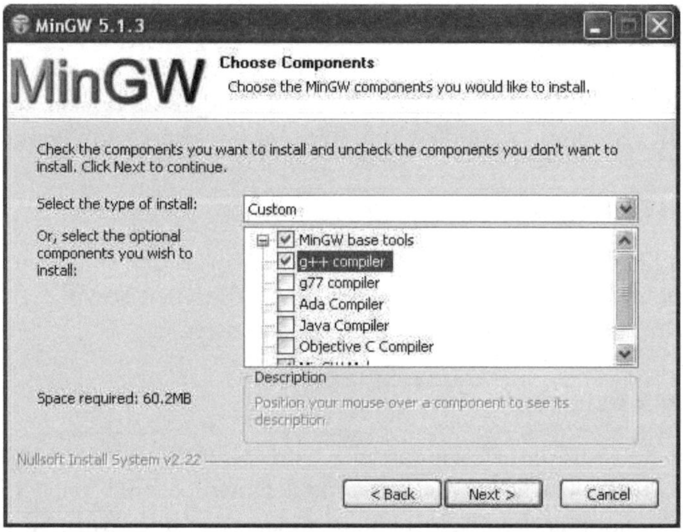

Um später einen reibungslosen Betrieb zu garantieren, schlage ich noch vor, genau wie beim Installieren von Cygwin ein kleines Programm zu schreiben und auszuführen.

Aktuelle Versionen von MinGW

Ähnlich wie bei Cygwin hinken die offiziellen Versionen vom Compiler der aktuellen Entwicklung der *GNU Compiler Collection* hinterher. Denn auch bei MinGW stammt die als stabil bezeichnete Version aus dem 3er-Zyklus. MinGW bietet als *Technology Preview* auch neuere Versionen an, die jedoch ohne die Hilfe eines Installationprogramm eingerichtet werden müssen. Zudem handelt es sich nicht immer um die wirklich aktuellste Version.[4] Wenn Sie auf einen aktuellen MinGW Compiler nicht verzichten möchten und es Ihnen wenig ausmacht, ein insgesamt weniger getestetes Produkt zu benutzen, dann sind für Sie vielleicht die Pakete von *TDM* unter der Adresse

`http://www.tdragon.net/recentgcc/`

von Interesse, die auch durch ein Installationsprogramm verwaltet werden können. Was dieses Buch angeht: Einen aktuellen MinGW Compiler, der mindestens auf der Version 4.2 basiert, benötigen Sie nur dann, wenn Sie das Inkscape-Beispiel aus Abschnitt 6.6 nachvollziehen möchten.

MinGW entfernen

Auch MinGW können Sie wieder entfernen. Hierfür benutzen Sie am besten den offiziellen Deinstallationsmechanismus.

1.4.2 Java

Die Java-Installation ist sehr einfach. Laden Sie mindestens die Version 5 von Java von `http://java.sun.com` herunter. Die Runtime-Version ist völlig ausreichend, falls Sie keine Java-Software entwickeln möchten. Anschließend führen Sie die Installationsdatei sinnvollerweise mit Administratorrechten aus und folgen den Hinweisen.

1.4.3 Eclipse

Die Installation von Eclipse beschränkt sich darauf, ein Zip-Archiv von `http://www.eclipse.org/downloads` herunterzuladen und dieses anschließend in einem Verzeichnis Ihrer Wahl zu entpacken. Unter der genannten Adresse können Sie sich für das Komplettpaket für C/C++-Entwickler entscheiden oder für ein anderes. Im letzteren Fall können Sie Eclipse problemlos C/C++-fähig machen, indem Sie das CDT-Plugin manuell, wie unter Abschnitt 1.7.1 beschrieben, installieren.

1.4.4 Wascana

Eine sehr einfache Möglichkeit, um unter Windows eine lauffähige Eclipse-Umgebung für C/C++-Projekte zu erhalten, bietet das im Jahr 2007 ins Leben gerufene *Wascana*-Projekt. Hier werden neben Eclipse

[4] Bei Drucklegung ist nur die Version 4.3.0 verfügbar, während Version 4.3.2 aktuell ist.

und CDT die MinGW-Toolchain, Suns Java-Runtime sowie verschiedene Entwickler-Archive bekannter Open-Source-Bibliotheken wie z.B. *wxWidgets* und *SDL* in einem einzelnen Paket integriert. Die Projektseite, die auch zum Download führt, ist unter `http://wascana.sourceforge.net/` abrufbar.

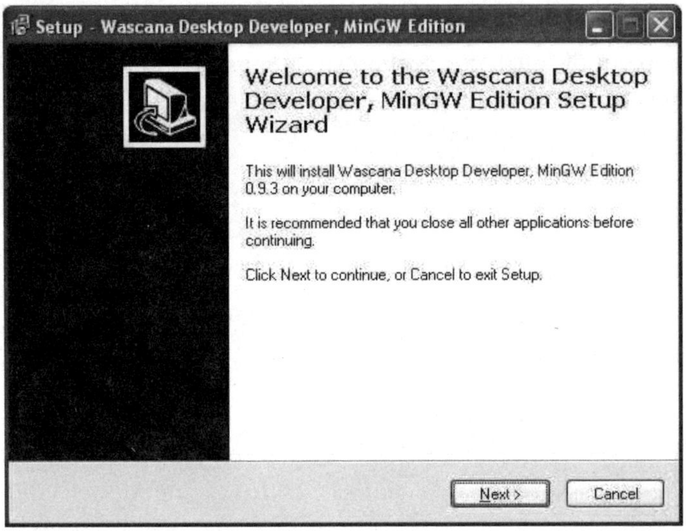

Abb. 1-5
Installationsprogramm von Wascana

Die Installation ist denkbar einfach. Starten Sie das Installationsprogramm mit Administratorrechten. Es erscheint der Installer, der eine erste Seite ähnlich wie in Abbildung 1-5 zeigt. Klicken Sie auf *Next*, um auf die nächste Seite zu gelangen. Hier werden alle Pakete inklusive ihrer Versionsnummer und ihrem Veröffentlichungsdatum aufgelistet und können gleich vom Installer installiert werden. Klicken Sie wieder auf *Next*.

Auf der nächsten Seite werden Sie aufgefordert, den Pfad für die Wascana-Installation anzugeben. In dieses Verzeichnis landen alle Pakete, die auf der vorherigen Seite dargestellt waren. Klicken Sie nach dessen Eingabe auf *Next*, woraufhin Sie aufgefordert werden, einen Namen für den Startmenüeintrag anzugeben. Optional können Sie natürlich die Erstellung eines solchen Eintrages überspringen.

Auf der darauffolgenden Seite werden Sie noch gefragt, ob ein Desktop-Icon angelegt werden soll. Wenn Sie auch diese Frage beantwortet haben, kommt mit Klick *Next* nochmals eine Zusammenfassung, bevor die Installation schließlich mit Klick auf *Install* beginnen kann. Daraufhin werden alle Dateien in das Zielverzeichnis kopiert. Ist der Vorgang beendet, können Sie mit *Finish* das Installationsprogramm mit der Option schließen, Wascana dabei zu starten.

1.5 Die Eclipse.ini-Datei

Eclipse wird über den sogenannten *Eclipse Program Launcher* gestartet. Im Falle von Windows heißt diese Datei `eclipse.exe`, im Falle von Linux *eclipse*. Dieser Launcher ist dafür verantwortlich, die für Eclipse benötigte Java Virtual Machine (Java VM) aufzurufen. Um den Vorgang zu beeinflussen, existieren diverse Parameter, die entweder als Argumente im Aufruf oder in der `eclipse.ini`-Datei im selben Verzeichnis angegeben werden können. Interessant ist dies für Sie, weil sich so auch die Parameter der Java Virtual Machine wie z.B. die Grenzen von verschiedenen Arten von Speicher definieren lassen. Die Anordnung der Argumente ist dabei die folgende:

```
<Applikationsargumente>
-vmargs
<Java-VM-Argumente>
```

Das bedeutet, dass alle Parameter vor `-vmargs` der Java-Applikation (in unserem Fall Eclipse) übergeben werden und alle Parameter danach der Java VM. In der `eclipse.ini`-Datei werden die Einstellungen so angegeben, dass jeder Parameter und auch jede Option auf einer eigenständigen Zeile steht.

Tab. 1-1
Wichtige Applikationsargumente

Name	Bedeutung
`-clean`	Löscht Eclipse-interne Caches.
`-data`	Legt das Verzeichnis fest, in dem Eclipse Ressourcen wie Projekte und Dateien ablegt.
`-launcher.XXMaxPermSize`	Setzt den Parameter `MaxPermSize` der VM.
`-nl`	Legt die für das Benutzerinterface verwendete Sprache fest. Das Format folgt der Java-Konvention. Die Angabe von z.B. `de_DE` lässt die Oberfläche in Deutsch erscheinen.
`-showsplash`	Lässt ein Startfenster mit einer Fortschrittsanzeige auf dem Bildschirm erscheinen.
`-vm`	Damit können Sie die Java VM angeben, unter der Eclipse ausgeführt wird.

Normalerweise ist es nur selten notwendig, die Applikationsargumente zu verändern, wenn man Eclipse als reine IDE benutzen möchte. Mögliche Optionen sind in Tabelle 1-1 dargestellt, weitere finden Sie unter `http://preview.tinyurl.com/4uxbgv`[5]. Demgegenüber ist es jedoch

[5]Die verkürzte URL verweist auf eine Hilfeseite von Eclipse.

oft sinnvoll, die Konfiguration der Java VM anzupassen. Insbesondere auf die gleich erwähnten Parameter, die die Speicherverwaltung betreffen, sollten Sie ein Auge werfen.

Die Java VM von Sun ist nämlich so konzipiert, dass sie nur eine begrenzte Größe des Hauptspeichers für auszuführende Programme beansprucht. Der maximale Heap kann mittels der Kommandozeilenoption `-Xmx` beeinflusst werden. So würde z.B. der folgende Ausschnitt einer `eclipse.ini`-Datei

```
...
-vmargs
-Xmx1024m
...
```

den maximalen Heap-Speicher der Java VM, auf der Eclipse läuft, auf 1 GB setzen, was im Übrigen seit Version 5.0 das vorgabemäßige Minimum ist. Vor Version 5.0 waren dies jedoch lediglich 64 MB.

Ein weiterer nicht ganz unwichtiger Parameter betrifft die Größe des Speichers für permanente Metadaten. Darunter fallen beispielsweise die Objekte, die von Java für Klassen und Methoden angelegt werden. Die standardmäßige Einstellung ist in den meisten Fällen viel zu gering, was sich dann bei der Benutzung durch plötzlichen Programmabbruch und einer ausgeworfenen Meldung wie

```
java.lang.OutOfMemoryError: PermGen space
```

bemerkbar macht. Das Java-VM-Argument, über das die Obergrenze anpassbar ist, lautet `-XX:MaxPermSize`. Mit z.B.

```
-XX:MaxPermSize=512m
```

können Sie die Maximalgröße auf 512 MB setzen. Die Vorgabe von Suns Java VM für diesen Speichertyp reicht in der Regel nicht aus, allerdings kommt Eclipse mit einer sinnvollen Belegung daher.

1.6 Willkommen

Eclipse ist installiert und kann jetzt von Ihnen zum ersten Mal gestartet werden. Hierfür führen Sie den Eclipse Program Launcher, also je nach Plattform *eclipse.exe* oder *eclipse*, aus. Kurz nachdem der Startbildschirm mit dem Eclipse-Logo erscheint, öffnet sich ein Fenster wie in Abbildung 1-6, in dem Eclipse den Pfad des *Workspace* erfragt.

Den Workspace-Pfad von Eclipse festlegen

In einem Workspace werden die Einstellungen sowie die zu Ihren Projekten gehörenden Ressourcen abgelegt. Verwenden Sie Linux, so eignet sich beispielsweise ein `workspace`-Verzeichnis in Ihrem Heimatverzeichnis. Dies entspricht auch dem Vorschlag von Eclipse. Im Gegensatz

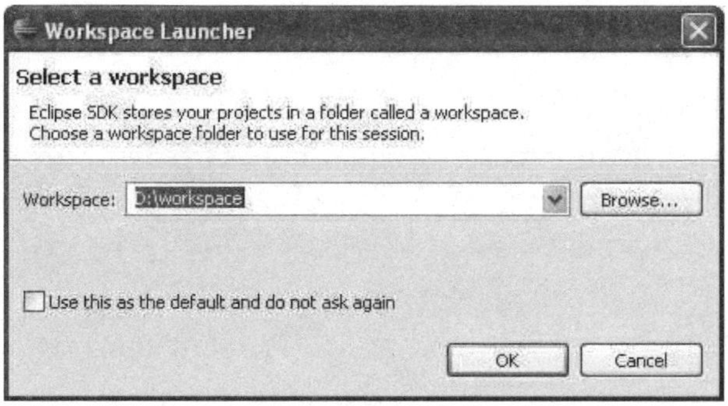

Abb. 1-6
Auswahl des Workspace

dazu ist der von Eclipse unter Windows vorgeschlagene Pfad für meinen Geschmack zu lang, so dass ich ihn auf `D:\workspace` geändert habe. Existiert das Verzeichnis nicht, so wird es von Eclipse automatisch angelegt.

Den Workspace-Selektor unterdrücken

Mit der Option *Use this as the default and do not ask again* legen Sie dar, dass Sie vorerst nicht mehr wünschen, mit der Frage nach dem Pfad belästigt zu werden: Eclipse wird von nun an immer den ausgewählten Pfad annehmen. Dies ist sicherlich dann sinnvoll, wenn Sie nur einen Workspace benutzen möchten. Auf der Voreinstellungsseite *General > Startup and Shutdown* können Sie Ihre Wahl allerdings später revidieren. Den Workspace-Selektor können Sie auch unterdrücken, indem Sie beim Start von Eclipse einen Workspace mit Hilfe des Applikationsarguments `-data` angeben.

Willkommen bei Eclipse

Wie dem nun auch sei, das Bestätigen des geöffneten Dialogs lässt den Startvorgang erkennbar an einem Fortschrittsbalken im Startbildschirm weiterlaufen, bis schließlich das Hauptfenster auf dem Bildschirm erscheint. Wird Eclipse zum ersten Mal gestartet, hält jenes auch als *Workbench* bezeichnete Fenster neben der Menüleiste einen hübschen Willkommensbildschirm für Sie bereit, den Sie auch in Abbildung 1-7 bewundern können[6]. Diese Sicht besteht aus allerhand bunten Symbolen, die Sie auf Eclipse-interne Hilfedokumente, Tutorials und dergleichen verweisen möchten.

1.7 Eclipse erweitern

Ohne Frage ist die vielseitige Erweiterbarkeit von Eclipse eines der herausragenden Merkmale, die zur Beliebtheit dieser Umgebung geführt haben. Zahlreiche Plugins sind bislang erschienen; nicht zuletzt jenes,

[6] Wascana zeigt anstelle dessen gleich die Hauptansicht des Fensters.

Abb. 1-7
Eclipse möchte Sie mit diesem hübschen Bildschirm herzlich willkommen heißen.

um das sich dieses Buch dreht und für uns C/C++-Entwickler höchstwahrscheinlich das interessanteste ist.

Thema dieses Abschnitts wird sein, wie Sie Eclipse erweitern können – freilich im Rahmen dieses Buchs nur aus Sicht der Benutzer. Dabei fungieren als Erweiterungsquellen die sogenannten *Update-Sites*, die sich auf Ressourcen im Internet oder auf eine Datei Ihrer Festplatte beziehen können. Über sie hat man Zugriff auf *Features*. Features, im Eclipse-Jargon, sind die Pakete, die Module und Plugins bündeln und diese mit einem Namen und einer Beschreibung versehen. Eclipse selbst ist auch ein Feature. Features können zudem andere Features bedingen, so dass ein konsistenter Installationszustand gewährleistet wird. Die Verwaltung der Features geschieht auf Benutzerseite über den *Software Updates*-Dialog.

Die Installation von CDT wird im ersten Abschnitt geschildert.

Der erste Teil dieses Buchabschnitts verfolgt ausschließlich das Ziel, zu einer bestehenden Eclipse-Installation die relevanten CDT-Features hinzuzufügen, wenn diese damit noch nicht ausgestattet ist. Das Ganze wird im Schnelldurchlauf behandelt, so dass Leser, die gleich loslegen möchten, nicht unnötig aufgehalten werden. Sie können sich dann ohne Bedenken dem nächsten Kapitel zuwenden und zu einem späteren Zeitpunkt zum Rest des Abschnittes zurückkehren.

Mehr Information in den weiteren Teilen

Interessierte Leser finden ausführliche Informationen zur Erweiterung von Eclipse im Anschluss an den ersten Unterabschnitt. Hierzu werden im zweiten Unterabschnitt die Vorgehensweisen beschrieben, die für die Verwaltung der Update-Sites notwendig sind. Der dritte Unterabschnitt klärt Sie dann über die eigentlichen Belange auf: das Hinzufügen, Aktualisieren und Entfernen von Erweiterungen. Der darauffolgende Unterabschnitt zeigt Ihnen auf, wo Sie gezielt nach Informationen über Eclipse-Plugins Ausschau halten können. Einen Abschluss findet der Abschnitt mit einem kurzen Überblick über das, was den eigentlichen Kern der Bereitstellung der behandelten Funktionen ausmacht.

1.7.1 CDT nachträglich installieren

Falls Sie sich bei der Eclipse-Installation nicht für das vorgefertigte Eclipse-C/C++-Paket entschieden haben, müssen Sie abschließend CDT installieren, so dass Eclipse um die Unterstützung unserer Lieblings-Programmiersprache erweitert wird.

Netzwerkkonfiguration und Proxyeinstellungen

Der *Software Updates*-Dialog stellt dabei eine komfortable Schnittstelle dar, um Eclipse zu aktualisieren. Aktualisieren ist dabei so zu verstehen, dass die Features des Gesamtpakets Eclipse aktualisiert werden. Erforderlich ist in diesem Abschnitt Zugriff auf das Internet, wobei HTTP-Verbindungen nicht geblockt werden dürfen. Falls Sie hinter einer Firewall arbeiten und eine Proxy-Einstellung benötigen, so sollten Sie zuerst den Menüpunkt *Window > Preferences...* wählen, um auf der Seite *General > Network Connections* wie in Abbildung 1-8 Ihre Konfiguration anzugeben. Bestätigen Sie die Angaben mittels *OK*.

Dialog: Software Updates

Wählen Sie im Hauptfenster den Menüpunkt *Help > Software Updates...* an, woraufhin sich der genannte *Software Updates*-Dialog öffnet. Schalten Sie darin auf das Register *Available Software*. Sie sehen dann ein Baum-Widget, in dem alle Update-Sites angezeigt werden, die Eclipse bekannt sind, von denen also Features bezogen werden können. Die Liste können Sie freilich ergänzen, was für die einfache CDT-Installation aber nicht notwendig ist.

Die Update-Site von Ganymede

Wir beziehen CDT über die Update-Site von *Ganymede*[7] und klappen den Eintrag auf. Gleich der erste Eintrag sollte *C and C++ Development* lauten, den wir ebenso aufklappen, woraufhin die installierbaren Features aufgelistet werden.

Das richtige CDT-Feature auswählen

Das für uns interessante Feature trägt den Namen *Eclipse C/C++ Development Tools*. Haken Sie deshalb den entsprechenden Eintrag ab, wie es in Abbildung 1-9 zu sehen ist.

Der Install-*Wizard führt durch die Installation.*

Klicken Sie dann auf *Install...*, woraufhin sich der *Install*-Wizard öffnet, der Sie durch die Installation begleitet. Auf seiner ersten Seite

[7] Falls Sie eine Nachfolgeversion von Eclipse benutzen, so wird die Seite vermutlich einen anderen Namen tragen.

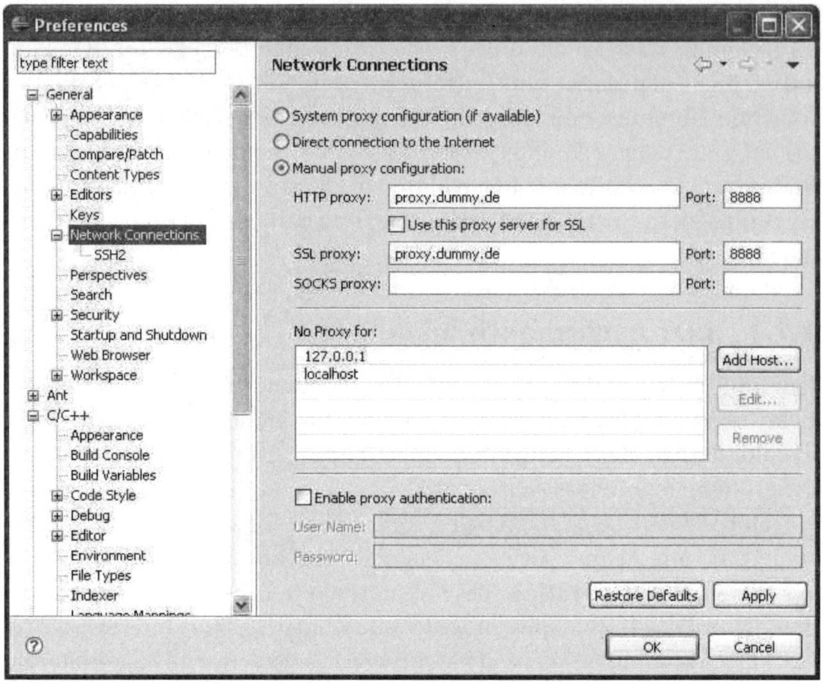

Abb. 1-8
In den Network Connections *können Sie Angaben über benötigte Proxys machen.*

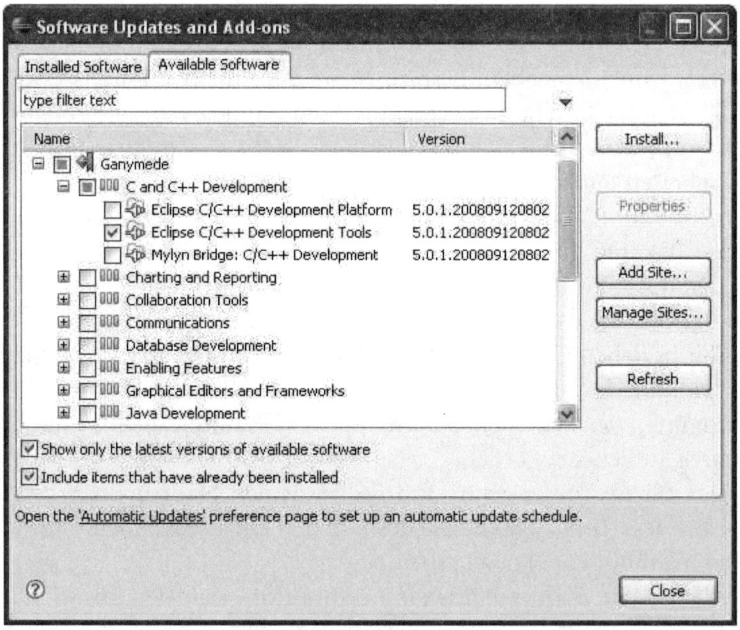

Abb. 1-9
Der Feature-Baum mit dem ausgewählten Feature, das zu installieren ist

werden Sie über die tatsächlich zu installierenden Features informiert. Hier können Sie noch einmal überprüfen, ob alle Angaben stimmen.

Klicken Sie dann auf *Next >*, um zu den Lizenzbestimmungen zu gelangen, die Sie wie in Abbildung 1-10 mit *I accept the terms of the license agreements* akzeptieren müssen, bevor die letztendliche Installation mit Klick auf *Finish* startet. Wenn alles glatt gegangen ist, wird Sie Eclipse nach einem Neustart befragen. Hierauf sollten Sie mit *Yes* antworten. Die Installation ist nun abgeschlossen.

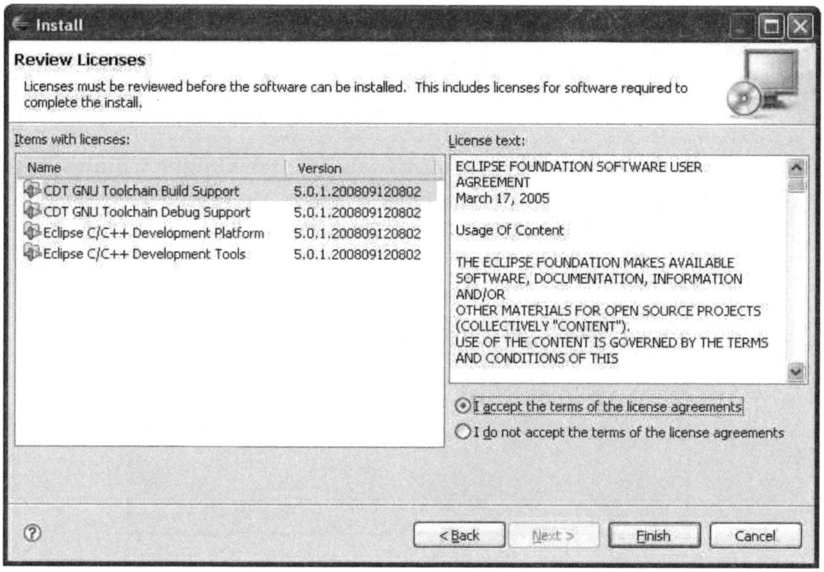

Abb. 1-10
Lizenzbestimmungen

1.7.2 Update-Sites

Informationen zu Erweiterungen von Eclipse sind gewöhnlich über die Internetadresse des Plugin-Anbieters zu erreichen. Dort finden Sie häufig unter der Kategorie Update- oder Software-Sites den Ausgangspunkt für Erweiterungen in Form einer URI. Dahinter verbirgt sich für Eclipse eine kurze Auflistung aller die Erweiterung betreffenden Features, von denen Sie dann die gewünschten zur Installation auswählen können.

Die Verwaltung der Update-Sites in Eclipse geschieht genauso wie die Installation von Erweiterungen über den *Software Updates*-Dialog, der mit Hilfe des Menüeintrages *Help > Software Updates...* hervorgerufen werden kann. Die Update-Sites, die Ihrer Installation bekannt sind und nicht deaktiviert wurden, werden, wie im letzten Abschnitt schon gesehen, im Register *Available Software* dargestellt.

Update-Site hinzufügen

Um eine neue Site zur Liste hinzuzufügen, benutzen Sie den Button *Add Site...*. Im Dialog, der anschließend zum Vorschein kommt und in Abbildung 1-11 gezeigt wird, geben Sie die Internet-Adresse für das Plugin ein.

Update-Site als Archiv

Manchmal werden Plugins auch ohne Update-Site als herunterladbare Datei angeboten. Hat man die Datei zur Hand, lassen sich auf diese Art Features auch ohne Internet-Zugriff installieren. Ein solches Archiv können Sie dann mit dem Button *Archive...* des Dialogs auf Ihrer Festplatte lokalisieren. Wenn das Archiv schon entpackt auf der Festplatte vorliegt, dann nutzen Sie den Button *Local...* und geben seinen Pfad an.

Master-Archiv von CDT

Auch CDT existiert in der Archivvariante. Sie finden das Archiv, das auch Master-Archiv genannt wird, indem Sie die Adresse

`http://download.eclipse.org/tools/cdt/releases/ganymede/`

in einem Webbrowser eingeben. Zudem werden die Nightly Builds, also ganz frische, jedoch nicht ausreichend getestete Versionen von CDT nur auf diesem Weg angeboten.[8]

Abb. 1-11
Eine neue Update-Site hinzufügen

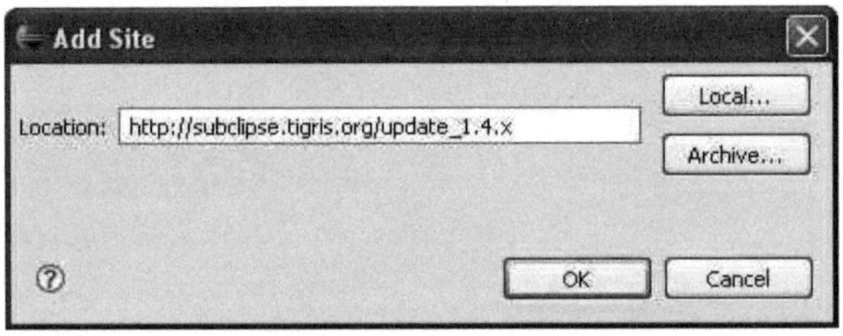

An eine umfassende Verwaltung der Update-Sites gelangen Sie mit dem Button *Manage Sites...*, der das Fenster *Available Software Sites* öffnet, das in Abbildung 1-12 dargestellt ist. Dort werden in einer Liste alle bekannten Update-Sites aufgelistet. Mit der Auswahlbox vor jedem Eintrag können Sie entscheiden, ob diese Site im *Software Updates*-Dialog aufgenommen wird oder nicht. Mit *Add...* können Sie wie oben neue Sites hinzufügen. Mit *Remove* können Sie die selektierten Sites komplett entfernen. Mit *Properties...* erscheinen ein paar Eigenschaften zur ausgewählten Update-Site.

Ihre Liste können Sie als XML-Datei mit *Export...* auf einen Datenträger ablegen. Mit *Import...* kann eine so gesicherte Liste wieder importiert werden, wobei darin nicht vorkommende Sites bestehen bleiben.

[8]Die Nightly Builds von CDT finden Sie auf `http://download.eclipse.org/tools/cdt/builds/`. Bedenken müssen Sie bei der Verwendung von Nightly Builds jedoch, dass sich diese nicht unbedingt mit Eclipse 3.4 vertragen müssen.

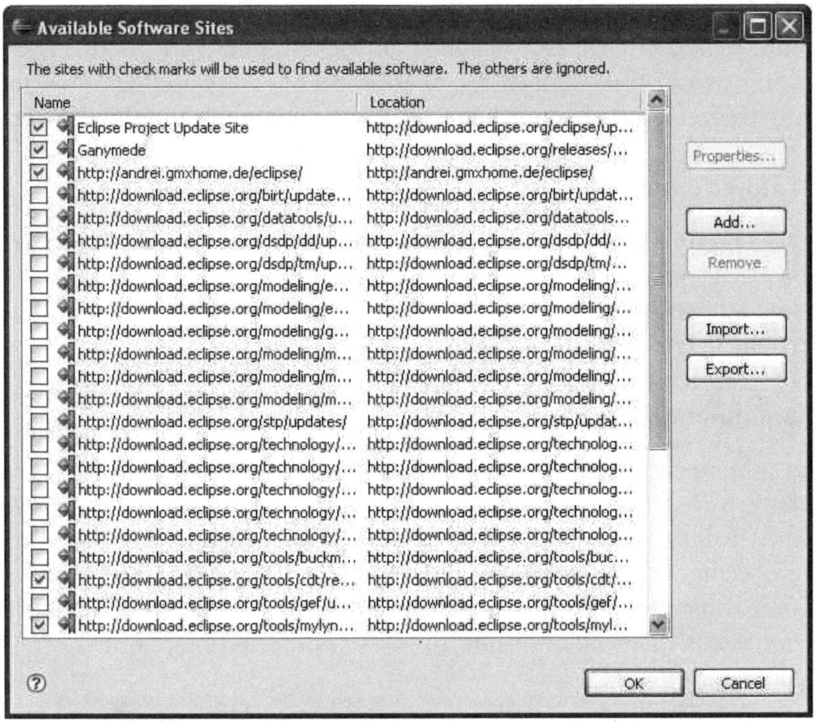

Abb. 1-12
Verfügbare Softwaresites

1.7.3 Features verwalten

Wir bleiben im Dialog *Software Updates*. Die folgenden Unterabschnitte gehen im Detail auf die Verwaltung der Features ein.

Neue Features hinzufügen

Wie Sie ein neues Feature hinzufügen, wurde bereits in Abschnitt 1.7.1 anhand der Installation von CDT beschrieben. Die Installation von anderen Features läuft analog dazu ab, d.h., Sie wählen die neuen Features, deren Update-Sites Sie zuvor Eclipse bekannt gemacht haben, in der Liste des *Available Software*-Registers aus und klicken anschließend auf den Button *Install...*, um den weiteren Anweisungen zu folgen.

Features aktualisieren

Ist ein Feature bereits installiert, wird früher oder später eine neuere Version erscheinen, die Sie anstelle der alten Version benutzen möchte. Hierzu schalten Sie im *Software Updates*-Dialog auf das Register *Installed Software*, in dessen Liste alle installierten Features zu sehen sind. Selektieren Sie das zu aktualisierende Feature und klicken anschließend auf den Button *Update....* Eclipse kontaktiert daraufhin die Update-Sites, um nach neueren Versionen zu suchen, und präsentiert das Ergebnis in einem neuen Fenster. Hier haben Sie die Wahl, den Vorgang fortzusetzen oder abzubrechen. Der Rest ist identisch zum Installieren.

Features entfernen

Freilich können Sie Features auch wieder entfernen. Hierzu selektieren Sie die entsprechenden Einträge und klicken dann auf *Uninstall....* Auch hier untersucht Eclipse Abhängigkeiten und weist auf Konflikte und Probleme hin.

Konfiguration zurücksetzen

Es gibt noch einen weiteren Button im Register *Installed Software*, nämlich *Revert Configuration....* Sie können ihn verwenden, um zwischen Konfigurationen umzuschalten. Nützlich ist dies vor allen Dingen, wenn die momentane Konfiguration Fehler aufweist, die durch inkompatible Plugins oder Ähnliches verursacht worden sind. Das Fenster, das anschließend erscheint, ist in Abbildung 1-13 dargestellt.

Abb. 1-13
Konfigurationen zurücksetzen

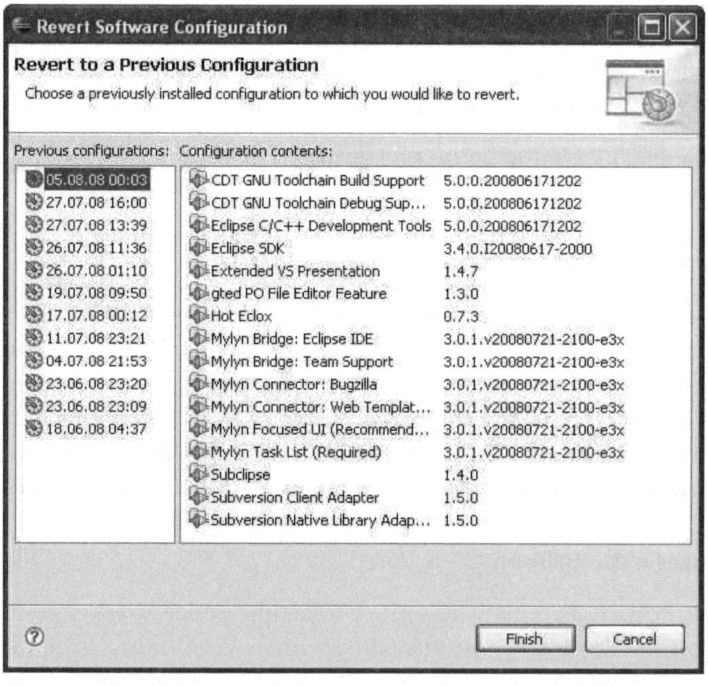

Untergliedert ist das Fenster in zwei Listen. In der linken Liste befinden sich alle Zeitpunkte, an denen die Konfiguration verändert wurde.

Klicken Sie einen Zeitpunkt an, so gibt die rechte Liste Aufschluss über die in der Konfiguration installierten Features. Klicken Sie auf *Finish*, um die Eclipse-Installation zum Zustand des angewählten Eintrages zurückzusetzen.

1.7.4 Die CDT-Features im Detail

Die CDT-Entwickler stellen neben dem Hauptfeature, das wir in Abschnitt 1.7.1 installiert haben, noch weitere Features bereit. Angeboten werden diese allerdings nicht über die Ganymede-Update-Site, sondern über die Update-Site, die eigens für die Ganymede-Version von CDT eingerichtet wurde. Die URL der Site lautet

```
http://download.eclipse.org/tools/cdt/releases/ganymede
```

wobei Abbildung 1-14 den aufgeklappten Feature-Baum zeigt.

In Tabelle 1-2 finden Sie die Pakete, die im Baum als Hauptfeatures charakterisiert werden, während Tabelle 1-3 die optionalen Features darstellt. Hierbei ist als vielleicht noch interessant zu erwähnen, dass der Funktionsumfang der drei in Tabelle 1-3 zuerst aufgezählten Features genau dem Funktionsumfang des *Eclipse C/C++ Development Tools*-Features aus der Hauptkategorie entspricht. Außer den beiden tabellarisch aufgeführten Gruppen existiert noch eine weitere Gruppe, die schlicht den Titel *Uncategorized* trägt. Hier finden sich Features wieder, die die Java-Quellen von CDT enthalten.

Tab. 1-2
CDT Main Features

Name	Beschreibung
Eclipse C/C++ Development Tools	Stellt den Kern von CDT dar. Dieser schließt neben dem Editor, der Suche, dem Indexer und weiteren Komponenten die CDT-spezifische Benutzerdokumentation ein.
Eclipse C/C++ Development Tools SDK	Bietet Schemas für Erweiterungspunkte an, die notwendig sind, falls man ein auf CDT basierendes Plugin entwickeln möchte. Beinhaltet auch die CDT-spezifische Entwicklerdokumentation.

1.7.5 Webportal: Eclipse Plugin Central

Natürlich stellt sich die Frage, wie man Plugins findet, die bei der aktuellen Aufgabenstellung hilfreich sind. Selbstverständlich können Sie hierfür eine Websuchmaschine Ihrer Wahl bemühen; einen kompletten Überblick erhalten Sie so allerdings nicht.

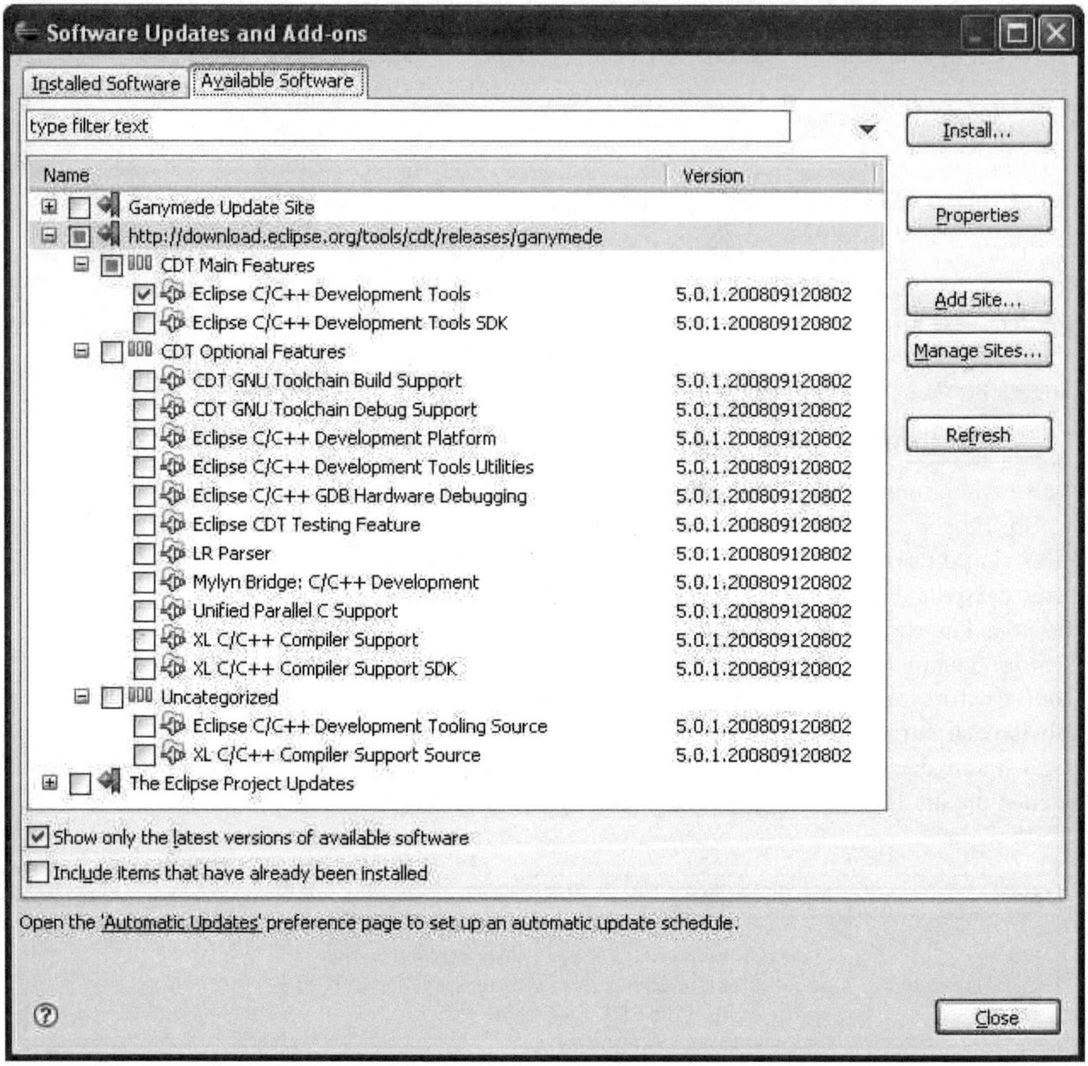

Abb. 1-14
Der Feature-Baum der Update-Site von CDT

Das Portal *Eclipse Plugin Central*, kurz EPIC, erfüllt diese Anforderung umso besser. Es versucht so etwas wie ein vollständiger Katalog über die verfügbaren Eclipse-Plugins zu sein, ganz gleich, ob sie frei für jedermann erhältlich oder auch kommerzieller Art sind. Die Webseite, die auch in Abbildung 1-15 dargestellt ist, können Sie unter der Adresse

`http://www.eclipseplugincentral.com/`

abrufen.

Tab. 1-3
CDT Optional Features

Name	Beschreibung
Eclipse C/C++ Development Platform	Beinhaltet wie das Tools-Feature den Kern von CDT, jedoch ohne die Unterstützung der GNU-Toolchain
CDT GNU Toolchain Build Support	Bindet die GNU-Toolchain ein
CDT GNU Toolchain Debug Support	Hiermit können Sie Programm unter der Kontrolle des GNU-Debuggers laufen lassen.
CDT Utilities	Hierunter verbergen sich weitere Hilfsmittel.
Eclipse C/C++ GDB Hardware Debugging	Fügt eine neue Startkonfiguration (*launch configuration*) hinzu, mit der Sie GDB für Hardware-Debugging benutzen können
Eclipse CDT Testing Feature	Hierunter verbirgt sich leider kein Testframework für selbst geschriebene C/C++-Programme, sondern eine Sammlung von Test-Plugins, die die Entwicklung für CDT betreffen.
LR Parser	Ergänzt CDT um die Unterstützung des ISOC99-Standards
Mylyn Bridge: C/C++ Support	Bildet eine Brücke zwischen CDT und dem Aufgaben-Management-System *Mylyn*. Siehe dazu auch Kapitel 7.
Unified Parallel C Support	Stellt syntaktische Unterstützung für den Dialekt *Unified Parallel C* [1] bereit. Das Ganze setzt auf dem *LR Parser* auf.
XL C/C++ Compiler Support	Bietet die Unterstützung von IBMs XL C/C++ Compiler an
XL C/C++ Compiler Support SDK	Schemata für die Anbindung des XL-Compilers

1.7.6 p2

In Zusammenhang mit der Eclipse-Installation im Allgemeinen trifft man seit Eclipse 3.4 unweigerlich auf das Kürzel *p2*. Eine Neuerung, die mit *p2* Einzug in Eclipse hielt, ist kurz gesagt verminderte Redundanz, wenn Sie mehrere Installationen nutzen möchten: Während früher im Prinzip jede Eclipse-Installation einen kompletten Satz von Plugins mitführen musste, so können diese jetzt geteilt werden.

Ein Begriff, der in der p2-Welt eine Rolle spielt, ist das *Profil*. Beispielsweise ist das Eclipse SDK ein Profil, aber auch das Paket, das aus Eclipse und CDT besteht, wird über ein Profil definiert.

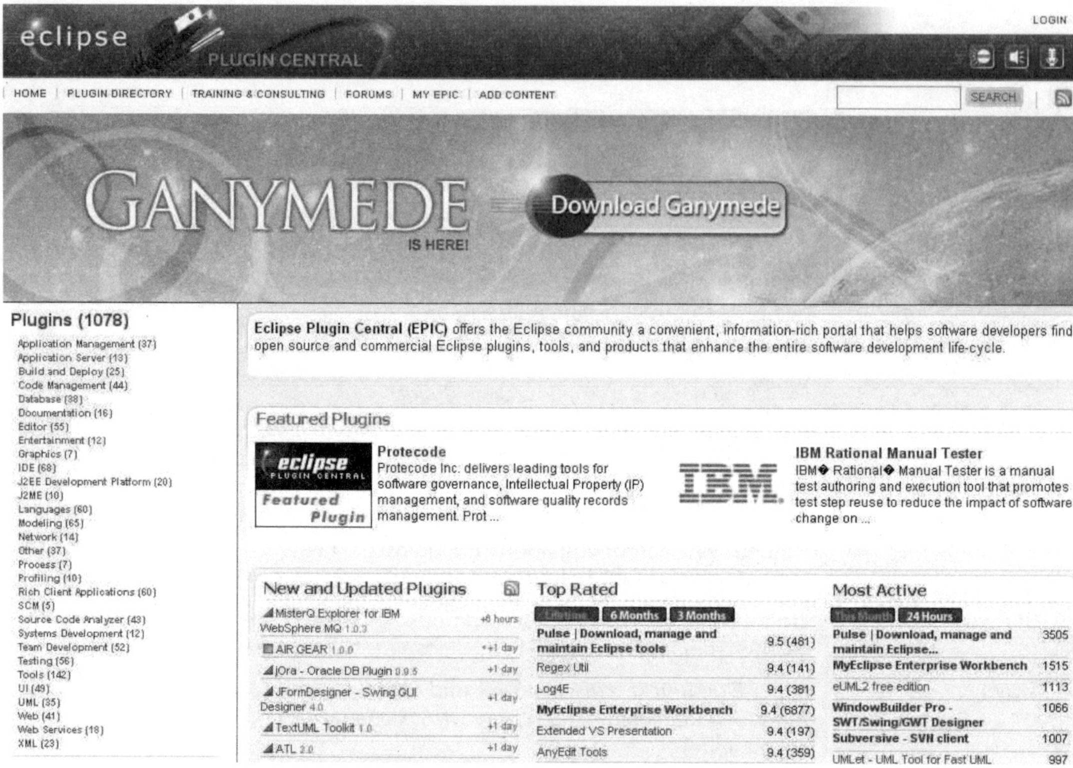

Abb. 1-15
Die Webseite von EPIC

Profile können auf verschiedene Weise modifiziert werden. Das in diesem Abschnitt vorgestellte Installieren über die Benutzeroberfläche stellt hierfür eine Variante dar. Wenn Sie jedoch mehr zu dem Thema erfahren möchten, so finden Sie unter der Webadresse

`http://wiki.eclipse.org/Equinox_p2`

einen Ausgangspunkt, wenngleich die dortigen Beschreibungen sehr technisch daherkommen.

2 Erste Schritte

In diesem Kapitel werden Sie zum ersten Mal in direkten Kontakt mit Eclipse und CDT treten. Zunächst werden die Konzepte von Eclipse besprochen und allgemeine Hinweise über das Arbeiten mit der Benutzeroberfläche von Eclipse gegeben. Im zweiten Abschnitt geht es dann gleich los: Sie werden ein kleines Projekt mit Eclipse und CDT erstellen und alle essentiellen Stufen einer Implementationsphase durchlaufen. Im weiteren Verlauf werden dann wieder allgemeine Eclipse-Features besprochen. Dazu zählen das Hilfesystem, die Erweiterungsoptionen und die von der Eclipse-Plattform angebotenen Möglichkeiten, das Benutzerinterface den eigenen Bedürfnissen anzupassen.

2.1 Konzepte des Eclipse-Frameworks

Bevor wir mit dem ersten Beispiel beginnen können, werden in diesem Abschnitt zunächst einige Eclipse-spezifische Begriffe und Bedienungselemente eingeführt. Leser, denen Eclipse bereits vertraut ist, können diesen Abschnitt bedenkenlos überspringen und sich gleich Abschnitt 2.2 zuwenden, in dem wir ein erstes C-Projekt erstellen und dabei den Editor und den Debugger ein wenig kennenlernen.

2.1.1 Workspace

Ein *Workspace*, zu Deutsch Arbeitsbereich, gehört zu jeder gestarteten Eclipse-Instanz. Er ist ein Ordner im Dateisystem, unter dem Projekte, deren Einstellungen sowie die Einstellungen der Plattform abgelegt werden. Der Zugriff auf den Workspace ist exklusiv, d.h., lediglich eine gestartete Eclipse-Instanz darf darauf zugreifen. Mehrere Eclipse-Instanzen können allerdings gestartet werden, wenn sie jeweils verschiedene Workspace-Pfade benutzen.

Ist Eclipse einmal gestartet, so können Sie im Menü *File > Switch Workspace* zu einem bereits eingerichteten Workspace umschalten. Wenn Sie wünschen, einen weiteren Workspace-Pfad einzurichten, dann wählen Sie im selben Menü den Menüpunkt *Other...* aus. Daraufhin öffnet sich der schon bekannte Workspace-Selektor, mit dem Unterschied, dass Sie in *Copy Settings* die Einstellungen des aktuellen Workspace mit in den neuen übernehmen können.

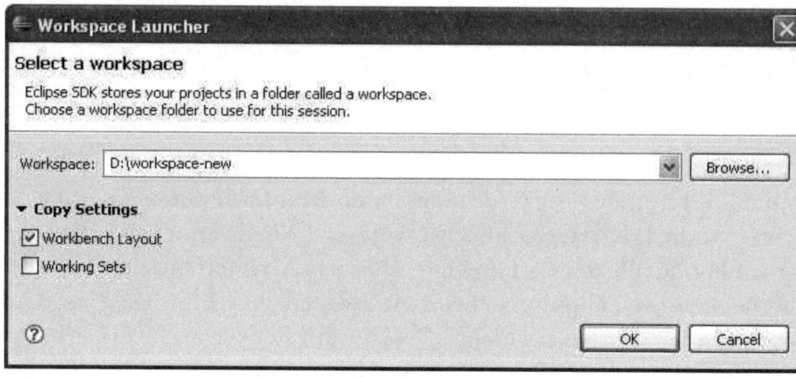

Abb. 2-1 *Der aus Eclipse hervorgerufene Workspace-Selektor*

2.1.2 Ressourcen

Unter *Ressourcen* versteht man in der Eclipse-Terminologie all das, was auf einem Dateisystem abgelegt wird. Neben *Dateien* und *Ordnern* gilt das *Projekt* als eigenständiger Ressourcentyp. Die Organisation ist hierarchisch. Projekte befinden sich auf der ersten Ebene. Projekte und Ordner werden auch als *Container* bezeichnet und können Dateien und weitere Ordner beinhalten. Dabei müssen Dateien und Verzeichnisse eines Projektes nicht zwangsläufig auch physisch innerhalb des Projektpfades abgelegt werden, sondern können sich als verknüpfte Ressource (engl. *linked resource*) auch außerhalb davon aufhalten.

2.1.3 Eclipse-Workbench

Die Arbeitsschritte des Entwicklers werden in der *Workbench* realisiert. Eine Workbench, von der durchaus mehrere Instanzen geöffnet sein können, ist ein Fenster mit einer Reihe verschiedenartiger Bereiche, deren konkrete Anzahl und Anordnung sehr frei vom Benutzer gestaltet werden kann. Abbildung 2-2 zeigt eine dem Auslieferungszustand ähnliche Aufteilung, wobei noch einige Projekte geöffnet sind. Wichtige Bedienelemente sind dort besonders hervorgehoben. Diese werden in den folgenden Abschnitten beschrieben.

2.1.4 Menüleiste

Unter der Titelleiste des Fensters befindet sich die Pulldown-Menüleiste, über die die möglichen Kommandos ausgeführt werden können, die

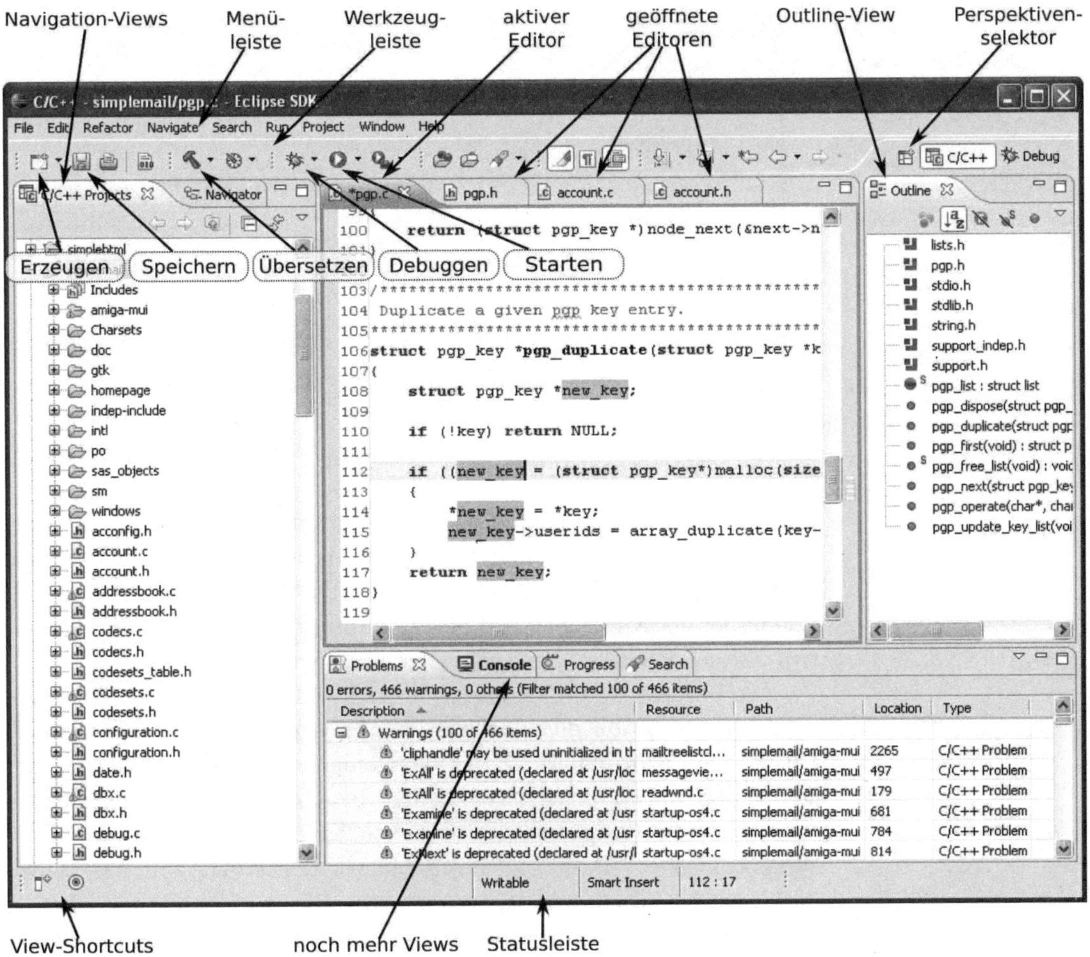

Abb. 2-2
Die Eclipse-Workbench

dann irgendeine Veränderung hervorrufen. Etwas größer ist die Menüzeile in Abbildung 2-3 dargestellt. Deren Aufbau hält sich im Grunde an die Konventionen für Benutzeroberflächen. Im *File*-Menü befinden sich Aktionen, um Dateien zu öffnen, zu sichern und so weiter. Im *Edit*-Menü befinden sich typische Aktionen, die z.B. das Kopieren und Einfügen von ausgewählten Elementen veranlassen. Hilfe erhalten Sie mit dem *Help*-Menü, das ganz rechts platziert ist und in der Abbildung aufgeklappt ist. Zwischen den genannten Menüs befinden sich Einträge, deren Aufbau oder gar Vorhandensein vom aktuellen Fokus, aber auch von den installierten Erweiterungen abhängig ist.

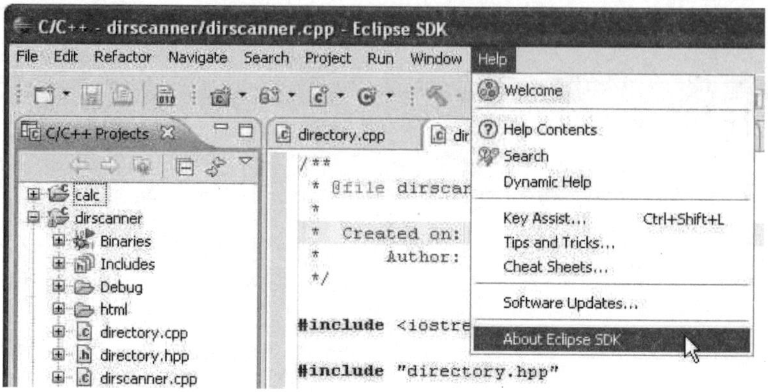

Abb. 2-3 *Die Menüzeile, in der das Menü* Help *ausgewählt ist*

2.1.5 Werkzeugleiste

Unter der Menüleiste befindet sich standardmäßig die Werkzeugleiste. Die Werkzeugleiste beinhaltet kleine Buttons, über deren Aktion ein Symbol oder ein Tooltip Aufschluss gibt. Der Umfang der Aktionen ist gegenüber der Menüleiste auf die am häufigsten ausgeführten beschnitten, dafür können Sie diese schneller erreichen.

Die Buttons sind ihrer Funktion nach in Gruppen angeordnet, wobei Sie die Position der einzelnen Gruppen über eine kleine vertikale Leiste (engl. *trim*) innerhalb der Werkzeugleiste verändern können, gegebenenfalls auch in weiteren Zeilen. In Abbildung 2-4 beispielsweise wurden die Gruppen in zwei Zeilen aufgeteilt. Einige Buttons der Werkzeugleiste sind zusätzlich mit einem Dreieck versehen, das auf ein Pulldown-Menü aufmerksam macht. Mit dessen Hilfe kann die Aktion präzisiert werden. Beispielsweise bietet das Pulldown-Menü des *New C/C++ Project*-Buttons () die Möglichkeit an, ein neues C-Projekt oder ein neues C++-Projekt anzulegen oder ein bereits existierendes Eclipse-Projekt in ein C/C++-Projekt zu transformieren. Auch das können Sie in der Abbildung sehen.

2.1.6 Statusleiste

Wie von anderen Programmen bekannt, befindet sich eine Statusleiste im unteren Teil des Fensters, die beispielsweise für einen aktiven Editor die aktuelle Zeilennummer angibt.

2.1.7 Editoren und Views

Editoren

Der Hauptbereich der Oberfläche wird durch *Editoren* und sogenannte *Views* beansprucht. Editoren werden, wie der Name schon sagt, hauptsächlich zum Bearbeiten von Quelltexten oder allgemeiner von Dateien

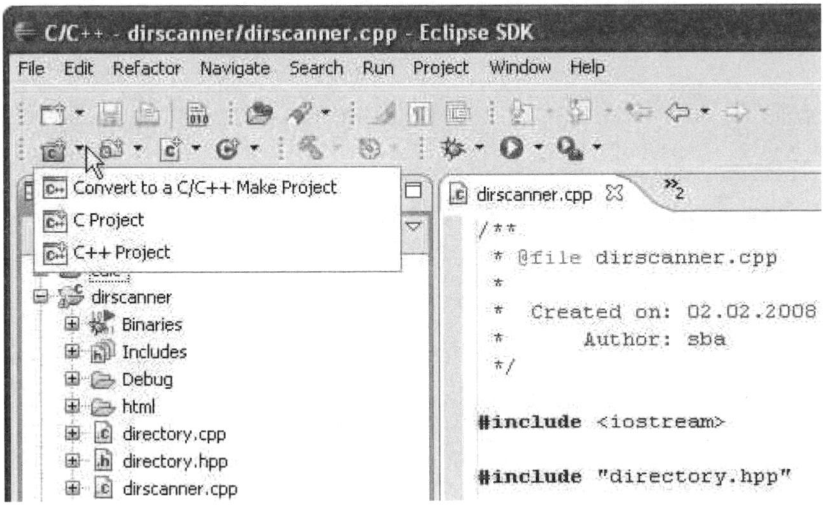

Abb. 2-4
Buttons sind nach ihrer Funktion gruppiert und können Pulldown-Menüs besitzen.

benutzt. Editoren befinden sich im Editorfeld, das in der Abbildung 2-2 deutlich die zentrale Stelle einnimmt und pro Workbench höchstens einmal vorkommt.

Views

Demgegenüber dienen Views der Darstellung von spezifischen Informationen. Dazu zählen beispielsweise andere Darstellungsformen des gerade in Bearbeitung befindlichen Quelltextes, wie es durch *Outline*-View realisiert ist und auf der rechten Seite der Abbildung zu sehen ist. Er gibt einen Überblick über definierte Funktionen und andere Elemente. Ein View, der eine gänzlich andere Information anzeigt, ist der *Variables*-View. Ihn werden Sie vor allen Dingen beim Debugging nützlich finden. Auch die in der Abbildung links dargestellte Projekthierarchie ist ein View oder, genauer gesagt, ein Vertreter der *Navigation*-Views, die im Allgemeinen die hierarchische Organisation der Ressourcen widerspiegeln.

Titelleiste

Identifizierbar sind Editoren und Views immer anhand der Titelleiste, die wie die Fensterdekoration des Desktops in einem aktiven und einem inaktiven Zustand gezeichnet werden kann. Ebenso ist vom Desktop die Möglichkeit entlehnt, die Elemente per *Drag'n'Drop* über ihre Titelleiste auf der Oberfläche verschieben zu können. Editoren dürfen Sie auf diese Weise ausschließlich in ihrem Bereich neben-, unter- oder übereinander umstellen, wobei letztere Variante sicherlich die gebräuchlichste ist. Bereiche mit überdeckenden Editoren haben dann die Form eines Registerfelds, in dem die Registerkarten mit den geöffneten Editoren korrespondieren. Dagegen lassen sich Views nur außerhalb des Editorfelds platzieren, bieten Ihnen ansonsten aber mehr Möglichkeiten der Positionierung. So können sie auch von der Workbench auf den Desktop gezogen werden, was sie in gewöhnliche Fenster verwandelt.

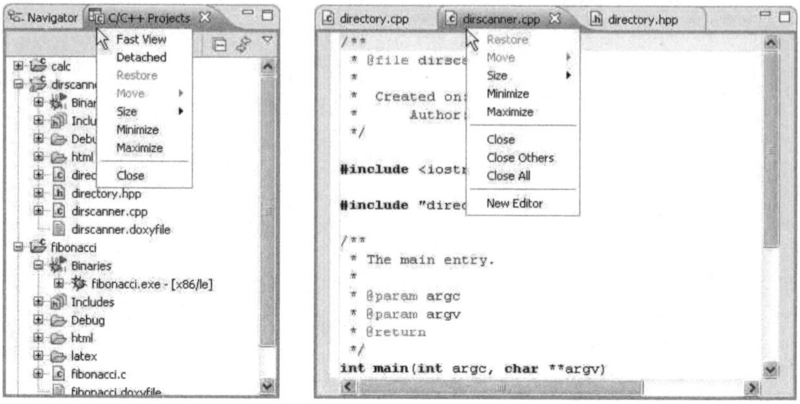

Abb. 2-5 *View und Editor in Gegenüberstellung. Die Kontextmenüs können durch einen Rechtsklick auf die Titelleiste hervorgebracht werden.*

Operationen über der Titelleiste

Abbildung 2-5 stellt einen View einem Editor gegenüber. In beiden Elementen sehen Sie ein Kontextmenü, das Sie durch einen Rechtsklick über der jeweiligen Titelleiste hervorbringen können. Darüber ist es möglich, die aus grafischen Benutzeroberflächen bekannten Operationen wie *Minimieren*, *Maximieren* und so weiter aufzurufen. Andere Auswahlmöglichkeiten beschränken sich auf nur einen Typ. So können Views zusätzlich vom Workbench-Fenster über das besagte Menü mit *Detached* als eigenständige Fenster herausgelöst werden, was dem Herausziehen des Views entspricht, oder in den Zustand *Fast View* übergehen.

Fast View

Ein *Fast View* ist eine Art ikonifizierter View, dessen Symbol in einer speziellen Werkzeugleiste erscheint, die standardmäßig im unteren Teil des Fensters ihren Platz findet. Ein ikonifizierter View wird bei Klick auf sein Symbol dargestellt, verschwindet dann aber wieder, sobald ein anderes Element aktiviert wird. Sinnvoll ist dieser Zustand für nur gelegentlich eingesehene Views. In besetzten Zustand können Sie die Leiste in Abbildung 2-6 sehen. Dort sind gerade drei Views ikonifiziert: *Outline*, *Navigator* und *Search*. Mit dem Button *Show View as a fast view*, über den der Mauszeiger gerade schwebt, können Sie die Liste ganz flink um weitere noch nicht geöffnete Views ergänzen.

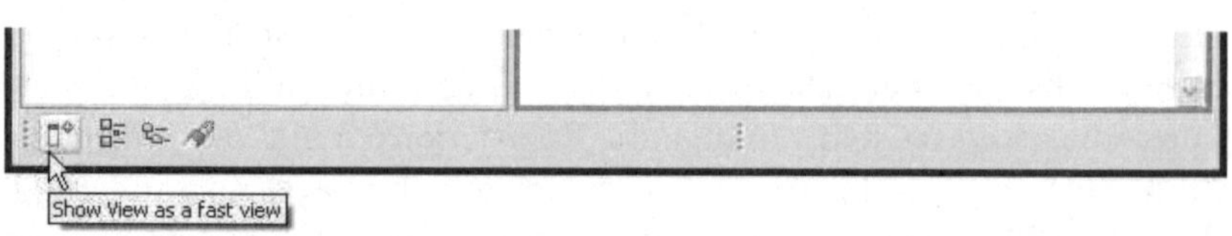

Abb. 2-6 Fast View-*Leiste. Der* Navigator-*View ist gerade geöffnet.*

Zum Teil lassen sich die eben beschriebenen Funktionalitäten auch mittels Tastatur herbeiführen. So können Sie beispielsweise mit STRG+M den momentan aktiven View oder Editor maximieren – sehr praktisch, wenn der der Workbench zur Verfügung stehende Platz recht klein ist und Sie gerade Modifikationen am Quelltext vornehmen.

2.1.8 Perspektiven

Eclipse und CDT bieten eine Vielzahl von Views an, deren Umgang und Nutzen wir im Laufe dieses Buches detailliert kennenlernen werden. Häufig wird es so sein, dass der aktuelle Entwicklungsschritt andere Informationen benötigt als ein folgender. Beispielsweise ist beim Editieren von Quelltexten die bereits erwähnte Projekthierarchie interessant, während diese Information speziell beim Debugging weniger von Nutzen ist. Beim Debugging hingegen möchten wir die Belegung aller im Scope vorhandenen Variablen wissen. Mit dem Konzept der *Perspektiven* bietet Eclipse die Möglichkeit, zwischen Ansichten verschiedener Aufgabenbereiche schnell umzuschalten.

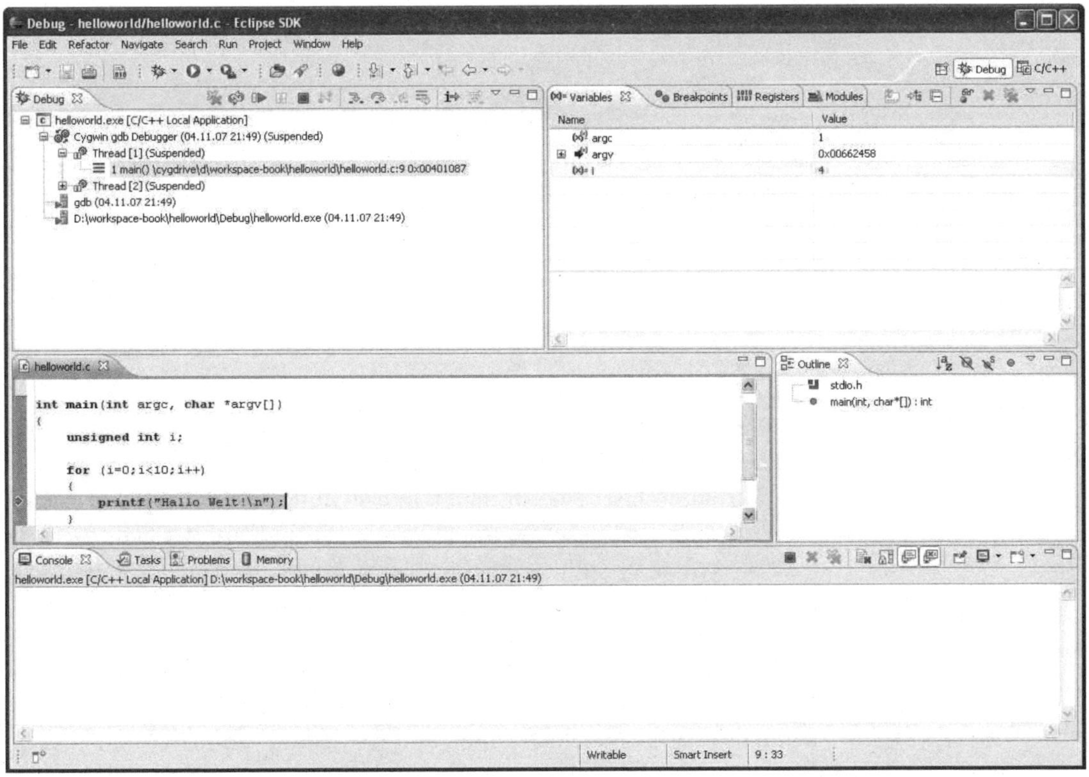

Abb. 2-7
Die Debug-Perspektive

Eine Perspektive bestimmt das Layout der Eclipse-Workbench und definiert zusätzlich mögliche Aktionen, die von Menü- und Werkzeugleiste in die Gänge gebracht werden können. Während z.B. in Abbildung 2-2 die *C/C++*-Perspektive gezeigt wurde, zeigt im Unterschied dazu Abbildung 2-7 die *Debug*-Perspektive, eine der Debugging-Aufgabe angepasste Benutzerschnittstelle. Geöffnet werden können Perspektiven z.B., wie in Abbildung 2-8 dargestellt, nach Auswahl des Menüpunktes *Window > Open Perspective > Other...*. Daraufhin erscheint das auf der rechten Seite abgebildete Fenster, in dem alle vorhandenen Perspektiven aufgelistet sind. Bereits einmal geöffnete Perspektiven lassen sich über Shortcuts rechts oben in der Workbench abrufen. Mit dem Menüeintrag *Window > Close Perspective* können Sie die aktuelle Perspektive auch wieder schließen.

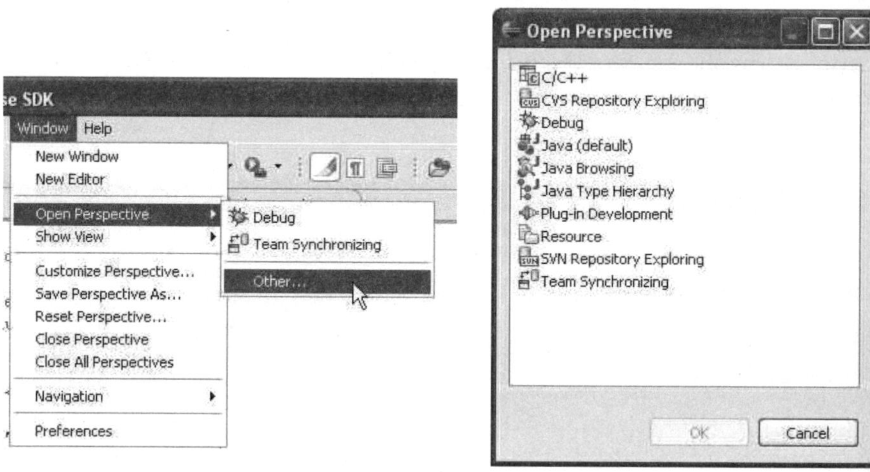

Abb. 2-8
Eine beliebige Perspektive öffnen

Perspektiven können wahlweise in der gleichen Workbench umgeschaltet werden oder in einem neuen Workbench-Fenster erscheinen. Das Verhalten lässt sich in den Voreinstellungen, die über den Menüpunkt *Window > Preferences...* zu erreichen sind, auf der Seite *General > Perspectives* beeinflussen. Neben den durch die Plattform bereitgestellten Perspektiven ist es auch möglich, eigene Konfigurationen zu erstellen. Das aktuelle Layout lässt sich durch den Menüpunkt *Window > Save Perspective As...* unter einem neuen Namen abspeichern und mit *Window > Customize Perspective...* weiter anpassen. Insgesamt ist die Benutzeroberfläche sehr flexibel, und fast jedes Detail lässt sich ändern. Mehr darüber erfahren Sie in Abschnitt 2.6.

2.2 Das erste Projekt

Dieser Abschnitt soll Ihnen einen Vorgeschmack auf die Arbeit unter Eclipse und CDT geben, ohne auf Details oder gar spezielle Problemlösungen einzugehen. Es werden die wichtigsten Schritte anhand einer kleinen Applikation beschrieben, die die Glieder der Fibonacci-Zahlenfolge auf dem Bildschirm ausgibt. Sie werden anschließend in der Lage sein, Ihre ersten eigenen Projekte mit CDT zu erstellen und zu warten.

2.2.1 Eclipse Setup

Automatisches Übersetzen ausschalten

Für die C/C++-Entwicklung empfiehlt es sich generell, das in Eclipse übliche automatische Übersetzen von Projekten, das beim Abspeichern von Quelltexten aktiv wird, abzuschalten. Im Gegensatz zum Java-Builder funktioniert der Build für C/C++-Projekte nicht inkrementell, d.h., es wird mindestens die eine Datei, an der Sie eine Änderung vorgenommen haben, komplett neu übersetzt. Dies kann je nach Größe des Projektes, der verwendeten Include-Dateien sowie der eingebundenen externen Bibliotheken erhebliche Zeit in Anspruch nehmen und damit den Arbeitsfluss beeinträchtigen. Mit Hilfe des Menüpunkt *Project > Build Automatically* können Sie diese Funktion ein- oder abschalten.

Auf die C/C++-Perspektive wechseln

Wenn nicht anders angegeben, finden die Interaktionen mit Eclipse in der *C/C++*-Perspektive statt, die von CDT für das Entwickeln von C/C++-Projekten eingerichtet wurde. Öffnen Sie diese bitte, falls sie noch nicht sichtbar ist.

Kann der Compiler aufgerufen werden?

Jetzt stellt sich noch die Frage, woher CDT weiß, wo Compiler und die anderen Tools zu finden sind, die zu Beginn installiert wurden. CDT benutzt für das Auffinden der Programme den Kommandosuchpfad, der über die Umgebungsvariable `PATH` global definiert wird. Unter Windows wird jedoch der Compiler nicht zwingend im globalen Kommandosuchpfad zu finden sein, wohingegen dies unter Linux eher üblich ist. Sie können dies gleich einmal testen, indem Sie in einer Eingabeaufforderung das Kommando `gcc` eingeben. Wird der Befehl gefunden? Falls ja, können Sie zum nächsten Abschnitt übergehen.

Kommandosuchpfad anpassen

Ansonsten müssen Sie entweder der Umgebungsvariable `PATH` den richtigen Pfad hinzufügen; hier ist gegebenenfalls ein Neustart von Eclipse erforderlich. Oder Sie gehen in den Eclipse-Voreinstellungen, die über den Menüpunkt *Window > Preferences* hervorgerufen werden, auf die Seite *C/C++ > Environment*, um die Variable ausschließlich für CDT anzupassen, wie in Abbildung 2-9 zu sehen ist. Um in der Liste den Eintrag hinzuzufügen, klicken Sie auf den Button *Add...*. Im neuen Dialog geben Sie bei *Name* den Text `PATH` ein und bei *Value* das Verzeichnis, in dem sich das Programm `gcc` befindet. Verwenden Sie beispielsweise Cygwin, dann setzt sich der Eintrag aus dem Root-Verzeichnis, für das Sie sich bei der Cygwin-Installation entschieden haben, und `\bin` zusammen. Beide Fenster schließen Sie mit *Ok*.

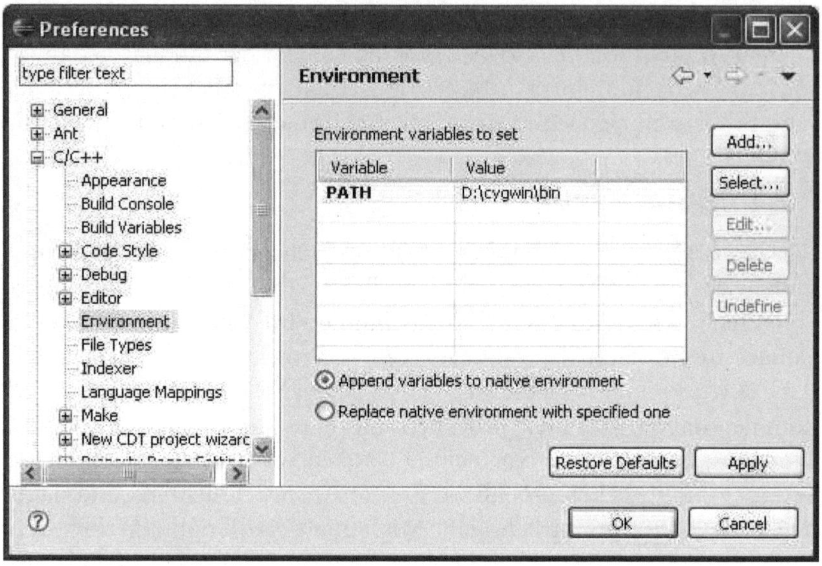

Abb. 2-9 *Die Variable* PATH *können Sie in den Einstellungen für Umgebungsvariablen anpassen.*

2.2.2 Ablauf

Im Rahmen des einführenden Beispiels benutzen wir in der Werkzeugleiste die Buttons

- *New C/C++ Project*, um ein neues Projekt anzulegen,
- *New C/C++ Source File*, um eine neue Quelldatei anzulegen,
- *Save*, um Änderungen in einer Datei zu sichern,
- *Build*, um das Projekt zu übersetzen,
- *Run*, um das übersetzte Programm in Eclipse auszuführen, und
- *Debug*, um das übersetzte Programm zu debuggen.

2.2.3 Ein neues Projekt anlegen

Wählen Sie im Popup-Menü des *New C/C++ Project*-Buttons in der Werkzeugleiste den Eintrag *C Project*[1]. Daraufhin öffnet sich ein Wizard, der Sie nach dem Namen des Projektes fragt. Wie in Abbildung 2-10 dargestellt, geben Sie hier bitte `fibonacci` ein. Achten Sie darauf, dass

[1]Alternativ können Sie im Menü den Menüeintrag *Project > New > C Project...* auswählen.

bei *Project types* der Eintrag *Executable* hervorgehoben ist. Klicken Sie dann auf *Finish*, um die Angaben zu bestätigen und den Wizard zu schließen. Im *C/C++ Projects*-View sollte anschließend ein neues Projekt unter dem angegebenen Namen erscheinen.

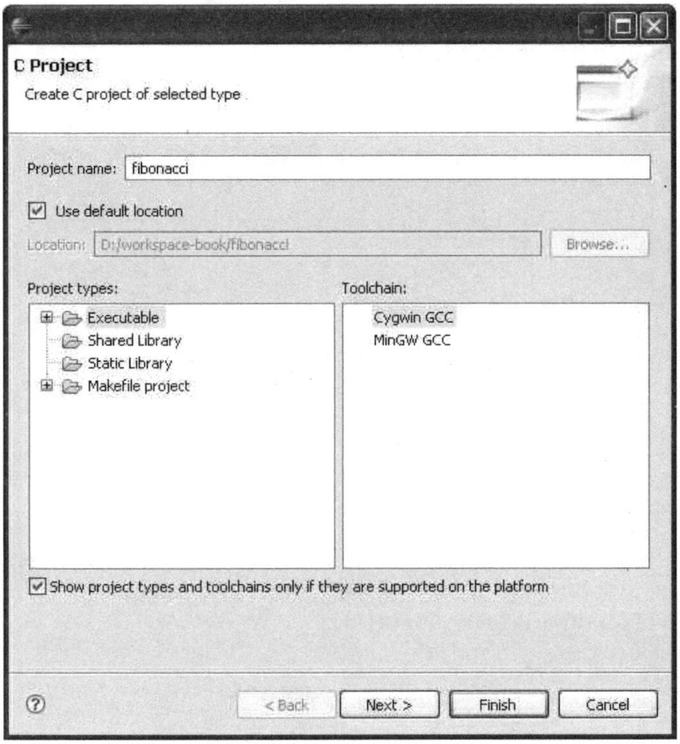

Abb. 2-10
Wizard, um neue C-Projekte anzulegen

2.2.4 Die Quelldatei erzeugen

Selektieren Sie im *C/C++ Projects*-View unser eben erstelltes Projekt und klicken Sie in der Werkzeugleiste auf den Button *New C/C++ Source File*, woraufhin ein Fenster erscheint, das Sie zur Eingabe des Ordners und des Namens auffordert. Stellen Sie sicher, dass bei *Source Folder* der Name unseres Projektes, also *fibonacci*, zu finden ist, und geben Sie bei *Source File* den Namen *fibonacci.c* an. Die Quelltext-Datei wird angelegt, sobald Sie die Eingabe mit *Finish* bestätigen.

Es treten nun zwei sichtbare Veränderungen innerhalb der Workbench auf. Erstens erscheint im *fibonacci*-Projekt der Dateiname `fibonacci.c`. Zweitens, und das ist viel auffälliger, wird das Editorfeld nun durch einen Editor für die neue Datei belegt, wie Sie am Titel deutlich erkennen können. Darin enthalten ist ein Cursor, der uns blinkend zur Quelltexteingabe auffordern möchte. Seiner Aufforderung nachgehend geben Sie den folgenden Quelltext ein und behalten dabei den *Outline*-View im Auge:

Listing 2.1
fibonacci.c

```
#include <stdio.h>

unsigned int fib(unsigned int n)
{
  int i, f1=0, f2=1, f3;

  if (n<2) return n;

  for (i=2;i<=n;i++);
  {
    f3 = f1 + f2;
    f1 = f2;
    f2 = f3;
  }
  return f2;
}

int main(int argc, char *argv[])
{
  for (i=0;i<10;i++)
    printf("fib(%u)=%u\n",i,fib(i));
  return 0;
}
```

Zwei sehr nützliche Funktionen von CDT werden Sie schon beim ersten Eingeben des Textes bemerken:

1. Sobald Sie eine kleine Pause beim Eingeben machen, wird links vom eigentlichen Texteditor an der richtigen Zeile ein Warnsymbol angezeigt, falls rein formal kein syntaktisch korrekter C/C++-Quelltext vorliegt.
2. Der *Outline*-View, der die Struktur des Programms abbildet, passt sich zügig der aktuellen Eingabe an.

Benutzen Sie den Button Save*, um die Datei zu sichern.*

Sobald Sie fertig sind, betätigen Sie den Button *Save*, den Menüpunkt *File > Save* oder den Tastatur-Shortcut STRG+S, um die Datei abzulegen. Die Benutzeroberfläche sollte sich nun in der gleichen Ansicht befinden, wie sie in Abbildung 2-11 zu sehen ist.

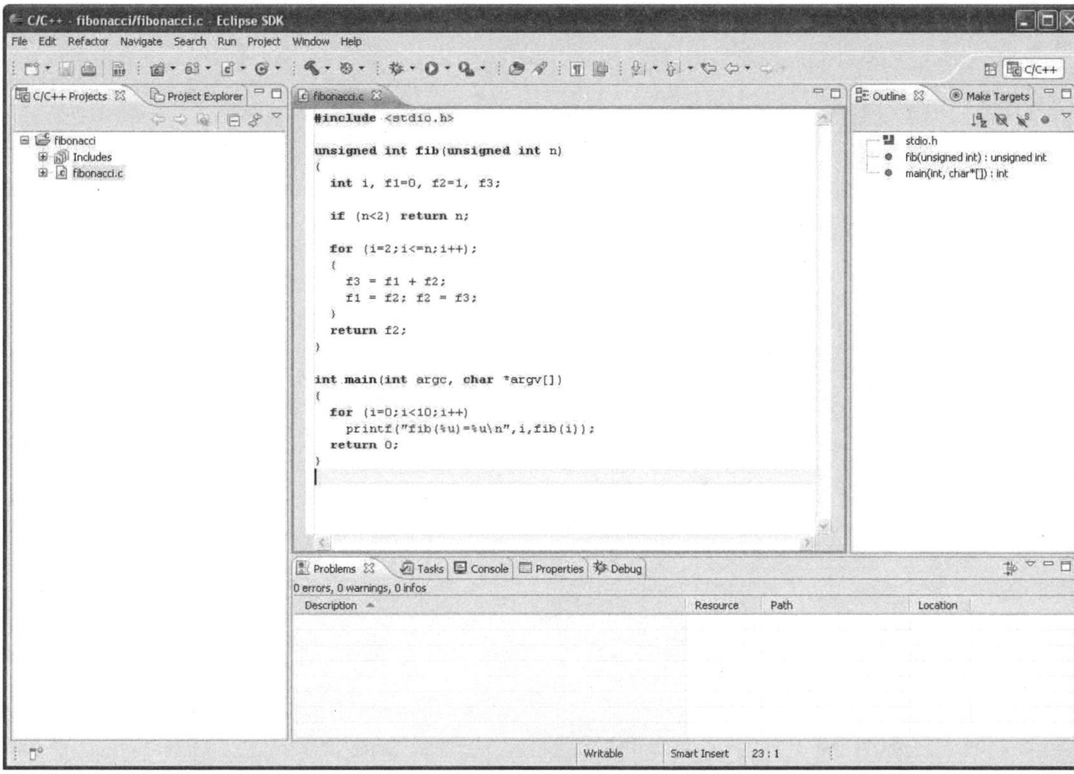

Abb. 2-11
Die C/C++-Perspektive mit geöffnetem Quelltext-Editor. Der Outline-View rechts zeigt die Struktur des Quelltextes an.

2.2.5 Übersetzen

Um das manuelle Übersetzen unseres Projektes zu starten, benutzen Sie bei aktiviertem Projekt entweder den durch ein Hämmerchen symbolisierten Build-Button aus der Werkzeugleiste oder den Menüpunkt *Project > Build Project*. Daraufhin öffnet sich ein Fenster, das Sie über den anstehenden Übersetzungsvorgang aufmerksam machen möchte. Wenn Sie den *Console*-View zur Ansicht bringen[2], werden Sie die aufgerufenen Compiler-Kommandos und ihre Ausgaben umgeben von ein paar CDT-spezifischen Ausgaben erkennen können.

Bestimmt haben Sie es bei der Eingabe schon bemerkt, dass sich im abgedruckten Quelltext ein Fehler eingeschlichen hat. Falls Sie diesen übernommen haben, so macht Eclipse den Fehler gleich auf verschiedene Arten deutlich, die in Abbildung 2-12 zu sehen sind.

[2]Wenn Sie diesen nicht finden, nutzen Sie bitte den entsprechenden Menüeintrag unter *Window > Show View* oder die Tastenkombination ALT+SHIFT+Q,C.

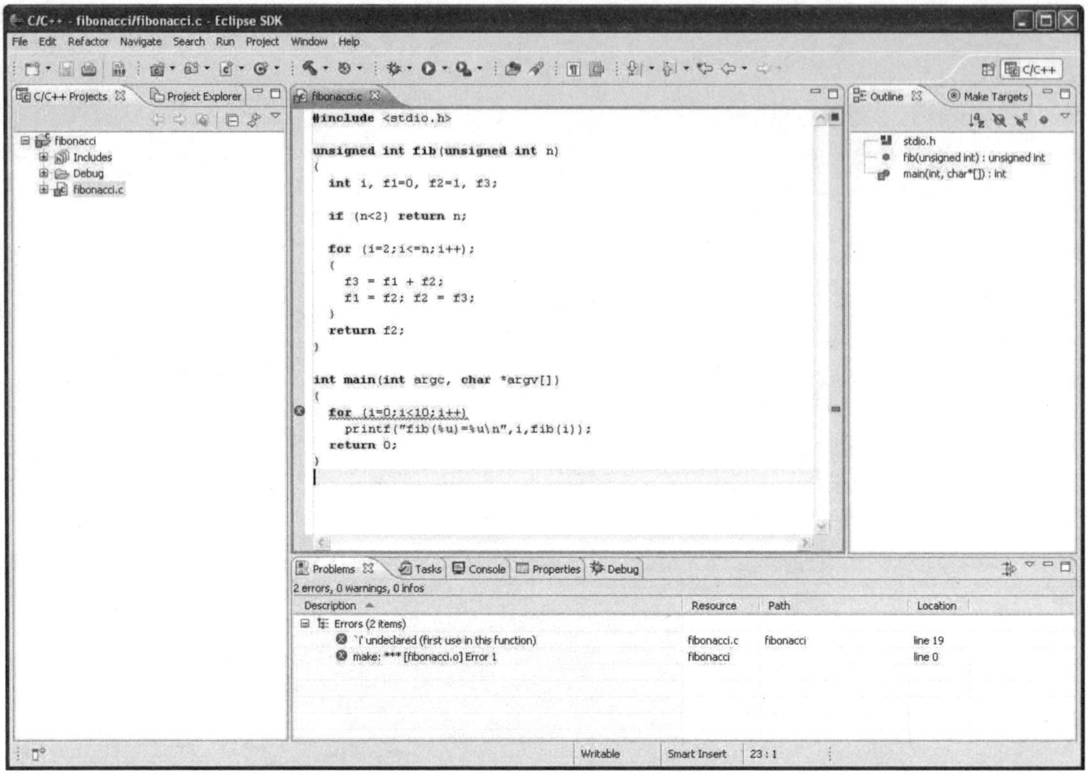

Abb. 2-12
Hinweise auf Fehler durch Marker und Unterstreichungen

Den deutlichsten Hinweis gibt dabei der Quelltexteditor selbst. Ein roter Marker auf der linken Seite des Editors zeigt die Zeile an, bei der der Compiler den Fehler vermutet. Führt man den Mauszeiger über den Marker, so erscheint eine genaue Beschreibung, die in etwa

```
'i' undeclared (first use in this function)
```

lauten sollte. Logisch, denn die Programmiersprache C erwartet die Deklaration einer Variablen vor deren Benutzung. Das haben wir nicht gemacht, und dieses Versäumnis wird zurecht vom Compiler moniert. Wir fügen also vor die Schleife ein `int i` ein, speichern den Quelltext erneut ab und lassen den Compiler wieder seine Arbeit verrichten, indem wir auf den entsprechenden Button klicken.

Dieses Mal sollten Fehlermeldungen durch den Compiler ausbleiben, die roten Marker also nicht mehr zu sehen sein. Eine weitere Änderung macht sich dann im *C/C++-Project*-View bemerkbar: Ein neuer besonders gekennzeichneter Ordner, der den Namen *Binaries* trägt, zeigt an, dass im Projekt eine ausführbare Datei vorhanden ist. Durch

Aufklappen des Ordners können Sie sich vergewissern, dass es sich tatsächlich um unsere *Fibonacci*-Applikation handelt.

2.2.6 Ausführen

Jetzt, wo alles nach Plan übersetzt wurde, wollen wir das Programm einmal starten. Stellen Sie hierfür sicher, dass im *C/C++-Projects*-View das Projekt `fibonacci` selektiert ist. Anschließend können Sie den Menüpunkt *Run* > *Run* oder den durch ein Play-Symbol gekennzeichneten *Run*-Button in der Werkzeugleiste nutzen, um das Programm auszuführen, wobei implizit der Übersetzungsprozess noch einmal angestoßen wird.

Die Standardausgabe der ausgeführten Programme wird in den *Console*-View umgeleitet. In unserem Fall sollte die Ausgabe

```
fib(0)=0
fib(1)=1
fib(2)=1
...
fib(9)=1
```

ähneln, was nicht genau dem erwarteten Ergebnis entspricht. Es ist also gleich Zeit, sich dem Debugger zuzuwenden.

Zuvor inspizieren wir aber erneut die Konsolenausgabe. Wir können darin erkennen, dass der Compiler mit der Option `-O2` aufgerufen worden ist. Dies bedeutet, dass der Compiler den Code optimiert, was eine denkbar schlechte Voraussetzung für eine quelltextbasierte Debug-Session ist. Deshalb wollen wir zunächst die Optimierungsstufe des Compilers ändern.

Hierzu benötigen wir die *Project Properties* unseres Projektes. Sie bekommen Zugriff darauf, indem Sie im Kontextmenü des Projektordners den Eintrag *Properties* auswählen. Zugleich erscheint ein neues Fenster mit typischem Voreinsteller-Layout, d.h., links befinden sich hierarchisch angeordnete Kategorien und rechts die konkreten Einstellmöglichkeiten. Von der Menge der angebotenen Optionen soll an dieser Stelle nur die Seite *C/C++-Build* > *Settings* interessieren und davon ganz speziell die Auswahl *Optimization* der Registerkarte *Tool settings*; wie in Abbildung 2-13 zu sehen, setzen wir sie auf *None (-O0)*. Mit Klick auf *Ok* akzeptieren wir die vorgenommene Einstellung.

2.2.7 Programmfehler aufspüren

Sie haben das Problem sicherlich schon beim Eingeben entdeckt oder sich gar geweigert, den Quelltext in der gedruckten Form abzutippen. Eventuell haben Sie auch unbewusst den Fehler nicht mit übernommen.

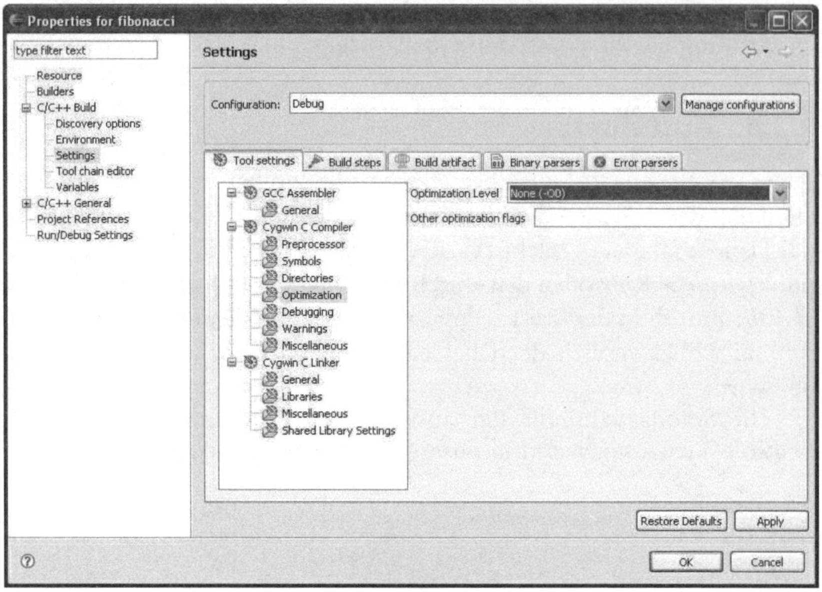

Abb. 2-13 *Optimierungseinstellungen. Um Source-Level-Debugging durchzuführen, ist es sinnvoll, die durch den Compiler vorgenommenen Optimierungen gänzlich abzuschalten.*

Wie dem auch sei, wir werden jetzt den Debugger zu Rate ziehen, um dem kleinen Fehler, den wir bei der Konsolenausgabe bemerkt haben, auf die Schliche zu kommen.

Um das Programm im Debug-Modus zu starten, benutzen Sie den *Debug*-Button, der sich gleich neben dem *Run*-Button befindet und stilecht durch einen Käfer gekennzeichnet ist. Abermals versucht Eclipse, das Projekt zu übersetzen – dieses Mal jedoch mit der geänderten Optimierungseinstellung.

Eclipse wird Sie nun fragen, ob Sie in die *Debug*-Perspektive schalten möchten; bestätigen Sie diese Frage bitte. Wenn Sie die ebenfalls angebotene Option *Remember my decision* aktivieren, werden Sie in Zukunft gar nicht mehr gefragt. Nebenbei bemerkt können Sie diese Entscheidung in den *Run/Debug* > *Perspectives*-Voreinstellungen unter *Open the associated perspective when an application suspends* auch wieder rückgängig machen.

Je nach verwendetem Compiler kann es unter dem Windows-Betriebssystem vorkommen, dass Eclipse den Quelltext nicht findet, da CDT zu Beginn z.B. nichts von Cygwin-Pfaden zu wissen scheint. In dem Fall haben Sie die Möglichkeit, den Quelltext mit *Locate File...* auch für Eclipse auffindbar zu machen. Unter Linux sollten Sie derartige Probleme bei diesem Beispiel nicht haben.

Abbildung 2-14 zeigt den Aufbau der Workbench mit gestarteter Debugging-Session auf. Im Unterschied zur *C/C++*-Perspektive nimmt das Editorfeld in der standardmäßigen Einstellung deutlich weniger

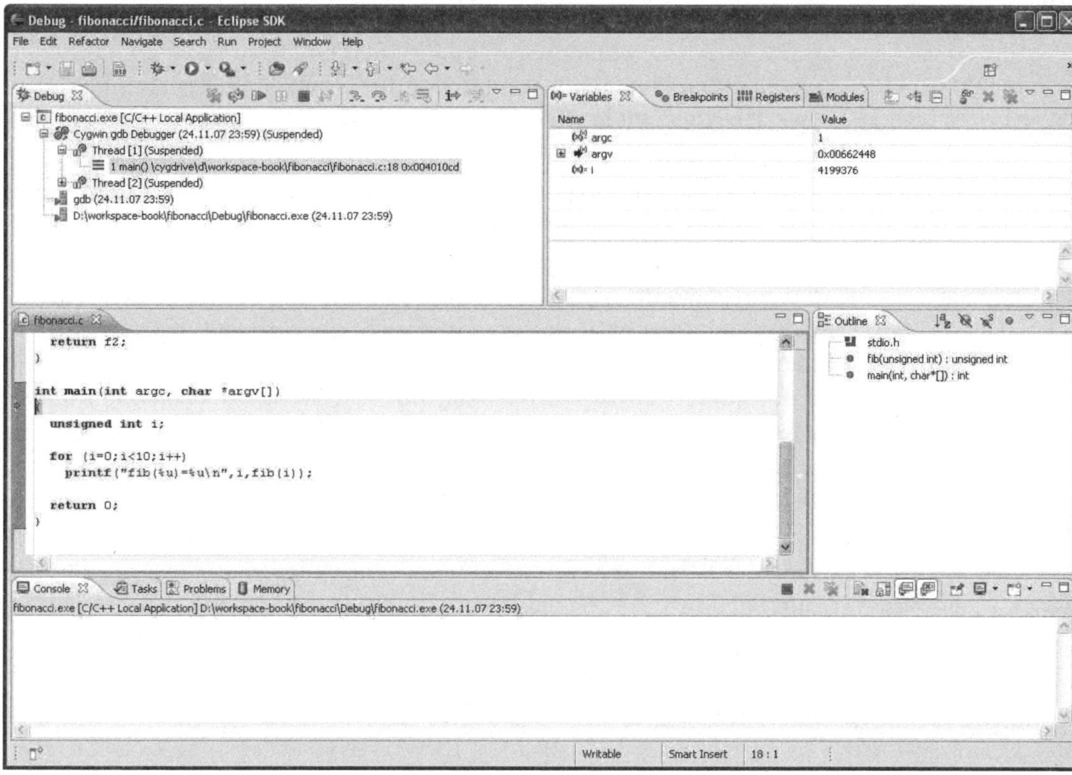

Abb. 2-14
Die erste Debugging-Session

Platz ein. Der *C/C++-Project*-View mit seiner gesamten Projekthierarchie ist gänzlich verschwunden. Der dadurch entstandene Platz wird durch zwei bisher geschlossene View-Felder ausgefüllt. Dabei ist der hier überhaupt wichtigste View der *Debugging*-View, mit dem einige Buttons assoziiert sind; durch sie kann der Ablauf des zu debuggenden Programm gesteuert werden. Im Quelltexteditor korrespondiert ein blauer Pfeil zum aktuellen Wert des Befehlszählers der CPU (im Englischen *program counter* oder *instruction pointer*), also eine Zeile mit einer Anweisung, die als Nächstes ausgeführt werden soll. Zu Beginn ist es die Zeile mit der ersten Anweisung gleich unter dem *main*()-Funktionskopf.

Um den nächsten Schritt des Programms ausführen zu lassen, benutzen wir den Button *Step Over*. Nach einem zweiten Schritt steht der Befehlszähler auf der Zeile mit dem *printf*()-Aufruf. Der *Variables*-View wurde aktualisiert und zeigt für die Variable *i* den Wert 0. Wir lassen das Programm weitere zwei Schritte laufen. Da die Ausgabe für

$i = 2$ nicht stimmte, betätigen wir anschließend den Button *Step Into*, mit dessen Hilfe wir in Funktionen hineinspringen können.

Der Befehlszähler steht nun auf der ersten Zeile der Funktion *fib*(). Der *Variables*-View wurde an die sichtbaren Variablen angepasst. Wir führen weitere Schritte aus und überprüfen dabei, ob das Ändern der Variablen und der Kontrollfluss mit unseren Erwartungen übereinstimmen. Wenn sich der Befehlszähler hinter dem Schleifenkopf befindet, spätestens aber, wenn wir den Schleifenrumpf passiert haben, stellen wir fest, dass die Schleife nicht ordnungsgemäß abgearbeitet wird. Genau genommen wird sie überhaupt nicht abgearbeitet. Bei sorgfältigem Hinschauen ist der Übeltäter schnell erkannt: ein überflüssiges Semikolon hinter der `for`-Anweisung. Ein sehr typischer Fehler, der immer wieder auch von C-Entwicklern mit mehrjähriger Erfahrung gemacht wird; der Autor schließt sich hier nicht aus.

Benutzen Sie den Button Stop ■, *um die Ausführung zu terminieren.*

Noch in der *Debug*-Perspektive entfernen Sie das Semikolon und klicken auf den Button mit dem roten Stoppsymbol, um die Abarbeitung des Programmes zu terminieren. Anschließend sichern Sie die eben durchgeführte Änderung, bevor das Programm wieder zur Ausführung gebracht werden kann. Ein Klick auf den *Run*-Button in der Werkzeugleiste genügt dafür. Die Ausgabe im *Console*-View sollte jetzt tatsächlich die bekannte Fibonacci-Zahlenfolge widerspiegeln.

2.2.8 Zusammenfassung und Ausblick

In diesem Abschnitt haben Sie erfahren, wie Sie mit Eclipse und CDT neue Projekte anlegen können, haben erste Erfahrungen mit dem Editor gesammelt, einen kurzen Ausschnitt über die Arbeitsweise des Build-Prozesses kennengelernt und unter Zuhilfenahme des Debuggers einen Fehler aufgespürt. Auf Grundlage der vorgestellten Arbeitsschritte könnten Sie, wenn Sie mögen, das Buch kurz beiseite legen und zunächst Eclipse auf eigenem Wege erkunden.

Natürlich liegt der Teufel auch hier im Detail. Der Funktionsumfang der IDE ist weitaus komplexer, ansonsten wäre das Buch hier bereits zu Ende, und Sie würden sich wahrscheinlich ärgern. Für den Rest des Buchs werden Schritt für Schritt die Möglichkeiten vertieft, die Eclipse, CDT und andere Plugins Ihnen in Sachen C/C++-Programmieren bieten. Um jedoch eine Vertrautheit gegenüber der Plattform zu gewinnen, bedarf es neben dem Studium auch der praktischen Anwendung. Hier können Sie die Zügel selbst in die Hand nehmen und, ausgehend von den Beispielen, das Gelernte auf die eigenen Problemstellungen transferieren. Dabei können Sie das Buch ruhig auch mal zur Seite legen, denn Hilfestellungen, die bei einem solchen Erkundungstrip vonnöten sind, vermag Ihnen auch Eclipse in verschiedenen

Formen selbst zu geben. Auf die unterschiedlichen Facetten des Hilfesystems soll deswegen im folgenden Kapitel eingegangen werden.

2.3 Das Eclipse-Hilfesystem

Die Eclipse-Plattform kommt mit einem zentralen Hilfesystem daher. Plugins, die einer Anleitung bedürfen, können sich in das System einklinken und Ihnen ihre eigenen Inhalte anbieten. Auf diese Weise haben Sie zudem den kompletten Überblick über alle auf Ihrem System eingerichteten Plugins.

In diesem Abschnitt werden Sie erfahren, in welchen Situationen Sie auf welche Weise die Hilfe aufrufen können.

2.3.1 Dokumentationsaufbau

Die oberste Ebene der Dokumentationshierarchie besteht aus den Plugins, die eine Dokumentation beisteuern. Darunter sind dann die einzelnen Punkte gegliedert. Die Gliederungsstruktur ist den Entwicklern des Plugins prinzipiell freigestellt. Die Benutzer ansprechenden Dokumentationen haben jedoch häufig eine ähnliche Form, so dass Sie sich in neuen Beschreibungen schnell zurechtfinden sollten. Die folgenden Themen sind nahezu in jeder Dokumentation enthalten:

- *Getting started*. Hier wird der Benutzer schnell in die Arbeitsschritte für das Plugin eingeführt, häufig in Form von kleinen Tutorials.
- *Concepts*. Diese Sektionen enthalten oft eine Übersicht über das Plugin und klären über Konzepte, Begriffe und ihre Zusammenhänge auf.
- *Tasks*. Hier werden konkrete Abläufe beschrieben.
- *References*. Das ist die Referenz zum Plugin. Voreinstellungen sowie die Funktionsweisen von Editoren und Views werden erläutert.

Daneben gibt es noch Themen, zu denen keine Unterthemen existieren. Diese sind häufig:

- *Tips and tricks*, in denen sich problemorientierte Tipps finden,
- *What's new*, worin die Änderungen von einer vorherigen Version des Plugins beschrieben sind, sowie
- *Legal*, die Informationen bzgl. des Urheberrechts der Dokumentation beinhalten.

2.3.2 Hilfefenster

Zugriff auf das Hilfesystem erhalten Sie, indem Sie den Eintrag *Help > Help Contents* aus dem Menü auswählen. Eclipse zeigt darin ein zweigeteiltes Fenster, das Sie in Abbildung 2-15 sehen können. Als eines der wenigen Fenster in Eclipse ist dieses nicht modal, d.h., Sie können in anderen Eclipse-Fenstern weiterarbeiten, während die Hilfe dargestellt wird, was sicherlich den Zweck einer Hilfe sehr begünstigt.

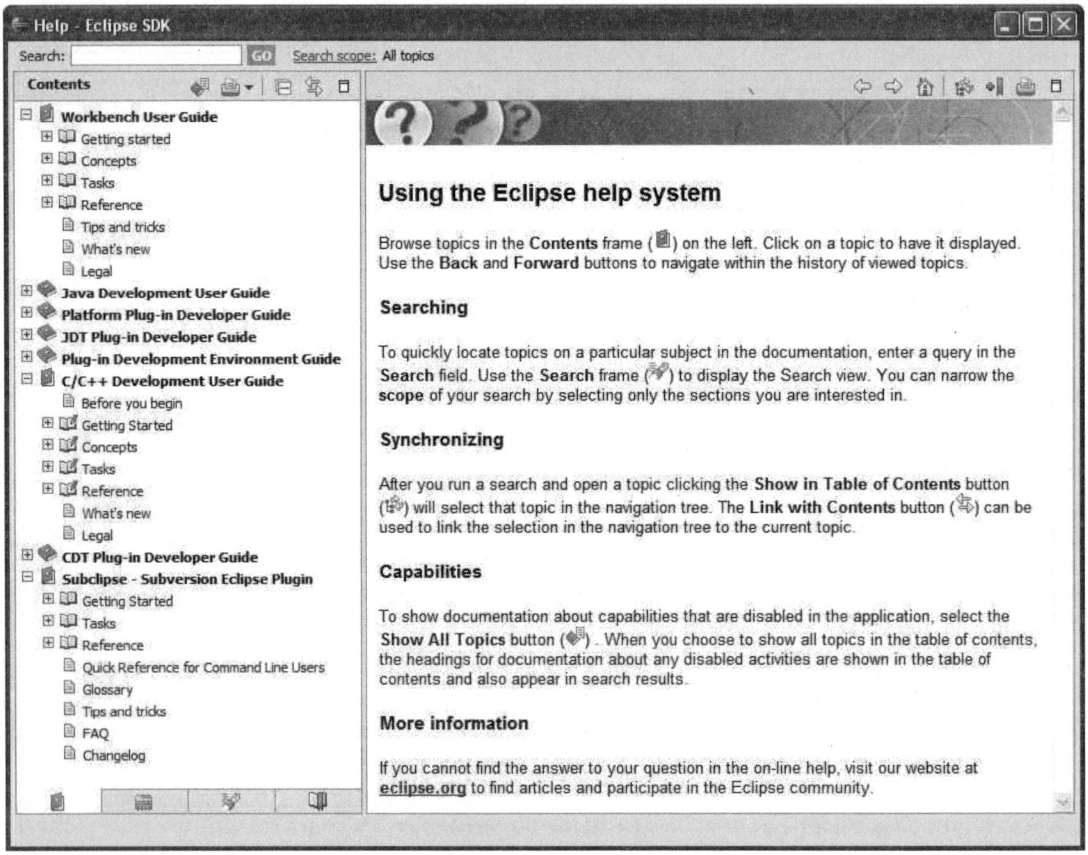

Abb. 2-15 *Das Hilfefenster hat einen Aufbau, der typisch für ein hierarchisches Hilfesystem ist: links die baumartige Struktur, rechts der Inhalt.*

Auf der linken Seite ist die Struktur der Hilfe zu sehen. Durch Aufklappen von einzelnen Punkten können Sie durch die Dokumentation baumartig navigieren. Der eigentliche Inhalt wird dann im großen Bereich Webbrowser-ähnlich auf der rechten Seite präsentiert, sobald Sie ein Thema selektiert haben.

Aktionen der Gliederungsübersicht

Weitere Interaktionsmöglichkeiten bieten die Buttons, die sich oberhalb der beschriebenen Bereiche befinden. Für die Gliederungsübersicht wären dies

- *Show All Topics*. Normalerweise werden in die Gliederung nur diejenigen Themen von Plugins aufgenommen, deren Komponenten auch aktiviert sind (siehe Abschnitt 2.5.8). Wenn Sie diese Option aktivieren, so fließen tatsächlich alle möglichen Themen in die Gliederung mit ein.
- *Print Topics*. Hiermit können Sie die Themen ausdrucken. Sie haben die Wahl, das Thema mit oder ohne allen zugehörigen Unterthemen auszudrucken.
- *Collapse All*. Hiermit werden die geöffneten Gliederungspunkte geschlossen.
- *Link with Contents*. Falls Sie im rechten Teil durch die Benutzung von Hyperlinks zu anderen Themen navigieren, so wird das entsprechende Thema auch in der Übersicht sichtbar gemacht, falls diese Option aktiviert ist.

Aktionen über den Fließtext

Für den Fließtext stehen Ihnen neben den Browser-üblichen Navigations-Buttons *Forward*, *Backward* und *Home* noch weitere zur Verfügung:

- *Show in Table of Contents*, um die aktuelle Seite im Gliederungsverzeichnis wiederzufinden,
- *Print Page*, um die dargestellte Seite zu drucken, sowie
- *Bookmark Document*, um die aktuelle Seite zu den Hilfe-Fenster-eigenen Lesezeichen hinzuzufügen.

Zu den Lesezeichen finden

Den Einblick auf die Lesezeichen finden Sie im Register *Bookmarks*, die Sie im linken unteren Bereich anwählen können. Ein Klick darauf lässt die einfache Liste erscheinen, deren Elemente mit darüber gesetzten Buttons gelöscht werden können.

Nach Begriffen suchen

Zusätzlich zu den Navigationsmöglichkeiten können Sie auch nach Begriffen suchen. Hierfür existiert ein Texteingabefeld im oberen Teil des Fensters, in dem Sie auch die Joker-Zeichen »*« und »?«, die booleschen Ausdrücke »AND«, »OR« und »NOT« sowie Anführungszeichen als Kennzeichen für zusammenhängenden Text benutzen können. Die Ergebnisse werden dann in einem weiteren Register im linken Bereich präsentiert.

Die Dokumentation gibt's auch im Netz.

Im Übrigen können Sie die Hilfe aller Eclipse-Projekte auch über das »Weltweite Netz« unter der Adresse

`http://help.eclipse.org`

abrufen. Das Benutzerinterface der Webseite ist dem hier vorgestellten ganz ähnlich. Die dort angebotene Dokumentation umfasst jedoch die Texte aus dem gesamten Spektrum der harmonisiert veröffentlichten Eclipse-Plugins des aktuellen Zyklus.

2.3.3 Kontextbezogene Hilfe

Neben der eben erläuterten statischen Hilfe, mit der Sie selbst gezielt nach Informationen suchen können, kennt Eclipse noch das Konzept der *dynamischen* oder *kontextbezogenen* Hilfe, die Sie für spezifische, gerade in Betrachtung befindliche Elemente erhalten.

Die kontextbezogene Hilfe rufen Sie auf, indem Sie den Menüeintrag *Help > Dynamic Help* auswählen oder F1 auf Ihrer Tastatur betätigen. Daraufhin öffnet sich das in Abbildung 2-16 illustrierte *Help*-View, falls es nicht schon zuvor geöffnet war.

Nutzen Sie das Fragezeichen ⑦, um kontextbezogene Hilfe in Fenstern zu erhalten.

Diese Art der Hilfe ist nicht nur für das Fenster der Workbench verfügbar, sondern auch für so manch andere Fenster. Signal hierfür ist ein kleines Fragezeichen, das in den meisten Fällen im unteren linken Teil des Fensters zu finden ist. Das Betätigen dieses Symbols oder der F1-Taste lässt dann im rechten Teil die aus dem *Help*-View bekannte Ansicht erscheinen.

Über die eingebetteten Hilfekomponenten haben Sie natürlich auch auf die aus dem Hilfe-Fenster bekannte Funktionen Zugriff. Hierfür dienen die Verknüpfungen, die sich unterhalb der *Go To*-Aufschrift befinden. Die Themen der statischen Hilfe erhalten Sie mit *All Topics*, die Suchfunktion mit *Search*, den Index über *Index* und die Lesezeichen mit *Bookmarks*. Mit dem Punkt *Relatic Topics* schalten Sie die kontextbezogene Hilfe wieder ein. Des Weiteren existieren die üblichen Navigationsbuttons: Mittels *Back-* und *Forward*-Buttons können Sie entsprechend dem Verlauf vor- oder zurückbewegen.

Hilfesystem durchsuchen

Die erwähnte Suchfunktion, die Sie auch über den Menüeintrag *Help > Search* erreichen, bietet Ihnen zur Suche gegenüber dem Hilfesystem ein weiteres Feature: Denn neben der Suche innerhalb aller lokalen Hilfetexte können Sie auch in anderen Medien suchen. Vorgabemäßig wird beispielsweise auch das WWW durch die Suchmaschine Google nach dem Begriff durchsucht. Kontrolle über dieses Feature haben Sie über den *Search scope*.

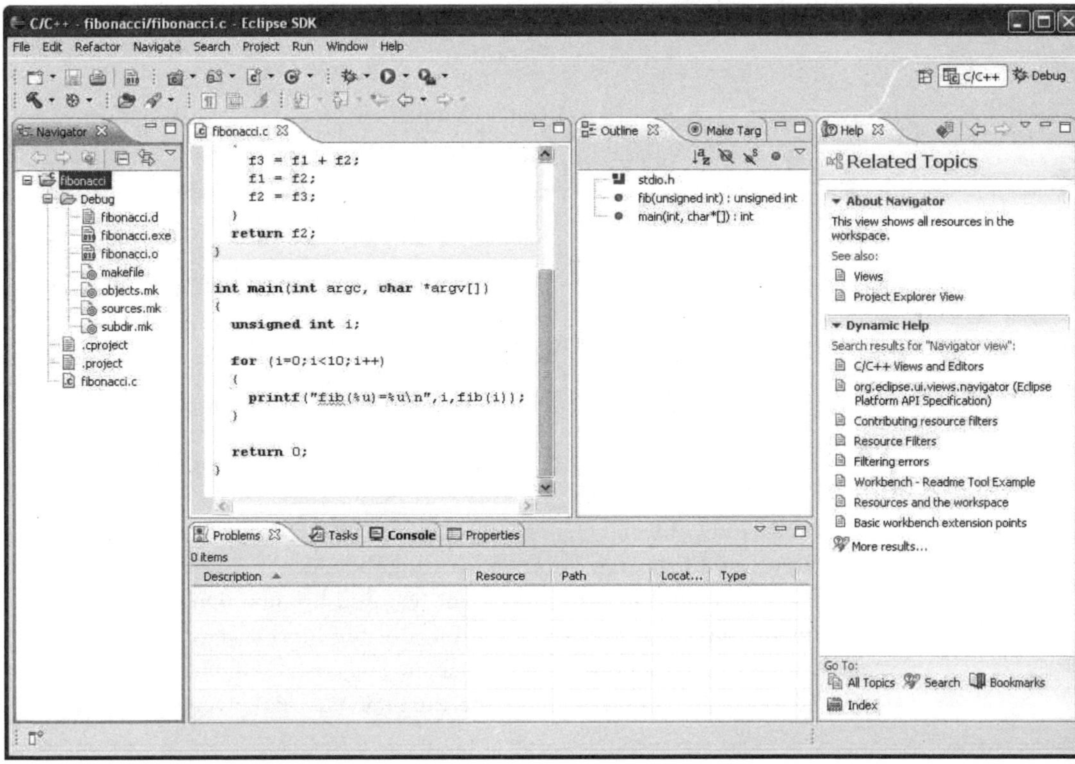

Abb. 2-16
Kontextbezogene Hilfe. Der im hier rechts befindlichen Help-*View angezeigte Hilfetext richtet sich nach dem aktiven Editor oder View.*

2.4 Eclipse über die Tastatur steuern

Alle Aktionen sind in Eclipse über die Tastatur abrufbar. Dies trägt zum einen der Barrierefreiheit Rechnung, zum andern sind häufig benutzte Funktionen über Tastaturkürzel schneller zu erreichen.

Zugriff auf die Menüeinträge erhalten Sie mit F10 (oder über die linke ALT-Taste unter Windows). Sie können durch das Menü mit den Cursortasten navigieren und den Eintrag mittels RETURN bestätigen. Oder Sie wählen die Einträge mittels des in seiner Beschriftung unterstrichenen Buchstabens in Zusammenhang mit ALT aus. Das funktioniert auch für alle anderen Bedienelemente. Weitere wichtige Tastenkürzel, die die allgemeine Bedienung von Eclipse betreffen, werden in Tabelle 2-1 dargestellt.

Eine Liste aller möglichen Tastaturkürzel können Sie über den Menüeintrag *Help > Key Assist...* (STRG+SHIFT+L) einsehen. Die dort aufgelisteten Einträge sind kontextbezogen: Nur die Kommandos, die

Tab. 2-1
Wichtige Tastenkürzel

Kürzel	Funktion
Strg+F6	Editioren durchwandern
Strg+F7	Views durchwandern
Strg+F8	Perspektiven durchwandern
F10	Menüleiste aktivieren
Shift+F10	Kontextmenü für den aktuellen View
Ctrl+F10	Pulldown-Menü für den aktuellen View
F12	Editor aktivieren
Strg+M	Aktuellen View/Editor maxi-/minimieren

momentan absetzbar sind, erscheinen dort. Das funktioniert sowohl für Views und Editoren als auch für Eingabefelder in anderen Fenstern.

Die Tastaturkürzel sind nicht fest und können den eigenen Bedürfnissen angepasst werden. Eine Einführung hierfür wird noch in diesem Kapitel in Abschnitt 2.6.3 gegeben. Die in diesem Buch verwendeten Tastaturkürzel entsprechen allerdings den Vorgabewerten.

2.5 Nützliche Einstellungen

Dieser Abschnitt gibt eine Einführung in das Voreinstellungssystem von Eclipse. Eclipse bietet hier eine besonders große Fülle an Möglichkeiten. Deshalb soll Ihnen zuerst das Konzept nähergebracht werden und lediglich anhand von wenigen, aber nützlichen Einstellungen die Bedienung verdeutlicht werden. Einstellungen, die die Individualisierung der Benutzerschnittstelle von Eclipse zum Gegenstand haben, werden dann im nächsten Abschnitt behandelt. Darüber hinausgehende, wichtige Voreinstellungen, insbesondere jene, die die Abläufe in der Programmierung betreffen, werden in den einzelnen Kapiteln an entsprechender Stelle besprochen. Ansonsten gilt auch hier das Motto »Anschauen und Ausprobieren«.

2.5.1 Voreinstellungsdialog

Die Voreinstellungen rufen Sie herbei, indem Sie den Menüpunkt *Window > Preferences...* auswählen. Daraufhin erscheint ein Fenster, das so ähnlich aussehen sollte wie das in Abbildung 2-17 dargestellte. Links befindet sich eine Auswahl von Kategorien, während Sie im rechten Teil die zur selektierten Kategorie passenden Voreinstellungen vornehmen können. Mit Hilfe der Pfeile im oberen Bereich des Fensters können durch bereits besuchte Kategorien navigieren.

Mitunter suchen Sie nach einer ganz bestimmten Kategorie. Hierfür können Sie im Texteingabefeld, das sich über der Kategorieauswahl befindet, Titel sowie Schlüsselwörter eingeben, nach denen die dargebotenen Kategorien gefiltert werden. Wenn Sie beispielsweise Einstellungen des Proxys verändern möchten, so geben Sie dort einfach `proxy` ein, so dass die Auswahl von Kategorien erheblich schrumpft.

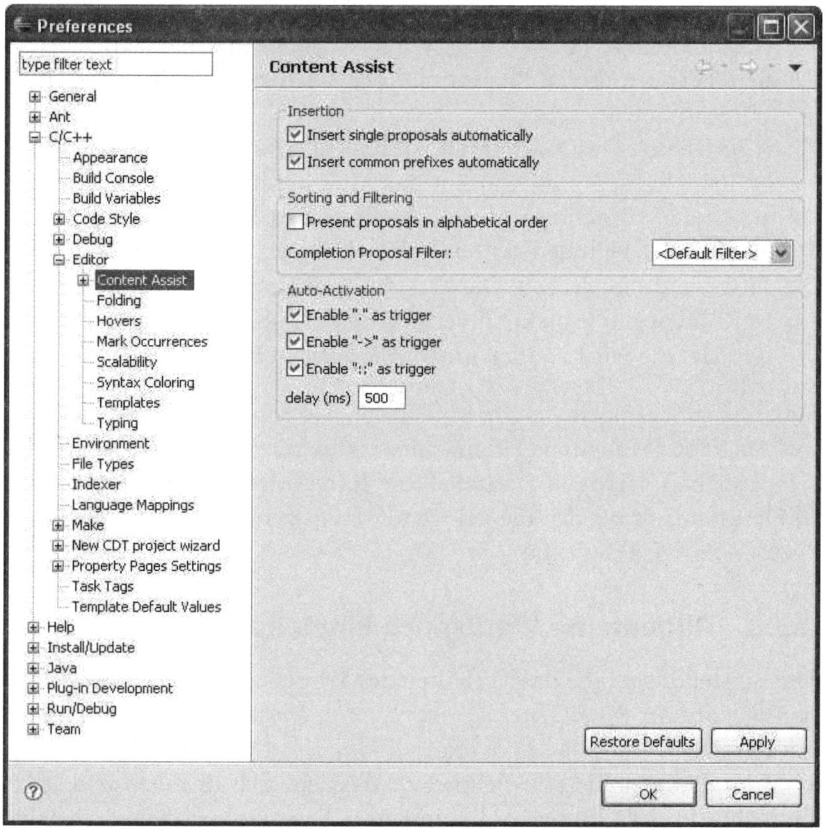

Abb. 2-17
Voreinstellungsfenster

2.5.2 Hierarchie der Voreinstellungen

Wie so alles in Eclipse ist auch die Struktur des Aufbaus der Voreinstellungen alles andere als linear. Vielmehr sind Kategorien hierarchisch angeordnet, um ein leichteres Auffinden von Einstellungen zu ermöglichen. Des Weiteren können sich auf diese Weise Plugins an beliebiger Ebene einklinken und dort neue Kategorien erstellen. Folgende Oberkategorien werden im Voreinstellungsdialog bei einer Standardinstallation für C/C++-Entwicklung präsentiert.

- *General*. Hier finden Sie alle Einstellungen, die das allgemeine Verhalten und Aussehen der Workbench von Eclipse betreffen.
- *C/C++*. Diese Voreinstellungen werden durch das CDT-Plugin hinzugefügt. Hier finden sich alle Einstellungen wieder, die speziell die C/C++-Entwicklung betreffen.
- *Help*. Auch das Verhalten der Hilfe kann mit Einstellungen beeinflusst werden.
- *Install/Update*. Hier können Voreinstellungen bezüglich des Installierens von weiteren Plugins und der Strategie ihrer Aktualisierung vorgenommen werden.
- *Run/Debug*. Das Starten und Debuggen von Programmen stellt in Eclipse ein separates Konzept dar. Hier können Sie allgemeine Einstellungen vornehmen, die größtenteils visueller Natur sind.
- *Team*. Hier befinden sich die Einstellungen, die sich um die Versionsverwaltung drehen. Die Versionsverwaltung spielt eine besondere Rolle, wenn Projekte innerhalb eines größeren Teams entwickelt werden. Sie wird in aller Ausführlichkeit in Kapitel 6 behandelt.

Daneben gibt es noch weitere Kategorien. Da Sie mit dem vollständigen *Eclipse SDK* Java- sowie Plugin-Entwicklung betreiben können, finden sich dort beispielsweise zusätzlich die Kategorien *Ant*, *Java* und *Plugin Development* wieder, die jedoch allesamt weniger interessant für die C-/C++-Entwicklung sind.

2.5.3 Allgemeine Workspace-Einstellungen

Die Einstellungen, die das Verhalten des Workspace beeinflussen, befinden sich auf der Seite *General > Workspace*. Diese ist in Abbildung 2-18 dargestellt.

Automatisch bauen

Eine Philosophie von Eclipse ist, dass ein sich in Entwicklung befindliches Projekt immer in kompilierter Fassung vorliegen soll. Hierfür verantwortlich ist die Option *Build automatically*, die standardmäßig aktiviert ist und das Bauen nach jeder auf dem Datenträger gespeicherten Änderung veranlasst. Auf diese Weise werden die Turnaround-Zeiten der Entwicklung verkürzt, da der Programmierer schon bei kleinen Modifikationen sofort Feedback über eventuelle Übersetzungsfehler bekommt. Leider funktioniert dies nur vernünftig, wenn das Übersetzen an sich flott vonstatten geht.

Ressourcen automatisch auffrischen

Werden Dateien außerhalb von Eclipse modifiziert, so müssen standardmäßig die geänderten Ressourcen oder ihre Container manuell aufgefrischt werden. Zwar weist Eclipse bei der Prozessierung einer nicht

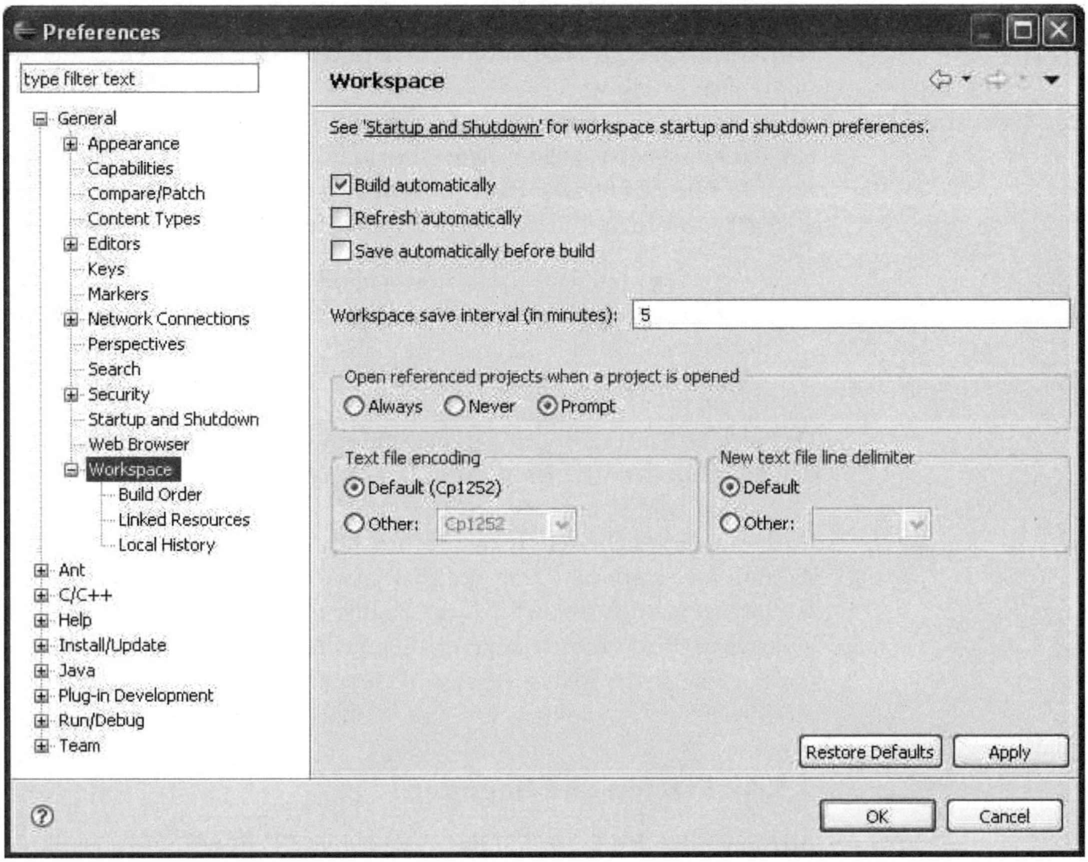

Abb. 2-18
Ansicht der Voreinstellungen des Workspace

unter Eclipse veränderten Ressource auf diesen Zustand hin, doch kann das anschließend notwendige manuelle Auffrischen den Arbeitsfluss stören. Abhilfe schafft hier das Aktivieren der Option *Refresh automatically*. Allerdings könnte dies zu einer allgemeinen Beeinträchtigung der Workbench-Performanz führen, insbesondere dann, wenn sich viele Ressourcen im Workspace befinden.

Automatisch speichern

Mit der Option *Save automatically before build* können Sie in Eclipse veranlassen, dass die Änderungen aller Ressourcen, die von Ihnen gerade bearbeitet werden, vor dem Bauen eines Projekts auch auf den Datenträger geschrieben werden.

Periodisch speichern

Weiter unten spezifizieren Sie in *Workbench save interval* die Zeit in Minuten, nach der der momentane Zustand des Workspace gesichert wird.

Referenzierte Projekte

Innerhalb eines Workspace können Projekte andere Projekte referenzieren, was zum Beispiel sinnvoll ist, wenn Header-Dateien oder Bibliotheken geteilt werden. Des Weiteren können Sie Projekte schließen, wenn Sie von Ihnen gerade nicht bearbeitet werden müssen. Wenn Sie ein geschlossenes Projekt erneut öffnen, können im Kasten *Open referenced projects when a project is opened* verschiedene Verhaltensweisen angegeben werden. Referenzierte Projekte werden

- *geöffnet*, wenn Sie *Always* angeben, oder
- *nicht geöffnet*, wenn Sie *Never* selektieren. Alternativ werden Sie bei jedem Öffnen
- *gefragt*, wenn Sie *Prompt* angeben.

Das gleiche Schema finden Sie auch bei anderen Voreinstellungen wieder, etwa auf der Seite *Run/Debug > Launching.*

Textkodierungen

In den beiden untersten Kästen geht es um die Kodierung der auf Datenträger gesicherten Texte. Während in *Text file encoding* die Kodierung für sichtbaren Text spezifiziert wird, wird durch *New text file line delimiter* ausschließlich die Kodierung für den Zeilenabgrenzer angegeben. Beide Einstellungen haben keine Auswirkungen auf bereits vorhandene Texte, so dass sie eigentlich nur bei einem neuen Workspace modifiziert werden sollten, wenn der Bedarf überhaupt besteht.

2.5.4 Starten und Beenden

Attribute, die den Start und das Beenden von Eclipse zum Gegenstand haben, können Sie auf der Seite *General > Startup and Shutdown* verändern. Das Interface wird in Abbildung 2-19 gezeigt.

- *Prompt for workspace on startup.* Wenn diese Option aktiv ist, erscheint beim Start von Eclipse der Workspace-Selektor.
- *Refresh workspace on startup.* Schalten Sie diese Option ein, wenn Sie wünschen, dass der Workspace bei jedem Programmstart aufgefrischt wird.
- *Confirm exit when closing last window.* Bei aktivierter Option müssen Sie das Beenden von Eclipse bestätigen, das beim Schließen des letzten Fensters erfolgen würde.

In der sich darunter befindlichen Liste *Plug-ins activated on startup* werden Plugins aufgezählt, die beim Start von Eclipse gestartet werden.

2.5.5 Netzwerkeinstellungen

Mit den Netzwerkeinstellungen wurden Sie bereits in Abschnitt 1.7.1 konfrontiert, falls Sie CDT mit Hilfe der Funktion *Software Updates...*

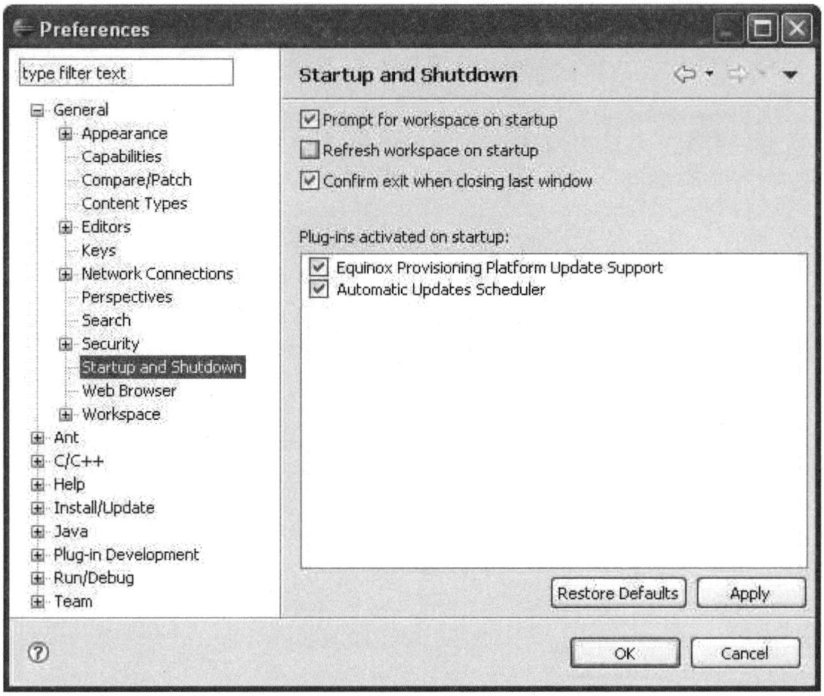

Abb. 2-19
Voreinstellungen, die das Starten und Beenden von Eclipse betreffen

installiert haben. Zusätzlich zu der Aktualisierungsfunktion von Eclipse greifen auch andere Plugins auf die Einstellungen zurück, wie z.B. die Subversion-Unterstützung. Hauptsächlich bedürfen sie einer Änderung, wenn Sie keine direkte Internet-Verbindung haben, sondern nur über einen Proxy auf die Ressourcen des Internets zugreifen können. In Abbildung 2-20 haben Sie die Ansicht der Voreinstellung noch einmal dargestellt.

Netzwerkeinstellungen werden Workspace-übergreifend im Verzeichnis `configuration` abgelegt. Das bedeutet, wenn Sie einen neuen Workspace anlegen, so müssen Sie die Einstellungen nicht erneut vornehmen, was auch ziemlich sinnvoll ist.

2.5.6 Einstellungen für SSH-Client

Das Eclipse-Framework besitzt einen integrierten SSH2-Client, der z.B. von der CVS-Unterstützung, aber auch von anderen externen Plugins verwendet werden kann. Einstellungen für diesen nehmen Sie auf der Seite *General* > *Network Connections* > *SSH2* vor. Auf der Seite befinden sich drei Register, von denen Sie zwei in Abbildung 2-21 vorfinden.

Im ersten Register gibt's ganze zwei allgemeine Einstellungen vorzunehmen. Zum einen das Verzeichnis der SSH2-Schlüssel (*SSH2-Home*),

Abb. 2-20
Netzwerkeinstellungen

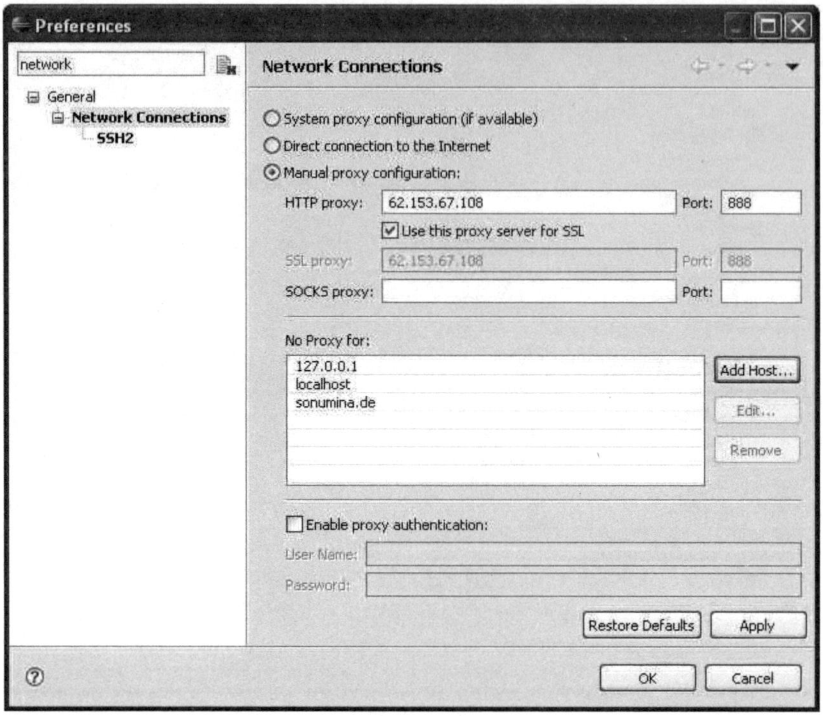

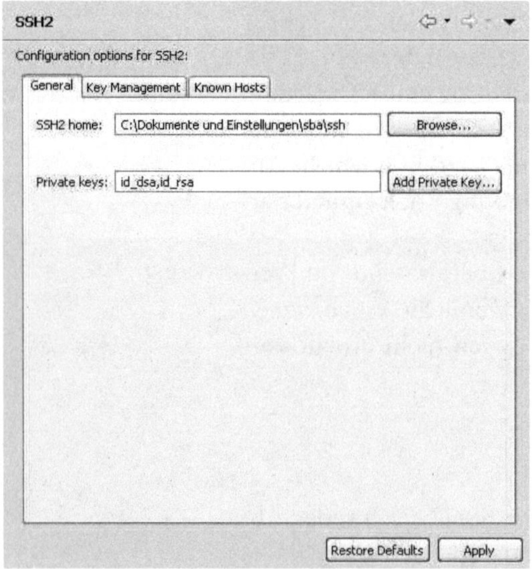

Abb. 2-21
SSH2-Einstellungen

zum anderen die privaten Schlüssel (*Private keys*), die bei der Initialisierung der Verbindung benutzt werden sollen.[3]

Eine komfortable Möglichkeit, ein neues Schlüsselpaar zu erzeugen, wird gleich im Register *Key Management* geboten. Mit den oberen Buttons können Sie ein neues DSA- oder ein neues RSA-Schlüsselpaar generieren lassen sowie bereits vorhandene Schlüssel laden. Gleich unter den Buttons befindet sich ein Textfeld, in dem sich der öffentliche Teil des aktuellen Schlüsselpaars befindet. Den Inhalt gilt es der Datei `authorized_keys` des Zielrechners hinzuzufügen, die sich dort für gewöhnlich ausgehend vom Heimatverzeichnis im Verzeichnis `.ssh` befindet. Ganz einfach geht das per Klick auf den Button *Export Via SFTP...*, woraufhin nach Angabe des Zielrechners und Login der Schlüssel in die Datei ohne weiteres Zutun eingefügt wird. Den privaten Schlüssel können Sie schließlich mit dem Button *Save Private Key...* auf Ihren lokalen Rechner bannen. Auf Wunsch können Sie den Zugriff auf den Inhalt zusätzlich durch eine Passphrase sichern, die Sie dann unter *Passphrase* und *Confirm passphrase* einzugeben haben.

2.5.7 Passwortspeicher

Nicht immer möchte man das Passwort neu eingeben. Deswegen bietet Eclipse einen Passwortspeicher an. Damit die Sicherheit nicht allzu sehr in Mitleidenschaft gezogen wird, wird ein Master-Passwort benutzt, um den Passwortspeicher zu verschlüsseln. Dessen Eigenschaften können Sie auf der Voreinstellungsseite *General > Security > Security Storage* modifizieren.

2.5.8 Komponenten (de-)aktivieren

Wenn Sie in Version 3.4 von Eclipse das Set der installierten Features modifizieren, so hat das Auswirkungen auf alle in diesem Kontext gestarteten Instanzen von Eclipse, unabhängig davon, auf welchem Workspace diese operieren. Dies ist nicht immer erwünscht. Befinden sich in einem Workspace ausschließlich C/C++-Projekte, so benötigen Sie das JDT-Plugin für Java-Projekte dort wahrscheinlich nicht. Sofern dies von den Plugins unterstützt wird, können Sie einzelne Komponenten aber im Kontext eines Workspace abschalten.

Hierfür bietet die Seite *General > Capabilities* in den Voreinstellungen diverse Möglichkeiten, deren Ansicht in Abbildung 2-22 dargestellt wird. Präsentiert wird die Liste *Capabilities*, die alle Kategorien von Komponenten auflistet. Mit der vorangestellten Auswahlbox legen Sie fest, ob diese Komponente im Workspace aktiviert sein soll oder nicht.

[3] Dem Gegenpart müssen entsprechende öffentliche Schlüssel bekannt sein.

Entfernen Sie beispielsweise das Häkchen vor *Team*, so wird Eclipse nicht mehr in der Lage sein, mit CVS oder ähnlich eingeordneten Versionierungssystemen umzugehen.

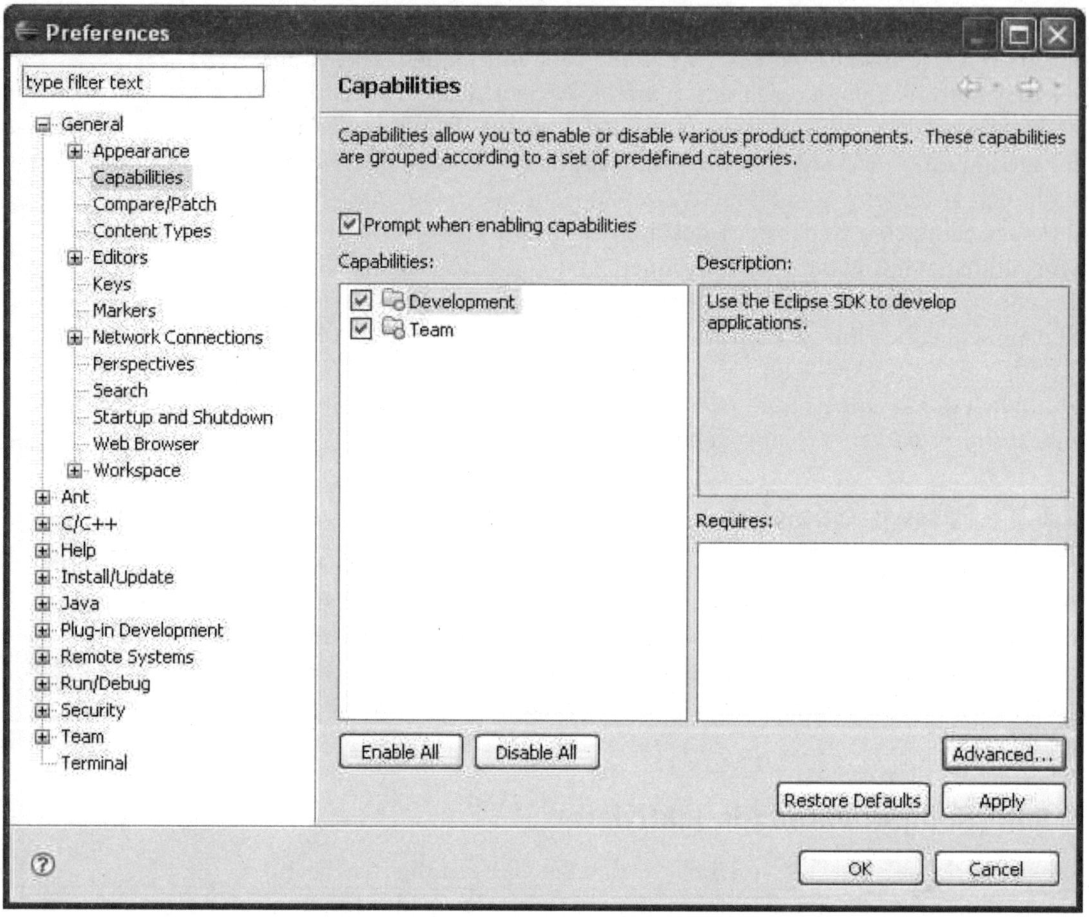

Abb. 2-22
Einstellungen der aktiven Komponenten

Eine feinkörnigere Auswahl über die Komponenten erhalten Sie, wenn Sie den Button *Advanced...* anklicken. Dann werden die bisher angezeigten Komponenten weiter unterteilt. Sie könnten damit z.B. die CVS-Unterstützung ausschalten, während andere Versionierungssysteme noch aktiv blieben. Auch könnten Sie die Java-Unterstützung explizit deaktivieren, da auch JDT dieses Ausschalt-Feature unterstützt. Leider finden derzeit nur wenige andere Komponenten ihren Weg in diese Voreinstellung. So wird auch CDT noch nicht dort aufgelistet. Das bedeutet, dass dessen Aktivität auf diese Weise derzeit noch nicht beeinflusst werden kann.

2.6 Die Benutzerschnittstelle anpassen

Zum Abschluss des Kapitels und des ersten Teils des Buchs erfahren Sie noch, welche Möglichkeiten bestehen, die Oberfläche an Ihre eigenen Wünsche anzupassen. Hier werden bedienungsrelevante und auch ein wenig kosmetische Einstellungen besprochen, mit denen Sie beispielsweise auch das Layout der Workbench festlegen können. Falls Sie mit der Ansicht, die Eclipse Ihnen bietet, im Großen und Ganzen zufrieden sind, können Sie diesen Abschnitt auch überspringen.

2.6.1 Werkzeug- und Menüleiste anpassen

Die Werkzeugleiste wird immer im oberen Teil unter der Menüleiste dargestellt. Von dieser Restriktion einmal abgesehen, können Sie die Symbole der Leiste nach Belieben anordnen, auch auf mehrere Zeilen umspannende Weise. Oder Sie lassen sie mit dem Kontextmenüeintrag *Hide Toolbar* gänzlich verschwinden. Wenn das einmal passiert ist, können Sie dies mit dem Menüeintrag *Window > Show Toolbar* auch wieder rückgängig machen.

Aktionen, die über Menü- und Werkzeugleiste aufrufbar sind, hängen von der dargestellten Perspektive ab. Im Allgemeinen ist die Auswahl durch den Anbieter des zur Perspektive zugehörigen Plugins sinnvoll vorgegeben. Sie kann von Ihnen aber auch modifiziert werden. Hierfür wählen Sie den Menüeintrag *Window > Customize Perspective...*, woraufhin sich ein neues Fenster öffnet, das aus zwei Registern besteht, die im Folgenden beschrieben werden.

Shortcut

Das Register *Shortcut* hat das in Abbildung 2-23 gezeigte Aussehen. Hier können Sie bestimmen, welche Einträge in den Shortcuts der Workbench erscheinen. Derzeit existieren drei Menüpunkte, die Shortcuts aufnehmen können. Das wären:

- *New*. Das Menü *Project > New*, um eine neue Ressource anzulegen.
- *Open Perspective*. Das Menü *Window > Open Perspective*, um eine Perspektive zu öffnen, das auch über den Button links neben den bereits geöffneten Perspektiven verfügbar ist.
- *Show View*. Das Menü *Window > Show View*, um einen View zu öffnen. Auch das Menü *Show View as fast view*, das sich standardmäßig in der Workbench links unten in der Statusleiste befindet, beinhaltet die ausgewählten Shortcuts.

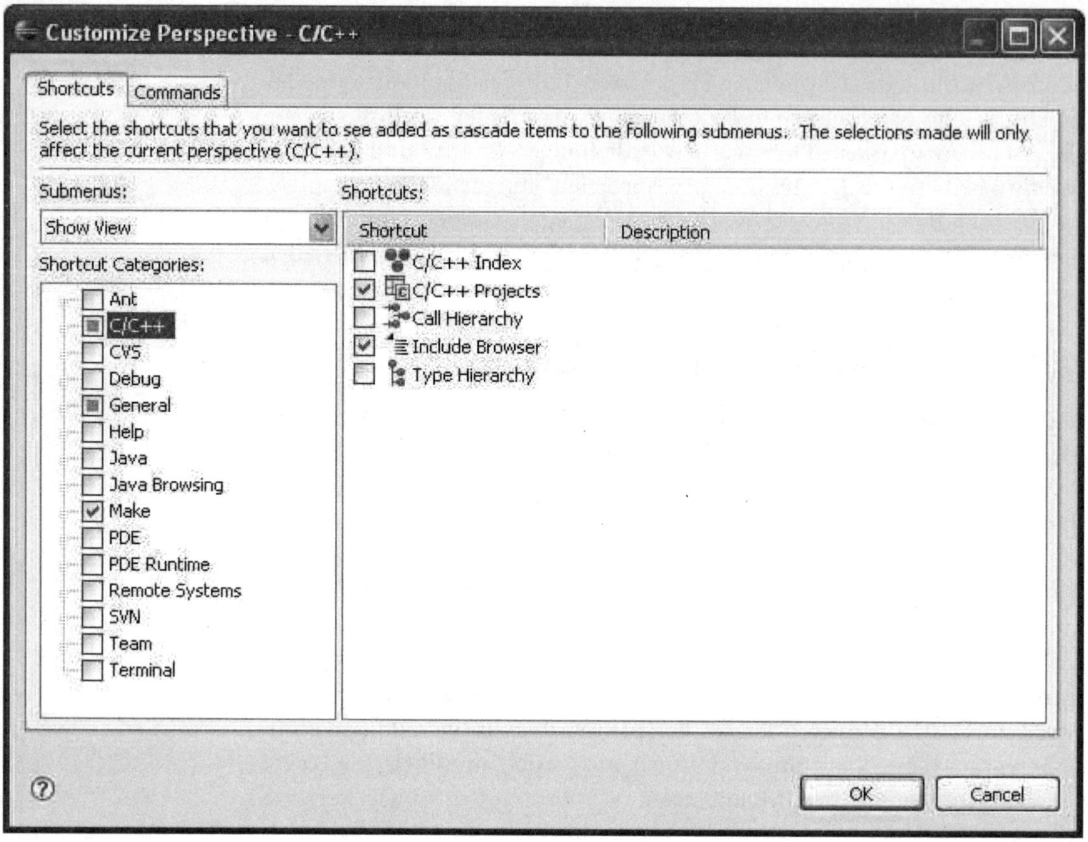

Abb. 2-23
Das Register Shortcut

Links im Register werden in einem Baum die unterschiedlichen Kategorien präsentiert, in die die Shortcuts thematisch eingeteilt werden können. Das Auswählen einer Kategorie lässt einzelne Elemente in der rechten Tabelle erscheinen. Aktivieren Sie dort die Elemente, die als Shortcuts im gewählten Untermenü fungieren sollen.

Commands

Das Register *Commands* ist in Abbildung 2-24 dargestellt. Hier wird festgelegt, welche *Kommandogruppen* in der Perspektive verfügbar sind. Eine Kommandogruppe umfasst dabei Aktionen, die zu der gleichen Kategorie passen, und kann Aktionen für das Hauptmenü (mittlere Tabelle) oder Aktionen für die Werkzeugleiste (rechte Tabelle) beinhalten.

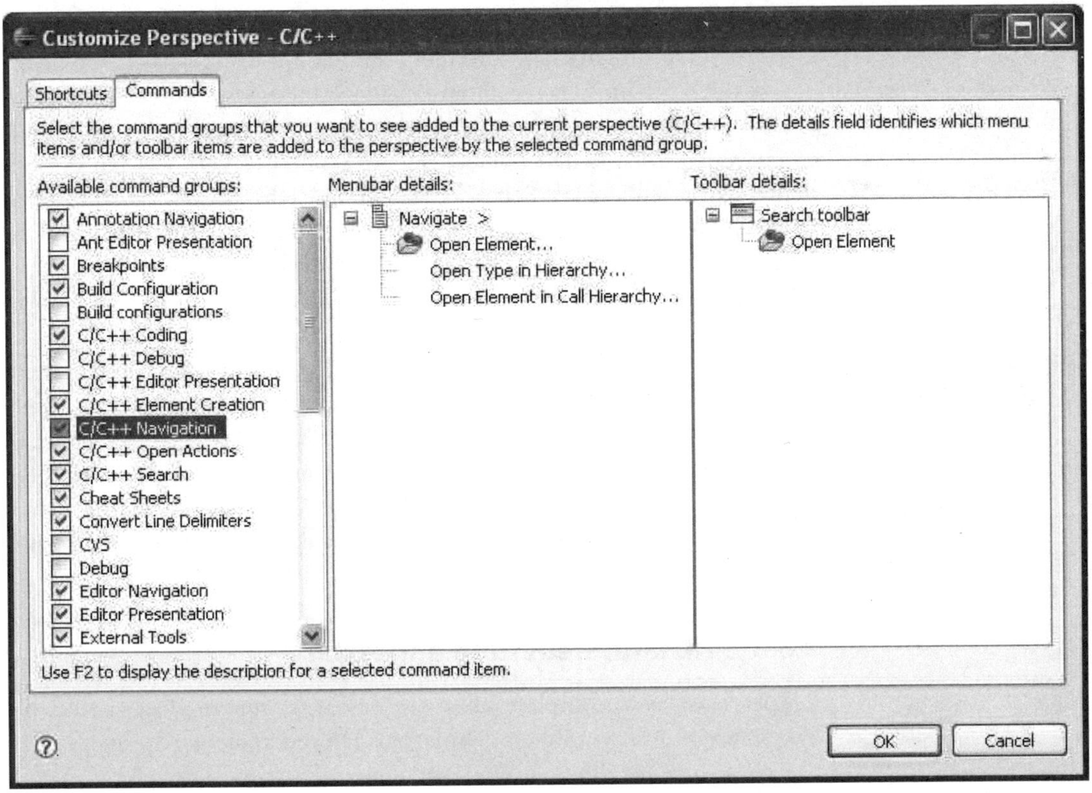

Abb. 2-24
Das Register
Commands

In der linken Tabelle werden alle verfügbaren Gruppen dargestellt. Selektieren Sie ein Element, so zeigen die anderen beiden Tabellen an, wie sich die Kommandogruppe manifestiert. Wenn Sie diese Gruppe dann mit Hilfe des Häkchens aktivieren, dann werden die Kommandos der Perspektive tatsächlich hinzugefügt. So hätte eine aktivierte Kommandogruppe *C/C++ Navigation* zur Folge, dass die Einträge *Open Element...*, *Open Type in Hierarchy...* und *Open Element in Call Hierarchy...* im Workbench-Menü *Navigate* erscheinen und der Button *Open Element* in der Werkzeugleiste erscheint.

2.6.2 Perspektiven verwalten

Neben den bereits vorgefertigten Perspektiven, die durch Plugins dem Eclipse-Framework hinzugefügt werden, können Sie beliebig viele eigene Perspektiven mit eindeutigen Namen erstellen. Hierfür wählen Sie den Menüeintrag *Window > Save Perspective As...* aus, woraufhin ein

Fenster eine Auswahl aller vorhandenen Perspektiven präsentiert und zusätzlich ein Eingabefeld für einen Namen anbietet.

Perspektiven anlegen oder überschreiben

Wählen Sie im Fenster einen neuen Namen, so wird eine neue Perspektive unter diesem Namen angelegt; ansonsten wird eine bereits existierende Perspektive überschrieben. Abgespeichert werden die üblichen Parameter einer Perspektive, d.h. welche Views geöffnet sind, welche Positionen sie in der Workbench einnehmen und über welche Kommandos verfügt werden kann. Das Symbol einer neuen Perspektive entspricht im Übrigen dem Symbol der Perspektive, aus der sie hervorgeht.

Perspektiven entfernen oder wiederherstellen

Möchten Sie eine Perspektive löschen, so kommen Sie mit diesem Vorhaben über die Voreinstellungen auf der Seite *General > Perspectives* weiter. Klicken Sie die zu löschende Perspektive in der Liste an und anschließend auf *Delete*. Es können allerdings nur selbst erstellte Perspektiven gelöscht werden. Wünschen Sie dagegen den Ursprungszustand einer überschriebenen Perspektive wiederherzustellen, so benutzen Sie den Button *Reset*, wenn diese Perspektive angewählt ist.

2.6.3 Tastatursteuerung anpassen

Eclipse lässt sich komplett über die Tastatur steuern. Dabei sind die Tastenkürzel frei von Ihnen definierbar. Hierzu bedienen Sie sich in den globalen Voreinstellungen der Seite *General > Keys*. Diese ist in Abbildung 2-25 dargestellt.

Den größten Teil der Seite beansprucht eine Liste, in der alle Kommandos (Spalte *Command*), ihre aktuelle Zuordnung auf der Tastatur (Spalte *Binding*), in welchem Kontext sie gültig sind (Spalte *When*) und ihre Kategorie (Spalte *Category*) aufgezeigt werden. Die letzte Spalte *User* gibt an, ob Sie an diesem Eintrag Änderungen durchgeführt haben (angezeigt durch ein *U*) und wenn ja, ob es sich dabei um einen Konflikt handelt (angezeigt durch ein *C*). Ein Konflikt tritt dann auf, wenn ein und dasselbe Tastenkürzel im gleichen Kontext zwei unterschiedlichen Kommandos zugewiesen worden ist.

Die Liste ist insgesamt sehr groß, bietet aber die Möglichkeit, Einträge nach den Spalten zu sortieren. Viel wirkungsvoller ist freilich der Filter, der mit Hilfe des über der Liste befindlichen Texteingabefeldes angegeben wird und nur diejenigen Elemente anzeigt, die irgendwo die eingegebene Zeichenkette enthalten.

Wenn Sie einen Eintrag in der Liste anklicken, dann können Sie Änderungen an diesem Kommando durchführen. Zunächst erscheint in *Description* eine kurze Beschreibung des Kommandos. In *Binding* spezifizieren Sie dann das Tastenkürzel, bei dessen Betätigung das selektierte Kommando ausgeführt werden soll. Dieses Feld ist kein gewöhn-

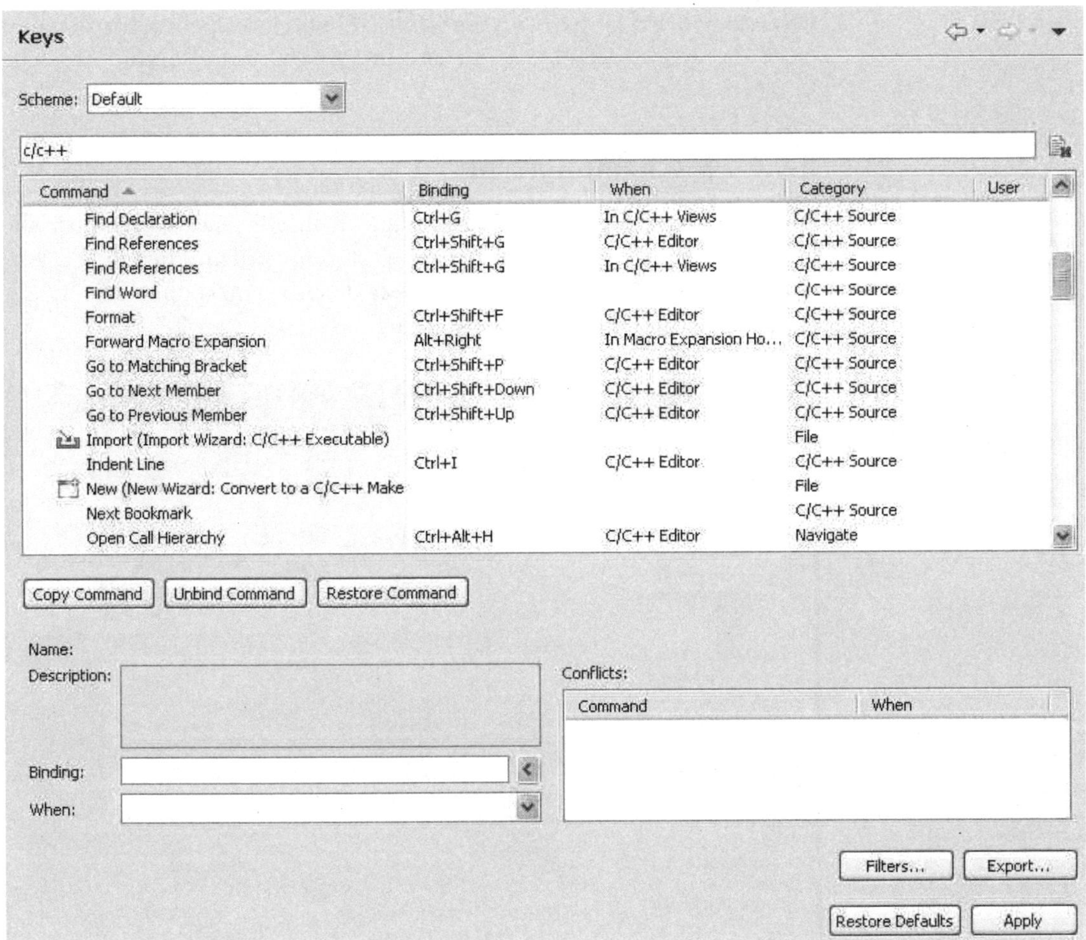

Abb. 2-25
Tastatursteuerung anpassen. Dargestellt ist die Voreinstellungsseite ohne Auswahl.

liches Texteingabefeld, sondern beantwortet Ihre Eingaben mit einer Beschreibung der gedrückten Taste.

Über den Filter sehen Sie noch eine Auswahlbox, die den Titel *Scheme* trägt. Darunter verbergen sich vordefinierte Zuweisungen von Tastaturkürzeln der Kommandos. Diese sind nach Eclipse-Art selbstverständlich nicht fest in ihrer Anzahl: Plugins können weitere Schemata hinzufügen. So haben Sie als C/C++-Entwickler mindestens die Auswahl zwischen

- *Default*,
- *Emacs* und
- *Microsoft Visual Studio*.

Letzeres Schema ist freilich vom C/C++-Plugin hinzugefügt worden und passt die Tastatursteuerung an eine *Microsoft Visual Studio* ähnliche Variante an.

2.6.4 Erscheinungsbild

Zum Abschluss des ersten Teils sollen noch ein paar Worte über die kosmetische Flexibilität von Eclipse verloren werden. Hier ist die Voreinstellungsseite *General* > *Appearance* der Ausgangspunkt. Die möglichen Optionen sehen Sie in Abbildung 2-26.

Abb. 2-26 *Erscheinungsbild ändern*

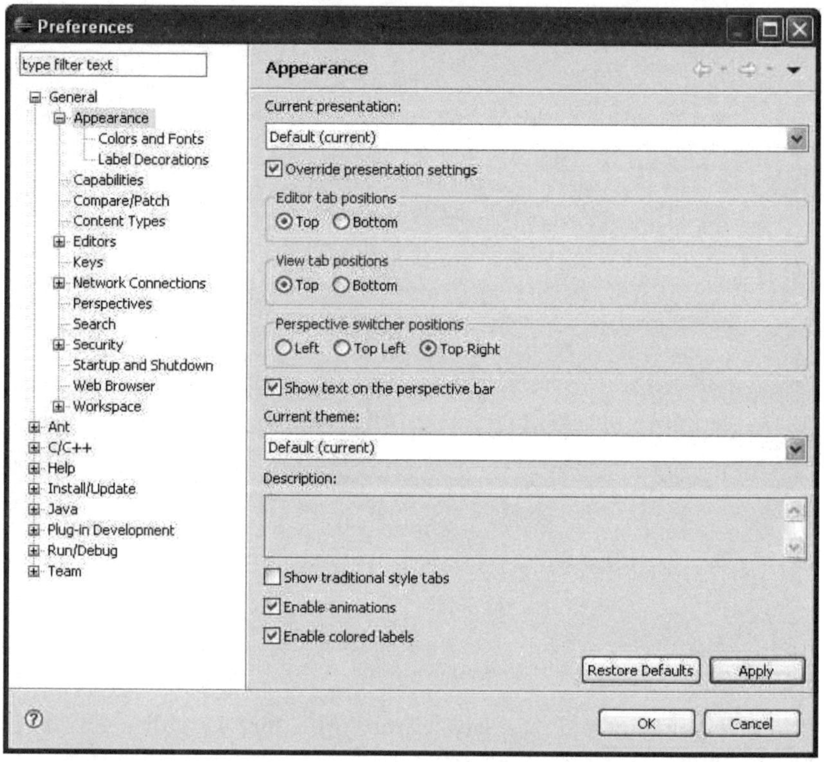

Im oberen Bereich der Seite können Sie das *Look and Feel* der Workbench festlegen und damit letztendlich das Aussehen der Editoren und Views bis hin zu ihren grundsätzlichen Bedienungsweisen beeinflussen. Die Auswahlbox *Current presentation* hält hierfür Einträge aller verfügbaren Skins bereit. Da das Aussehen von Eclipse über die Jahre stetigen Veränderungen unterworfen war, werden standardmäßig neben der bereits bekannten Präsentation lediglich solche Skins angeboten, die Eclipse ein Aussehen aus früheren Zeiten verleihen.

Wenn Sie die Option *Override presentation settings* aktivieren, können Sie einige Parameter des ausgewählten Skins überschreiben. Diese betreffen die Positionen der Tabs und der Knöpfe für geöffnete Perspektiven.

Im unteren Bereich können Sie unter *Current theme* ein Themenset auswählen und damit Farben und Zeichensätze für verschiedene Arten von Ausgaben bestimmen. Im Detail können Sie diese in der untergeordneten Einstellungsseite *Color and Fonts* anpassen.

- *Show traditional style tabs.* Lässt Sie das Erscheinungsbild der Tabs auf eine weniger geschwungene Form einstellen.
- *Enable animations.* Das Öffnen und Verstecken von Views wird animiert.
- *Enable colored labels.* Wenn diese Option aktiviert ist, dann erscheinen Einträge in Listen und Bäumen farbig, um bestimmte Informationen besonders hervorzuheben. Auf welche Weise dies geschieht, können Sie ebenfalls in *Color and Fonts* einstellen. Gebrauch von farbigen Einträgen machen der *Search*-View, Text-Dekorationen und viele andere Elemente.

Skin-Plugins

In der Tat können sich auch in dieses System Plugins einhängen und weitere Präsentationen hinzufügen. Als Beispiel sei hier das *Extended VS Presentation*-Plugin erwähnt, das versucht, das Feeling von Visual C++ auf Eclipse zu übertragen[4]. Dessen Heimatseite ist unter der Adresse

`http://andrei.gmxhome.de/skins/index.html`

zu finden. Die Update-Site lautet:

`http://andrei.gmxhome.de/eclipse/.`

Nachdem die Installation des Plugin erfolgreich abgeschlossen ist, erscheint in der Auswahlbox unter *Current presentation* der neue Eintrag *Extended VS Presentation.* Einen Eindruck von dem Aussehen können Sie sich anhand Abbildung 2-28 machen.

2.7 Verzeichnislayout auf dem Datenträger

Dieser Abschnitt möchte Ihnen die Inhalte und Organisationsstruktur der Verzeichnisse näherbringen, die bei der Entwicklung unter Eclipse eine Rolle spielen. Idealerweise sollten Ihnen – als Anwender von Eclipse – die meisten der hier vorgestellten Details verborgen bleiben

[4]Ob so etwas wirklich sein muss, ist freilich Geschmackssache.

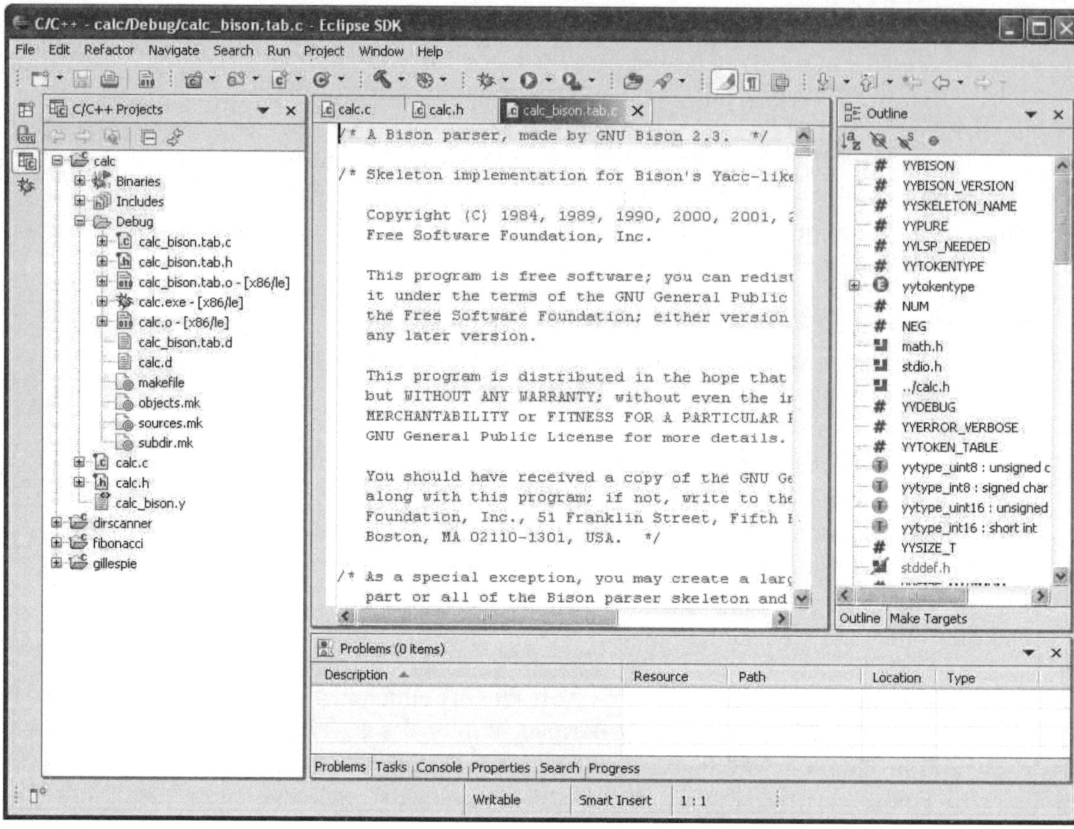

Abb. 2-27
Eclipse im alten Gewand

und deshalb zunächst kaum von Interesse sein. In der Realität kommen Sie jedoch nicht um ein tieferes Verständnis herum, denn Eclipse selbst ist eine äußerst komplexe Software, die, obwohl ausgiebig getestet, Ihnen ab und zu Probleme bereiten wird, zum Beispiel in Form von Abstürzen. Jegliches Hintergrundwissen über die systemnahe Struktur kann Ihnen dabei helfen, zumindest die Ursachen für ein Problem zu finden oder in zweiter Instanz dieses zu beheben.

Wichtige Verzeichnisse sind dabei das Programmverzeichnis sowie die Verzeichnisse der Arbeitsbereiche. Im Folgenden wird auf deren Bedeutung und deren Handhabung eingegangen.

2.7.1 Programmverzeichnis

Das Programmverzeichnis ist dasjenige, das Sie nach dem Entpacken des heruntergeladenen Eclipse-Archivs vorliegen haben. Sie wissen be-

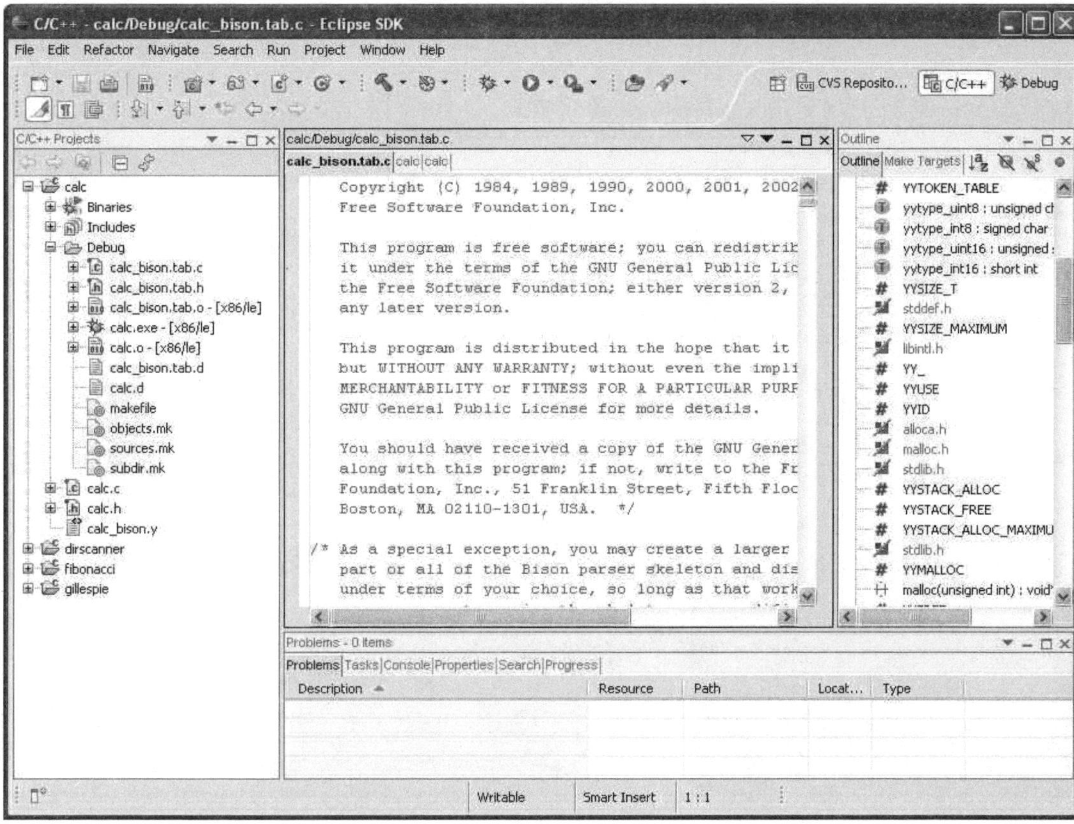

Abb. 2-28
Eclipse mit dem Visual Studio Theme

reits, dass das Verzeichnis je nach Betriebssystem die Dateien `eclipse` oder `eclipse.exe` beinhaltet. Am Anfang des Buchs wurden sie als Eclipse Program Launcher bezeichnet. Sie wissen auch bereits über die Datei `eclipse.ini` Bescheid, mit deren Hilfe Sie den Start von Eclipse beeinflussen können. Zusätzlich verbergen sich freilich noch weitere Dateien oder Verzeichnisse darin, die für Sie in Abbildung 2-29, einem Screenshot vom Windows Explorer, aufgelistet werden.

Verzeichnis: configuration

Hier werden die in Eclipse vorgenommenen Einstellungen in Form von Konfigurationsdateien abgelegt. Bequemerweise werden die Dateien im ASCII-Format ausgeschrieben, so dass sie in jedem beliebigen Editor angezeigt oder gegebenenfalls modifiziert werden können. Allerdings

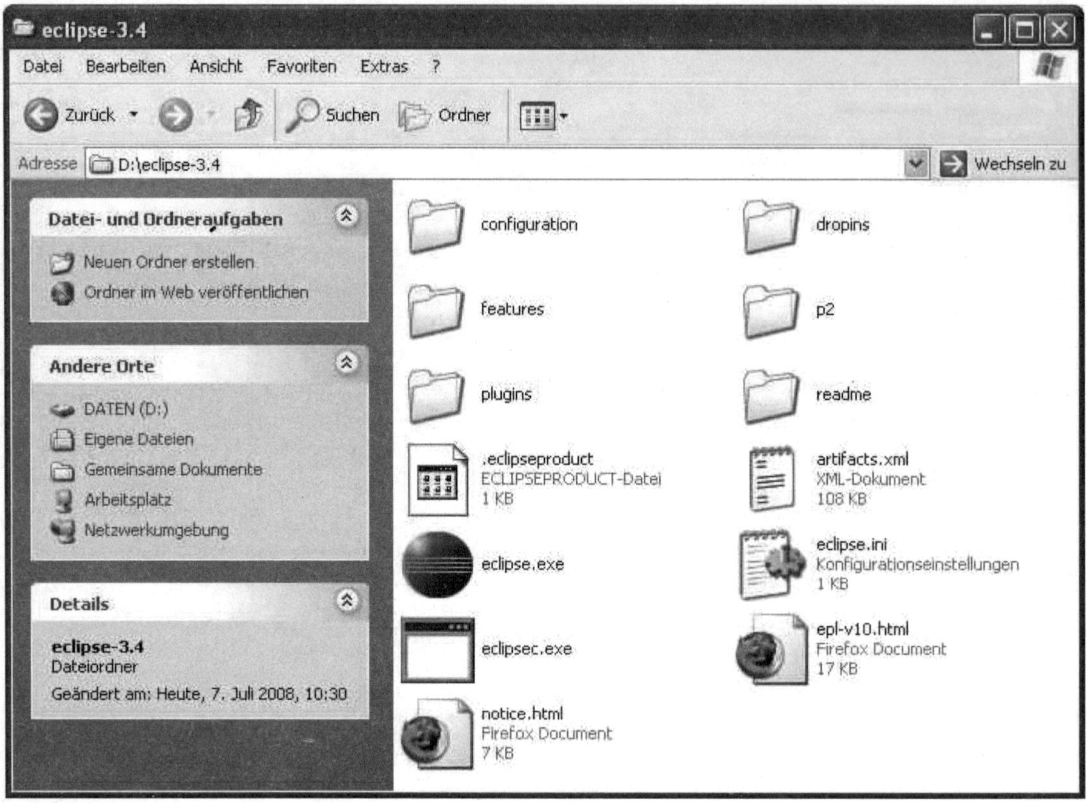

Abb. 2-29
Die Ansicht des Programmverzeichnisses nach dem Entpacken

landen in diesem Verzeichnis nur Workspace-übergreifende Einstellungen, wie z.B. die der Netzwerkeinstellungen.

Von besonderer Bedeutung ist die Datei `bundles.info`, die im Unterverzeichnis `org.eclipse.equinox.simpleconfigurator` lokalisiert ist. Darin werden alle während des Programmstarts zu aktivierenden Plugins aufgezählt. Sie sollten an ihr nur im Notfall Hand anlegen, da Sie von Eclipse – oder besser von *p2* – verwaltet wird.

Verzeichnis: dropins

Dieses Verzeichnis gehört zu den überwachten Verzeichnissen (engl. *watched directory*). Überwachte Verzeichnisse werden beim Start von Eclipse eingelesen, um nach noch nicht eingerichteten Features und Plugins Ausschau zu halten, die dann dem System hinzugefügt werden.

Verzeichnis: p2

Das Verzeichnis enthält die sogenannte Profil-Registry, in der alle aktuellen Installationen aufgelistet sind.

Verzeichnis: plugins

In diesem Verzeichnis befinden sich sämtliche Plugins. Nahm dieses Verzeichnis vor Version 3.4 auch manuell hinzugefügte Plugins auf, so ist dies jetzt eigentlich tabu. Das Konzept des `dropins`-Verzeichnis ist das weitaus flexiblere, da es eine saubere Trennung von benutzerhinzugefügten Plugins und standardmäßig vorhandenen Plugins erlaubt.

Verzeichnis: features

Ein *Feature* fasst Plugins, die vom selben Anbieter sind und sich zu einem Werkzeug ergänzen, zu einer in Eclipse verwaltbaren Einheit zusammen. Verwaltbar bedeutet, dass diese installiert oder deinstalliert werden können. Features können auch an Voraussetzungen gebunden sein, z.B., dass die Präsenz eines anderen Features gefordert wird. Die Infrastruktur in Form von Ressourcen landet in diesem Verzeichnis. Wie beim *plugins*-Verzeichnis ist es ab Eclipse 3.4 tabu, manuell Hand anzulegen.

Verzeichnis: readme

Hier finden Sie Copyright-Informationen oder Ähnliches von Eclipse und weiteren Plugins.

Sonstige Dateien

Neben den bereits vorher erwähnten Dateien `eclipse.ini` und dem Eclipse Program Launcher finden Sie auf einer Windows-Installation die Datei `eclipsec.exe` im Programmverzeichnis vor. Diese sollten Sie anstelle von `eclipse.exe` benutzen, wenn Sie Eclipse über die Windows-Kommandozeile zu starten wünschen. Damit funktionieren dann auch Dateiumleitungen, wenn Eclipse in die Standardausgabe schreibt.

2.7.2 Workspace

Das Workspace-Verzeichnis ist das Verzeichnis, in dem Eclipse alle benutzerrelevanten Daten ablegt. Zum einen sind das natürlich die Projekte, deren von Ihnen angelegte Struktur dort eins zu eins abgebildet wird. Zum anderen existiert ein Verzeichnis mit Namen `.metadata`.

`log` Die Datei `.metadata/log` beispielsweise enthält alle geloggten Ausgaben vom Eclipse-Framework. Sollte es schwerwiegende Probleme wie Abstürze in Eclipse geben, so ist das der wohl am besten geeignete Ort, um mit der Ursachenforschung zu beginnen.

Teil II

Entwicklung mit CDT

3 Projekte erstellen und bearbeiten

Das erste Kapitel im zweiten Buchabschnitt vermittelt Ihnen, wie Sie Ihre Projekte bearbeiten. Die Unterstützung, die Eclipse und CDT Ihnen dabei gewähren, geht vom einfachen Syntax Highlighting über eine Assistenz beim Finden von Strukturfeldern bis hin zu Refaktorisierungen und ist damit äußerst vielseitig; nicht zuletzt deshalb ist das Kapitel auch das umfangreichste.

Bevor im zweiten Abschnitt das Thema Projekterzeugung *en détail* besprochen wird, werden im ersten Abschnitt einige grundsätzliche Konzepte von CDT geklärt, auf denen die meiste Funktionalität fußt. Diese spielen nicht nur in der Bearbeitungsphase eine Rolle, jedoch müssen schon vor der Projekterzeugung Entscheidungen getroffen werden, bei denen die Kenntnisse der Konzepte, die z.B. den Builder betreffen, vorteilhaft sind.

Im dritten Abschnitt geht es um allgemeine Eigenschaften von Ressourcen. Anschließend wird ein neues Beispielprojekt angegangen. Dies ist vom Konfigurationsaufwand ein wenig komplexer als das erste Beispiel, da es auf die Boost-Bibliothek [2] aufsetzt, die es für Windows-Benutzer auch zu übersetzen gilt. Im fünften Abschnitt folgt die ausführliche Beschreibung der Hilfestellungen, die Eclipse Ihnen für das Bearbeiten der Quelltexte bietet. Der sechste Abschnitt führt Sie in den Dateienvergleich ein, dem insbesondere bei der versionskontrollierten Verwaltung der Projekte eine große Bedeutung beigemessen werden kann.

Danach lernen Sie etwas über Working-Sets, die ein wenig Ordnung im Ressourcengewirr schaffen können. Damit Sie während der Entwicklung keine Aufgaben vergessen, wird anschließend, d.h. im achten Abschnitt, erläutert, wie Sie die To-do-Liste von Eclipse bedienen. Eine immer wiederkehrende Aufgabe ist dabei das Refaktorisieren von existierendem Programmcode, was im Anschluss daran das Thema ist.

Im zehnten Abschnitt werden Sie tiefer in die Materie der von CDT bereitgestellten Parser und Indexer eintauchen, bevor es im elften und zwölften Abschnitt viel über die für die Bearbeitungsphase interessanten Views zu berichten gibt. Der komplexen, dateiübergreifenden Suche widmet sich der 13. und 14. Abschnitt. Abgeschlossen wird das Kapitel mit einer kurzen Vorstellung der Internals von Eclipse und CDT: Wo landen Einstellungen und Metainformationen?

3.1 Konzepte von CDT

Bereits im vorherigen Kapitel wurden Sie mit der Organisationsstruktur und wesentlichen Bedienkonzepten von Eclipse vertraut gemacht. Dieser Abschnitt widmet sich vermehrt den Konzepten, die CDT der Plattform Eclipse hinzufügt.

3.1.1 Parser

Ein wichtiger Bestandteil von CDT ist der Parser für Quelltextdateien. Seine Aufgabe besteht darin, einen Quelltext im Hintergrund durchzuscannen, um daraus einen sogenannten *Abstract Syntax Tree* (kurz AST) zu erstellen. Ein derartiger AST repräsentiert den kompletten Quelltext in einer Form, die es Software erlaubt, eine Codeanalyse und schließlich eine Transformation durchzuführen. Für Compiler ist das Erstellen eines AST ein fundamentaler Schritt, denn im Grunde tut ein Compiler ja nichts anderes, als eine Quellsprache (z.B. C- oder C++-Quelltext) in eine andere Sprache (z.B. Maschinencode) zu transformieren und vorher gegebenenfalls zu optimieren. CDT selbst verwendet den AST zum Syntax Highlighting, für die *Outline*-View und um einige höherwertige Funktionen der automatischen Codeanalyse bereitzustellen, zu denen z.B. die Content-Assistenz zählt.

3.1.2 Indexer

Eine weitere Besonderheit von C/C++ ist die Möglichkeit, dass Funktionen und Variablen extern gebunden werden können, d.h. in einer Quelltextdatei deklariert und referenziert werden, ohne dass eine Assoziation auf ihre eigentliche Definition existiert (engl. *external linkage*). Eine automatische Codeanalyse wird demnach zusätzlich verkompliziert. Es reicht also nicht, den C/C++-Dialekt und den Präprozessor zu beherrschen, sondern es müssen ebenso einige Aufgaben eines Linkers gelöst werden.

CDT verwaltet dazu für jedes Projekt einen Index, der eine Art Datenbank darstellt. Diese wird mit Referenzen, Definitionen und so weiter unter Benutzung des bereits erwähnten Parsers gefüttert. Aufgaben, wie z.B. die Suche nach allen Referenzen einer Variablen, werden dadurch schnell ausgeführt.

Der Indexer wird auf alle Quelltextdateien und Header-Dateien des Projektes angesetzt, die sich in einem Quelltextverzeichnis befinden. Der Index wird aktualisiert, wann immer Sie

- das Projekt erstellen oder löschen,
- eine Quelltextdatei erstellen oder löschen,
- eine Datei importieren,
- eine Quelltextdatei modifizieren und diese abspeichern oder
- den Vorgang manuell starten.

3.1.3 Piktogramme

Damit Sie als Entwickler Informationen auf einen Blick erfassen können, bedient sich Eclipse und CDT grafischer Symbole. Insbesondere werden Sie in zahlreichen Programmierhilfestellungen – etwa im *Outline*-View – auf die Symbole für strukturgebende Elemente wie Funktionen oder Klassen treffen. Tabelle 3-1 listet alle möglichen Symbole zusammen mit ihrer programmiersprachlichen Entsprechung auf.

Tab. 3-1
Symbole für strukturelle Elemente

Symbol	Bedeutung	Symbol	Bedeutung
	Attribut (geschützt)		Makrodefinition
	Attribut (öffentlich)		Methode (geschützt)
	Attribut (privat)		Methode (öffentlich)
	Aufzählung		Methode (privat)
	Aufzählungselement		Namensraum
	Funktionsdefinition		Struktur
	Funktionsdeklaration		Typdefinition
	Include-Anweisung		Union
	Klasse		Variable

Daneben existieren Auszeichnungen für statische deklarierte Elemente oder konstante definierte Variablen, die über die einzelnen Symbole gelegt werden.

3.1.4 Kurze Einführung in das Build-System

Der Build-Prozess kann durch CDT gesteuert werden.

CDT kann Ihnen die Kontrolle über den Ablauf des Übersetzungsvorgangs abnehmen. Das heißt, Sie müssen kein eigenes Makefile erstellen oder aktualisieren und sich nicht mit den teilweise komplizierten Regeln innerhalb eines noch viel komplizierteren Makefiles plagen; dies sollte besonders C/C++-Einsteigern gelegen kommen.

Anforderung: Flexibilität bzgl. der verwendeten Übersetzungsprogramme

Wie bereits zu Beginn des Buches erwähnt wurde, bringt CDT keine eigenen Übersetzungsprogramme mit sich. Dies lässt sich damit begründen, dass die Entwicklung eines vollwertigen C/C++-Compilers für verschiedene Plattformen, unter denen die erzeugten Programme laufen sollen, eine äußerst aufwendige Aufgabe wäre, die von anderen Projekten schon erfolgreich angegangen wird. Anstelle dessen findet in CDT das Konzept der *Toolchains* Verwendung, das CDT ein hohes Maß an Flexibilität verleiht.

Toolchains und Tools

Eine *Toolchain* ist eine Sammlung von *Tool*-Definitionen. Eine *Tool*-Definition gibt dabei an, aus welchem Typ Eingabedatei welcher Typ Ausgabedatei mit welchen Mitteln erzeugt wird. Beispielsweise enthält die Cygwin-Toolchain eine Definition, mit welchem Aufruf von Cygwin-Programmen aus einer C-Quelltextdatei eine Objektdatei erzeugt wird und mit welchem Aufruf Objektdateien zu einem ausführbaren Programm gebaut werden und so weiter. Im Wesentlichen entspricht also eine Tool-Definition einer allgemeinen Regel innerhalb eines Makefiles.

Anforderung: unterschiedliche Optionen für unterschiedliche Übersetzungszwecke

Nun ist es gang und gäbe, für die verschiedenen Stadien im Entwicklungsprozess unterschiedliche Arten von Executables zu erzeugen. Zum Testen und zum Debuggen auf Quelltextebene benötigt man im Übersetzungsprodukt möglichst viele Metainformationen, beispielsweise über die Namen der Variablen und zum Code korrespondierende Zeilennummern innerhalb der Quelltextdateien. Auch das starke Optimieren durch einen Compiler behindert das Debuggen von Programmen. Im Auslieferungszustand hingegen möchte man ein möglichst schnelles Programm erzeugen lassen, das ohne jeglichen Ballast auskommt[1]. Diese unterschiedlichen Zwecke spiegeln sich beim Kommandozeilen-Compiler üblicherweise in den Argumenten, die den Übersetzungsprogrammen übergeben werden, oder in den Umgebungsvariablen wider. Bei CDT werden diese unterschiedlichen Anforderungen durch sogenannte *build configurations* realisiert.

Build-Konfiguration

Mehrere dieser Konfigurationen können für ein Projekt erstellt werden, wobei sich nur eine im aktiven Zustand befindet. Diese wird dann beim Starten des Übersetzungsvorgangs benutzt. Eine *build configu-*

[1] Wichtig ist es natürlich, dass auch dieses ausgiebig getestet wird, denn höhere Optimierungsstufen können prinzipiell neue Probleme provozieren.

ration umfasst nicht nur die Parameter der verwendeten Werkzeuge, sondern beispielsweise auch Umgebungsvariablen und die verwendete Toolchain. Tatsächlich kann auf diese Weise auch ein Übersetzen auf Basis von ein und demselben Quelltext für verschiedene Plattformen realisiert werden.

Eine detaillierte Behandlung des Build-Systems befindet sich im nächsten Kapitel. Jetzt erfahren Sie erst mal, wie Sie Ihre Projekte überhaupt erzeugen.

3.2 C/C++-Projekte in CDT erzeugen

Irgendwann kommt einmal der Punkt, an dem Sie Ihr Projekt technisch mit Eclipse umsetzen möchten. Der erste Schritt besteht darin, ein neues Projekt im Workspace anzulegen oder ein bereits vorhandenes Projekt zu integrieren. Dann werden neue Dateien sowie gegebenenfalls neue Verzeichnisse erstellt und mit Inhalt versehen.

Wizards für neue Ressourcen

Ressourcen werden in Eclipse unter Zuhilfenahme von Wizards erzeugt, die auf den jeweiligen Typ der Ressource zugeschnitten sind. Sie bringen einen solchen Wizard auf Ihren Bildschirm, indem Sie z.B. auf Elemente vom Pulldown-Menü des *New*-Buttons zurückgreifen, das bei geöffneter *C/C++*-Perspektive den in Abbildung 3-1 dargestellten Aufbau besitzt. Dieselben Einträge finden Sie auch im Menü *File > New* vor oder im Menü, das erscheint, wenn Sie die Tasten ALT + SHIFT + N auf Ihrer Tastatur betätigen.

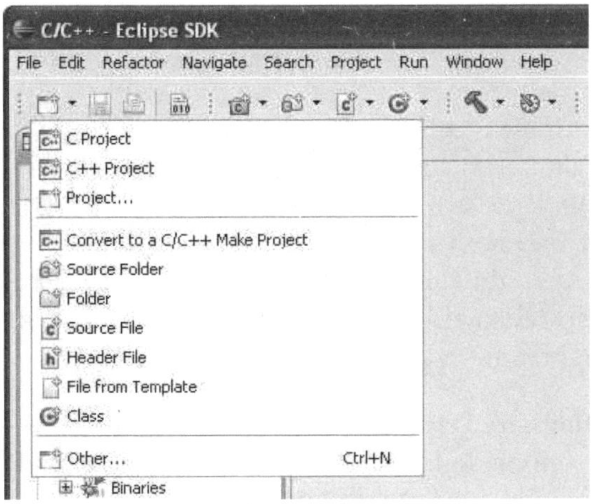

Abb. 3-1
Das unter dem New-Button verborgene Pulldown-Menü in der C/C++-Perspektive

Die Einträge in den Pulldown-Menüs sind Shortcuts zu den Wizards. Die Auswahl können Sie, wie in Abschnitt 2.6.1 beschrieben, selbst definieren, wobei sie für die meisten Perspektiven im Auslieferungszustand sinnvoll festgelegt ist. Hier wird davon ausgegangen, dass Sie keinerlei Änderungen an der Konfiguration vorgenommen haben.

Im Verlauf des Abschnitts werden Sie die in der Abbildung dargebotenen Einträge und die damit verknüpften Wizards kennenlernen. Zuerst werden Sie erfahren, wie Sie ein C/C++-Projekt anlegen. Dabei sind wichtige Entscheidungen zu treffen, die über die Wahl des Programmierdialektes hinausgehen. Anschließend wird Ihnen gezeigt, wie Sie neue Dateien und Verzeichnisse anlegen. Zum Schluss werden verschiedene Möglichkeiten aufgezeigt, wie Sie Ihre bereits vorhandenen Projekte in Eclipse importieren.

3.2.1 Projekte anlegen

Neue Projekte, egal welcher Art sie sind, werden in Eclipse mit Hilfe von *New Project*-Wizards angelegt, einer speziellen Form der eingangs erwähnten Wizards. Einen Überblick über alle auf der Plattform vorhandenen *New Project*-Wizards erhalten Sie mit dem Eintrag *Project...*[2]. In derzeitiger Version bietet CDT Wizards für C- und C++-Projekte an, obgleich in Wirklichkeit keinerlei merkliche Unterschiede in deren Behandlung gemacht werden. Nach der Auswahl des Eintrages für C- oder C++-Projekte und der Bestätigung mittels *Next* erscheint der schon aus Abschnitt 2.2.3 bekannte *New Project*-Wizard, dessen erste Seite erneut in Abbildung 3-2 gezeigt wird. Hier müssen Sie

- den Projektnamen (*Project name*),
- den Speicherort (*Location*),
- den Projekttypen (*Project types*) sowie
- die zu verwendende Toolchain (*Toolchain*)

spezifizieren. Ist die Checkbox *Use default location* aktiviert, dann wird das Projekt als Verzeichnis im Workspace angelegt. Soll der Pfad allerdings ein anderer sein, deaktivieren Sie die Box und geben Sie den gewünschten Speicherort an.

Projekttypen

Mit der Auswahl eines Projekttyps legen Sie fest, welcher Art das Übersetzungsprodukt ist. In Version 5.0 von CDT haben Sie die Möglichkeit, sich für eine von drei Varianten zu entscheiden:

- eine ausführbare Datei (*Executable*)
- eine dynamisch linkbare Bibliothek, d.h. eine DLL-Datei unter Windows oder eine SO-Datei unter Linux (*Shared Library*)
- eine statisch linkbare Bibliothek (*Static Library*)

[2]Hier und bis zum Schluss des Abschnittes wird auf die Angabe eines vollständigen Menüpfades verzichtet. Alle Einträge befinden sich im oben erwähnten Pulldown-Menü.

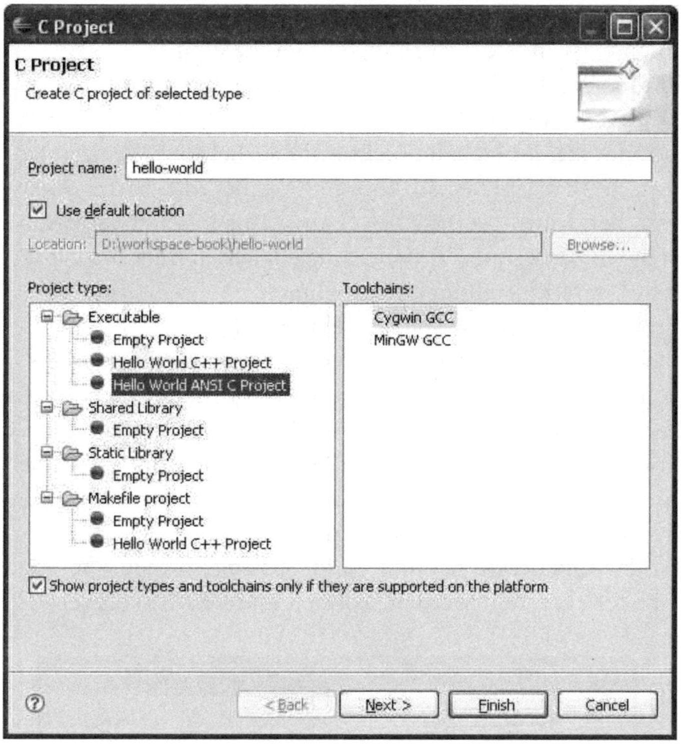

Abb. 3-2
Wizard, um neue C-Projekte anzulegen

Eine Sonderstellung nehmen Projekte vom Typ *Makefile project* ein. Für derartige Projekte kümmern Sie sich selbst um das Makefile, was insgesamt zwar das flexibelste Übersetzungsmodell ist, Ihnen allerdings auch die Pflege des Makefiles aufbürdet.

Projekttyp auswählen

Vor CDT 5.0.1 galt ein Projekttyp bereits als ausgewählt, wenn der entsprechende Ordner selektiert ist – eine Benutzerführung, die besonders in der Einarbeitungsphase Verwirrung stiften konnte. Es wurde dann ein leeres Projekt erzeugt. Seit CDT 5.0.1 stellen Ordner tatsächlich nur noch die Kategorien dar, die die durch einen vorangestellten Kreis in Erscheinung tretenden Projektschablonen beherbergen, die im CDT-Jargon auch *project templates* genannt werden. Gedacht sind sie als Einstiegspunkt für eine Demonstration oder für ein Tutorial. Die Basis für neue Projekte bezeichnet jetzt das Template *Empty Project*.

Werkzeuge auswählen

Haben Sie den gewünschten Projekttyp ausgewählt, sollte sich Ihr Fokus auf die rechte Liste richten, die eine Auswahl von Toolchains bereithält. Toolchains definieren die Werkzeuge, mit denen die Dateien Ihres Projektes übersetzt werden. Die angebotene Auswahlmöglichkeit hängt neben dem selektierten Projekttyp von Ihrer Rechnerplattform und von den installierten Plugins ab. Sie wählen hier auch lediglich die zu Beginn aktivierte Toolchain aus. Später ist es kein Problem, die tatsächlich verwendete Toolchain zu modifizieren.

Inkompatible Projekttypen und Toolchains anzeigen lassen

Unter den beiden Listen existiert noch eine Auswahlbox, mit der Sie jene Projekttypen und Toolchains erscheinen lassen, die mit der Plattform, auf der Sie entwickeln, nicht kompatibel sind. Verwenden Sie das Windows-Betriebssystem, so könnten Sie bei aktivierter Auswahlbox zusätzlich den Eintrag *Linux GCC* auswählen. Nach getroffener Wahl können Sie mit *Finish* das Projekt anlegen lassen oder mit *Next* > zuvor ein paar weitere Einstellungen vornehmen.

Weitere projektspezifische Angaben

Wenn Sie dabei ein Beispielprojekt wie *Hello World C++ Project* gewählt haben, dann können Sie auf dieser oder gegebenenfalls den folgenden Seiten zusätzliche Angaben machen, die die Projekterzeugung im Speziellen beeinflussen. Wie Sie in Abbildung 3-3 zu sehen bekommen, können Sie für das erwähnte, in CDT integrierte Beispielprojekt den Namen des Autors, die vom übersetzten Programm angezeigte Meldung und so weiter angeben. Die Daten dieser Felder werden dann beim Anlegen der Quelltexte benutzt. Andere Projekttypen, die etwa durch Drittanbieter eingefügt werden, können andere Masken verwenden.

Abb. 3-3 *Eingabemaske, die beim Erzeugen des Hello-World-Projektes angezeigt wird*

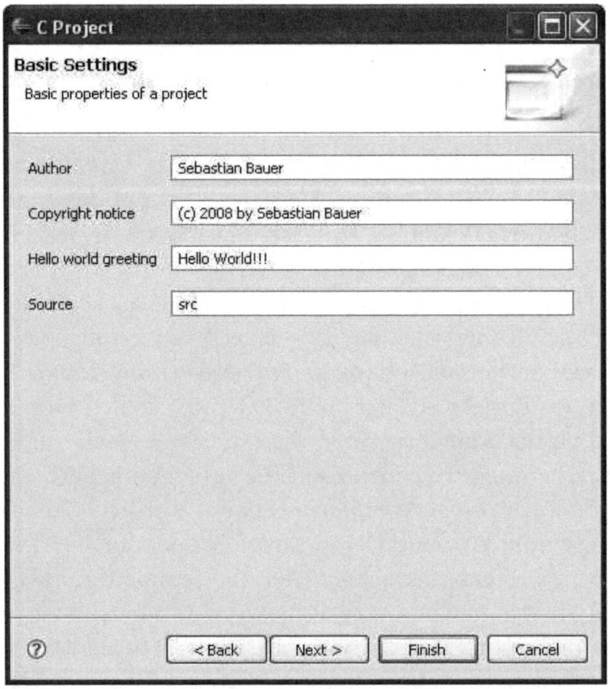

Konfiguration auswählen

Wenn Sie weiterhin *Next* > benutzen, gelangen Sie irgendwann auf die Seite, die in Abbildung 3-4 zu sehen ist und mit dem Titel *Select Configurations* versehen wurde. Hier wählen Sie, welche Konfigurationen zu Ihrem Projekt hinzugefügt werden sollen. Die angebotene Auswahl ist abhängig vom vorher gewählten Projekttyp sowie der aktiven Toolchain.

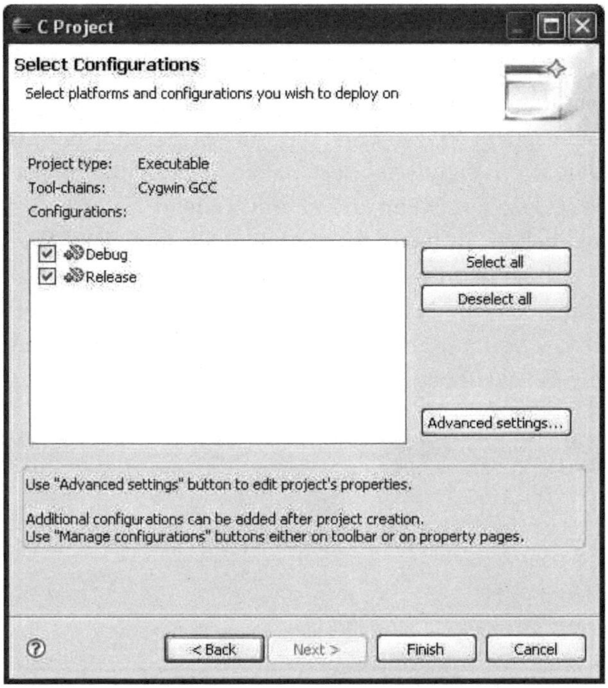

Abb. 3-4
Hinzuzufügende Konfigurationen auswählen

Noch mehr Einstellungen

Wenn Ihnen die bisher vorzunehmenden Einstellungen noch nicht genug erscheinen, haben Sie schließlich mit dem Button *Advanced Settings...* die Möglichkeit, alle Eigenschaften des Projektes zu modifizieren. Das Fenster ist das gleiche, das erscheint, wenn Sie von einem bereits vorhandenen C/C++-Projekt die Projekteigenschaften hervorrufen. Im Verlaufe dieses und der nächsten beiden Kapitel werden alle dort angebotenen Optionen im Detail besprochen.

3.2.2 Dateien erzeugen

Nachdem Sie ein Projekt erstellt haben, möchten Sie es sicher mit Ihren Quelltextdateien füttern. Neben dem Pulldown-Menü des *New*-Buttons können Sie auch über das Menü *File > New > Other...* den allgemeinen Dialog zur Ressourcenerzeugung öffnen lassen und dort in der Kategorie *C* oder *C++* einen Dateiressourcentyp selektieren. Je nach Auswahl werden nach einem Klick auf *Next >* voneinander abweichende Seiten präsentiert. Im Folgenden werden die für die C/C++-Entwicklung relevanten Wizards beschrieben.

C/C++-spezifische Dateiressourcentypen

CDT erweitert die Eclipse-Plattform um die folgenden Wizards, mit denen sich C/C++-spezifische Dateien erzeugen lassen.

Source File. Hiermit legen Sie eine normale Quelltextdatei an. Sie finden eine Ansicht in Abbildung 3-5. In *Source Folder* wird der Ordner eingetragen, in dem die neue Datei abgelegt wird. Die Vorgabe entspricht jenem Verzeichnis, das Sie vor dem Öffnen des Wizards im Navigation-View selektiert haben. Den Dateinamen geben Sie in *Source File* an. Wenn dieser mit keinem für C/C++-Quelltexte gebräuchlichen Suffix endet, werden Sie mit einer Warnmeldung darauf aufmerksam gemacht. Darunter können Sie noch eine Schablone angeben, die bei der Erzeugung der Datei genutzt wird. Der Button *Configure...* erlaubt Ihnen nicht nur den Einblick, sondern auch die Gelegenheit, Änderungen daran vorzunehmen.

Abb. 3-5 *Quelltextdatei hinzufügen*

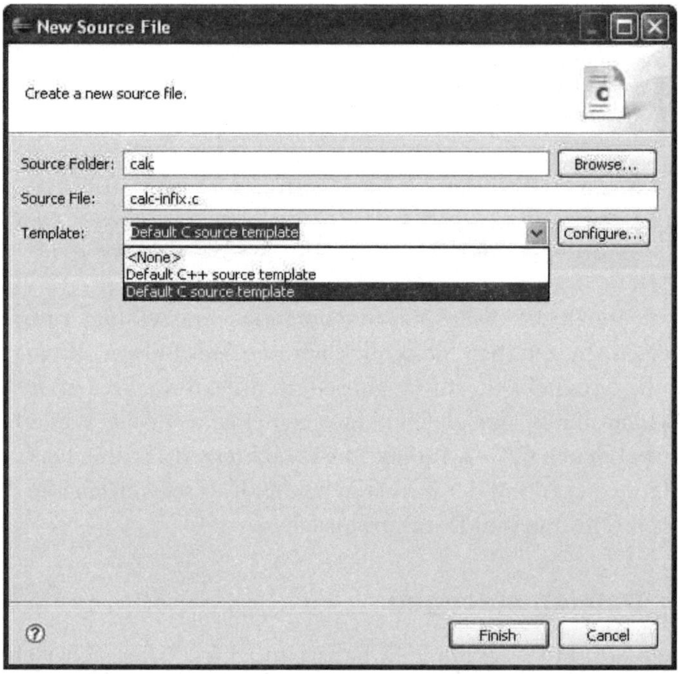

Header File. Hiermit legen Sie eine Header-Datei an. Die Ansicht des Wizards ist mit obiger im Wesentlichen identisch, nur dass andere Templates angeboten werden.

File from Template. Dieser Wizard hat die in Abbildung 3-6 dargestellte Form. Mit ihm legen Sie eine beliebige Textdatei an. Durch die Aktivierung der Option *Use template* können Sie dabei eine Schablone wie oben angeben. Dabei wird die dargebotene Auswahl dem eingegebenen Namen der Datei angepasst. Wenn Sie also der Datei die Endung `.c` verpassen, dann sind nur C-spezifische Muster wählbar. Bei einem Klick auf den Button *Advanced* wird Ihnen zusätzlich die Möglichkeit angeboten, eine *Linked Resource* zu erstellen.

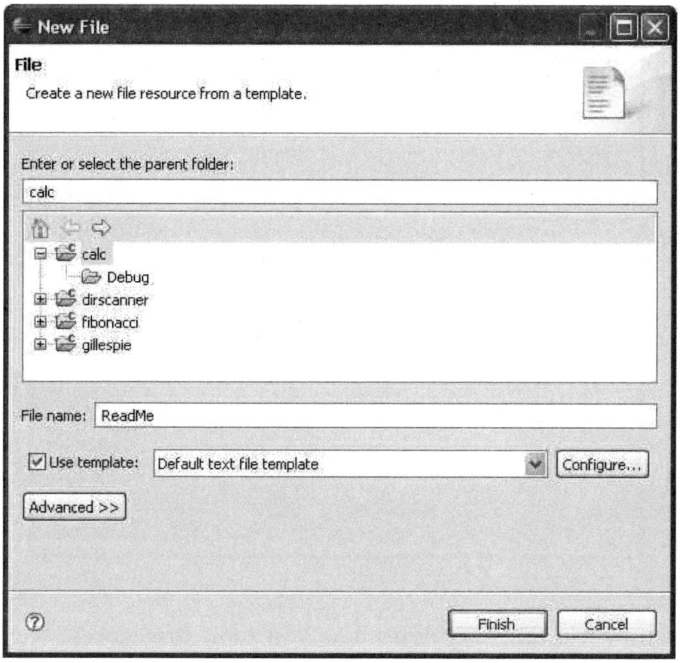

Abb. 3-6
Eine Datei aus einem Template erzeugen

Klassen für C++-Projekte erzeugen

Eine neue Klasse definieren

C++-Entwicklern steht neben den bisher besprochenen Sorten der Typ *Class* zur Verfügung. Hiermit erzeugen Sie eine neue C++-Klasse, was Ihnen etwas Tipparbeit ersparen kann. Das Benutzerinterface unterscheidet sich von Obigem zu diesem Zweck und findet für Sie in Abbildung 3-7 seine Darstellung.

Verzeichnis und Namensraum

Wie bei den anderen Dateitypen, geben Sie in *Source Folder* das Verzeichnis an, in dem die Klasse aufgenommen wird. Mit dem Kontrollkästchen *Namespace* können Sie den Namensraum der Klasse spezifizieren und dabei auf bereits von CDT entdeckte zurückgreifen oder einen neuen definieren.

Klassenname wählen

In *Class Name* geben Sie den Namen der zu erzeugenden Klasse an. Dieser sollte im Namensraum noch nicht vorkommen, ansonsten macht eine Fehlermeldung im oberen Teil des Fensters schon beim Tippen Sie

Abb. 3-7
Eine neue Klasse hinzufügen

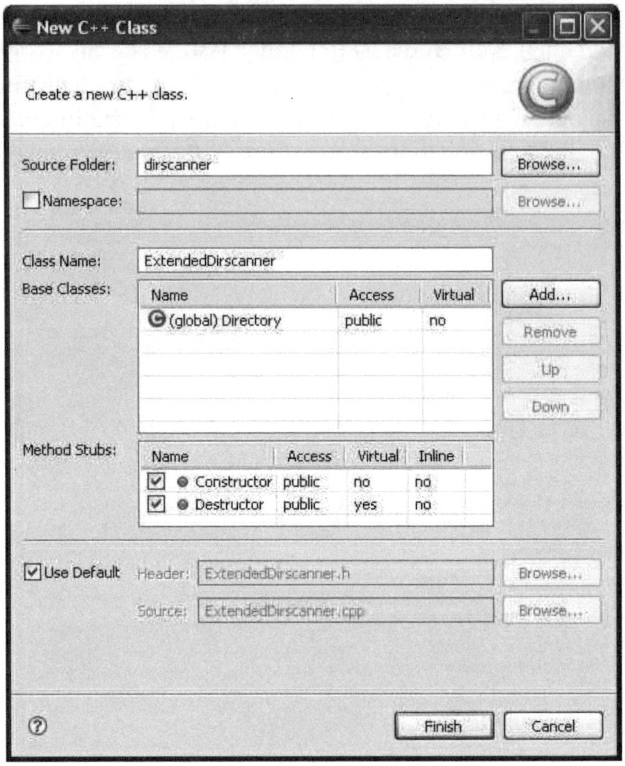

darauf aufmerksam. Auch wird eine Warnung ausgegeben, wenn vom Klassenname abgeraten wird, weil er z.B. mit einem Kleinbuchstaben beginnt.

Basisklassen spezifizieren

In die Liste *Base Class* können Sie die Namen derjenigen Klassen hinzufügen, von denen die neue Klasse Attribute und Methoden erben soll. Verwaltet wird die Liste durch die vier Buttons, die rechts angebracht sind. Mit einem Klick auf *Add...* öffnet sich ein ziemlich nützlicher Dialog, mit dessen Hilfe Sie komfortabel die Basisklassen wählen können. Er ist in Abbildung 3-8 dargestellt. Alle von CDT gefundenen Klassen werden dabei in der Liste *Matching elements* angezeigt. Ein Klick auf eine Klasse lässt ihren qualifizierten, also vollständigen, Namen sowie den Pfad zur Datei im Feld darunter erscheinen. Ein Doppelklick fügt die Klasse dann genauso wie ein Klick auf den Button *Add* zum Set der Basisklassen hinzu, vorausgesetzt Sie bestätigen den Dialog am Schluss positiv. Ist es zu mühsam, die richtige Klasse zu finden, dann kann die Auswahl mit den oben angebrachten Filteroptionen eingeschränkt werden.

Modifier der Basisklassen

Zurück zum ursprünglichen Dialog, also Abbildung 3-7. Die Ableitung von Klassen können Sie durch Schlüsselwörter (Modifikatoren;

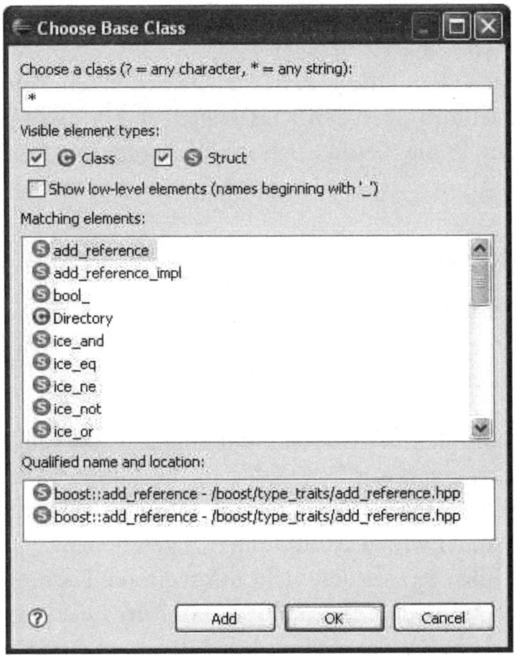

Abb. 3-8
Eine neue Basisklasse hinzufügen

engl. *modifier*) auf verschiedene Weise gestalten, z.B., wie die öffentlichen oder geschützten Elemente der Basisklasse weitervererbt werden. In der Liste der Basisklassen befinden sich deswegen neben der Spalte von Namen noch Spalten für *Access* und *Virtual*. Klicken Sie auf die jeweiligen Zellen, um diese abzuändern.

Stubs

Klassen verfügen oftmals über Konstruktoren und Destruktoren. Damit Sie sich auch diese Tipparbeit sparen, können Sie den entsprechenden Rahmencode von CDT automatisch erzeugen lassen, indem Sie die entsprechenden Kontrollkästchen aktivieren. Vorangestellte Schlüsselwörter können Sie wie oben durch Klicks auf die Zellen anpassen.

Dateinamen

Wo landet letztendlich die neue Klasse? Die Frage beantwortet der untere Teil des Fensters. Nach Konventionen werden zwei Dateien erzeugt, die Header-Datei, in der die Klassendefinition geschrieben wird, und die Quelltextdatei, in der die Definition der Methoden landet. CDT kann dabei zum einen die Klasse in neue Dateien unterbringen, ganz der aus Java bekannten Philosophie, dass öffentliche Klassen immer in eigene Dateien zu speichern sind. Zum anderen können Sie die Klassendefinition an bestehende Dateien anhängen lassen.

Klassen erzeugen

Sobald Sie *Finish* klicken, wird der Quellcode für die Klasse gemäß Ihrer Wünsche erzeugt und Ihrem Projekt hinzugefügt. Existiert die Header-Datei bereits, dann wird die Klassendefinition nicht einfach an die Datei angehängt, sondern sinnvoll eingefügt. Wenn die Header-

Datei z.B. von Include-Guards[3] umschlossen ist, dann landet die Definition in dem geschützten Bereich.

Stil individualisieren

Wenn Sie mit dem Stil, in dem die Klassen erzeugt werden, z.B. die Art der Kommentare über den Klassenattributen, nicht ganz zufrieden sind, dann können Sie diesen auch modifizieren. Beschrieben wird dies genauer in Abschnitt 3.15.2 ab Seite 172.

Weitere Dateiressourcentypen

Das Eclipse-Framework bietet von Haus auch noch zwei sehr allgemeine Ressourcentypen an, die im Übersichtsfenster in der Kategorie *General* zu finden sind:

File. Eine gewöhnliche Textdatei kann angelegt werden. Das kann eine neue oder eine verknüpfte Datei sein. Verknüpfte Dateien erzeugen Sie, indem Sie weitere Optionen mit dem Button *Advanced »* sichtbar schalten, so wie in Abbildung 3-9 geschehen.

Untitled Text File. Sie werden nicht mit weiteren Formularen belästigt. Stattdessen wird eine namenlose Datei im Editor geöffnet. Einen Namen und ein Zielverzeichnis können Sie solchen Dateien mit dem Menüeintrag *Project > Save As...* geben.

3.2.3 Verzeichnisse hinzufügen

Genauso einfach, wie Sie neue Dateien anlegen, können Sie auch ein Verzeichnis Ihrem Projekt hinzufügen. Verzeichnisse tragen dazu bei, dass Sie in der Organisation des Projektes den Überblick behalten. Dabei haben Sie die Wahl zwischen zwei Typen.

Folder

Der Wizard *Folder* wird durch die Plattform bereitgestellt und erlaubt Ihnen, ein simples Verzeichnis in Ihrem Projekt anzulegen. Der Wizard hat die gleiche Form wie der für einfache Dateien. So können Sie auch hier eine Verknüpfung zu einem außerhalb des Projektes befindlichen

[3] Diese stellen sicher, dass der Quelltext einer Include-Datei nur ein einziges Mal einbezogen wird. Gewöhnlich bedient man sich eines Makros, das nur in der Header-Datei Verwendung findet. Mit Hilfe von bedingter Übersetzung wird der eigentliche Inhalt der Datei nur einbezogen, wenn dieses Makro noch nicht definiert ist. Es wird allerdings dann auch im positiven Pfad definiert. Im Übrigen werden standardmäßig solche Include-Guards automatisch beim Anlegen einer neuen Header-Datei eingefügt.

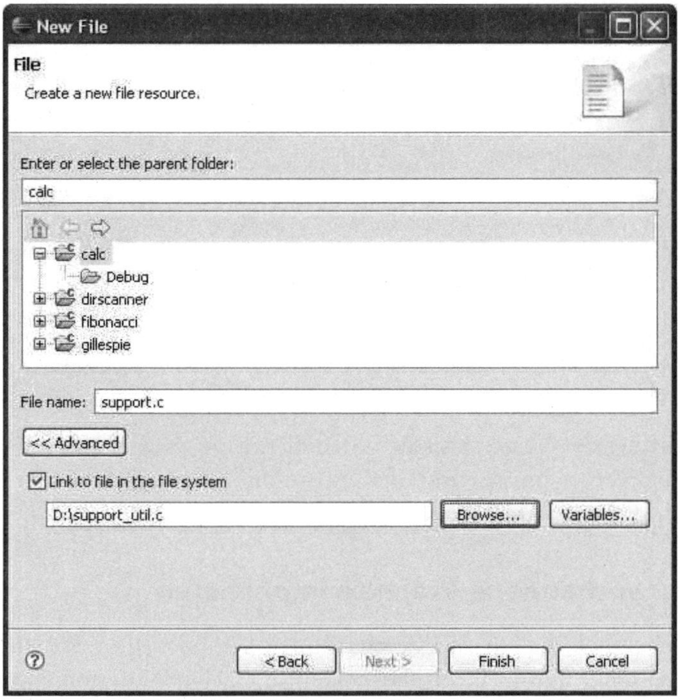

Abb. 3-9
Verknüpfte Dateien erzeugen

Verzeichnis erstellen, was für die Einbindung von nicht als Bibliothek vorliegenden Modulen nützlich sein könnte.

Source Folder

Der *Source Folder* wird durch CDT neu zur Plattform hinzugefügt. Der Wizard ist in Abbildung 3-10 zu sehen und erlaubt die Angabe des Projektes und des Namens, wobei hier ein zum Projektverzeichnis relativer Pfad spezifiziert werden kann und somit auch tiefere Hierarchien möglich sind.

Was unterscheidet den *Source Folder* von normalen Verzeichnissen? Abgesehen davon, dass ein »C« das Piktogramm verschönert, das Sie über den Sinn und Zweck des Ordners in Kenntnis setzt, wird ein *Source Folder* gleich in die Liste der Quellverzeichnisse aufgenommen. Das ist sowohl für den Indexer als auch für das Build-System von Interesse. Nur die Dateien, die sich in als Quellverzeichnis gekennzeichneten Ordnern befinden, werden indiziert und vom automatischen Übersetzungssystem kompiliert.

Mit der einzigen Checkbox im Wizard bezwecken Sie schließlich, dass das neu anzulegende Verzeichnis in die Ausschlussfilter der anderen Quellverzeichnisse aufgenommen wird, damit keine mehrfache

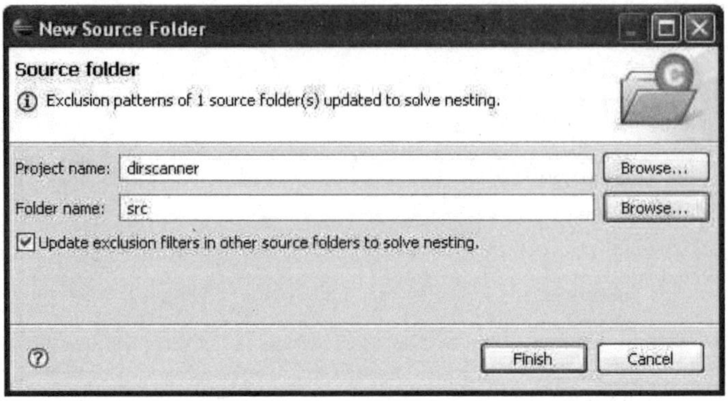

Abb. 3-10 *Ein Quelltextverzeichnis erzeugen*

Betrachtung des Verzeichnisses stattfindet. Eine genauere Beschreibung der Quellverzeichnisse und des Ausschlussfilters finden Sie in Abschnitt 4.3.2 ab Seite 186 vor.

3.2.4 Vorhandene Projekte importieren

Wahrscheinlich haben Sie bereits einige C- oder C++-Projekte und möchten diese nun in Ihrer neuen Eclipse-CDT-Installation einpflegen. Das Importieren bereits vorhandener Projekte kann dabei auf mehreren Wegen erfolgen.

Über die Importfunktion von Eclipse

Sie können die kompletten Quelltexte über die von Eclipse bereitgestellte Importfunktion zum Workspace hinzufügen. Hierfür wählen Sie den Menüpunkt *File > Import...* an. Eclipse bietet Ihnen eine Auswahl von verschiedenen Quellen an (siehe Abbildung 3-11).

Für das Ziel, ein ganzes Projekt in Eclipse/CDT zu importieren, bieten sich die folgenden Möglichkeiten an:

- *Filesystem*: Die Quellen befinden sich auf dem Dateisystem des Rechners.
- *Archive File*: Die Quellen befinden sich innerhalb eines Dateiarchivs. Unterstützt werden momentan die Formate Zip und die Tar/GZIP-Kombo.
- *Existing Projects into Workspace*: Die Quellen befinden sich bereits in einem Eclipse-Projekt oder Workspace.

Die Nachteile dieser Methode sollen nicht verschwiegen werden: So nimmt Ihr Projekt auf der Festplatte doppelten Speicherplatz ein und,

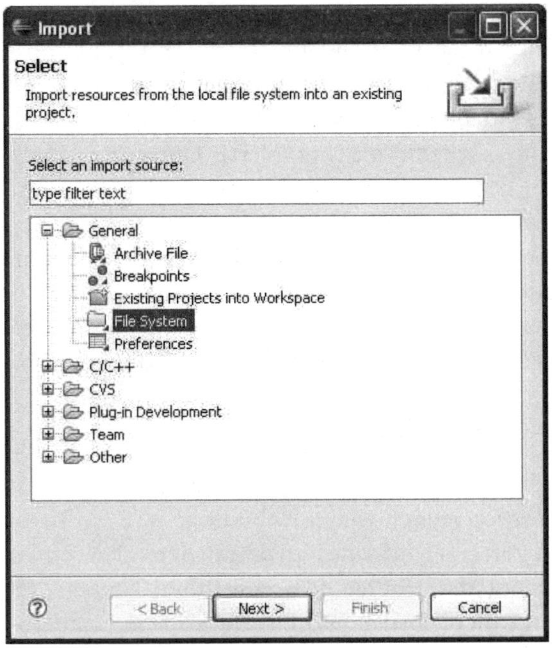

Abb. 3-11
Importieren

falls das Projekt unter der Kontrolle eines Versionierungssystem steht, können weitere Probleme die Folge sein.

Exemplarisch wollen wir hier einmal das bekannte Open-Source-Projekt *ffmpeg* importieren (an anderer Stelle werden wir darauf noch zurückgreifen). Hierzu erstellen Sie zunächst ein neues C-Makefile-Projekt und nennen es *ffmpeg*. Anschließend laden Sie sich das Archiv der aktuellen Quellen von

`http://ffmpeg.mplayerhq.hu/download.html`[4]

in ein Verzeichnis Ihrer Wahl herunter. Wenn Sie das Archiv nicht auf den ersten Blick finden – das hier verwendete versteckt sich zum Zeitpunkt der Drucklegung hinter dem Link *bare sources*. Lokalisieren Sie anschließend die Datei auf Ihrem Dateisystem, um sie zu entpacken, denn leider bietet Eclipse im Moment keinen Support für BZip2-komprimierte Archive. Beispielsweise könnte dies mit der Eingabe von

```
tar -xjf ffmpeg-export-snapshot.tar.bz2
```

in einer Shell bewerkstelligt werden, sofern Sie sich im Verzeichnis der Datei befinden[5]. Wählen Sie dann in der Auswahl der Import-Methode

[4] Alternativ können Sie auch die auf der Support-Site des Buchs bereitgestellte Version benutzen.

[5] Cygwin-Benutzer denken dabei daran, dass sie mit `/cygdrive/` Zugriff auf alle Windows-Laufwerke erhalten können.

wie in Abbildung 3-11 *File System* an. Danach klicken Sie auf *Next*. Hier spezifizieren Sie in *From directory* den Ordner, in dem sich die Quelldateien des zu importierenden Projektes befindet, in unserem Fall also das entstandene *ffmpeg*-Verzeichnis.

Daraufhin erscheint die komplette Unterverzeichnisstruktur des ausgewählten Verzeichnisses. Machen Sie ein Häkchen vor der Wurzel, so dass alle untergeordneten Verzeichnisse ausgewählt werden. Wählen Sie anschließend das eben erstellte Projekt in *Into folder* an. Klicken Sie auf *Finish*, um den Vorgang in Gang zu setzen. Eclipse kopiert daraufhin, erkennbar an einer Fortschrittsanzeige, alle im Verzeichnis befindlichen Dateien in das neue Projekt und aktualisiert die Projektansicht.

Mittels New-Project-Wizard

Sie erstellen ein neues Projekt wie gehabt mit dem *New Project*-Wizard, geben als *Location* jedoch wie in Abbildung 3-12 am Beispiel von *Freeciv*[6] das Wurzelverzeichnis des zu importierenden Projektes an. Das Projekt erscheint dann unter dem gewählten Namen (*Project name*), wird allerdings nicht in den Workspace kopiert, sondern nur referenziert. Das ist sicherlich die zu empfehlende Variante, wenn Sie Ihre bereits bestehenden Projekte unter Eclipse bearbeiten, sich aber nicht 100%-ig auf Eclipse festlegen möchten.

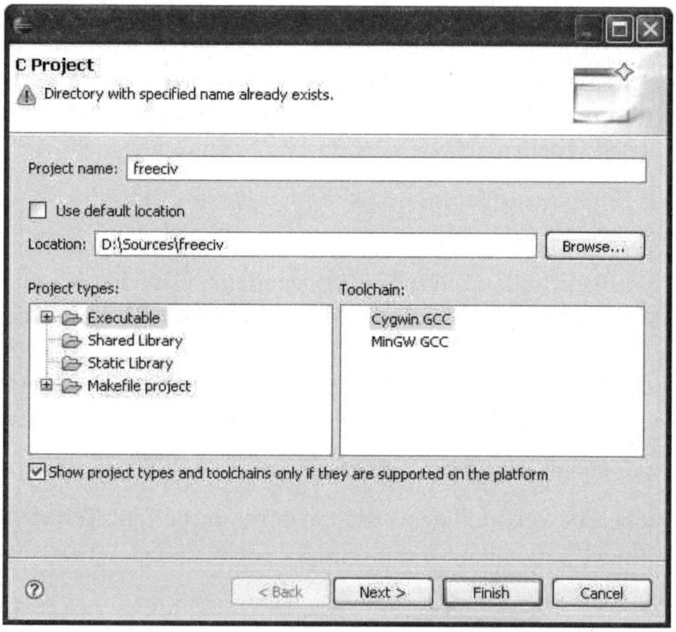

Abb. 3-12
Das Hinzufügen eines bereits existierenden Nicht-Eclipse-Projektes kann durch Angabe des Pfades geschehen. Hier am Beispiel von »Freeciv«, dessen Quellen sich auf meinem System unter D:\Source\freeciv befinden.

[6] http://www.freeciv.org/

Konvertieren

Ist Ihr Projekt bereits im Eclipse-Workspace, allerdings noch kein erkennbares C/C++-Projekt, so können Sie mit Hilfe von *Convert to a C/C++ Make Project* mit dem *New Project*-Wizard dieses Projekt in ein solches umwandeln. Bei Auswahl des Wizards erscheint lediglich ein Fenster mit einer Liste; sie enthält alle im Workspace verfügbaren Projekte, die keinerlei C/C++-Assoziation besitzen.

Import mittels Versionskontrolle

Last, but not least können Sie Ihr Projekt auch über die CVS-Unterstützung von Eclipse oder über die mit Hilfe eines Plugins realisierte SVN-Unterstützung in den Workspace importieren. Aufgrund der großen Bedeutung dieses Themas im Entwickleralltag ist der Versionsverwaltung ein eigenes Kapitel, nämlich Kapitel 6, gewidmet, in dem auch auf das Importieren bzw. Auschecken im Detail eingegangen wird.

3.2.5 Projekt entfernen

Möchten Sie ein Projekt entfernen, dann klicken Sie es an und wählen im Menü *Edit > Delete* an. Es erscheint der in Abbildung 3-13 gezeigte Dialog, in dem Sie zum einen das Vorhaben bestätigen und zum anderen mit der Option *Delete project contents on disk* entscheiden können, ob der Inhalt des Projektes auch vom Datenträger gelöscht werden soll.

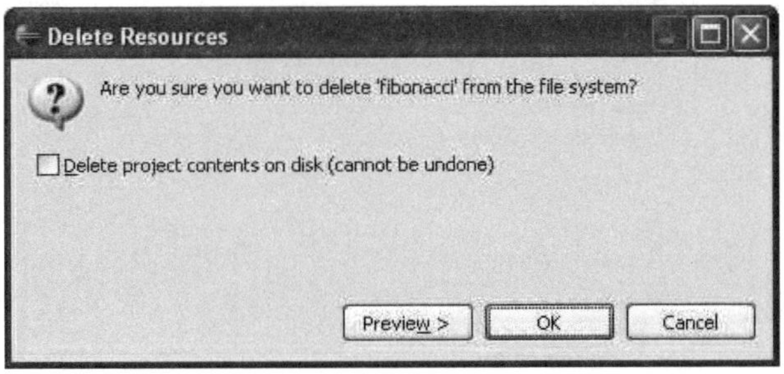

Abb. 3-13
Dialog, um das Löschen eines Projektes zu bestätigen

3.2.6 Projekttyp ändern

Um generell den Typ eines Projektes zu ändern, können Sie das Projekt löschen, wie im vorherigen Abschnitt beschrieben wurde, wobei der eigentliche Inhalt auf dem Datenträger belassen wird; die Option *Delete project contents on disk* muss also unbedingt ausgeschaltet sein. Anschließend erstellen Sie ein neues Projekt vom gewünschten Typ und geben als Ort des Projektes den Pfad des gelöschten Projektes an.

3.3 Eigenschaften von Ressourcen

Die Eigenschaften von Ressourcen beherbergen neben Informationen über die gewählte Ressource an sich verschiedene Einstellungsmöglichkeiten, von denen insbesondere Projekte eine Vielzahl anzubieten haben. Alle Eigenschaften einer Ressource können auf den Bildschirm gebracht werden, indem Sie in einem Navigation-View im Kontextmenü über der Ressource den Eintrag *Properties* auswählen. Die Projekteigenschaften können auch mit dem Menüeintrag *Project > Properties* für das Projekt der aktuell in Bearbeitung befindlichen Ressource aufrufen.

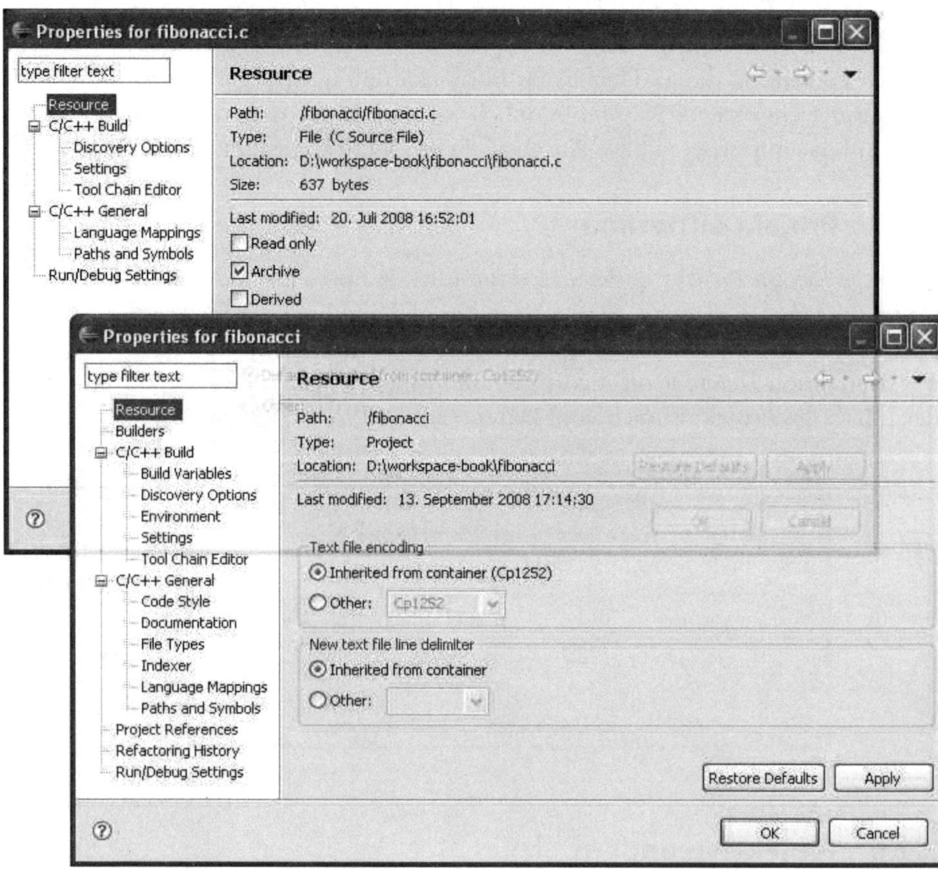

Abb. 3-14
Eigenschaften für Projekt- und Dateiressourcen

Der Dialog hat den gleichen Aufbau wie das globale Voreinstellungsfenster: Links befinden sich die möglicherweise hierarchisch angeordneten Kategorien, rechts die Seite des ausgewählten Elementes. Als Beispiel ist der Dialog für zwei Ressourcen, die im letzten Kapitel für das Projekt *fibonacci* angelegt wurden, in Abbildung 3-14 dargestellt. Darin ist erkennbar, dass sich die Kategorieauswahl voneinander unterscheidet. Sie hängt von der Art der Ressource ab.

Die Seite *Resource*, die in beiden Ausschnitten gerade aktiv ist, werden Sie hingegen bei allen Ressourcentypen wiederfinden, auch wenn sich die gezeigte von Ressourcentyp zu Ressourcentyp unterscheidet. Unabhängig vom Typ enthält Sie allerdings ganz allgemeine Angaben über die fragliche Ressource. Erkennbar sind neben den Informationen wie dem Eclipse-Pfad (*Path*), dem Ressourcentyp (*Type*), dem Speicherort auf dem Dateisystem (*Location*) und dem Datum der letzten Änderung auch einige Optionen, die im Folgenden beschrieben werden.

Kodierung der Textdateien

Im Kasten *Text file encoding* legen Sie die für Textdateien verwendete Kodierung (engl. *encoding*) fest. Entweder geben Sie eine explizite Kodierung an, oder diese Einstellung wird von der Container-Ressource geerbt, die entweder der übergeordnete Ordner, das Projekt oder, bei Projektressourcen, die globale Einstellung ist. Meistens ist es unnötig, diese Einstellung zu ändern. Sinnvoll ist diese Option jedoch beispielsweise beim Erstellen von Sprachkatalogen.

Zeilenbegrenzer für neue Textdateien

Die Kasten *New text file line delimiter* steht ausschließlich für Projektressourcen zur Verfügung und erlaubt die explizite Angabe des Zeilenbegrenzers (engl. *line delimiter*) für neue Textdateien. Dabei werden alle verbreiteten Varianten unterstützt: Unix (LF), Windows (CRLF) sowie Mac OS 9 (CR). Ebenso kann diese Einstellung vom Container geerbt werden. Wohlgemerkt, diese Einstellung hat nur auf neue Textdateien einen Einfluss. Möchten Sie hingegen bei bereits existierenden Textdateien den Zeilenbegrenzer ändern, so kann dies mit Hilfe des Menüpunkt *File > Convert Line Delimiters To* geschehen.

Ordner und Dateien besitzen zusätzlich noch Attribute, die in ihren Merkmalen im Wesentlichen mit denen übereinstimmen, die bei Dateisystemen Verwendung finden.

Attribute

- *Read only*: Ist dieses Attribut aktiviert, kann die Ressource nur gelesen werden. Beim Versuch, die Datei innerhalb von Eclipse zu verändern, erscheint ein Dialog, so wie er in Abbildung 3-15 zu sehen ist. Dieser möchte Sie erstens auf den Schreibschutz hinweisen und stellt Ihnen zweitens zur Wahl, diesen aufzuheben.

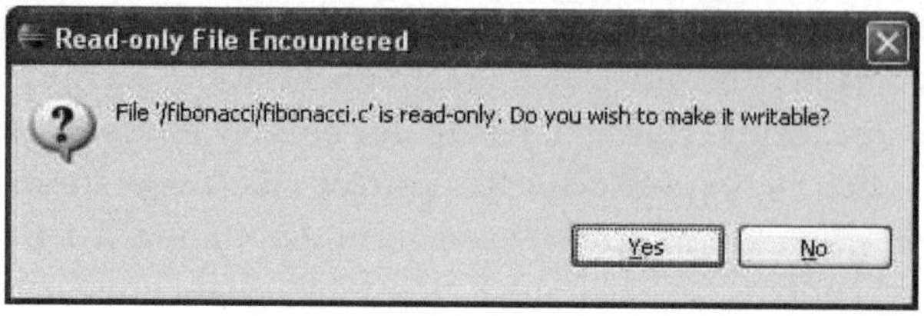

Abb. 3-15
Dialog beim Versuch, eine schreibgeschützte Datei zu modifizieren

- *Archive*: Dieses Attribut unterstützt das Anfertigen von Sicherheitskopien. Es wird bei jedem Schreiben der Datei gesetzt. Wird ein Backup der Datei angefertigt, so wird dieses Attribut gelöscht. Solange das Attribut also gelöscht ist, wurde keine Änderung an der Datei vorgenommen und die Datei muss bei erneutem Backup evtl. nicht neu gesichert werden. Das Vorhandensein eines solches Attributs hat historische Gründe.
- *Derived*: Die Ressource wurde aus anderen Ressourcen erzeugt. Kandidaten für solche Ressourcen sind beispielsweise alle aus den Quelltextdateien hervorgehenden Objektdateien oder die daraus generierten ausführbaren Programme. Leider wird dieses Attribut in derzeitiger Version bei Objektdateien explizit nicht gesetzt, was wahrscheinlich damit zusammenhängt, dass die Ressource von einem externen Programm (dem Compiler oder Linker) erzeugt wird.

Weitere Seiten zu gegebener Zeit

Von größerem Interesse sind freilich die Seiten, die der Dialog noch zu bieten hat. Mehr über deren Zweck erfahren Sie zu gegebener Zeit im weiteren Verlauf des Buchs.

3.4 Projekt: Dirscanner

Haben wir uns beim ersten Beispiel ein wenig mit Mathematik beschäftigt, so wollen wir im nächsten Beispiel den Fokus mehr auf die Probleme des Programmieralltags ausrichten. Das neue Programm, das wir schreiben möchten, um mit CDT weiter vertraut zu werden, soll nichts weiter machen, als ein zu übergebendes Verzeichnis rekursiv durchzuscannen, um die summierte Größe der darin enthaltenen Dateien auf der Konsole auszugeben.

Praktisch gesehen gibt es viele Möglichkeiten, diese Aufgabe zu lösen. Wir benutzen hierfür die Boost-Library, weil

- ANSI-C oder neuere ISO-Standards eine Funktion zum Einlesen von Verzeichnissen schlicht und einfach vermissen lassen (die bekannte *opendir*()-Funktion wird in POSIX definiert),

- die Boost-Bibliothek zusehends an Bedeutung im C++-Alltag gewinnen wird, da sie plattformübergreifend wichtige Features wie z.B. Dateioperationen, Netzwerkverbindungen und wichtige Datenstrukturen bereitstellt, vergleichbar mit Suns Klassenbibliothek für Java,
- Teile von ihr deshalb in den neuen C++0x-Standard[7] eingepflegt werden und das allein schon ein gewichtiger Grund ist, sich mit Boost auseinanderzusetzen.

Der folgende Unterabschnitt schafft zunächst die Voraussetzung: Hier wird erläutert, wie Sie die Boost-Bibliothek auf Ihrem Rechner installieren.

3.4.1 Boost installieren

Boost ist mit dem Grundgedanken der Portabilität entwickelt worden. Die Installation ist deshalb auf den verschiedensten Systemen möglich, darunter befinden sich sowohl Linux als auch Windows. Dennoch ist der zu betreibende Aufwand unterschiedlich hoch, deshalb wird die Einrichtung von Boost auf dem System separat betrachtet.

Unter Linux einrichten

Linux-Benutzer haben es hier im Gegensatz zu ihren Windows-Kameraden sehr viel einfacher, findet sich Boost doch in den allermeisten Distributionen wieder. Sie müssen das Paketverwaltungssystem lediglich dazu bringen, die neuste Version von Boost und die dazu passenden Entwicklerpakete einzurichten. Debian-Nutzer erledigen dies z.B., indem Sie

```
aptitude install libboost-dev libboost-filesystem-dev
```

in einer Root-Shell eingeben.

Unter Windows einrichten

Zwar wird Ihnen Boost im Paketmanager von Cygwin zur Installation angeboten, doch ist die offerierte Version unter Umständen schrecklich veraltet; so war es zumindest bei Drucklegung des Buchs der Fall. Überdies nützt Ihnen das fertige Paket herzlich wenig, wenn Sie sich für den MinGW-Weg entschieden haben. Aus diesem Grund ist es nicht die schlechteste Idee, Boost selbst zu übersetzen. Dies soll im Folgenden beschrieben werden.

[7] Das x steht dabei für eine beliebige Zahl. Die Bezeichnung deutet selbstbewusst an, dass noch vor 2010 mit einer endgültigen Version zu rechnen ist.

Abb. 3-16
Die Heimatseite von Boost

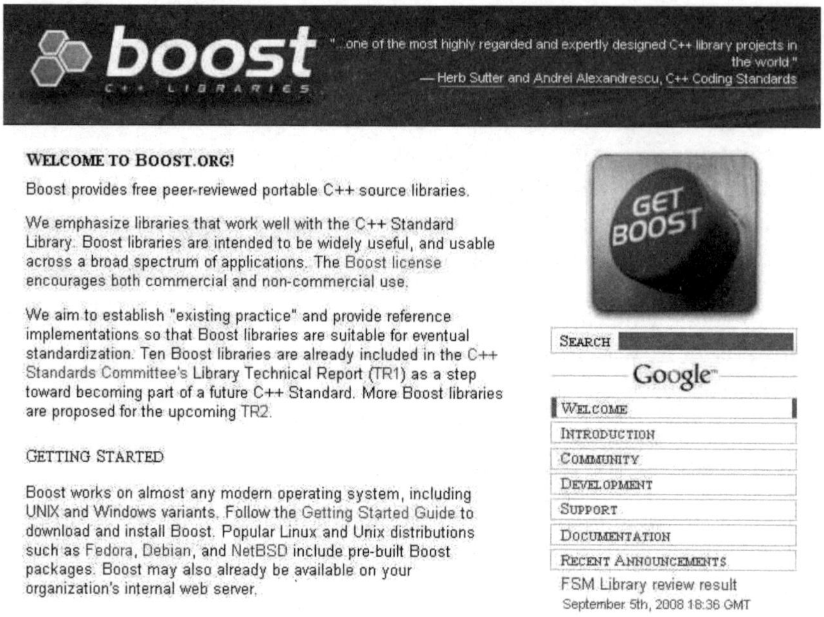

Laden Sie das Boost-Archiv über die Heimatseite `http://www.boost.org`, von der ein kleiner Ausschnitt in Abbildung 3-16 zu sehen ist, herunter. Der Weg sollte Sie über die Seite `http://www.boost.org/users/download/` schließlich zu einer SourceForge-Seite führen. Die hier aufgeführte Beschreibung basiert auf der Version 1.36.0 von Boost, die am 14. August 2008 veröffentlicht wurde.

Wechseln Sie in eine Shell, lokalisieren Sie die heruntergeladene Datei und geben Sie

```
tar -xjf boost_1_36_0.tar.bz2
```

ein, wenn sich die Datei `boost_1_36_0.tar.bz2` im aktuellen Verzeichnis befindet. Wechseln Sie anschließend in das neu entstandene Verzeichnis. Dort geben Sie

```
configure --with-libraries=filesystem
```

ein. Dann wird Boost mit

```
make install
```

übersetzt und bei Erfolg unter dem Cygwin-Pfad `/usr/local/` installiert. Eventuell angezeigte Warnungen bezüglich *Python* können Sie dem Ratschlag folgend tatsächlich ignorieren. Lehnen Sie sich zurück, oder, besser noch, nehmen Sie eine Tasse Kaffee oder Tee zu sich, denn je nach verfügbarer Rechenpower kann der Vorgang eine ganze Weile dauern.

3.4.2 Dirscanner entwickeln

Für das Einlesen von Dateien und Verzeichnissen ist bei *Boost* die Filesystem-Bibliothek verantwortlich. Die zugehörige Header-Datei lautet `boost/filesystem.hpp`.

Die Bibliothek definiert die Klasse `path`, deren Instanzen einen kompletten Pfad eines Dateisystemeintrages repräsentieren. Über eine *status*()-Methode können wir Details zum Pfad abfragen, z.B. ob es sich dabei um ein Verzeichnis handelt, eine reguläre Datei und so weiter.

Mit Hilfe des Iterators `directory_iterator` können wir über diejenigen Einträge iterieren, die sich in dem bei der Konstruktion übergebenen Verzeichnis befinden. Konkret wird der Iterator auf den ersten Eintrag im übergebenen Verzeichnis initialisiert. Zugriff auf das aktuelle `path`-Objekt ermöglicht uns die Methode *path*(), während die Methode *status*() es uns ohne Umwege erlaubt, den Status des Eintrages in Erfahrung zu bringen. Die Iterator-Klasse überlädt den Inkrementoperator »++«. Dieser setzt den Iterator auf den nächsten Verzeichniseintrag oder auf den End-Iterator, falls kein weiterer Eintrag existiert. Jenen End-Iterator können wir auch über den Default-Konstruktor erzeugen. Da auch der Gleichheitsoperator überladen wird, können wir ein Verzeichnis in einer gewöhnlichen *for*-Schleife einlesen, ohne dabei unübersichtlich zu werden.

Erstellen Sie zuerst ein neues C++-Projekt unter dem Namen *dirscanner*. Als Projekttyp sollte *Executable* ausgewählt werden. In Voraussicht späterer potenzieller Erweiterungen wollen wir ein Verzeichnis durch Instanzen einer Klasse *Directory* repräsentieren. Die einzige Methode soll *getSize*() heißen: Sie gibt die Größe der Dateien inklusive der Größe der Unterverzeichnisse als Summe zurück. Den Pfad merken wir uns durch ein privates Attribut *name*, für dessen Typ wir C-üblich einen `char`-Zeiger auswählen. Der Übersicht halber implementieren wir die Klasse in einer eigenen Datei `directory.cpp`. Legen Sie im neuen Projekt zunächst die Beschreibung der Klasse in der Header-Datei `directory.hpp` an. Sie sollte folgenden Inhalt haben:

Da wir mit dem Verzeichnisnamen nicht viel arbeiten, ist der gewählte Typ sicher genug.

Listing 3.1
directory.hpp

```
#ifndef DIRECTORY_HPP_
#define DIRECTORY_HPP_

class Directory
{
    const char *name;
  public:
    Directory(const char *name);

    long getSize();
```

```
};

#endif /* DIRECTORY_HPP_ */
```

Erstellen Sie anschließend die Datei directory.cpp, die in etwa so aussehen könnte:

Listing 3.2
directory.cpp

```
#include <iostream>
#include <boost/filesystem.hpp>

#include "directory.hpp"

namespace fs = boost::filesystem;

Directory :: Directory(const char *name)
{
  this->name = name;
}

long Directory :: getSize()
{
  long size = 0;

  fs::directory_iterator end_itr;
  for (fs::directory_iterator itr(name);
       itr != end_itr;
       itr++)
  {
    if (!fs::is_symlink(itr->status()))
    {
      if (fs::is_directory(itr->status()))
      {
        Directory sub(itr->path().string().c_str());
        size += sub.getSize();
      } else
      {
        size += file_size(itr->path());
      }
    }
  }

  return size;
}
```

Die Programmhauptfunktion main() legen Sie unter einer Datei mit Namen dirscanner.c ab. Sie könnte bei Ihnen folgendermaßen aussehen:

Listing 3.3
dirscanner.c

```
#include <iostream>
#include "directory.hpp"

int main(int argc, char **argv)
{
  if (argc < 2) return -1;

  Directory directory(argv[1]);

  /* Use getSize() method to determine the space occupied by files
   * and directory within the directory.
   */
  std::cout << directory.getSize() << std::endl;
  return 0;
}
```

Sie können jetzt versuchen, das Programm mit Klick auf den *Build*-Button zu übersetzen. Durchaus kann es passieren, dass dies nicht von Erfolg gekrönt ist: Der Compiler kann *Boosts* Header-Dateien nicht finden, denn deren Pfad müssen Sie in den *Properties* vom Projekt angeben.

Suchpfad für Header-Dateien angeben

Hierzu rufen Sie den bereits bekannten *Properties*-Dialog auf (rechte Maustaste auf das Projekt und dann *Properties* auswählen). Wählen Sie auf der Seite *C/C++ General > Paths and Symbols* die Registerkarte *Includes* aus. Dort wird Ihnen eine Liste angezeigt, in der sich alle eingebundenen Include-Pfade befinden. In Abbildung 3-17 wurde der Pfad bereits hinzugefügt, er lautet auf meinem System:

```
D:\cygwin\cygwin\usr\local\include\boost-1_36_0.
```

Damit Sie mit mir gleichziehen, klicken Sie auf *Add*, woraufhin sich ein Dialog öffnet, der in Abbildung 3-18 zu sehen ist. Wählen Sie den korrekten Pfad aus, indem Sie auf *File system...* klicken. Anschließend haken Sie die Optionen *Add to all configurations* und *Add to all languages* ab, bevor Sie auf *Ok* klicken.

Wenn Sie einmal dabei sind: Die Boost-Funktionen, die wir benötigen, erfordern das Hinzulinken einer Bibliothek[8]. Um den Suchpfad dem Linker bekannt zu machen, gehen Sie auf die Registerseite *Library Paths* und fügen den Pfad analog zum Header-Datei-Pfad hinzu. Die eigentlichen Bibliotheken werden auf der Seite *C/C++ Build > Settings* auf der Registerkarte *Tool Settings* hinzugefügt. Dort können alle Einstel-

[8] Im Gegensatz hierzu setzen weniger systemnahe Boost-Funktionen lediglich das Einbinden von Header-Dateien voraus.

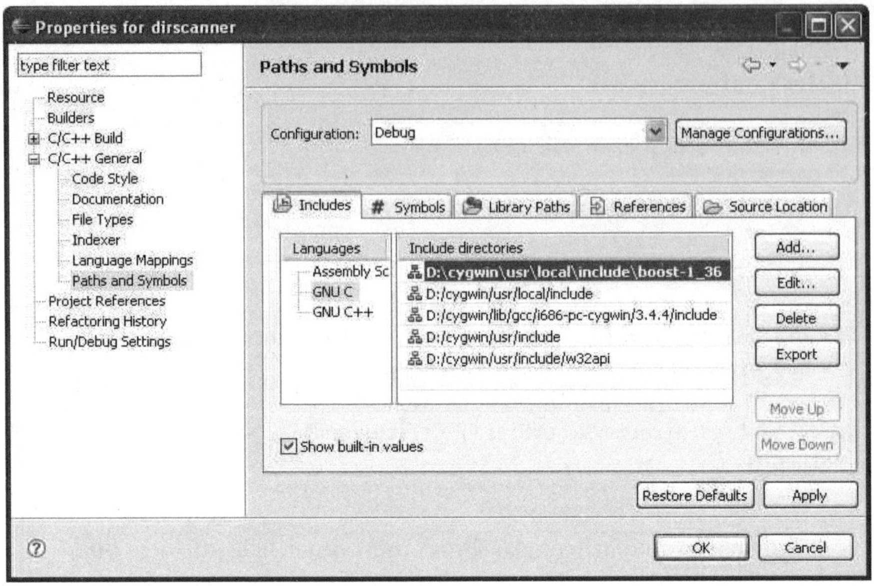

Abb. 3-17
Include-Einstellungen

Abb. 3-18
Neuen Include-Pfad hinzufügen

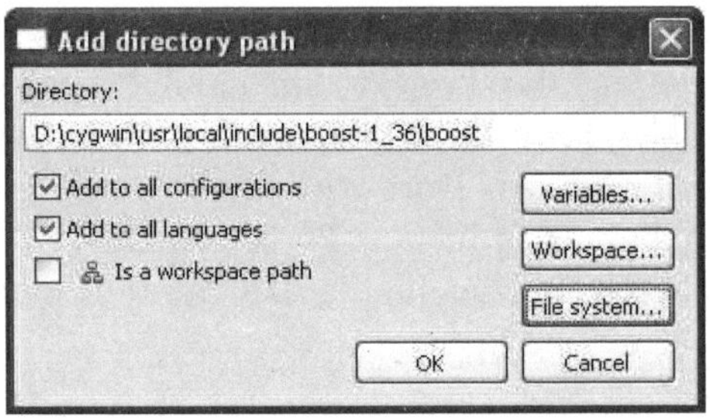

lungen, die die Übersetzungswerkzeuge betreffen, vorgenommen werden. Einstellungen, die die Bibliotheken des Linkers betreffen, befinden sich in der Rubrik *GCC C++ Linker > Libraries*. Dort fügen Sie in der Liste *Libraries (-l)*, wie in Abbildung 3-19 gezeigt, die Bibliotheken `boost_filesystem` und `boost_system` hinzu. Die Namen der Bibliotheken hängen allerdings vom verwendeten Compiler und der Version der Bibliothek ab.

3.5 Quelltexte bearbeiten

Den Großteil der Zeit, die Sie für die Entwicklung Ihres C/C++-Projektes beanspruchen, wird wohl im Texteditor mit dem Bearbeiten

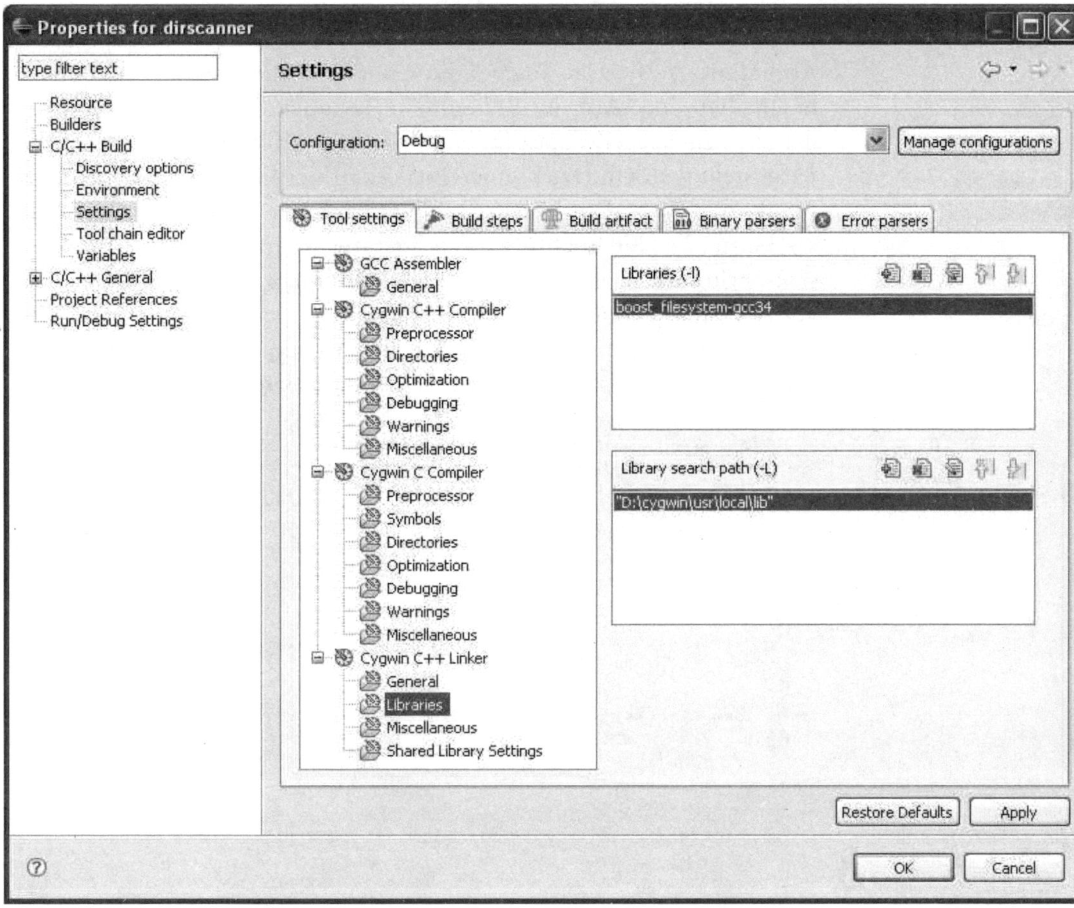

Abb. 3-19
Bibliothekseinstellungen

oder Verifizieren der Quelltexte verbracht. Für eine gute IDE ist es deshalb von großer Wichtigkeit, den Programmierer tatkräftig bei dieser Arbeit zu unterstützen. Damit dies nicht eine allzu trockene und theoretische Vorstellung wird, werden wir die durch Eclipse und CDT bereitgestellten Funktionalitäten sowohl anhand des *discanner*-Beispiels als auch mit Hilfe der Quellen des *ffmpeg*-Projektes präsentieren. Beide Projekte sollten schon in Ihrem Workspace erscheinen, wobei ersteres in Abschnitt 3.4 entwickelt und letzteres bereits in Abschnitt 3.2.4 importiert wurde. Ist dies bei Ihnen noch nicht der Fall, so sollten Sie es jetzt schleunigst nachholen.

3.5.1 Grundsätzlicher Aufbau eines Editorfelds

Abbildung 3-20 zeigt einen Editor, an dem die wichtigsten Bereiche beschriftet sind. Auf der linken Seite befindet sich die Editorleiste, in der zusätzliche, zeilenspezifische Informationen für die aktuelle Ansicht dargestellt werden. Das können Fehlermarkierungen, aber auch Zeilen-Breakpoints sein. Das in der Abbildung gezeigte Kontextmenü von dieser Leiste, das Sie auch über den Tastatur-Shortcut STRG+F10 zu Gesicht bekommen, gibt Ihnen weitere Optionen. Unterhalb wie rechts vom Textfeld befinden sich die Scrollbalken. Dem vertikalen Scrollbalken ist zudem eine Übersichtsleiste beigestellt, in der Eclipse diverse Informationen für den gesamten Text präsentiert.

Abb. 3-20
Aufbau des Quelltexteditors

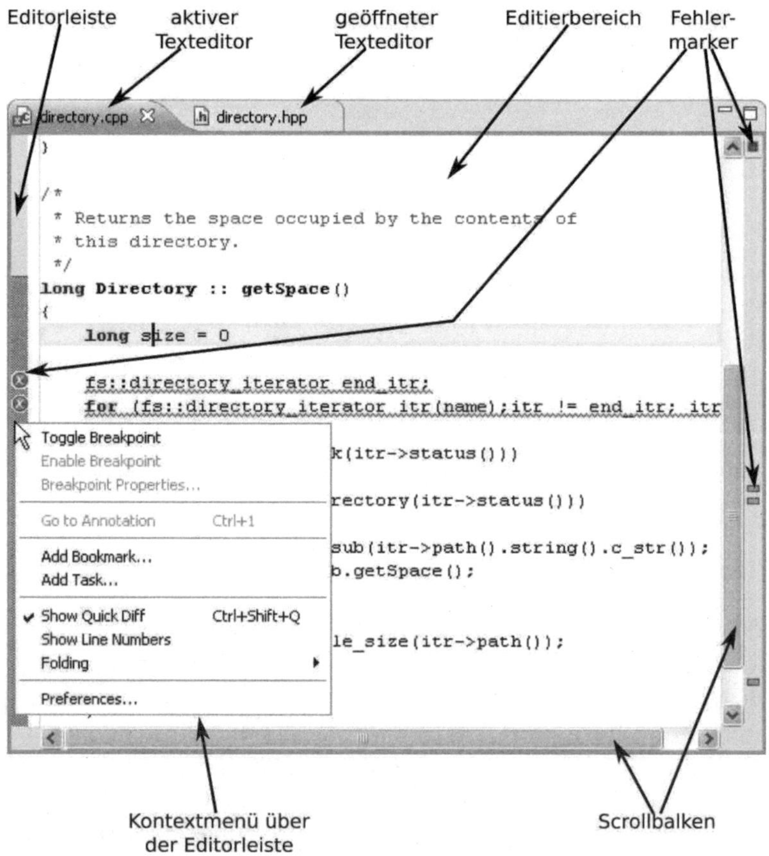

3.5.2 Quelltext formatieren

Vernünftig formatierter Quelltext trägt wesentlich zu Lesbarkeit und damit zur Wartbarkeit von Code bei. Oder können Sie auf Anhieb sagen, was die folgenden Codezeilen bewirken?

```
  for (
int i=0;i<99;
i++){sum+=
x[i]
;}
```

Auf diese Weise sieht es doch gleich ganz anders aus:

```
for (int i=0;i<99;i++)
{
  sum+=x[i];
}
```

Sicherlich ein extremes Beispiel. Sie müssen die Passagen nicht von Hand ändern, denn CDT kann Ihnen diese Aufgabe abnehmen und den gesamten Quelltext oder Teile davon nach den Vorgaben des gerade angewählten *Code-Style* abnehmen. Aufrufen lässt sich die Funktion beispielsweise über das Kontextmenü des Texteditors durch den Eintrag *Source > Format*.

Umformatierungen bei Team-Projekten nur in Maßen

Arbeiten Sie bei einem größeren Projekt mit, so sollten Sie es im Allgemeinen jedoch vermeiden, große Umformatierungsaktionen zu starten. Versionsverwaltungssystem wie Subversion oder CVS agieren auf Textebene, ein erfolgreiches Zusammenführen von Änderungen wird dadurch erschwert. Zudem kann durch Vergleich zweier Versionen nicht mehr leicht festgestellt werden, wo die Unterschiede liegen. Das bedeutet freilich nicht, dass jeder Entwickler sein eigenes Süppchen kochen sollte. Vielmehr gilt es sich auf einen Stil zu einigen, der dann möglichst konsequent von allen Entwicklern eingehalten wird.

Den benutzten Code-Style können Sie in den Voreinstellungen zu Eclipse bzw. CDT auf der Seite *C/C++ > Code Style* wählen (Abbildung 3-21). Zunächst haben Sie die Auswahl zwischen den folgenden bereits in CDT eingebauten Varianten:

- K&R, dem Stil der C-Erfinder Kernighan und Ritchie
- BSD/Allman
- GNU, der von GNU bevorzugte Stil
- Whitesmiths

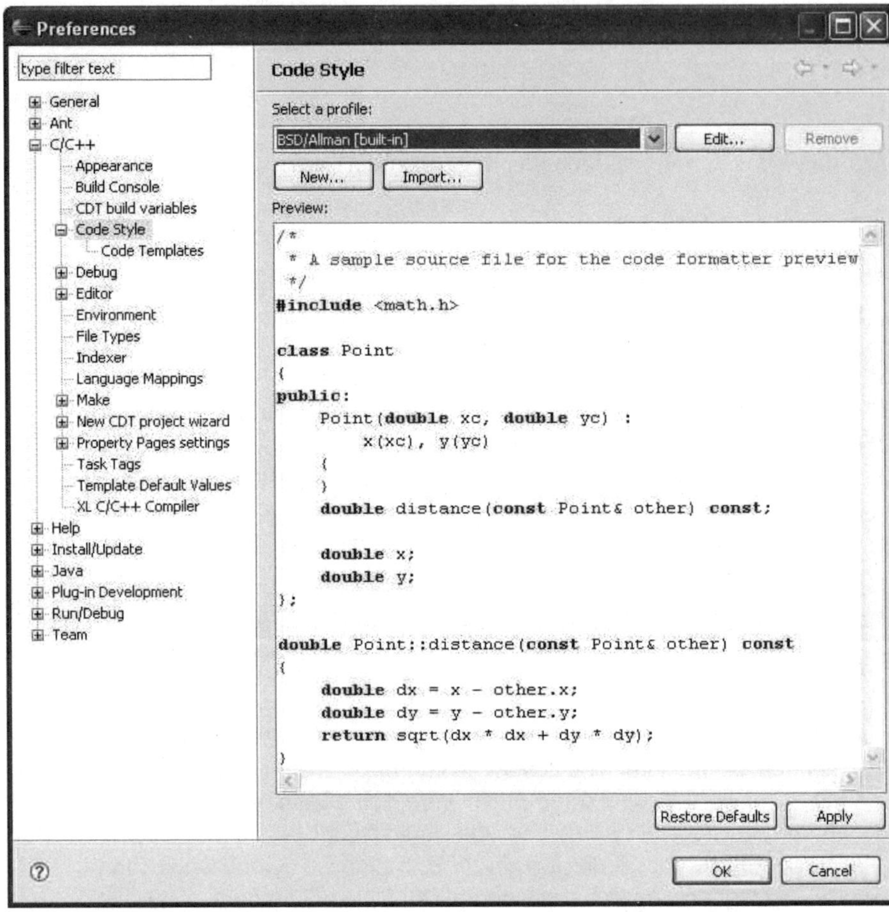

Abb. 3-21
Zuweisen eines Code-Styles

Daneben können Sie mit *Import* andere bereits vorgefertigte Stile importieren. In der unten dargestellten Vorschau können Sie sich über den aktuell selektierten Stil ein Bild machen.

Trifft keiner der Stile Ihren Geschmack oder existieren für ein Projekt einfach andere Regeln, so können Sie mit Hilfe von *New...* einen eigenen Stil definieren. Wenn Sie einen Code-Style bearbeiten möchten, klicken Sie auf *Edit...*, woraufhin sich ein neues Fenster, wie in Abbildung 3-22 dargestellt, öffnet. Dort können Sie aus allerhand Optionen Ihren Lieblingsstil zusammenklicken. Es besteht auch die Möglichkeit, Ihren Code-Style als XML-Datei zu exportieren, um ihn an andere Projektmitglieder zu verteilen.

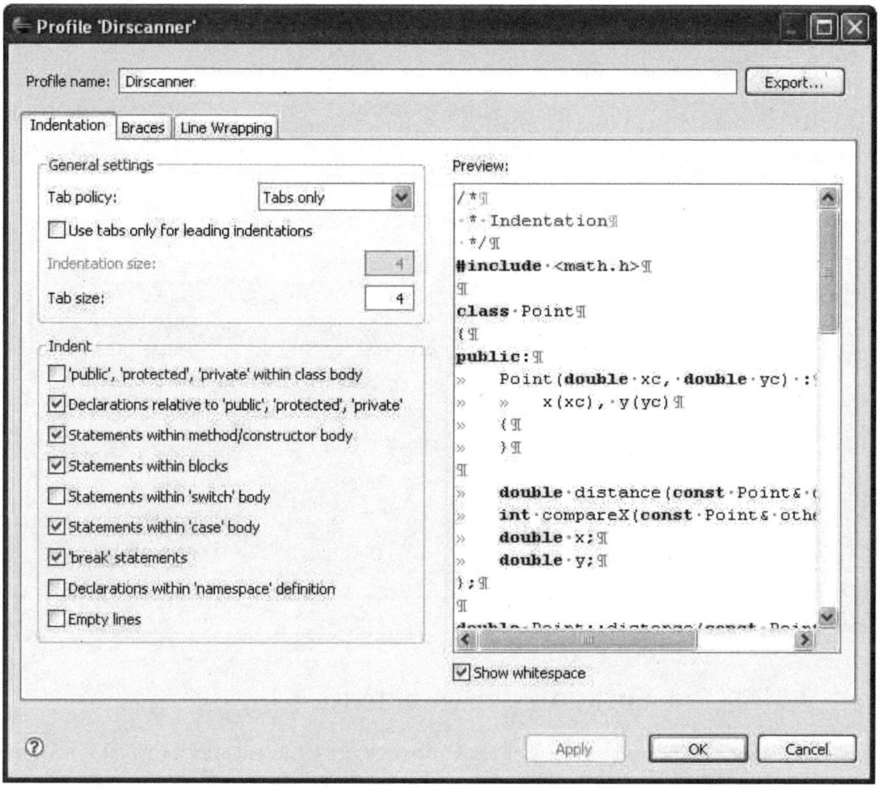

Abb. 3-22
Genaue Definition eines Code-Styles

3.5.3 Editierhilfen

Des Tippens leide Entwickler werden sich über die zahlreichen Editierhilfen freuen, die der Quelltexteditor zu bieten hat. Hierzu gehören z.B. die *Smart Indention*, die bewirkt, dass neue Zeilen je nach der Vorgängerzeile sinnvoll eingerückt werden, und die automatische Klammernergänzung. Editierhilfen respektieren, soweit es Sinn ergibt, den ausgewählten Code-Style. Manchen Entwicklern mögen derlei Hilfen allerdings etwas zu »smart« zu sein, deshalb können sie auf der Voreinstellungsseite *C/C++ > Editor > Typing*, die in Abbildung 3-23 zu sehen ist, auch abgestellt werden.

Abb. 3-23
Voreinstellungen für Editierhilfen

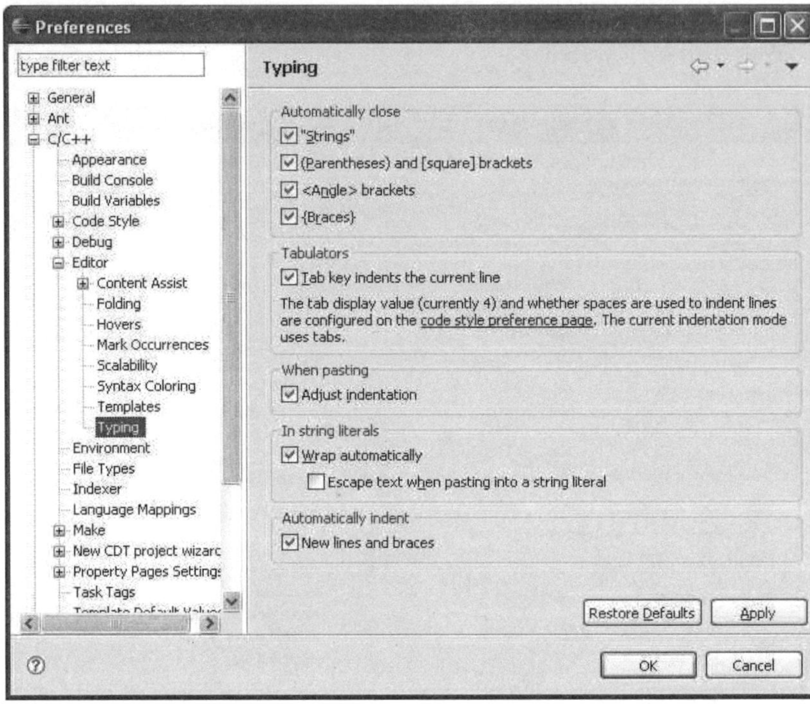

3.5.4 Präsentation der Quelltexte

Syntaktisches Highlighting

Wie Sie schon beim Eingeben Ihres ersten Quelltextes bemerkt haben, unterstützt der C/C++-Texteditor Syntax Highlighting, das schon lange zur Standardfunktionalität von Texteditoren gehört. Damit werden spezielle C/C++-Schlüsselwörter wie z.B. *while*, *for* oder Kommentare mit ausgesuchten Farben oder Stilen versehen.

Semantisches Highlighting

Neben dieser einfachen Art, Quelltexte zu präsentieren, bietet der Texteditor auch das weitaus komplexere Semantic Highlighting an. Durch dieses werden nicht nur bestimmte Schlüsselwörter im Quelltext verdeutlicht. Vielmehr können alle Elemente in Abhängigkeit zum Kontext besonders ausgezeichnet werden, was Ihnen noch mehr Aufschluss über die Funktion des Elementes geben sollte. Beispielsweise werden Variablen, je nachdem welchem Gültigkeitsbereich sie unterliegen, ganz unterschiedlich hervorgehoben. So werden Klassenattribute in der Standardkonfiguration blau gefärbt. Sind sie als statisch deklariert, werden sie dann zudem kursiv ausgeschrieben. Oder, um ein weiteres Beispiel zu nennen, können Referenzen auf Makros anders als Funktionsaufrufe dargestellt werden. Viele andere Unterscheidungen sind möglich, wobei die für das Highlighting verwendeten Farben und Stile in den Voreinstellungen auf der Seite *C/C++ > Editor > Syntax Coloring* angeben werden können.

Leerräume anzeigen

Andere Formen der Textdarstellung lassen sich direkt über die Werkzeugleiste beeinflussen. Bei aktivierter Funktion *Show white characters* werden alle Leerräume (Leerzeichen, Tabulatoren oder Zeilenumbrüche) durch andere sichtbare Zeichen dargestellt.

Anzeige auf ein Element eingrenzen

Aktivieren Sie die Darstellungsoption *Show source of selected element only*, um den Texteditor in die segmentierte Ansicht umzuschalten. Dadurch wird im Texteditor nur noch der Textbereich angezeigt, über dem sich die aktuell in Bearbeitung befindliche Funktion, Methode, Klassendefinition oder Ähnliches erstreckt. Wenn Sie anschließend wieder den Rest der Datei sehen möchten, so müssen Sie die Option deaktivieren. Die Funktion des *Outline*-Views wird auf diese Weise jedoch nicht ausgehebelt. An die anderen Textbereiche gelangen Sie demnach auch, wenn Sie auf ein Element des *Outline*-Views doppelklicken.

Elemente im Texteditor farbig unterlegen

Oft hilfreich ist des Weiteren die Funktion *Toggle Mark Occurrences*. Sie ist über die Werkzeugleiste oder über das Tastenkürzel ALT+SHIFT+O einschaltbar. Aktiviert man die genannte Darstellungsform, dann werden Elemente, die semantisch genauso verwendet werden wie das Element, über dem der Cursor steht, im gesamten Quelltext farbig hinterlegt. Der Übersicht halber werden die Markierungen auch in der rechten Leiste als Annotationen abgebildet und können so per Mausklick zügig angesprungen werden. Eine Konfiguration des Verhaltens dieser Hilfe erlaubt die Voreinstellungsseite *C/C++ > Editor > Mark Occurrences*.

Falten von strukturellen Elementen

Damit Sie den Überblick über sehr lange Quelltexte nicht verlieren, kann Ihnen der Quelltexteditor strukturell zusammenhängende Textabschnitte wie Funktionen, Strukturen, Kommentare oder auf feinerer Ebene Kontrollflussanweisungen wie *for* oder *while* gruppieren. Nach Wunsch können Sie diese Gruppen dann, wie in Abbildung 3-24 gezeigt, in einer Textfalte verschwinden lassen, indem die entsprechende Markierung auf der linken Seite des Texteditors benutzt wird. Auf diese Weise lässt es sich auch bei großen Quelltexten recht gut navigieren. Einblick über den »weggefalteten« Text erhalten Sie in einem Popup, indem Sie den Mauszeiger über das Faltsymbol bewegen. Die Funktion des Faltens ist standardmäßig zwar deaktiviert, kann aber über das Kontextmenü der Editorleiste mit Hilfe des Eintrages *Folding > Enable Folding* eingeschaltet werden. Welche Textbereiche dabei gruppiert werden, können Sie in den globalen Einstellungen auf der Seite *C/C++ > Editor > Folding* beeinflussen.

Abb. 3-24
Quelltext mit gefalteten Textpassagen

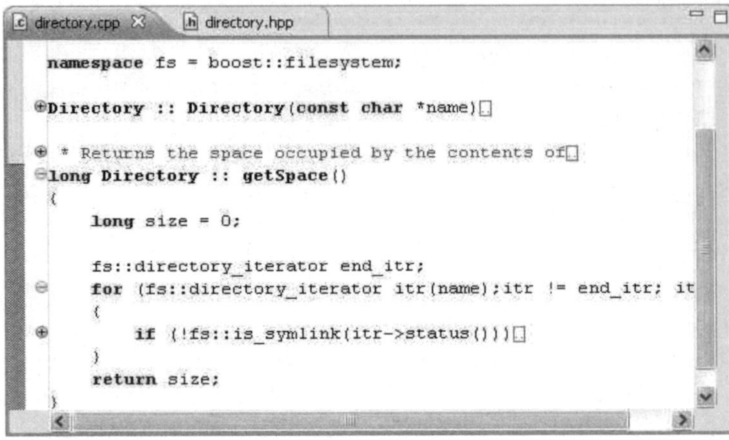

Zeilennummer anzeigen

Die aktuelle Zeilennummer, in der sich der Cursor befindet, ist in der Statusleiste der Workbench ablesbar. Sie können die Zeilennummer jedoch auch vor jeder Zeile in der Editorliste anzeigen lassen, indem Sie dafür Sorge tragen, dass sich im Kontextmenü vor dem Eintrag *Show Line Numbers* genau wie in Abbildung 3-25 ein Häkchen befindet.

Abb. 3-25
Der Editor mit aktivierter Zeilennummer- und Änderungsanzeige

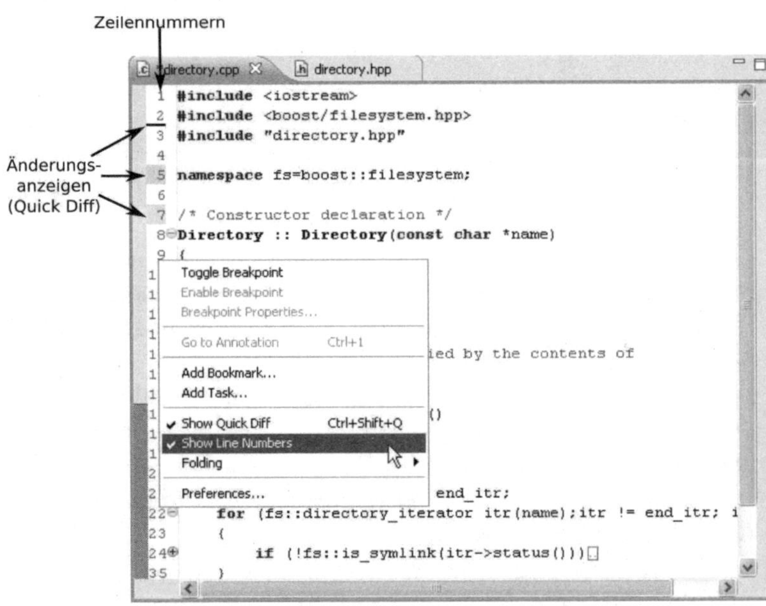

Änderungsanzeige

Nicht zu vergessen ist die Option *Quick Diff*, die standardmäßig eingeschaltet ist. Damit können Sie auf einen Blick erkennen, welche Art Änderungen Sie seit dem letzten Speichern im Quelltext durchgeführt haben. Dazu wird jeder neuen oder modifizierten Zeile eine farbige Markierung in der Editorleiste vorangestellt, gegebenenfalls erscheint der Hinweis unter der Zeilennummernanzeige. Gelöschte Zeilen werden zwischen den verbliebenen Zeilen durch einen kleinen schwarzen Strich repräsentiert. Beispielsweise wurden in der letzten Abbildung, kurz bevor die Screenshots geknipst wurden, solche Modifikationen im oberen Teil des Dokuments unternommen. Die Details des überaus nützlichen Hilfsmittels[9] lassen sich auf der Voreinstellungsseite *General > Editors > Text Editors > Quick Diff* anpassen. Die Funktion der Änderungsanzeige kann im Übrigen durch Plugins abgewandelt werden. Gebrauch davon machen etwa die CVS- und Subversion-Plugins, die hier weitere Annotationsinformationen unterbringen. Diese werden in Kapitel 6 behandelt.

3.5.5 Annotationen

Die Eclipse-Plattform stellt neben der Änderungsanzeige eine hilfreiche Funktion bereit, die es erlaubt, Zeilen im Quelltext mit weiteren Angaben zu versehen, den Annotationen (engl. *annotations*) oder auch Markierungen (engl. *marker*). Sie dienen zum einen dem Festhalten von Informationen, zum anderen können sie die Aufmerksamkeit des Benutzers auf sich ziehen. Im Quelltexteditor finden Sie sie an diversen Positionen wieder:

- In der linken Editorleiste befinden sich alle Annotationen der sichtbaren Zeile. Sie werden durch ein dem Annotationstyp entsprechendes Symbol repräsentiert. Gegebenenfalls können Sie mit Hilfe des Kontextmenüs über den Annotationen spezifische Aktionen hervorrufen.
- Im Quelltext selbst können Sie durch verschiedene Stile repräsentiert werden.
- In der sich neben dem vertikalen Scrollbalken befindlichen Übersichtsleiste werden sie in vereinfachter Form, aber für den gesamten Quelltext verteilt angezeigt.

Ein wichtiges Exemplar aus dem Pool möglicher Annotationen haben Sie bereits kennengelernt: das Fehlersymbol, das auf einen Übersetzungsfehler an entsprechender Stelle hinweist und im Quelltext durch eine rote, wellenförmige Unterstreichung hervorgehoben wird. Annotationen können aber nicht nur von Eclipse selbst eingefügt werden, sondern auch von Ihnen.

[9] Hierzu zählen neben den verwendeten Farben auch die Art der Referenz, die zur Bestimmung der Änderung herangezogen wird.

Eine globale Ansicht der Annotationen bzw. Marker ist durch spezialisierte Views gegeben. Einblicke in alle besagten Compiler-Fehlermeldungen erhalten Sie z.B. über den *Problems*-View. Tabelle 3-2 listet weitere Symbole und deren Bedeutung auf. Des Weiteren enthält sie den Namen des Views, in denen diese Marker zusammengefasst betrachtet werden können, sowie einen Verweis auf den Abschnitt, der mehr Details über die Marker enthält.

Tab. 3-2
Die verschiedenen Marker und ihre Bedeutung

Grafik	Bedeutung	View	Behandelt in
	Fehler	*Problems*	Abschnitt 4.7.5 ab Seite 218
	Warnung	*Problems*	Abschnitt 4.7.5 ab Seite 218
	Indexer-Warnung		
	Aufgabe	*Tasks*	Abschnitt 3.8 ab Seite 132
	Lesezeichen	*Bookmarks*	Abschnitt 3.5.11 ab Seite 123
	Breakpoint	*Breakpoints*	Abschnitt 5.5 ab Seite 263
	Suchergebnisse	*Search*	Abschnitt 3.14 ab Seite 166

Die in der Tabelle aufgeführten Views sind, falls noch nicht geöffnet, über den angegebenen Namen *Window > Show View* zu öffnen. Daneben existiert noch der *Markers*-View, der mit Hilfe des Menüeintrages *Window > Show View > Other > Markers* hervorgebracht wird und in Abbildung 3-26 zu sehen ist. Hiermit können Sie einen Überblick über alle im Workspace befindlichen Annotationen erhalten. Dabei werden die Marker entsprechend ihres Typs gruppiert.

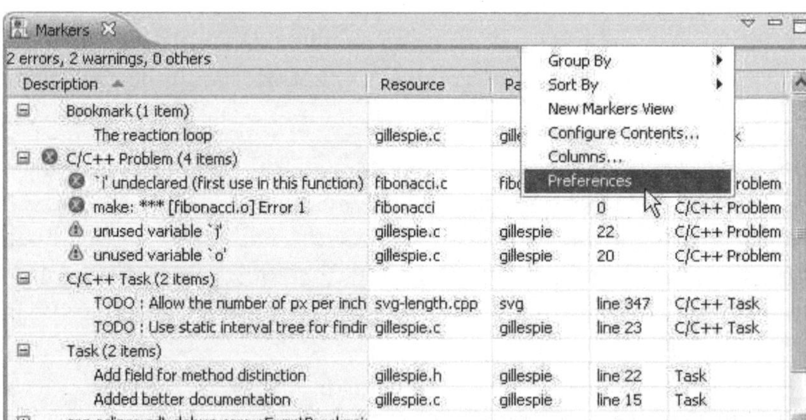

Abb. 3-26
Der Markers-View stellt alle Annotationen dar, die für den Workspace vorliegen.

Die Liste von Annotationen, die sich in einer Gruppe befinden, kann mitunter sehr lang werden – zu lang, um sinnvoll damit arbeiten zu können. Standardmäßig zeigt Eclipse deshalb nur die ersten hundert Einträge einer Gruppe an (und macht eine verkürzte Anzeige kenntlich). Selbstverständlich lässt sich dieses Limit verändern oder komplett abstellen. Die zugehörige Einstellungen finden Sie in den Präferenzen zum View wieder, die Sie bequem über den Menüeintrag *Preferences* vom Pulldown-Menü des Views zum Vorschein bringen können.

3.5.6 Navigation

Wenn Sie im Quelltext herumschauen, ist es sehr hilfreich, wenn Sie die Ansicht des Editors ohne Aufwand auf jene zurücksetzen können, die bei der letzten Änderung aktiv war. Hierfür klicken Sie einfach auf den Button *Last Edit Location* oder STRG+Q auf der Tastatur. Springen Sie öfter in andere Quelltexte, so wird dies ähnlich wie bei einem Webbrowser in einer Historie vermerkt. Zugriff darauf erhalten Sie über die beiden Buttons *Back* und *Forward* der Toolbar oder ALT+LINKS bzw. ALT+RECHTS mittels Tastatur.

Navigationen entlang den Annotationen

Neben diesen einfachen Navigationsmöglichkeiten können Sie auch die Annotationen nutzen, um interessante Stellen anzuspringen. Zum einen ist da natürlich die Möglichkeit, eine Annotation in ihrem View doppelzuklicken. Zum anderen können Sie die Buttons *Next Annotation* und *Previous Annotation* oder STRG+. bzw. STRG+, nutzen, um den Annotationen nacheinander zu folgen. Mit Hilfe der Dropdown-Menüs der Buttons können Sie durch Häkchen festlegen, welche Annotationen dabei Beachtung finden sollten[10].

Zwischen Quelltext- und Header-Datei umschalten

Nützlich für C/C++-Programmierer ist die Möglichkeit, schnell zwischen Quelltext- und Header-Dateien umzuschalten. Diese Funktion rufen Sie im Menü *Toggle Source/Header* oder mit der Tastenkombination STRG+TAB herbei. Anzumerken ist noch, dass nur zwischen passenden Gegenstücken umgeschaltet wird, also zwischen Dateien mit der Endung *.c* und *.h*, zwischen *.cpp* und *.hpp* sowie zwischen *.cxx* und *.hxx*.

Die passende Gegenklammer finden

Steht der Cursor hinter einer Klammer, so zeigt der C/C++-Quelltexteditor automatisch die korrespondierende »Gegenklammer« an, indem diese durch ein Viereck umzeichnet wird. Wollen Sie zusätzlich zu dieser Stelle springen, so bedienen Sie sich des Menüeintrages *Navigate > Go to > Matching Bracket* oder die Tastenkombination STRG+SHIFT+P.

[10]In dieser Liste müssen sich jedoch nicht alle Ihnen bekannten Annotationstypen befinden. Ob ein Typ dort erscheint, entscheidet der Plugin-Anbieter.

Im selben Untermenü finden Sie noch die Einträge *Next Member* und *Previous Member*. Der Begriff *Member* hat hierbei nur wenig mit den Begriffen Member-Funktionen oder Member-Variablen gemein, wie sie in der objektorientierten Programmierung verwendet werden. Vielmehr bezieht er sich auf die Strukturelemente des gesamten Quelltextes, die durch den Parser von CDT extrahiert und z.B. im *Outline*-View angezeigt werden. Dazu zählen Funktionen oder Variablen ebenso wie Makro-Definitionen oder Include-Anweisungen.

3.5.7 Content-Assistenz

Eine der interessantesten Funktionen von Eclipse überhaupt ist die sogenannte Content-Assistenz, die der täglichen Programmierarbeit gleich zwei Besonderheiten hinzufügt. Als Erstes können endlich auch vergessliche Entwickler, also solche, die sich ungern an Variablen-, Funktions- und Klassennamen und so weiter erinnern, ziemlich flüssig und ohne umständliches Durchforsten von Quellen oder Entwicklerdokumentation Ihrer liebsten Beschäftigung frönen, und als Zweites ersetzt sie fast orakelartig die Tipparbeit bei diesen Konstrukten.

Die Content-Assistenz kann mit Hilfe des Menüpunktes *Edit > Content Assist* aufgerufen werden. Alternativ können Sie auch die Tastenkombination STRG+SPACE benutzen, was für den schnellen Tippfluss sicherlich die günstigere Variante ist.

Die Content-Assistenz versucht dann, den Text vor dem Cursor sinnvoll zu komplettieren. Dabei wird alles Mögliche in Betracht gezogen: Funktionsnamen, Feldnamen von Strukturen, Makros und Include-Dateien, um nur einige Elemente der *Parser-abgeleiteten* Vorschläge zu nennen. Weitere Klassen von Vorschlägen sind:

- *Help Proposals.* Umfassen Vorschläge aus den Hilfedateien von Plugin-Anbietern. Für eine Installation, die nur CDT umfasst, ist das nicht interessant.
- *Template Proposals.* Umfassen Vorschläge für *Textschablonen.* Textschablonen sind kleinere, vordefinierte Textblöcke, die im Quelltext eingefügt werden können.
- *Word Proposals.* Umfassen Vorschläge, die sich aus den Wörtern aller Kommentare und Zeichenketten zusammensetzen. Sie werden auch nur für solche strukturellen Einheiten angeboten.

Existieren im aktuellen Kontext mehrere sinnvolle Möglichkeiten, die Zeichenkette zu ergänzen, dann öffnet sich ein kleines Popup auf Höhe des Cursors, das Ihnen die denkbaren Varianten präsentiert. Standardmäßig werden dabei die Parser-abgeleiteten Einträge sowie Vorschläge für Hilfekommentare und Textschablonen angezeigt. Sie können jedoch durch erneutes Drücken von STRG+SPACE durch die verschiedenen Arten von Vorschlägen durchwandern. Zudem lässt sich das Verhalten in den globalen Einstellungen auf der Seite *C/C++ > Editor > Content Assist > Advanced* modifizieren.

Gleichfalls öffnet es sich, wenn keine Ergänzungen sinnvoll sind, um auf diesen Umstand hinzuweisen.

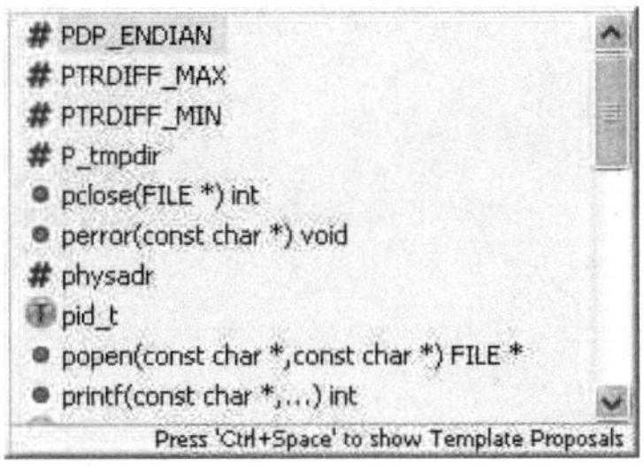

Abb. 3-27
Popup für die Content-Assistenz. Ist die Anzeige insgesamt zu klein, so kann das Fenster mit der Maus wie gewöhnlich vergrößert werden.

Um ein Gefühl für die Nützlichkeit dieser Funktion zu bekommen, können Sie beispielsweise die `fibonacci.c`-Datei aus Kapitel 2 öffnen. Fügen Sie ihr eine neue Zeile vor der `return`-Anweisung hinzu. Geben Sie dann einfach den Buchstaben `p` ein. Anschließend verwenden Sie die Tastenkombination STRG+SPACE. Daraufhin sollte sich ein Popup ähnlich wie in Abbildung 3-27 öffnen. In der Liste ist eine Reihe von alphabetisch angeordneten Einträgen enthalten, die allesamt mit dem eingegebenen Buchstaben `p` beginnen. Der momentan ausgewählte Eintrag ist durch einen grauen Balken hinterlegt. Jedem Eintrag wird zusätzlich ein Symbol vorangestellt, dessen Aussehen sich nach Art des Eintrages richtet. Es sind dieselben Symbole, die in Tabelle 3-1 von Abschnitt 3.1.3 aufgelistet sind.

Mit Hilfe der Cursor-Tasten können Sie nun einen anderen Eintrag auswählen. Ist die Liste noch zu groß, können Sie die Auswahl durch Eingabe eines weiteren Zeichens zusätzlich eingrenzen. Wenn Sie jetzt z.B. noch ein `r` eingeben, so sollte sich die Liste auf einen Eintrag reduzieren, nämlich auf die *printf()*-Funktion. Bestätigen Sie die Auswahl, indem Sie die Return-Taste betätigen. Daraufhin schließt sich das Popup, und die Zeile wird wie gewünscht komplettiert. Zusätzlich öffnet sich eine kleine Hilfe, die den Argumenten der Funktion entspricht. Insbesondere wird das gerade in Bearbeitung befindliche Argument hervorgehoben. Ein sehr hilfreiches Feature, besonders bei Funktionen mit langer Argumentenliste.

Triggern der Content-Assistenz

Das Popup der Content-Assistenz öffnet sich nicht nur durch explizite Kommandos, sondern kann gleichfalls durch im Text geschriebene Zeichen getriggert werden. Hierzu zählen die Operatoren für den direkten und indirekten Zugriff auf Struktur- oder Klassenelemente, d.h. ».« und »->« sowie der Namespace-Selektor »::«. In den Voreinstellungen auf der Seite *C/C++ > Editor > Content Assist*, hier in Abbildung 3-28 zu sehen, können Sie Änderungen an diesem Verhalten vornehmen.

Abb. 3-28 *Voreinstellungen der Content-Assistenz*

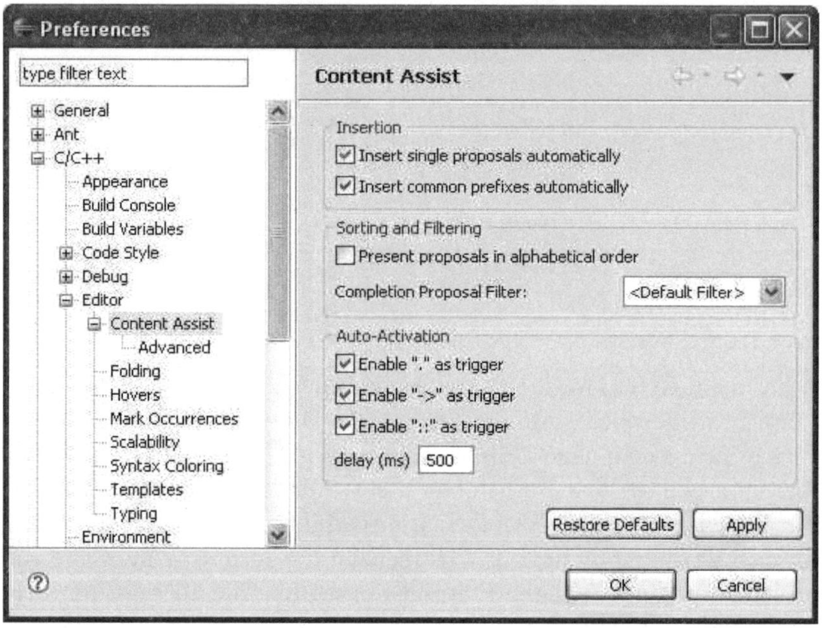

Vorsicht ist bei den direkten und indirekten Zugriffen geboten, da die Content-Assistenz sie zumindest in Version 5.0 nicht unterscheidet, sie im Text quasi als Synonyme ansieht. Wenn Sie ihr blind vertrauen, kann dies unter Umständen zu falschem Code führen, der spätestens vom Compiler moniert wird.

Content-Assistenz ohne Popup

Sollte Ihnen das Popup aus irgendeinem Grund nicht behagen, so können Sie auch die Funktion *Edit > Word Completion* oder die Tastenkombination ALT+/ nutzen, um so durch alle Möglichkeiten direkt im Quelltext zyklisch durchzuwandern.

3.5.8 Makros untersuchen

Präprozessoren sind unabhängig vom Compiler und müssen sich daher nicht an die Syntax der jeweiligen Sprache halten. Dieser Umstand ist einer der meistgenannten Kritikpunkte am Konzept. Viele moderne Programmiersprachen sind deshalb so erschaffen, dass sie ohne einen

Präprozessor auskommen. C/C++ kommt jedoch mit einem Prozessor daher. Hier ist er essentiell, wenn man an die bedingte Übersetzung denkt, die die Grundlage für die Include-Guards stellt. Makros sind ebenso praktisch, wenngleich es in Zeiten von *inline*-Funktionen und Templates äquivalenten Ersatz auf Programmiersprachebene gibt.

Der C/C++-Prozessor basiert auf einfachem Textersatz, was bei einer arglosen Verwendung von Makros zu unerwartetem Verhalten führen kann. Mit der auf Tastendruck gestarteten Makroexpansion kann CDT Verhalten nachahmen, wobei das Ergebnis in einem Popup-Fenster präsentiert wird. Auf diese Weise können Probleme mit Makros schon im Vorfeld schnell entdeckt werden. Man nehme z.B. eine solche Makro-Definition

```
#define SQUARE(x) x*x
```

und schreibe

```
int x = 2;
int y = SQUARE(x+1);

printf("y=%d\n",y);
```

irgendwo in einer Funktion. Wenn man von C-Regeln ausgeht, dann würde man erwarten, dass der Text `y=9` auf dem Bildschirm ausgegeben wird. Stattdessen bekommt man jedoch `y=5` zu Gesicht.

Um solchen Problemen auf die Schliche zu kommen, haben die Entwickler von CDT in Version 5.0 die Makroexpansion eingeführt. Die einfache Makroexpansion wird durch den Mouse-Hover aktiviert, d.h., Sie bewegen die Maus über das zu expandierende Makro und nach kurzer Zeit erscheint in einem Popup das Ergebnis, sofern Sie diese Option in den globalen Einstellungen nicht abgeschaltet haben. Auf der linken Seite von Abbildung 3-29 ist das expandierte Makro zum obigen Beispiel dargestellt.

Schrittweise Makroexpansion

Mit dieser Aktion haben Sie Einblick in das Ergebnis der vollständigen Expansion. Wenn Sie Makros in Makros oder als Argumente benutzen, ist diese Hilfe demnach immer noch nicht optimal. Eine schrittweise Expansion lässt sich jedoch auch bewerkstelligen: Benutzen Sie bei markierter Textstelle einfach den Eintrag *Explore Macro Expansion* im Kontextmenü des Texteditors wie auf der linken Seite von Abbildung 3-30 oder die Tastenkombination STRG+=. Das Ergebnis der Expansion der Textzeile `SQUARE(SQUARE(x+1))` ist dann auf der rechten Seite dargestellt. Durch durch die einzelnen Schritte kann unter Zuhilfenahme von ALT+LINKS und ALT+RECHTS navigiert werden.

Abb. 3-29
Makroexpansion mittels Mouse-Hover

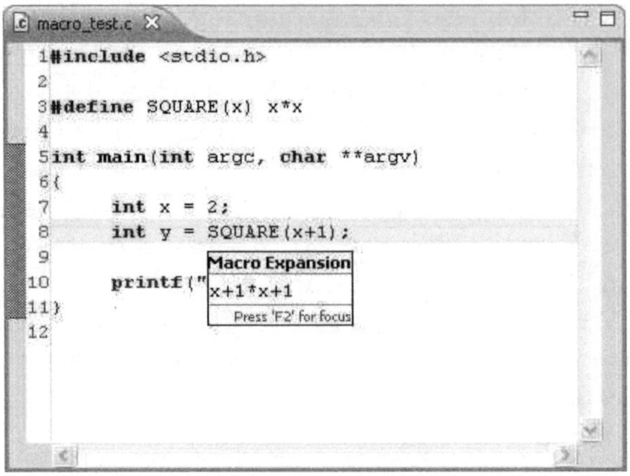

Abb. 3-30
Makroexpansion explorieren

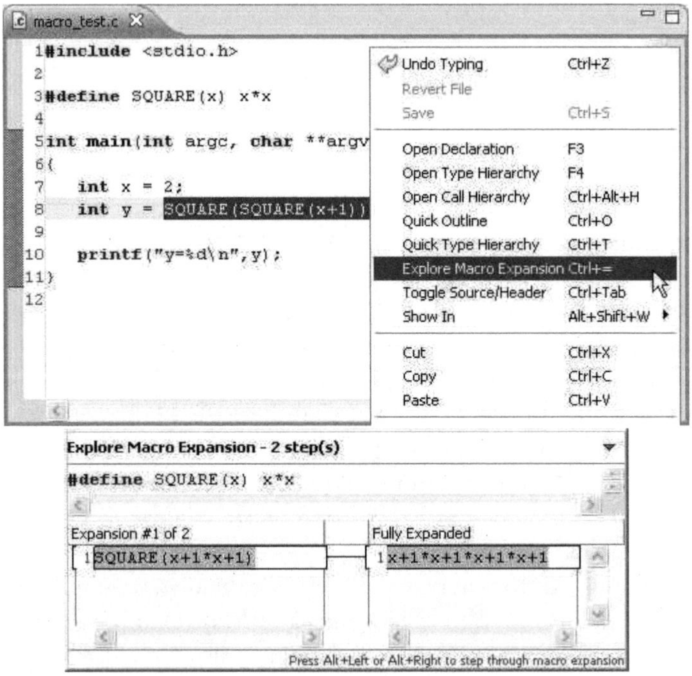

3.5.9 Find/Replace

Zu einem Texteditor und damit zu einer Entwicklungsumgebung gehört eine Suchfunktion. Eclipse bringt gleich zwei solcher Konzepte mit, die beide ein unterschiedliches Anwendungsfeld abdecken. In diesem Abschnitt soll uns die mit dem Texteditor verknüpfte Funktion interessieren, deren Suchbereich sich über den aktuell in Bearbeitung befindlichen Quelltext erstreckt.

Die Optionen dieser Funktion können mit Hilfe des Menüpunkts *Edit > Find/Replace...* oder schnell über STRG+F hervorgerufen werden, woraufhin das Fenster ähnlich zu Abbildung 3-31 auf Ihrem Bildschirm erscheinen sollte. Die Auswahlmöglichkeiten entsprechen im Prinzip denen, die Sie von einem gewöhnlichen Texteditor bereits kennen.

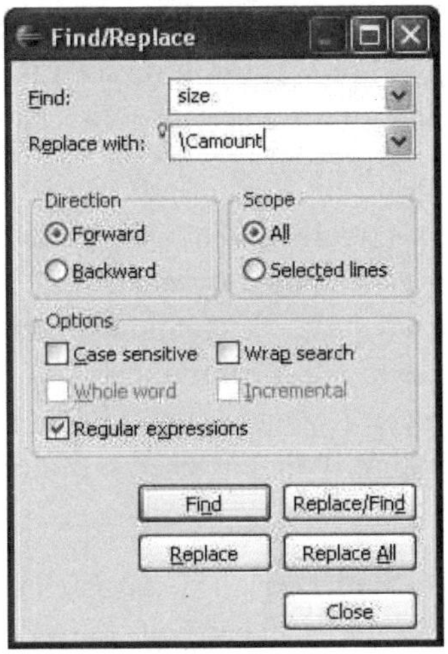

Abb. 3-31
Find/Replace-Dialog. Bei aktivierter Regular expression-*Option erhalten Sie durch die von einer Glühbirne gekennzeichnete Feld-Assistenz Hilfe für Eingabemöglichkeiten.*

In *Find* geben Sie die zu suchende Zeichenkette an. Die Zeichenkette, die deren Platz einnehmen soll, geben Sie in *Replace with* an. Beide Eingabefelder sind als Combobox realisiert, so dass Zeichenketten aus vorausgegangenen Anwendungen der Suchfunktion leicht erneut benutzt werden können. Die Suchrichtung legen Sie mit *Forward* oder *Backward* fest. Den Suchbereich spezifizieren Sie unter *Scope*, entweder mit *All* im gesamten Dokument oder mit *Selected lines* innerhalb des gerade markierten Textes. Daneben stehen Ihnen noch eine Reihe von Optionen zur Verfügung:

- *Case sensitive*: Soll zwischen Groß- und Kleinschreibung beim Auffinden des Texts unterschieden werden?
- *Whole word*: Soll nach kompletten Wörtern gesucht werden?
- *Reguar expressions*: Sollen reguläre Ausdrücke beachtet werden?
- *Wrap search*: Soll die Suche bei Misserfolg je nach Richtung beim Textanfang oder beim Textende beginnen?
- *Incremental*: Soll inkrementell gesucht werden? Bei aktivierter Option wird die Zeichenkette bereits bei der Eingabe, sozusagen *on the fly*, gesucht und markiert.

Erklärenswert ist die Option *Regular expressions*. Ist diese Option aktiviert, dann werden die Optionen *Whole word* und *Incremental* gesperrt. Sie können dann in beiden Texteingabefeldern reguläre Ausdrücke verwenden. Eine Aufschlüsselung aller benutzbaren Ausdrücke inklusive einer detaillierten Beschreibung erhalten Sie durch die mit einer Glühbirne gekennzeichnete Feld-Assistenz, die Sie ähnlich der Content-Assistenz im Textfeld mit Hilfe von STRG+SPACE aufrufen.

Groß- und Kleinschreibung beim Ersetzen beibehalten

Interessant dabei ist die Zeichenkette `\C`, die für die Operation *Retain case* steht und innerhalb der einzusetzenden Zeichenkette angegeben werden kann. Die Verwendung dieser Operation hat zur Folge, dass sich die Groß-/Kleinschreibung der zu ersetzenden Zeichenkette nach folgenden Regeln anpasst:

- Enthält die zu ersetzende Zeichenkette nur Kleinbuchstaben, so auch die eingesetzte Zeichenkette nach `\C`.
- Enthält die zu ersetzende Zeichenkette nur Großbuchstaben, so auch die eingesetzte Zeichenkette nach `\C`.
- Enthält die zu ersetzende Zeichenkette Klein- und Großbuchstaben, wird `\C` ignoriert, sprich, die eingesetzte Zeichenkette nicht modifiziert.

Um den Zweck dieser Funktion zu demonstrieren, laden Sie von unserem Projekt die Datei `directory.cpp` in den Texteditor. Ziel wird es sein, das Wort `size`, das in einem Methodennamen auch in der Form `Size` vorkommt, durch `space` respektive `Space` zu ersetzen.

Sicherheitskopien anlegen

Zuvor sollten Sie die Datei allerdings sichern. Der Einfachheit halber genügt es hier, das Projekt zu duplizieren. Stellen Sie hierfür sicher, dass ausschließlich das *dirscanner*-Projekt selektiert ist. Betätigen Sie anschließend STRG+C, um zu kopieren, und danach gleich STRG+V, um die Kopie einzufügen. Als neuen Projektnamen könnten Sie z.B. `dirscanner.bak` wählen.

Öffnen Sie jetzt den Find-/Replace-Dialog. Als Suchtext nehmen wir `size` bei deaktivierter *Case sensitive*-Option. Als zu ersetzenden Text nehmen wir `\CSpace`. Anschließend betätigen wir *Replace All*, um alle Vorkommen auf einmal zu ersetzen, und überzeugen uns vom Resultat. Dass der Aufruf von *file_size*() nun *file_space*() lautet, stellt allerdings ein Problem dar, das wir durch manuelles Ändern auf den ursprünglichen Zustand lösen können. Um weiterhin ein übersetzbares Programm vorliegen zu haben, müssen Sie den Vorgang des Suchen und Ersetzens selbstverständlich für alle Dateien wiederholen, die die Methode vorher benutzt haben, inklusive der Header-Datei `directory.hpp`. Öffnen Sie hierfür die entsprechenden Dateien. Dabei bleiben die Angaben im *Find-/Replace*-Dialog unverändert.

Die inkrementelle Suche können Sie auch direkt über den Texteditor erreichen, ohne dass Sie den Umweg über das *Find/Replace*-

Fenster gehen müssten. Das Schöne an dieser Variante ist, dass die Hände nicht von der Tastatur weichen müssen und insbesondere der Textbereich nicht durch das Fenster überdeckt werden kann. Hierzu betätigen Sie im Texteditor die Tastenkombination STRG+J, um die Eingabe in diesen Suchmodus umzuschalten. In der Statusleiste erscheint dann ein zusätzliches Feld, das in Abbildung 3-32 eingekreist ist. Sobald Sie nacheinander ein paar Buchstaben eingeben, ersetzen diese den ursprünglichen Text *Incremental Find*. Gleichzeitig wird die nächste mit der eingegebenen Zeichenkette übereinstimmende Stelle im Quelltext hervorgehoben. Sie können den Text erweitern oder Buchstaben mittels BACKSPACE löschen – die nächste darauf passende Stelle wird sofort angezeigt. Mit weiteren Eingaben von STRG+J springen Sie zum nächsten Vorkommen. Halten Sie dabei SHIFT gedrückt, um die Richtung zu wechseln. Existiert keine solche Stelle, so wird dies mit einer rot gefärbten Meldung deutlich gemacht.

Abb. 3-32
Die um den Bereich für die inkrementelle Suche (eingekreist) ergänzte Statusleiste

3.5.10 Kommentare für externe Dokumentationswerkzeuge

Obwohl jedem Entwickler einleuchtet, dass das Dokumentieren seines eigenen Quelltextes von besonderer Wichtigkeit ist, ist die konsequente Umsetzung sehr oft mangelhaft. Um diesem Umstand entgegenzuwirken, sind zahlreiche Konzepte ausgedacht worden. Ein Beispiel hierfür ist das *literarische* oder *gebildete Programmieren* [12] (engl. *literate programming*), das die Philosophie verfolgt, den Quelltext eines Programmes in seine Dokumentation einzubetten. Die Aufgabe eines Programmierers ist demnach nicht mehr, den Rechner zu instruieren, sondern dem Leser beizubringen, wie ein bestimmtes Problem vom Rechner gelöst werden kann.

Einen weniger radikalen Ansatz verfolgen hingegen Werkzeuge, die die Dokumentation aus dem Quelltext extrahieren. Ein solches Programm ist beispielsweise *doxygen* [4], das in den Kommentaren eines Quelltextes nach Schlüsselwörtern, den *Dokumentationstags*, sucht und daraus die komplette Dokumenation in diversen, auswählbaren Formaten zusammenstellt [13].

CDT kann Ihnen bei der Erstellung solcher im Quelltext eingebetteten Beschreibungen zur Hilfe gehen, indem es die Kommentargerüste für Sie ganz schnell per Tastendruck erzeugt. CDT stellt hierfür gleich ein ganzes Framework bereit, das sich nicht nur auf ein Tool und dessen Syntax festlegt. Plugins können sich in bereitgestellte Erweiterungspunkte einklinken und Ihnen so bei dem Einsatz unterschiedlicher Dokumentationstools assistieren.

Die Unterstützung von doxygen *im Editor aktivieren*

Zufälligerweise bringt CDT die Unterstützung für das bereits erwähnte *doxygen* gleich mit sich. Normalerweise ist diese Funktion nicht eingeschaltet, so dass Sie zunächst selbst Hand anlegen müssen, um in den Genuss dieser nützlichen Hilfe zu kommen. Dabei haben Sie die Wahl zwischen einer globalen und einer projektspezifischen Aktivierung. Ersteres geschieht in den Voreinstellungen auf der Seite *C/C++ > Editor* im Kasten *Documentation tool comments*, wo Sie die Auswahlbox auf *doxygen* stellen. Die gleichen Einstellungen finden Sie auf der Seite *C/C++ General* in den Projekteigenschaften wieder, was die erwähnte projektspezifische Aktivierung ermöglicht.

Kommentare für doxygen *werden besonders hervorgehoben.*

Für was auch immer Sie sich entscheiden, sobald Sie die Funktionen eingeschaltet haben, wird der Syntax-Parser erkannte Dokumentationsteile gesondert hervorheben. Vorher standardmäßig grün gedruckte Kommentare werden nun blau eingefärbt, wenn sie von *doxygen* geparst werden können. Damit wird auf den ersten Blick klar, ob es sich bei einem Kommentar um eine API-Beschreibung und oder um einen sonstigen Kommentar handelt. Innerhalb eines Kommentarblocks werden alle bekannten Dokumentationstags nochmals durch ein helleres Blau besonders hervorgehoben.

Kommentargerüst erzeugen

Des Weiteren wird bei Eingabe einer entsprechenden Erkennungssequenz, wie `/*!` und `/**`, in einer neuen Zeile über einer Funktion oder Methode das vollständige Kommentargerüst inklusive des Kommentarabschlusses hinzugefügt. Dieses Gerüst besteht aus den Tags für die vorhandenen Eingabeparameter sowie für den Rückgabewert.

Content-Assistenz

Innerhalb eines Doxygen-Kommentarblocks steht Ihnen selbstverständlich auch die Content-Assistenz zur Seite. Trigger hierfür sind die Tag-Marker `@` oder `\`. Drücken Sie nach einer Zeichenkette, die mit einem solchen Zeichen beginnt, die Tastenkombination STRG+SPACE, dann erscheint eine Liste, die alle komplettierenden Tags enthält.

Probieren Sie das Ganze doch einmal aus. Schalten Sie die Unterstützung von *doxygen* für das Projekt *dirscanner* wie besprochen ein. Platzieren Sie anschließend den Cursor in der Datei `directory.cpp` kurz vor dem Konstruktor. Geben Sie dann `/**` ein und drücken Sie RETURN. CDT erzeugt daraufhin den Kommentarrumpf

```
/**
 *
 * @param name
 */
```

```
Directory :: Directory(const char *name)
{
        this->name = name;
}
```

Was CDT leider fehlt, ist die Möglichkeit, die Dokumentation aus den Quelltexten zu extrahieren. Es wäre zum Beispiel schön, wenn die formatierte Dokumentation einer Funktion in einem Popup erscheint, wenn sich der Mauszeiger beispielsweise über einer Referenz auf die Funktion befindet. Momentan erscheint zwar ein Popup, allerdings enthält er den unprozessierten Kommentarblock.

Ebenso vermag CDT nicht, das *doxygen*-Tool selbstständig aufzurufen. Das ist insbesondere dann ärgerlich, wenn Sie von CDT verwaltete Projekte benutzen. Zwar können Sie in diesem Fall einen Custom Build Step beispielsweise für die Konfigurationsdatei von *doxygen* aktivieren[11], doch ist eine Aktualisierung der erzeugten Dokumentation nur auf umständlichem Wege zu erreichen, am ehesten noch, indem Sie die Konfigurationsdatei modifizieren. Eine bessere Möglichkeit stellt hingegen die Einbindung von *doxygen* mit Hilfe des Launcher-Framework dar. Dieses ist Bestandteil von Kapitel 5, wobei auf *doxygen* ganz konkret in Abschnitt 5.2 eingegangen wird.

Die vielseitige Erweiterbarkeit von Eclipse macht sich jedoch auch bei dieser Aufgabenstellung bezahlt. Denn mit eclox existiert ein Plugin, das nicht nur die Dokumentation auf Wunsch erzeugt, sondern Ihnen auch eine komfortable Art bietet, die Konfigurationsdatei zu bearbeiten. Besprochen wird das Plugin in Abschnitt 9.

3.5.11 Bookmarks

Bookmarks bzw. Lesezeichen sind, wie der Name schon suggeriert, Hilfsmittel, um die Position bestimmter Textstellen festzuhalten. Ein solches Lesezeichen können Sie für jede Datei an beliebiger Zeilenposition setzen, indem Sie das Kontextmenü auf der linken Markierungsleiste hervorrufen und *Add Bookmark...* auswählen. Ein Fenster erscheint, in dem Sie einen für Sie bedeutungsvollen Namen angeben sollen.

Wenn Sie das Kontextmenü über einem bereits vorhandenen Lesezeichen herbeirufen, können Sie das Lesezeichen mit *Remove Bookmark* entfernen. Eine weitere Gelegenheit dafür gibt Ihnen der *Bookmark*-View, der sämtliche Lesezeichen aus dem Workspace Zeile für Zeile auflistet. Die Verwaltung wird abermals über ein Kontextmenü

[11] Was das genau ist, erfahren Sie im nächsten Kapitel.

oder entsprechende Shortcuts ermöglicht. Zu öffnen ist der View mittels *Window > Show View > Other > General > Bookmarks.*

3.5.12 Makefile

Wenn Sie sich entscheiden, ein klassisches Makefile-basiertes Projekt anzulegen, in dem die Aufgabe des Gestaltens des Makefiles bei Ihnen liegt, so wird Sie sicher freuen, dass CDT auch Unterstützung für die Bearbeitung von Makefiles gewährt. Die Unterstützung geht dabei weiter als reines Syntax Highlighting. Sowohl die Funktion der Content-Assistenz als auch die des *Outline*-Views werden unterstützt. Welche Elemente des Makefiles im *Outline*-View durch welche Piktogramme repräsentiert werden, finden Sie in Tabelle 3-3.

Tab. 3-3 *Symbole für Make-Elemente im* Outline-*View*

Symbol	Bedeutung
	Anweisung
	Fehler beim Parsen
	Include
	Makro
	Regel und (Target)

3.5.13 Undo/Redo-Funktion

Eclipse unterstützt wie jeder moderne Editor eine Undo-/Redo-Funktion, die durch die Standardmenüeinträge *Edit > Undo* und *Edit > Redo* oder schneller durch die Hotkeys STRG+Z bzw. STRG+Y aufzurufen sind. Die Schritttiefe ist begrenzt und lässt sich in den Voreinstellungen auf der Seite *General > Editors > Text Editors* unter *Undo history size* angeben. Die Undo-History zeichnet neben den einfachen Tastatureingaben auch komplexere Operationen auf. Hierzu zählt beispielsweise die Komplettierung durch die Content-Assistenz genauso wie das Formatieren des Quelltextes, so dass diese auch rückgängig gemacht werden können.

Neben dieser einfachen Möglichkeit, zu vorherigen Zuständen zurückzukehren, wartet Eclipse noch mit der lokalen Historie (engl. *local history*) auf. Hier werden nicht einzelne Schritte aufgezeichnet, sondern konsekutive Revisionen, die bei jedem Abspeichern erzeugt werden. Eine Besonderheit dieser Methode besteht darin, dass Eclipse Ihnen die Unterschiede in aufbereiteter Form darbietet. Dies stellt im Grunde ein eigenes Thema dar und verdient deshalb im nächsten Abschnitt eine genauere Betrachtung.

3.6 Dateienvergleich

Manchmal ist es vonnöten, zwei Dateien miteinander zu vergleichen, z.B. dann, wenn man eine Datei für verschiedene Projekte benutzt, diese dann allerdings unabhängig weiterentwickelt. Nach einigen Entwicklungszyklen stellt man dann fest, dass die Zweigleisigkeit doch nicht der Weisheit letzter Schluss ist und man die gemeinsam verwendeten Dateien den Projekten viel besser als Modul hätte zugänglich machen sollen. Das soll jetzt nachgeholt werden, mit dem kleinen Problem, dass unterdessen unterschiedliche Modifikationen in beiden Dateien vorgenommen wurden. Ein Programm wie *diff* vermag es, diese Unterschiede auszumachen, die je nach Ausgabemodus sogar gut lesbar für Menschen formatiert werden. Auch bei Eclipse darf eine Funktion dieser Gestalt nicht fehlen. Dabei werden die Unterschiede recht pfiffig präsentiert, wie Sie im Folgenden sehen werden.

3.6.1 Zwei Dateien vergleichen

Um zwei Dateien miteinander zu vergleichen, müssen Sie zuerst dafür Sorge tragen, dass nur diese in einem Navigation-View selektiert sind, bevor Sie den Eintrag *Compare With > Each Other* wie in Abbildung 3-33 in dessen Kontextmenü auswählen.

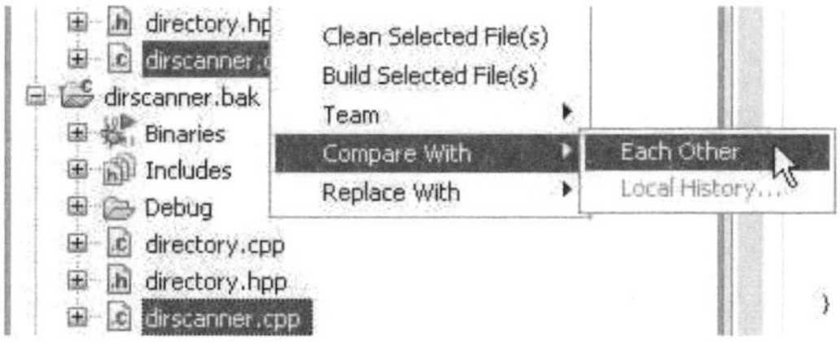

Abb. 3-33
Kontextmenü

Nach einer kurzen Denkpause öffnet sich ein neues Feld im Editierbereich, der Compare-Editor. Ich habe das für die beiden Versionen der Datei `dirscanner.cpp` getan, von der ja eine Sicherheitskopie angelegt wurde. Abbildung 3-34 zeigt das Ergebnis.

Oben befindet sich das Feld *C Compare*, in dem die Unterschiede zwischen den Strukturelementen beider Quelltexte angezeigt werden, also einem Vergleich der Inhalte der *Outline*-Views. Elemente, die in beiden Quelltexten vorkommen, werden nicht angezeigt, wohingegen voneinander abweichende Elemente entweder mit einem Plus- oder mit einem Minuszeichen versehen werden.

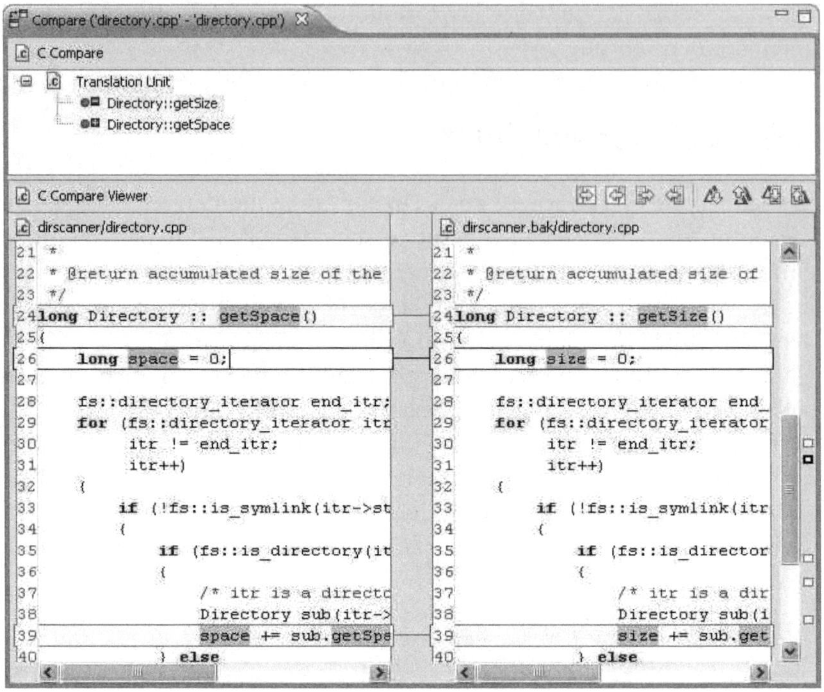

Abb. 3-34 *Zwei Dateien vergleichen*

Ob Plus oder Minus, das hängt freilich davon ab, welche Datei als Referenz angesehen wird. Diese Information erhalten Sie im unteren Teil der Ansicht – in jenem, der mit *C Compare Viewer* betitelt ist. Er besteht aus zwei Textanzeigen, die je eine Datei aufnehmen: links die, die als neu angesehen wird, rechts die Referenz[12].

Der wesentliche Sinn dieser Anzeige ist jedoch die detaillierte Aufbereitung der Unterschiede, die auf Zeilenbasis durch kleine Boxen, die um den Text gezeichnet werden, kenntlich gemacht werden, wobei korrespondierende Boxen miteinander verbunden werden. Textpassagen, in denen sich keinerlei Differenzen ergeben, werden nicht umrandet. Eclipse versucht, die Boxen in ihrer vertikalen Ausrichtung so anzugleichen, dass korrespondierende Boxen möglichst dicht beieinander liegen, was sich auch in der Übersichtsleiste widerspiegelt. Die zeichengenauen Änderungen innerhalb eines Boxenpaars werden dann durch dunkel hinterlegte Markierung angezeigt[13].

---

[12]Folglich bedeutet ein Pluszeichen in *C Compare*, dass das entsprechende Element als neu in der linken Datei anzusehen ist.

[13]Ist Ihnen das zu überladen, können Sie diese Markierungsfunktion neben vielen anderen Optionen in den globalen Einstellungen auf der Seite *General > Compare/Patch* abschalten bzw. modifizieren.

Da es sich beim Feld ja um einen Compare-Editor handelt, könnte man erwarten, Editorfähigkeiten vorzufinden. In der Tat lassen sich beide Texte modifizieren, wenngleich viele Komfortfunktionen fehlen; eine Content-Assistenz sucht man vergeblich. Befindet sich der Cursor in einer Box, dann ist diese aktiviert. Manche Operationen, wie z.B. das Speichern der Texte (Tastenkombination ALT+S), bewirken, dass der Vergleich neu ausgeführt und die Ansicht aktualisiert wird.

Mit Hilfe der Buttons, die in der Abbildung gekennzeichnet sind, lassen sich weitere Funktionen ausführen. Sie können

- mit *Copy All from Left to Right* den gesamten Text von links nach rechts kopieren,
- mit *Copy All Non-Conflicting Changes from Right to Left* den gesamten Text von rechts nach links kopieren,
- mit *Copy Current Change from Left to Right* den Inhalt der aktiven Box von links nach rechts kopieren,
- mit *Copy Current Change from Right to Left* den Inhalt der aktiven Box von rechts nach links kopieren,
- mit *Next Difference* sich zum folgenden Unterschied bewegen, d.h. die nächste Box aktiveren,
- mit *Previous Difference* die vorherige Box aktivieren,
- mit *Next Change* den Cursor zur nächsten Änderung bewegen lassen oder
- mit *Previous Change* den Cursor zur vorherigen Änderung bewegen lassen.

Das hier beschriebene Benutzerinterface ist keineswegs auf den expliziten Vergleich zweier Dateien beschränkt. Eclipse benutzt es für viele Situationen wieder, in denen Unterschiede zwischen zwei Zuständen von Textdateien betrachtet werden müssen. Ein Beispiel hierfür finden Sie noch in diesem Abschnitt. Davor erfahren Sie allerdings, wie Sie das Ergebnis eines »Dreiwegedateienvergleichs« zu interpretieren haben.

3.6.2 Drei Dateien vergleichen

Mit der Compare-Funktion können Sie auch den Vergleich von drei Dateien anstellen. Die Annahme besteht darin, dass zwei Dateien in der dritten Datei ihren gemeinsamen Vorfahren haben. Eine solche Situation tritt beispielsweise auf, wenn zwei Personen ein und dieselbe Datei lokal auf ihren Rechnern unabhängig voneinander modifiziert haben und die Änderungen nun wieder auf Basis der Originaldatei zusammengeführt werden sollen. Diese Aufgabenstellung ist nicht selten. Im Gegenteil, sie kommt sogar sehr häufig vor, und zwar dann, wenn Projekte mittels eines Versionsverwaltungssystems verwaltet werden.

Die Funktion können Sie fast genauso wie oben aufrufen, nur dass Sie diesmal drei Dateien zu selektieren haben. Im darauffolgenden Dialog, der auch in Abbildung 3-35 dargestellt ist, bittet Sie Eclipse, den gemeinsamen Vorfahren zu definieren, bevor das Ergebnis präsentiert wird. Wie dieses zu interpretieren ist, wird die Beschreibung aufgrund der engen Verknüpfung zwischen dem Dreiwegevergleich und der Versionskontrolle auf Kapitel 3-35 vertagt.

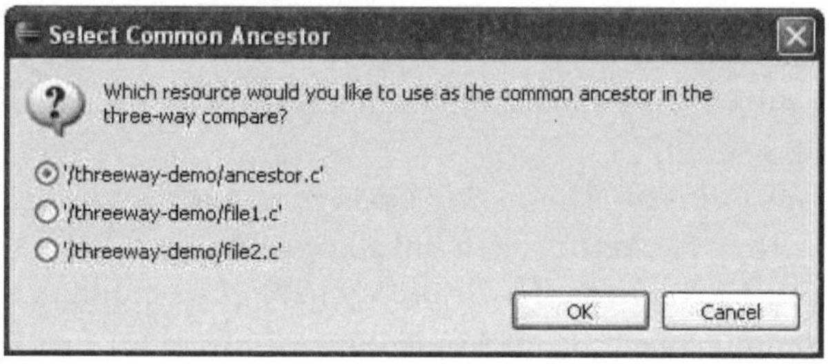

Abb. 3-35
Welche Datei soll als Referenz dienen?

3.6.3 Lokale Historie

Wie schon am Ende des letzten Abschnittes erwähnt, weist Eclipse neben der Undo-/Redo-Funktion eine lokale Historie aus, in der anstelle der einzelnen Editierschritte Speicherstände vermerkt werden.

Wenn Sie eine Ressource durch eine frühere Version ersetzen möchten, so wählen Sie den Menüpunkt *Replace With > Local History....* Hier wird Ihnen dann eine Liste mit allen getrackten Versionen präsentiert. Wählen Sie die gewünschte Version, die durch den Zeitpunkt ihrer Sicherung gekennzeichnet ist, aus und drücken Sie den Button *Replace*, um die Aktion durchzuführen. Anders als bei der Undo-Funktion, bei der eine weitere Modifizierung die Aktionen im Restpuffer komplett löscht, werden neue Revisionen der Änderungsliste einfach angehängt. Die Versionen, die zwischen ersetzter und zu ersetzender Version liegen, bleiben also bestehen.

Natürlich kann sich kein Mensch merken, zu welchem Zeitpunkt er welche Änderung getätigt hat. In den seltensten Fällen tippt man auf Anhieb auf die gewünschte Version. Wenn Sie auf einen Eintrag in der Liste doppelklicken, wird der Rest des Fensters ausgefüllt und es ergibt sich eine Ansicht, wie sie auch in Abbildung 3-36 zu sehen ist. In ihr ist die bekannte Vergleichskomponente eingebettet, so dass ein komfortables Begutachten der Unterschiede ermöglicht wird. Änderungen direkt im Text können hier allerdings nicht vorgenommen werden.

Standardmäßig werden die Versionen in der lokalen Historie sieben Tage lang mit maximal 50 Einträgen pro Datei vorgehalten, solange sie

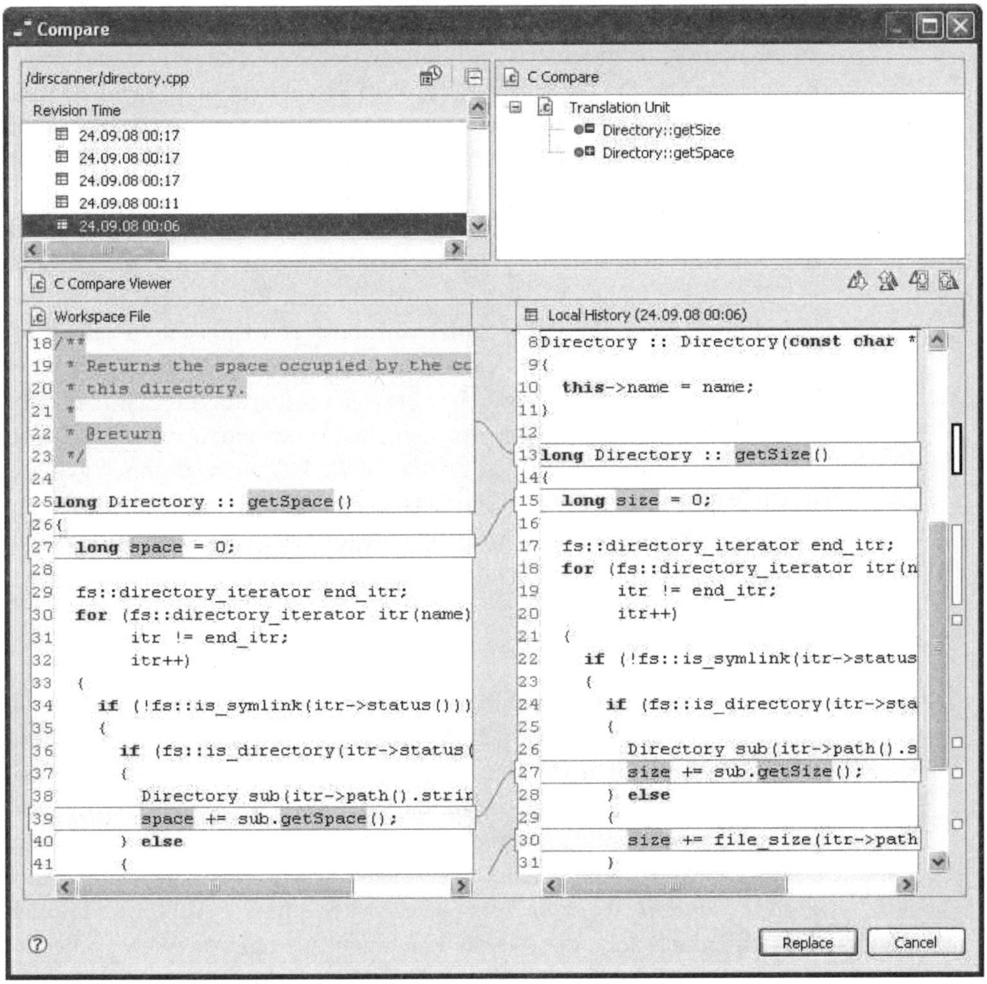

Abb. 3-36
Lokale Historie

die Größe von 1 MB nicht überschreitet. Auch hier lassen sich die Parameter einstellen. Zu finden sind die Angaben in den Voreinstellungen *General > Workspace > Local History*.

3.7 Working-Sets

Obwohl Ihr Workspace eine unlimitierte Anzahl von Projekten aufnehmen kann, werden Sie oftmals nur wenige Projekte gleichzeitig bearbeiten. Schnell kann man bei der Fülle von Projekten, die sich im Verlauf eines Workspace-Lebens ansammeln, jedoch die Übersicht verlieren. Eine Möglichkeit, dies zu umgehen, bestünde darin, dass Sie mehr als einen Workspace benutzen und von Zeit zu Zeit wechseln. Doch leidet darunter ein wenig die Flexibilität, denn Projekte können sich gegenseitig nur referenzieren, wenn Sie im selben Workspace vorhanden sind. Folglich müssen Sie von vornherein wissen, welche Projekte später einmal einander bedürfen.

Den Durchblick im Dschungel der Ressourcenbäume könnten hier die Working-Sets schaffen, die im Grunde nichts weiter sind als eine Untermenge aller im Workspace vorhandenen Ressourcen, die Sie frei gestalten können. Einmal spezifiziert, fungieren sie als exakter Ressourcenfilter in den Navigation-Views: Ressourcen, die nicht in dem Set vorkommen, werden nicht angezeigt. Bei der projektübergreifenden Suche sind Working-Sets dienlich, um den Suchraum einzugrenzen. Ebenso können Annotationen in Views wie dem *Task*-View nach ihnen gefiltert werden. Mit Hilfe der Working-Sets können Sie also die Ressourcen in Ihrem Workspace je nach Aufgabe kategorisieren und die Übersicht in Ihrem Workspace wiederherstellen.

3.7.1 Ein Working-Set erstellen

Ein neues Working-Set definieren Sie am bequemsten über das Menü *Window > Working Sets > Edit...*, das Sie im linken Teil von Abbildung 3-37 sehen. Falls Sie dieses bei Ihrem System nicht auffinden können, so liegt das vielleicht daran, dass die aktuelle Perspektive die vorgesehene Kommandogruppe nicht beinhaltet. Fügen Sie in solch einem Fall, so wie in Abschnitt 2.6.1 auf Seite 61 beschrieben, die Kommandogruppe *Window Working Set* zur Perspektive hinzu. Alternativ können Sie sich jedoch auch des Menüs von einem Navigation-View bedienen, indem Sie dort den Eintrag *Select Working Set...* wählen, wie im rechten Teil der Abbildung zu sehen ist.

In beiden Fällen öffnet sich ein zueinander ähnliches Fenster, das alle momentan vorhandenen Working-Sets anzeigt. Um damit ein neues Set zu definieren, klicken Sie auf *New...*. Zunächst werden Sie nach dem Typ des Working-Sets gefragt. Relevant für die Anwendungen, die in diesem Buch besprochen werden, wären:

- *Ressource*. Das Working-Set besteht aus beliebigen im Workspace vorkommenden Ressourcen.
- *C/C++*. Das Working-Set adressiert die Ressourcen von C/C++-Projekten, ist aber bis auf das Symbol identisch zu obiger Variante.
- *Breakpoint*. Das zu spezifizierende Working-Set ist eine Untermenge aller im Workspace befindlichen Breakpoints.

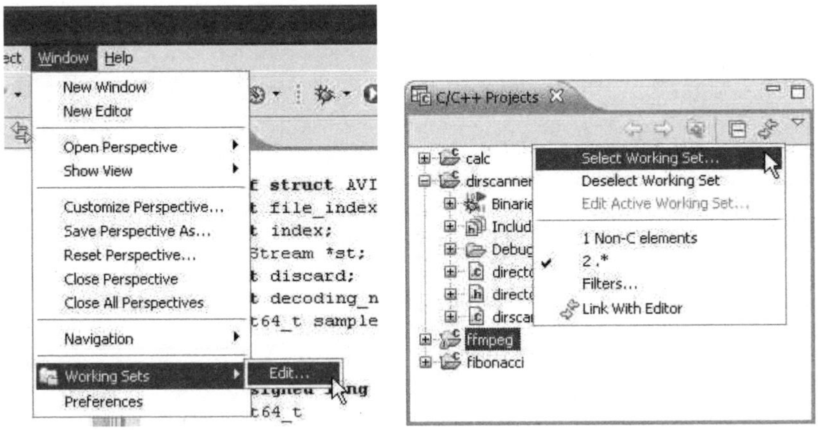

Abb. 3-37
Working-Set

Nach der Selektion des richtigen Typs und dem Klick auf *Next >* erscheint eine neue Seite. Unabhängig vom Typ gehört zu jedem Working-Set ein aussagekräftiger Name, so dass Sie das Working-Set später selbst zuordnen können. Diesen spezifizieren Sie im oberen Texteingabefeld, während der größere untere Teil spezifisch für den Working-Set-Typ ist.

Bei Ressourcen- oder C/C++-Working-Sets bekommen Sie wie in Abbildung 3-38 einen Baum dargestellt, der die Ressourcen-Hierarchie enthält. Mit der Auswahlbox vor jeder Ressource geben Sie an, ob die Ressource zum Working-Set zugehörig ist oder nicht. Haben Sie Ihre Eingaben gemacht, so bestätigen Sie diese mit *Finish*.

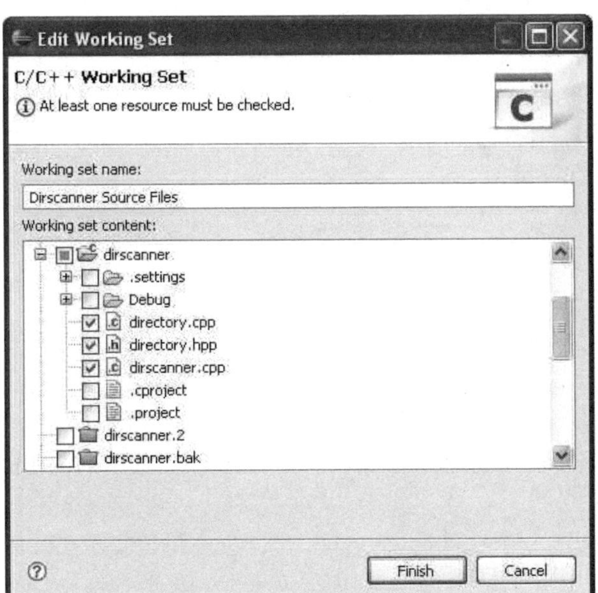

Abb. 3-38
Working-Set definieren

Eine weitere Möglichkeit, über die Zugehörigkeit von Ressourcen in einem Working-Set zu entscheiden, bieten Ihnen die Menüeinträge *Edit > Add to Working Set* und *Edit > Remove from Working Set*, die im Untermenü diejenigen Working-Sets auflisten, zu denen Sie die in einem Navigation-View selektierte Ressource hinzufügen bzw. entfernen können. Natürlich sind diese Funktionen auch über die Werkzeugleiste verfügbar.

3.7.2 Workbench-Working-Sets

Die Workbench-Working-Sets (oder Window-Working-Sets) sind vom Benutzer spezifizierbare Working-Sets, die per Vorgabe in allen Views, die das Konzept von Working-Sets unterstützen, aktiv sind. Damit wird eine sinnvolle Anwendung der Working-Sets ungemein erleichtert: Workspace-weit beziehen sich die Views auf die gleichen Ressourcen.

Im Untermenü zum Menüeintrag *Window > Working Sets* können Sie diejenigen Working-Sets anwählen, die Sie dem Window-Working-Set zurechnen möchten. Freilich ist diese Funktion auch über die Werkzeugleiste über ein Pulldown-Menü verfügbar. Sobald Sie die Zugehörigkeiten modifizieren, wird die Ansicht aktualisiert.

3.8 Tasks

Tasks, die ein Bestandteil von Eclipse-basierten Entwicklungsumgebungen sind, erlauben dem Entwickler, beliebige Zeilen des Quelltextes mit wichtigen Kommentaren zu versehen, die noch zu erledigende Aufgaben beinhalten oder über eventuelle Probleme informieren. Zum Beispiel könnte es sein, dass Sie einmal folgende Zeilen eintippen:

```
/* Find appropriate bin */
int w = 0;
for (i=0;i<n;i++)
{
  w += a[i];
  if (w > point) break;
}
```

Ihnen ist beim Schreiben bereits klar, dass es in Bezug auf die Performance geschickter sein könnte, eine binäre Suche anzuwenden. Diese Änderung möchten Sie jedoch erst zu einem späteren Zeitpunkt hinzufügen. Wichtig ist ja zunächst nur, dass der Code funktioniert[14]. Sinn-

[14] Je nach Projektart könnte es aber auch Sinn haben, eine bereits vorgefertigte Bibliothek zu verwenden.

voll ist allerdings, diese Stelle speziell zu kommentieren, damit Sie sie schnell wieder auffinden können.

3.8.1 Tasks hinzufügen

Wenn Sie einen neuen Task hinzufügen möchten, klicken Sie mit rechter Maustaste auf dem Marker-Bereich des Editors auf die Zeile, zu der der neue Task gehören soll. Im Kontextmenü wählen Sie *Add Task...* woraufhin sich ein Fenster wie in Abbildung 3-39 öffnet, mit dessen Hilfe Sie den Task genauer spezifizieren können.

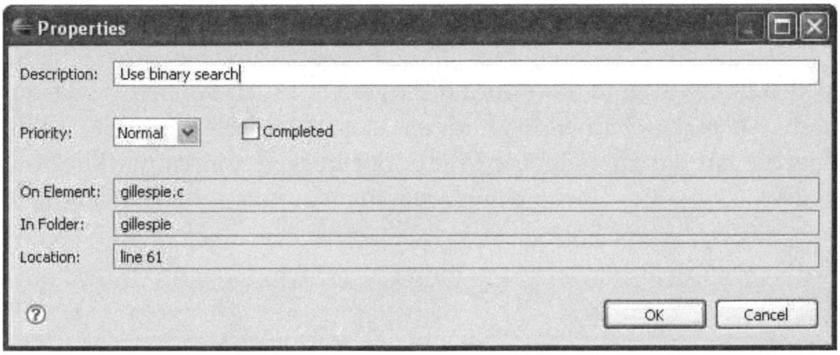

Abb. 3-39
Eigenschaften eines Tasks

Unter *Description* geben Sie den Kommentar an, also beispielsweise »Use binary search«. Mit *Priority* spezifizieren Sie die Wichtigkeit der Anmerkung. Hier haben Sie die Auswahl zwischen *Low*, *Normal* und *High*. Gleich daneben befindet sich eine Auswahlbox *Completed*, mit der Sie angeben können, dass Sie die beschriebene Aufgabe vollendet haben. Darunter befinden sich noch drei weitere Informationen, die letztendlich die Position des Markers anzeigen.

3.8.2 Tasks durch spezielle Schlüsselwörter

Neben der im letzten Abschnitt vorgestellten Methode, neue Tasks zu erstellen, existiert noch die Möglichkeit, Tasks innerhalb des Quelltextes durch spezielle Schlüsselwörter zu kennzeichnen. Fügen Sie im obigen Codeausschnitt z.B. die Zeilen

```
/* TODO: Use binary search */
```

nach dem ersten Kommentar hinzu, so erscheint das schon bekannte Symbol für einen Task an der richtigen Stelle. Die Erkennung des Textes `TODO` ist bereits in CDT eingebaut, weitere Zeichenketten können Sie in den globalen Einstellungen hinzufügen. Üblich ist beispielsweise noch die Einstellung `FIXME`, die über Code geschrieben wird, der in seiner Funktionalität noch sehr stark eingeschränkt ist.

Verglichen mit dem manuellen Hinzufügen von Tasks ist der Vorteil der quelltextbasierten Methode, dass diese unabhängig von CDT oder Eclipse ist und Tasks selbst in einfachen Quelltexteditoren noch erkennbar sind. Abgesehen davon ist es natürlich flüssiger, Tasks direkt über die Tastatur einzugeben als über die Benutzeroberfläche.

3.8.3 Tasks anzeigen lassen

Alle im Workspace vorhandenen Tasks können Sie im *Task*-View begutachten, wie Sie in Abbildung 3-40 erkennen können. Darin wird zwischen im Editor eingegebenen Tasks und den mit der Maus hinzugefügten Tasks unterschieden, wie in der *Type*-Spalte zu sehen ist.

Für die Tasks ersteren Typs sind die zusätzlichen Eigenschaften des Vollendet-Status und der Priorität dargestellt. Auch können Sie die änderbaren Eigenschaften der Einträge hierüber gleich modifizieren, indem Sie auf das zu ändernde Feld doppelklicken. Ein Doppelklick auf einen C/C++-Task führt Sie immerhin auch auf dessen Stelle im Quelltext.

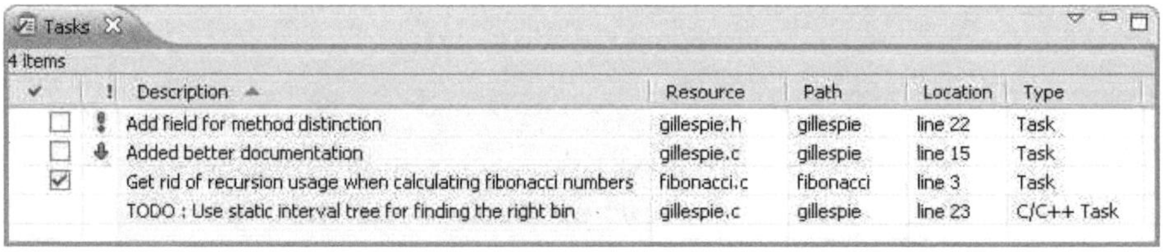

Tasks

4 items

✓	!	Description	Resource	Path	Location	Type
☐	!	Add field for method distinction	gillespie.h	gillespie	line 22	Task
☐	↓	Added better documentation	gillespie.c	gillespie	line 15	Task
☑		Get rid of recursion usage when calculating fibonacci numbers	fibonacci.c	fibonacci	line 3	Task
		TODO : Use static interval tree for finding the right bin	gillespie.c	gillespie	line 23	C/C++ Task

Abb. 3-40
Der Task-*View*

- *Go to*. Der Texteditor wird auf die Stelle des Tasks gesetzt.
- *Add Task...*. Sie können einen neuen Task hinzufügen. Die Zeilennummer und Ressource lässt sich auf diesem Weg jedoch nicht spezifizieren!
- *Delete*. Damit löschen Sie den selektierten Task, sofern dies kein C/C++-Task ist.
- *Delete Completed Tasks*. Hiermit löschen Sie alle als vollendet deklarierten Tasks.
- *Mark Completed*. Den selektierten Task können Sie damit als vollendet deklarieren.

3.9 Refaktorisierung

Unter dem Begriff Refaktorisierung (engl. *refactoring*) fasst man verschiedene Vorgehensweisen zusammen, die das Umgestalten von Quelltext mit dem Ziel der einfacheren Wartbarkeit verfolgen, ohne dass diese Änderungen jedoch das sichtbare Verhalten des erzeugten Programms beeinflussen. War man früher gezwungen, derartige Texttransformationen manuell durchzuführen – nicht selten schlich sich dabei der Fehlerteufel ein –, so stellen heutige Entwicklungsumgebungen enorme Hilfestellungen bereit und machen damit die Durchführung zum Kinderspiel.

Auch CDT bringt ein solches Refaktorisierungsangebot mit. Dabei hat das Repertoire in der Version 5.0 deutlich an Funktionalität hinzugewonnen. Wie es schon bei vollständiger Content-Assistenz der Fall war, setzen die meisten in CDT angebotenen Refactoring-Funktionen einen aktivierten Indexer voraus, um flüssiges Arbeiten zu gewährleisten. Aus dem breitem Spektrum möglicher Refaktorisierungen finden derzeitig die folgenden Unterstützung:

- das Umbenennen von Ressourcen
- das Umbenennen von Bezeichnern für allerhand assoziierbare Typen, darunter Makros, Variablen, Funktionen, Strukturen, Klassen und Attributen. Das Umbenennen von Sprungmarken wird hingegen (noch) nicht unterstützt, was sicherlich mit ihrer seltenen Verwendung zu tun hat.
- das Extrahieren von Konstanten
- das Extrahieren einer Funktion oder einer Methode
- das Verstecken von nicht öffentlich benutzten Methoden
- das Erzeugen von Zugriffsfunktionen, d.h. Settern und Gettern, für Klassenattribute
- das Erzeugen eines Gerüstes beim Implementieren von Methoden

Möchten Sie zusätzlich zu den im weiteren Verlauf vorgestellten, durch CDT bereitgestellten Refaktorisierungen mehr zum Thema erfahren, so sei Ihnen [7] ans Herz gelegt. Neben einer ziemlich vollständigen Auflistung von Refaktorisierungsmöglichkeiten und detaillierten Erläuterungen zu ihrem Sinn und Zweck finden Sie dort auch Verweise zu weiteren Adressen und Büchern.

3.9.1 Ressourcen umbenennen

In Eclipse wird das Umbenennen von Ressourcen, das Sie z.B. mit dem Kontextmenüeintrag *Rename...* bewerkstelligen, als Refaktorisierungsprozedur angeboten. Leider geht die Unterstützung seitens CDT im

Moment jedoch nicht über das triviale Umbenennen hinaus, d.h., wenn Sie eine Header-Datei umbenennen möchten, so müssen Sie die Stellen, die diese Dateien einbinden, auch manuell modifizieren. Hier kann man bei den CDT-Entwicklern sicherlich Verbesserungswünsche anmelden.

3.9.2 Bezeichner umbenennen

Besser bestellt ist es hingegen um das Umbenennen von Bezeichnern. Um einen Bezeichner umzubenennen, bewegen Sie den Cursor auf den in Frage kommenden Bezeichner, unabhängig davon, ob er als Deklaration oder Referenz in Erscheinung tritt. Benutzen Sie dann den Menüpunkt *Refactor > Rename...*. Dieselbe Funktionalität können Sie, wie in Abbildung 3-41 ersichtlich, auch mit Hilfe des Kontextmenüs oder, ohne die Hände von der Tastatur zu nehmen, mit Hilfe der Kombination ALT+SHIFT+R hervorbringen. Sie können den Bezeichner auch im *Outline*-View selektieren und das dortige Kontextmenü in Anspruch nehmen. Bekanntlich führen eben viele Wege nach Rom.

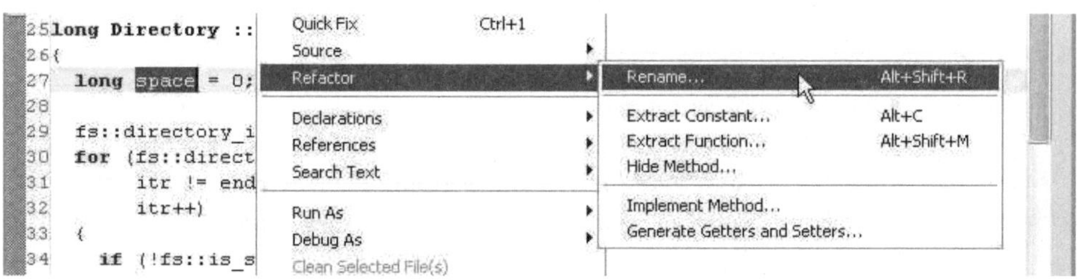

Abb. 3-41
Kontextmenüeintrag auswählen, um einen Bezeichner umzubenennen

Je nachdem, ob der Scope des vom Bezeichner assoziierten Typs lokaler oder globaler Natur ist, erscheinen zwei sich etwas unterscheidende Fenster.

Lokalen Bezeichner umbenennen

Das Umbenennen eines lokalen Bezeichners ist weniger aufwendig, da oft nur eine Funktion, höchstens aber nur eine Quelltextdatei betroffen ist. Entsprechend ist das Fenster spartanisch und bietet bis auf das Textfeld für den Bezeichner nur noch ein paar Buttons, wie in Abbildung 3-42 zu sehen ist.

Einer Erklärung bedarf lediglich der *Preview*-Button: Er erlaubt es, die durch das Refactoring verursachten Veränderungen vor ihrer eigentlichen Anwendung anzuschauen, zu bewerten und gegebenenfalls zu verwerfen.

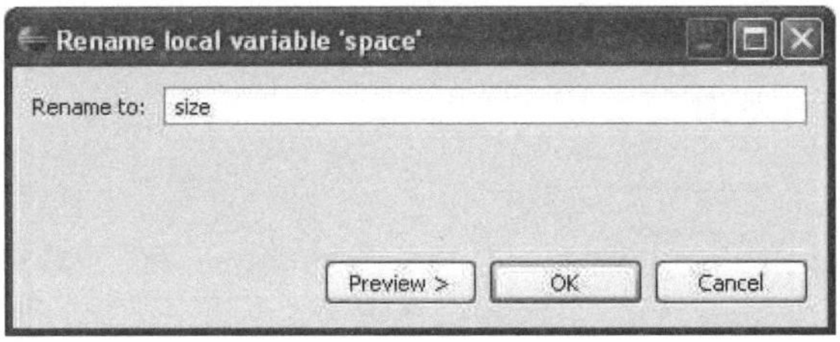

Abb. 3-42
Eine lokale Variable umbenennen

In Abschnitt 3.5.9 wurde der Text `size` durch den Text `space` ersetzt, wobei man beim Gebrauch insgesamt vorsichtig sein soll, da dieser Vorgang schnell fehlerhafte Änderungen durchführt und zudem bei allen potenziell betroffenen Dateien einer manuellen Anwendung bedarf. Diese Umbenennung wollen wir jetzt mit Hilfe der Refaktorisierungsfunktion rückgängig machen, was um einiges leichter von der Hand geht.

Bewegen Sie den Cursor innerhalb der Datei `directory.cpp` auf den Bezeichner `space`, der eine lokale Variable der Methode *getSpace*() repräsentiert. Initiieren Sie jetzt das Umbenennen mit ALT+SHIFT+R. Geben Sie im Dialog, wie in Abbildung 3-42 dargestellt, den neuen (alten) Bezeichner für die Variable, also *size*, ein und betätigen Sie anschließend *Ok*. Da die Funktion recht übersichtlich ist, benötigen wir keine Vorschau. Überzeugen Sie sich, ob tatsächlich die Namen der Variablen an den richtigen Stellen geändert wurden. Sollten Sie einmal mit dem Ergebnis nicht zufrieden sein, so können Sie mit der Undo-Funktion die durchgeführte Operation immer noch rückgängig machen.

Globale Bezeichner umbenennen

Das Umbenennen eines globalen Bezeichners, beispielsweise eines Namens einer globalen Funktion oder eines Namens einer Klasse, ist umfassender, da die Änderung in der Regel nicht nur eine einzige Datei betrifft. Dementsprechend bietet der Dialog fürs Umbenennen, wie in Abbildung 3-43 ersichtlich, ein wenig mehr Möglichkeiten.

Mit *Scope of refactoring* legen Sie den Wirkungsbereich der Operation fest. Sie haben die Auswahl zwischen

- *all projects*, um die Änderung in allen durch CDT verwalteten Projekten durchzuführen,
- *related projects*, um die Änderung in allen referenzierten oder referenzierenden Projekten durchzuführen,
- *project*, um die Änderung lediglich in den Dateien der eigentlichen Projekte durchzuführen, sowie

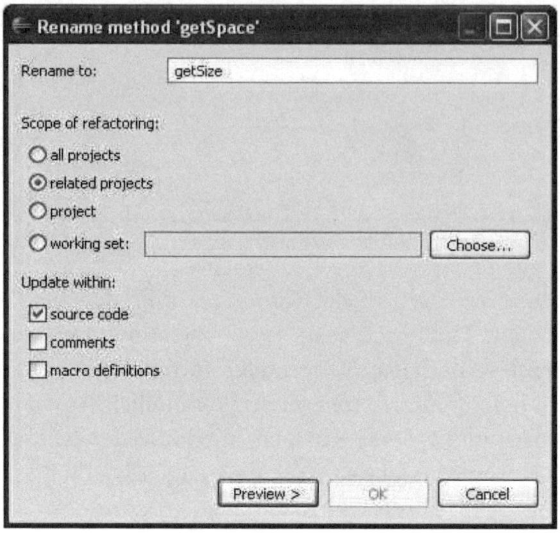

Abb. 3-43 *Einen globalen Bezeichner (hier Methodennamen) umbenennen*

- *working set*, wodurch die Änderung in einem anzugebenden Working-Set vorgenommen wird. Sinnvollerweise sollte das aktuelle Projekt dort enthalten sein, obgleich es nicht erzwungen wird.

Mit Hilfe der Checkboxen können Sie den lokalen Wirkungsbereich der Operation festlegen. So können die Änderungen in strukturierten Stellen des Quelltextes (*source code*), in Kommentaren (*comments*) oder in Makrodefinitionen (*macro definitions*) stattfinden. Zu beachten ist jedoch, dass die Kommentar-Option lediglich eine normale Suchen/Ersetzen-Funktion innerhalb von Kommentaren darstellt und deswegen mit besonderer Vorsicht zu genießen ist, falls der zu ersetzende Text in verschiedenen Kontexten benutzt wird.

Der *Ok*-Button ist gänzlich gesperrt. Da die durchzuführende Änderung durch den großen Wirkungsbereich durchaus Schaden bei nicht bedachten Dateien an nicht bedachten Stellen anrichten kann, ist ein Begutachten der Änderungen in der Vorschau obligatorisch. Mit Klick auf *Preview* erscheint nach kurzer Denkpause das Vorschaufenster.

Um das Umbenennen globaler Bezeichner in Aktion zu sehen, markieren Sie einmal den *getSpace*-Bezeichner, ganz gleich, ob er als Referenz (in `dirscanner.cpp`), Deklaration (in `directory.hpp`) oder Definition (in `directory.cpp`) Verwendung findet. Öffnen Sie den Umbenennen-Dialog (z.B. ALT+SHIFT+R). Ändern Sie den Text bei *Rename to* von `getSpace` in `getSize`. Da wir den Text auch in einem Kommentar benutzt haben, aktivieren Sie am besten neben der Option *source code* auch die Option *comments*. Benutzen Sie schließlich den *Preview*-Button.

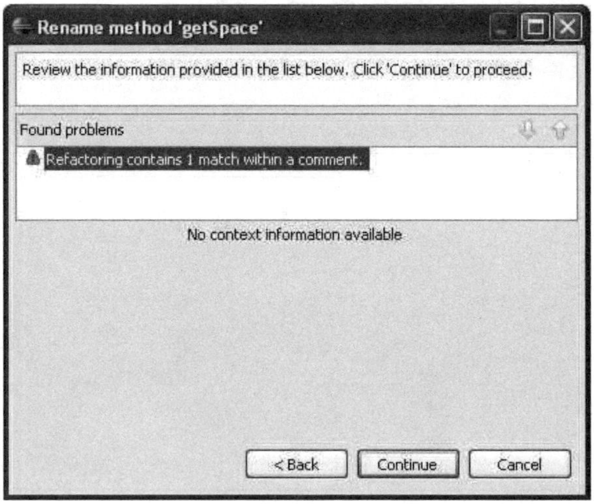

Abb. 3-44
Probleme beim Umbenennen

Nach einer kurzen Denkpause sollte auf Ihrem Bildschirm ein Fenster wie in Abbildung 3-44 zu sehen sein. Dieses taucht immer dann auf, wenn sich Probleme beim Umbenennen anbahnen. Hier möchte es uns auf den Treffer innerhalb eines Kommentars aufmerksam machen. Wie oben erwähnt, gibt es bei Treffern in Kommentaren keinen Bezug zum Kontext, so dass eine derartige Umbenennung immer überprüft werden soll. An dieser Stelle können Sie den Vorgang mit *Cancel* beenden, mit *Back* zum vorhergehenden Dialog zurückgehen oder mit *Continue* den Vorgang fortsetzen. Da wir über das Problem Bescheid wissen, wählen wir letzte Option.

Daraufhin erscheint das eigentliche Vorschaufenster, in dem Sie alle Änderungen Stück für Stück durchsehen können. Im oberen Teil sind alle Änderungen überblickartig in einer kleinen Hierarchie zusammengefasst, während sich im unteren Teil die Details für den gerade ausgewählten Eintrag befinden. Im Vergleichsfeld, das schon aus dem letzten Abschnitt bekannt ist, ist dabei links der bisherige Zustand und rechts der vermeintlich neue Zustand zu sehen.

Haben Sie sich vergewissert, dass auch alles so geschieht, wie von Ihnen gedacht (in Bezug auf unser Beispiel ist das der Fall, wenn der Inhalt des auf Ihrem Bildschirm dargestellten Fensters der Abbildung ähnelt), betätigen Sie *Ok*, ansonsten können Sie mit *Cancel* abbrechen. Wie oben können Sie die Operation mittels der Undo-Funktion rückgängig machen, allerdings nicht ohne einen weiteren Dialog wie in Abbildung 3-46 zu Gesicht zu bekommen, falls die Änderungen mehr als eine Datei betrafen.

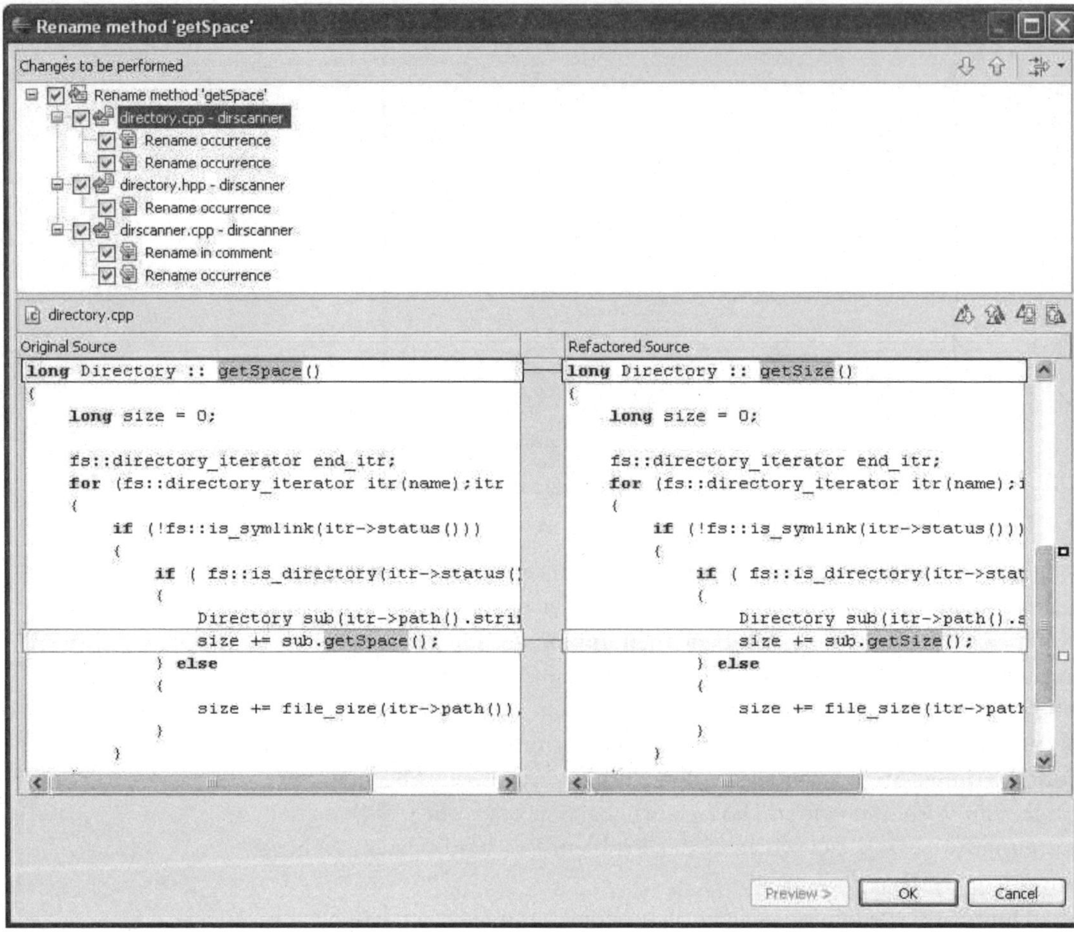

Abb. 3-45
In der Vorschau werden alle geplanten Änderungen im Detail aufgezeigt.

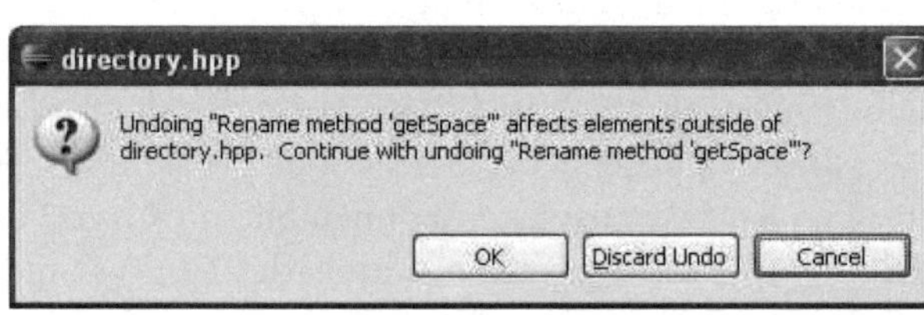

Abb. 3-46
Warnung, falls sich eine Undo-Operation auf mehrere Dateien auswirkt

3.9.3 Konstanten extrahieren

Eine weitere Refaktorierungsmethode bietet CDT mit der Funktion *Extract Constant...* an. Hiermit können Sie Literale, wie Ganzzahlen oder Zeichenketten, im gesamten Quelltext durch symbolische Konstanten ersetzen. Markieren Sie hierfür das Literal und wählen Sie den Eintrag *Refactor > Extract Constant...* aus dem Kontextmenü des Texteditors oder benutzen Sie ALT+C auf der Tastatur. Es erscheint ein Fenster, in dem Sie nach dem Namen der neuen Konstanten gefragt werden. Mit Klick auf *Next* > erscheint dann das Vorschaufenster, in dem Sie die Änderungen wieder genauestens auf Richtigkeit inspizieren können, bevor Sie mit *Finish* die Änderung bestätigen.

3.9.4 Eine Funktion oder Methode extrahieren

Um die Übersicht über den Quelltext zu behalten, wird grundsätzlich empfohlen, möglichst kurze Funktionen oder Methoden zu schreiben. Bekanntlich wächst der Code eines Abschnittes im Laufe der Zeit jedoch stetig. Es erscheint dann angebracht, die Modularität zu erhöhen, indem Teile des Codes in sinnvoll benannte Funktionen oder Methoden extrahiert werden.

Zusätzlich zum geschilderten Anwendungsfall ist das Extrahieren von Codestellen auch dann besonders nützlich, wenn Sie Teile vom Quelltext von einer Funktion in eine andere Funktion mit Copy'n'Paste übertragen wollen. Solche Codeduplikationen sollten in der Regel tabu sein, denn Änderungen an einer Stelle sind dann an allen Stellen vorzunehmen. Früher oder später verliert man die Übersicht.

Markieren Sie den Bereich, den Sie in einer Funktion oder Methode auslagern wollen. Der Bereich sollte einen validen Codeblock repräsentieren, d.h. also, die Anzahl der geöffneten geschweiften Klammern deckt sich mit der Anzahl der geschlossenen. Wählen Sie anschließend den Menüeintrag *Refactor > Extract Function...* aus, so dass nach kurzer Denkpause der in Abbildung 3-47 illustrierte Dialog auf den Bildschirm zu sehen sein sollte.

Hier geben Sie, je nachdem ob sich der markierte Bereich in einer Methode oder Funktion befand, bei *Method name* bzw. *Function name* den Bezeichner des herausgezogenen Schnipsels an. Wird der Schnipsel in eine Methode überführt, dann können Sie deren Sichtbarkeit gleich darunter in der Auswahl zu *Access modifier* spezifizieren.

In der Tabelle des Kastens *Return value* definieren Sie, wie die Variablen, die in der neuen Funktion modifiziert und danach benutzt werden, dem Aufrufer retourniert werden. Die gebräuchlichste Vorgehensweise ist es freilich, die Rückgabe des Wertes einer Variablen mit der

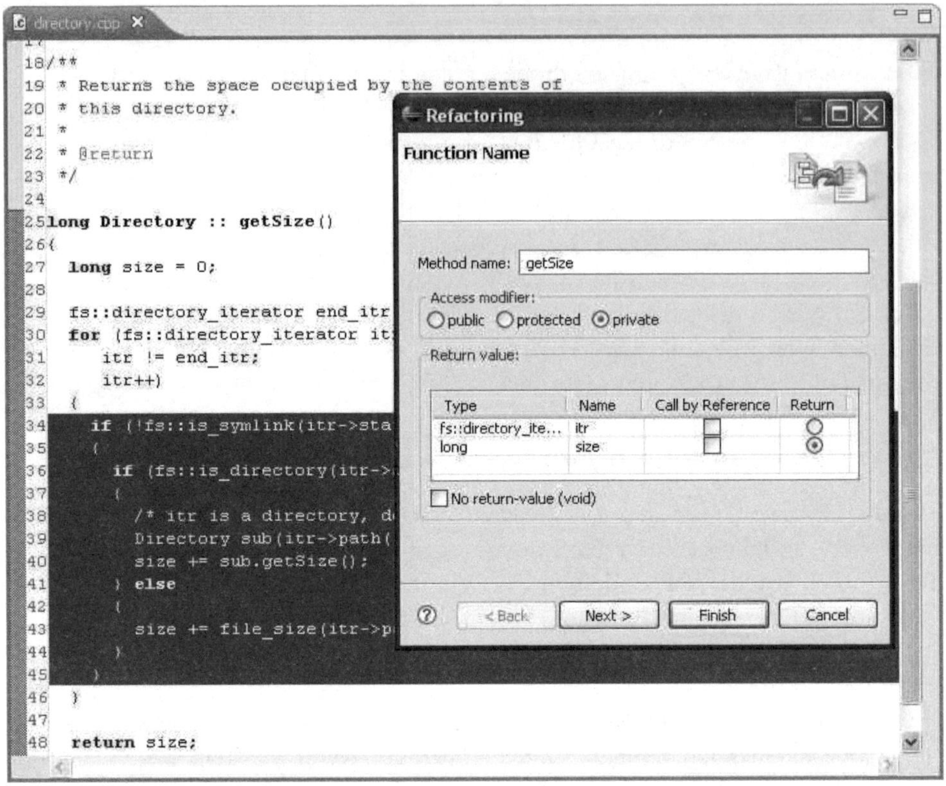

Abb. 3-47
Extrahieren von Funktionen oder Methoden

return-Anweisung zu verwirklichen. Hierfür aktivieren Sie den Radio-Button in der *Return*-Spalte der entsprechenden Variable. Folglich wird nach der Refaktorisierung das Ergebnis der Funktion vom Aufrufer dieser Variablen zugewiesen. Da auf diese Weise nur eine einzige Variable in Betracht gezogen werden kann, können Sie den weiteren Variablen einen Call-by-Reference-Status mitgeben, wofür die gleichnamige Spalte Auswahlboxen bereitstellt. Bei eingeschalteter Option wird die übergebene Variable dann im Kopf als Referenz deklariert. Falls keine der beiden Rückgabevarianten aktiviert ist, so sind die innerhalb der extrahierten Funktion vorgenommenen Modifikationen für den aufrufenden Kontext belanglos, was fast immer eine Bedeutungsänderung des Quelltextes zur Folge hat, wenn die Variablen unterhalb der extrahierten Stelle benutzt werden. Eclipse weist Sie allerdings auf dieses Problem hin.

Sind Sie mit den Angaben zufrieden, so können Sie gleich mit *Finish* die Refaktorisierung durchführen lassen. Besser wäre es jedoch, sich zuvor anhand der Vorschau von der Richtigkeit des Vorschlages zu überzeugen, wofür Sie auf den Button *Next* > klicken müssten, so dass die bereits bekannte Vergleichsseite erscheint. Wie in Abbildung 3-48 ersichtlich, werden Kommentare[15] sowie die Klassendefinition dabei nicht außer acht gelassen.

3.9.5 Methoden verstecken

Mit Hilfe der Funktion *Hide Method...* können Sie öffentliche Methoden verstecken, wobei die Sichtbarkeit der Methode ganz einfach auf *private* gesetzt wird. Es spielt keine Rolle, ob Sie eine Referenz, eine Deklaration oder die Definition der so zu behandelnden Methode auswählen.

Besondere Aufmerksamkeit sollten Sie bei Benutzung dieser Funktion der Übersicht und der Vorschau widmen. Es ist nämlich so, dass Sie zum Beispiel auch eine Methode verstecken können, die von anderen Codeteilen außerhalb der Klasse aufgerufen werden. Definitionsgemäß wäre die durchgeführte Operation gar keine richtige Refaktorisierung, da der Quelltext anschließend in einem nicht übersetzbaren Zustand vorläge. Tritt ein solcher Fall ein, macht ein Warnhinweis, wie er in Abbildung 3-49 auf Seite 145 zu sehen ist, diesen Umstand kenntlich.

3.9.6 Setters und Getters erzeugen

Eine gesunde Klassendefinition verwendet Attribute, auf denen kein direkter Zugriff außerhalb der Klasse selbst möglich ist. Zugriff wird nur mit speziellen Methoden gestattet, den Abfragefunktionen (engl. *getter*) für das Auslesen und den Änderungsmethoden (engl. *setter*) für das Setzen von Attributen.

CDT kann Ihnen dabei behilflich sein, die trivialen Methoden hierfür aufzustellen, was bei Klassendefinitionen, die viele Attribute umfassen, schon einiges an Tipperei einspart. Um die Funktionalität aufzurufen, benutzen Sie den Menüeintrag *Refactor > Generate Getters and Setters....*

---

[15] Bei CDT 5.0.1 hat sich anscheinend ein Fehler eingeschlichen, denn Kommentare werden hier nicht neu erzeugt, was bei CDT 5.0.0 nicht der Fall ist und hoffentlich bei späteren Versionen wieder funktioniert.

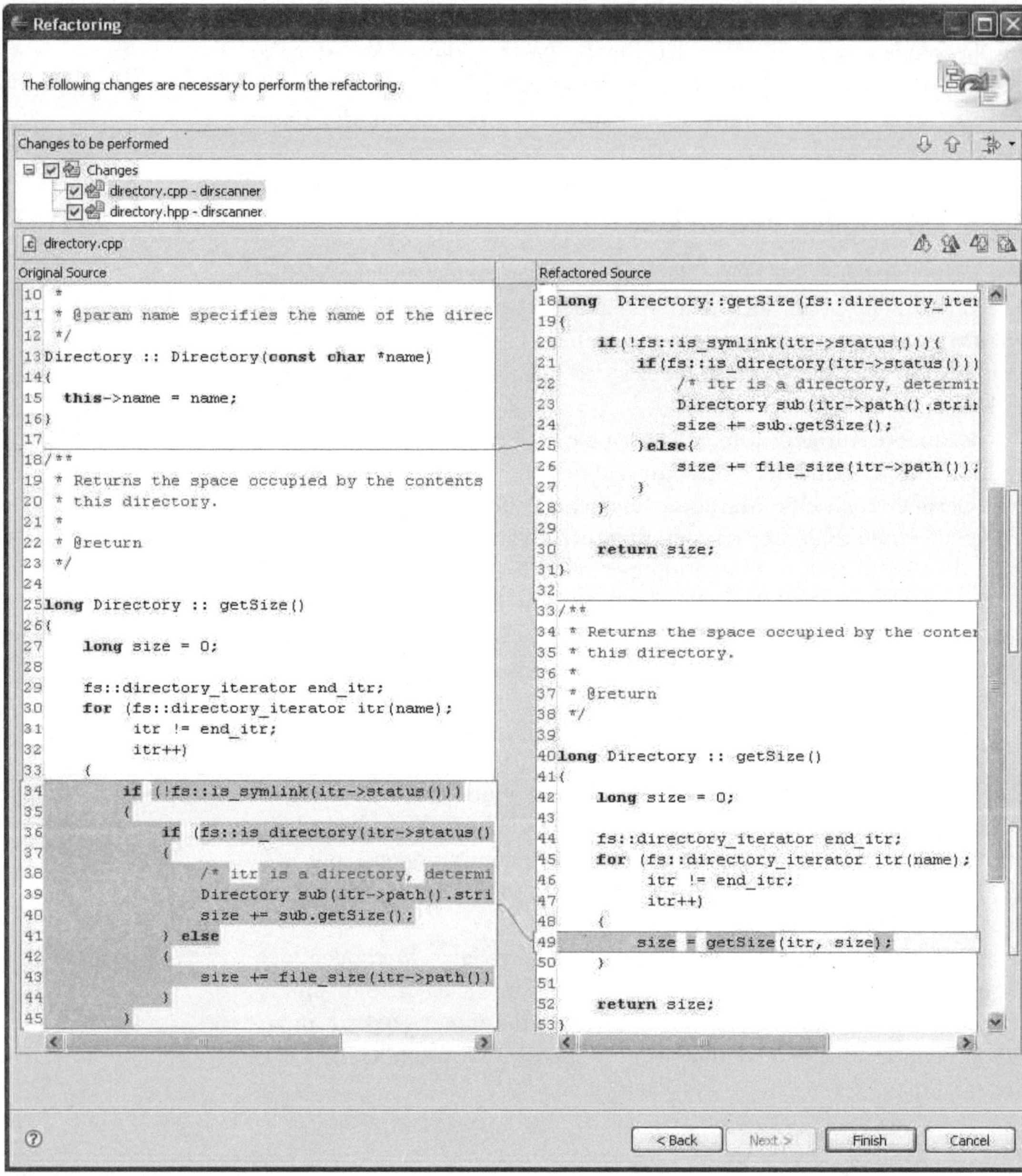

Abb. 3-48

Refaktorisierung begutachten. Wie im oberen Teil ersichtlich, werden beim Extrahieren von Methoden nicht nur Änderungen im Code vorgenommen, sondern auch in der Klassendefinition.

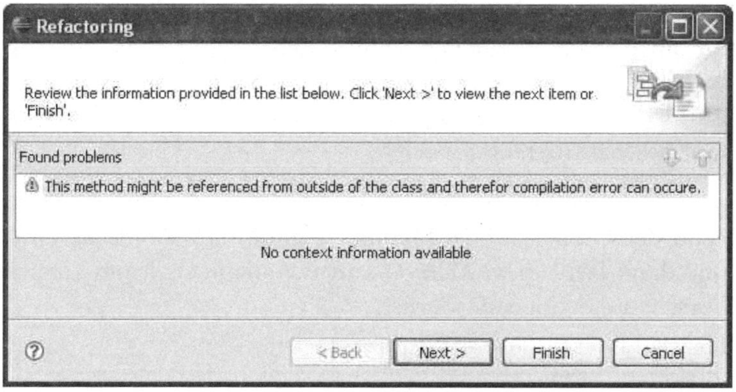

Abb. 3-49
Hinweis auf eine potenziell gefährliche Operation

In einem neuen Fenster können Sie dann die Methoden anklicken, die erzeugt werden sollen. Abbildung 3-50 zeigt den Dialog für die *Directory*-Klasse an, wobei ich kurz zuvor das Attribut *ignored* hinzugefügt habe. Für das Attribut *name* lässt sich nur der Getter aktivieren, da diese Variable in der Klassendefinition mit dem Schlüsselwort `const` versehen wurde, also nicht neu gesetzt werden darf. Mit einen Klick auf *Finish* gelangt der entsprechende Code als *inline* implementierte Methode in die Klassendefinition. Wenn man es genau nimmt, dann stellt diese Art der Hilfe keine Refaktorisierung dar, da ja keinerlei vorhandener Code irgendwelchen Änderungen unterzogen wird.

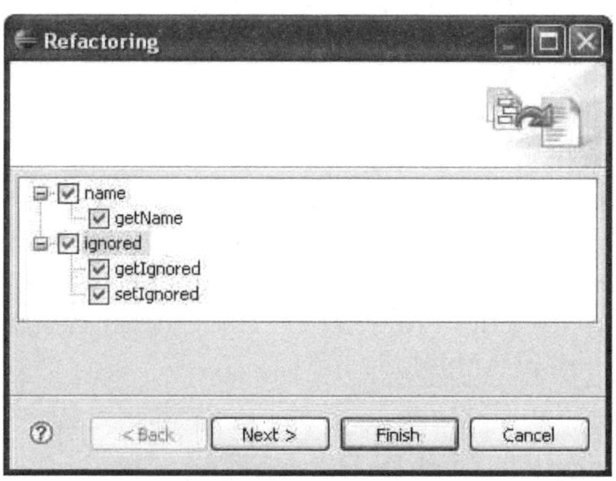

Abb. 3-50
Welche Setter und Getter sollen erzeugt werden?

3.9.7 Methode implementieren

Eine weitere Refaktorisierungsmethode, die auch »nur« eine Tipperleichterung dargestellt, versteckt sich unter dem Punkt *Implement Method...*. Wenn Sie im Quelltext oder im *Outline*-View eine Methode markieren und diese Funktion über das Kontextmenü aufrufen, dann wird das dafür notwendige Gerüst (oder Körper) erzeugt. Beispielsweise liegt Ihnen folgende Klassendefinition vor:

```
class
{
  void doSomething(int param);
};
```

Wenn Sie den Cursor auf die Methodendefinition *doSomething()* bewegen und dann *Implement Method* aufrufen, dann erscheint zunächst in der Vorschau das folgende Gerüst:

```
inline void Test::doSomething(int param)
{
}
```

Hierbei ist CDT clever genug, den Code in der dazugehörigen Quelltextdatei hinzuzufügen, wenn sich die Klassendefinition in einer Header-Datei befindet, sofern die Quelltextdatei existiert.[16]

3.9.8 Refaktorisierungshistorie

Refaktorisierungen laufen immer nach einem definierten Schema ab: Eine Variable x wird nach y umbenannt, ein Codeblock der Funktion *foo*() wird in eine neue Funktion *bar*() überführt und so fort. Die durch Eclipse oder CDT durchgeführten Refaktorisierungen können deshalb leicht in strukturierter Form gesammelt werden. Benutzer können diese dann anhand einer durch Eclipse eigens bereitgestellten Historienfunktion betrachten.

Zugriff auf diese Historie erhalten Sie über die Eigenschaften des Projektes; sicherlich etwas ungewöhnlich anmutend, da eine Refaktorisierung nicht unbedingt auf Anhieb als Eigenschaft einer Ressource identifiziert werden kann. Sobald eine von der Historienfunktion unterstützte Refaktorisierung im Projekt vorgenommen worden ist, erscheint in den Eigenschaften des Projektes ein zusätzlicher Eintrag *Refactoring History*, zu sehen in Abbildung 3-51.

3.10 Parser- und Indexerdetails

Der Indexer ist ein integraler Bestandteil, den einige der bisher vorgestellten Hilfsmittel für eine ordnungsgemäße Funktion benötigen. Nicht immer arbeiten diese Komfortfunktionen einwandfrei, was in vielen Fällen auf ein Problem mit dem Indexer zurückzuführen ist. Dies soll

[16] Dabei gehört eine Quelltextdatei nach den üblichen Konventionen zu einer Header-Datei, d.h., die Namen unterscheiden sich nur in ihrem Suffix.

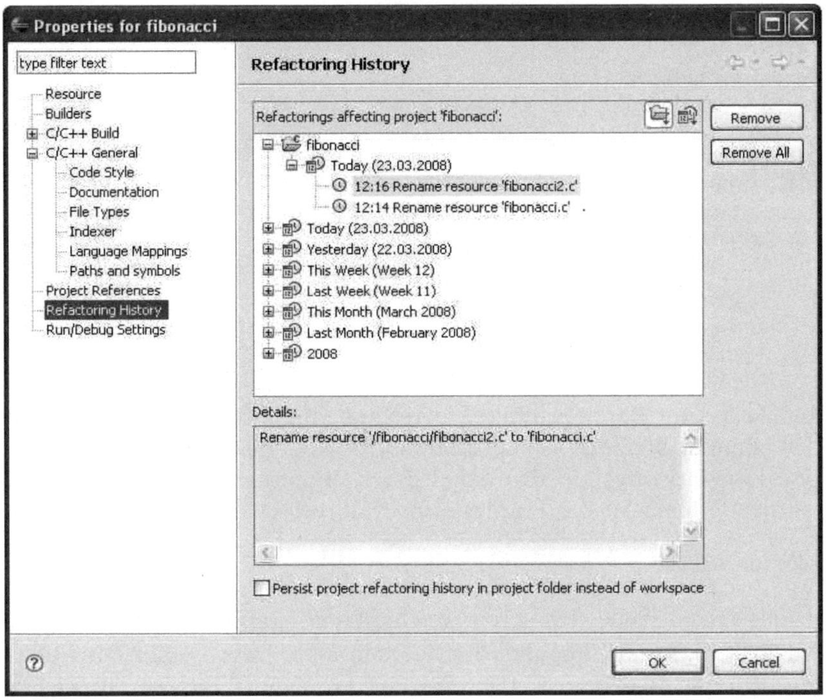

Abb. 3-51 *Refaktorisierungs-History*

Motivation genug sein, um in diesem Abschnitt den Parser und Indexer näher zu beleuchten.

3.10.1 Parser

Der Sprachumfang der C- und C++-Programmiersprachen ist sehr komplex. Neben der C/C++-Syntax existieren noch die Direktiven des Präprozessors, worunter die beliebten Makros fallen. Die Direktiven folgen einer Syntax, die rein gar nichts mit der eigentlichen C/C++-Syntax zu tun hat. In der Regel werden diese vor dem eigentlichen Übersetzungsvorgang evaluiert. Der Parser von CDT kommt mit diesen Spezialitäten aber gut zurecht. Betrachten wir ein (zugegebenermaßen sehr künstliches) Beispiel. Fügen Sie in ein Projekt Ihrer Wahl (gegebenenfalls erstellen Sie ein neues) eine neue Quelldatei mit folgendem Inhalt hinzu:

```
#include <stdio.h>

#ifdef DEBUG
void message(char *message)
{
	puts(message);
```

```
}
#else
void message(char *message)
{
}
#endif

int main(int argc, char **argv)
{
        message("Programmstart");
        return 0;
}
```

Die Zeilen, die durch bedingte Übersetzung nicht beachtet werden, werden (standardmäßig), wie in Abbildung 3-52 dargestellt, grau hinterlegt und können somit auf den ersten Blick erkannt oder besser ignoriert werden. Sobald Sie das Präprozessor-Makro `DEBUG` mit

```
#define DEBUG
```

in der ersten Zeile definieren, wechselt der grau hinterlegte Bereich. Auch beim Syntax Highlighting werden also Präprozessor-Direktiven ausgewertet. Bleibt noch anzumerken, dass beim Editieren in solchen ausgeschalteten Bereichen die Content-Assistenz nur bedingt funktioniert.

Coding-Style: Bessere bedingte Übersetzung

Ein großer Nachteil der hier benutzten Variante, bedingt kompilierten Code komplett über den Präprozessor zu realisieren, ist, dass der Compiler nur den einen Pfad zu Gesicht bekommt.

Moderne Compiler besitzen allerdings ausgeklügelte Optimierungstechniken. Eine recht pfiffige Idee ist es daher, auf die Präprozessor-Anweisungen in Funktionen zu verzichten und stattdessen auf das Sprachkonstrukt *if* auszuweichen. Anstelle von

```
#ifdef MACRO
/* Do something */
#endif
```

schreiben Sie

```
if (MACRO) { /* Do something */ }.
```

Wohlgemerkt funktioniert dies nur innerhalb von Funktionen oder Methoden.

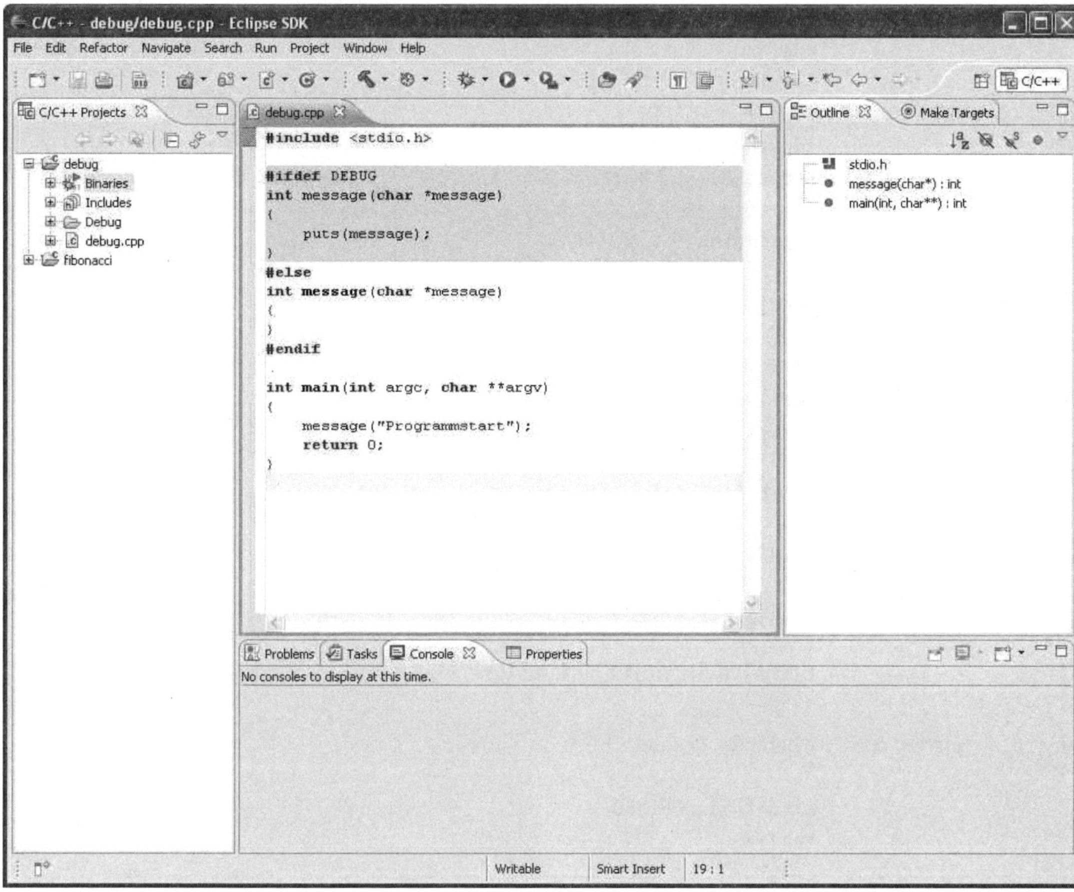

Abb. 3-52
Code, der durch bedingte Übersetzung ausgeschlossen wird, wird grau hinterlegt.

3.10.2 Merkmale der verschiedenen Indexer

Natürlich kann ein Index je nach Größe des Projekts sehr umfangreich werden. Dabei wächst die Zeit, die für dessen Erstellung benötigt wird. Zwar arbeitet der Indexer im Hintergrund, der Prozess kann aber trotzdem den Arbeitsfluss beträchtlich stören. Aus diesem Grund besteht die Möglichkeit, global (in den Einstellungen) oder projektspezifisch (in den Projekteigenschaften) die zu verwendende Methode auszuwählen. Diese Einstellungen sollen im Folgenden erläutert werden.

Um deren Unterschiede zu sehen, werden wir uns einem Beispiel zuwenden, das abermals nur demonstrativen Charakter hat. Hierfür legen Sie am besten ein neues Projekt an. Erstellen Sie eine Datei `header.h` mit folgendem Inhalt:

```
#ifndef HEADER_H_
#define HEADER_H_

#ifdef NEEDS_S1
#define S1_DEFINED
struct s1
{
  int field_of_s1;
};
#endif

#ifdef NEEDS_S2
#define S2_DEFINED
struct s2
{
  int field_of_s2;
};
#endif

#endif /*HEADER_H_*/
```

Erstellen Sie anschließend eine Datei `file.c` mit folgendem Inhalt:

Listing 3.4
file.c

```
#include "header.h"

#ifdef S1_DEFINED
#endif

#ifdef S2_DEFINED
#endif

int main(int argc, char **argv)
{
  return 0;
}
```

Im Folgenden werden die Indexer anhand dieser beiden Dateien analysiert.

No Indexer

No Indexer bedeutet, wie der Name schon sagt, dass kein Indexer verwendet werden soll. Daraus resultiert, dass keine der höherwertigen Funktionen, wie z.B. die Suche nach Referenzen, benutzt werden können. Andere Hilfestellungen, die auf Quelltextebene agieren, etwa der *Outline*-View, das Syntax Highlighting oder die Content-Assistenz, sind lediglich eingeschränkt benutzbar, da Header-Dateien nicht geparst werden. Allerdings lässt sich in den globalen Voreinstellunegn auf der Seite *C/C++* mit der Option *Follow unindexed header files...* ein Verhalten angeben, bei dem nicht indizierte Header-Dateien bei ihrem Auftreten im Quelltext geparst werden. Dies geht allerdings mit einer Beeinträchtigung des Arbeitsflusses einher, da bei jeder noch so kleinen Änderung einer Datei nicht nur die Datei selbst, sondern auch die dort verwendeten Header-Dateien gelesen, geparst und ausgewertet werden müssen.

Kommen wir jetzt zum Beispiel und nehmen an, die eben erwähnte Option sei abgeschaltet. Beim Betrachten der Datei `file.c` im Quelltexteditor sind, ganz wie erwartet, beide bedingte Übersetzungsabschnitte als inaktiv gekennzeichnet. Fügen wir vor den Include-Anweisungen etwa ein

```
#define NEEDS_S1
```

ein, dann bleibt das Bild so bestehen. Wie erwähnt, werden Header-Dateien nicht eingelesen. Ändern wir die globale Einstellung, so sehen wir sofort, dass der Codeblock nicht länger als inaktiv gekennzeichnet wird. Sobald Sie

```
#define NEEDS_S2
```

hinzufügen, wird auch der zweite Codeblock nicht mehr als inaktiv gekennzeichnet. Zwar werden jetzt alle Funktionen so akkurat wie möglich unterstützt, dies wird dadurch erreicht, dass die Datei `header.h` jedes Mal neu analysiert wird. Wie Sie sich jetzt vorstellen können, wird dies bei großen Projekten, die viele Header-Dateien verwenden, mehr als nur unangenehme Folgen für das zügige Arbeiten haben.

Fast Indexer

Lassen wir das Sammeln von Deklarationen und Referenzen von Bezeichnern außer acht, versucht ein Indexer einen Kompromiss zwischen beiden geschilderten Extremen, d.h. mit oder ohne angeschalteten Header-Datei-Option, einzugehen. Der *Fast Indexer* repräsentiert dabei (wer hätte das gedacht?) die schnelle Variante unter den Indexern.

Das Attribut »schnell« erhält er, weil Header-Dateien nur einmal pro Projekt eingelesen und analysiert werden. Das kann Probleme bereiten, wenn die Header-Dateien durch Präprozessor-Direktiven bei mehrfacher Einbindung ihren Inhalt ändern. Im Grunde genommen werden bei größeren Projekten natürlich fast alle Header-Dateien mehrmals inkludiert, die ihren Inhalt ab dem zweiten Mal »ändern«. Gemeint sind die Include-Guards, deren Sinn aber gerade die Idempotenz ist und die dementsprechend genau in das Schema dieses Indexer passen.

Wir können dieses Verhalten leicht in dem Beispiel nachvollziehen. Ändern Sie den Quelltext so um, dass zu Beginn das Makro `NEEDS_S1` definiert ist, nicht aber `NEEDS_S2`. Benutzen Sie den Menüeintrag *Index > Rebuild*, um den Index neu erstellen zu lassen. Daraufhin sollte nun (ganz wie erwartet) der erste Block als aktiv und der zweite als inaktiv gekennzeichnet sein. Wenn Sie allerdings die Definition des ersten Makros entfernen, indem Sie beispielsweise die Zeile mit einem C++-Kommentar voranstellen, so ändert sich an der Darstellung recht wenig. Die Header-Datei `header.h` wird nur einmal eingelesen und danach nicht wieder, sofern Sie selbst keine Modifikationen an der Datei vornehmen.

Auf diese Weise ist das noch keine große Einschränkung, denn den Index können Sie wieder mit dem Menüeintrag *Index > Rebuild* erneuern. Etwas anders sieht es aus, wenn zwei Quelldateien dieselbe Header-Datei einbeziehen. Nehmen wir einmal an, in `file.c` würde das Makro `NEEDS_S1` definiert, bevor `header.h` inkludiert wird. Weiterhin gäbe es noch eine Datei `file2.c`, in der das Makro `NEEDS_S1` nicht definiert, `header.h` aber dennoch inkludiert wird. Ein Erneuern des Index bringt nichts, da die Header-Datei nur einmal geparst wird.

Full Indexer

Beim *Full Indexer* werden Header-Dateien im Gegensatz zum im letzten Unterabschnitt vorgestellten Indexer nicht nur beim ersten Auftreten analysiert, sondern immer eingelesen, wenn sie tatsächlich inkludiert werden. Logisch ist, dass dies nicht nur auf Kosten der Geschwindigkeit geht, sondern auch den Speicherbedarf erhöht. Nicht so logisch ist, dass die beobachteten Einschränkungen des *Fast Indexer* dennoch nicht entfallen. Probieren Sie es aus. Die Lösung des Problems liegt darin, dass die Header-Dateien zwar tatsächlich mehrfach eingelesen werden, allerdings lediglich eine Version im Index landet.

Vergleich

In Tabelle 3-4 wird die Geschwindigkeit der beiden Indexer anhand zweier Projekte, *Inkscape*[17] und *ffmpeg*[18], einander gegenübergestellt.

Die Werte in Tabelle 3-4 machen deutlich, dass die negativen Eigenschaften des *Full Indexer* überwiegen. In der Tat ist dieser Indexer nicht mehr als eine Hinterlassenschaft aus älteren Versionen von CDT und wird zumindest momentan von den Entwicklern auch gar nicht weiter gepflegt.

[17]Testkonfiguration: Intel E6600 mit 8GB RAM und Linux

[18]Testkonfiguration: Pentium M Banias 1,6 GHz mit 1,5 GB RAM und Windows

Tab. 3-4
Vergleich

Software	Fast Indexer	Full Indexer
Inkscape [17]	34s	1min 30s
FFmpeg [6]	1 min 19s	3min 35s

3.10.3 Indexerpräferenzen

In den globalen Präferenzen finden sich verschiedene Indexeroptionen auf der Seite *C/C++ > Indexer*. Eine Teilmenge davon können Sie des Weiteren auf der Seite *C/C++ General > Indexer* der Projekteigenschaften finden, die Ihnen die projektspezifische Konfiguration des Indexers ermöglicht.

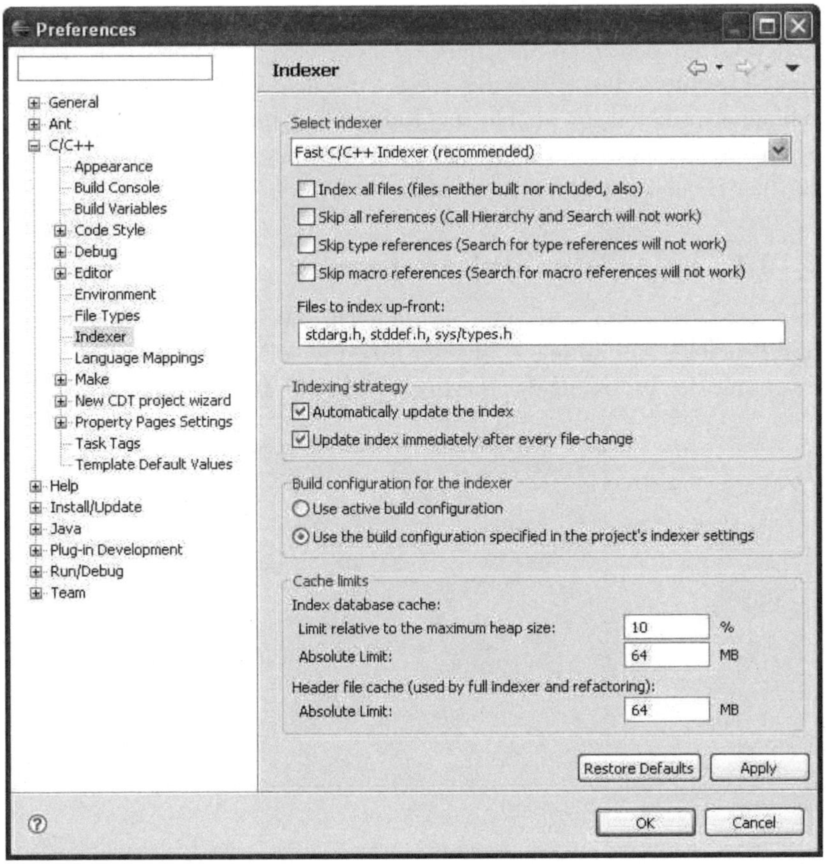

Abb. 3-53
Globale Voreinstellungen des Indexers

Abbildung 3-53 zeigt Ihnen die globalen Einstellungen. Die Wahl des Indexers folgt in der Combobox im Kasten *Select indexer*. Darunter können Sie entscheiden, ob der Indexer auf alle Dateien angesetzt werden soll, unabhängig davon, ob sie direkt oder indirekt für das Übersetzen eine Rolle spielen. Weitere Optionen bestimmen, ob bestimmte Arten von Referenzen ignoriert werden sollen oder nicht. Im untersten Eingabefeld *Files to index up-front* geben Sie die Header-Dateien an, die auf jeden Fall vom Indexer eingelesen werden, und zwar vor allen anderen.

Im Kasten *Index strategy* können Sie bestimmen, ob der Index überhaupt automatisch aktualisiert wird und ob das nach jeder Dateiänderung geschehen soll. Darunter, im Kasten *Build configuration for the indexer*, wählen Sie aus, welche Build-Konfiguration für den Indexer vorgesehen ist. Entweder kann dies die aktive oder eine spezielle, in den Eigenschaften des Projekts angegebene sein.

Schließlich können Sie im Kasten *Cache limits* mit Hilfe der ersten beiden Eingabefelder den Speicher limitieren, den die Indexerdatenbank in Anspruch nimmt. Dies kann sowohl relativ zur Java-eigenen maximalen Größe des Heap-Speichers geschehen als auch unter der Angabe eines Absolutwertes, wobei die Angabe mit dem kleineren Wert der ausschlaggebende Faktor ist. Für das Refactoring und den *Full Indexer* ist des Weiteren die Angabe der maximalen Speichergröße vonnöten, die für den Header-Datei-Cache benutzt wird.

3.10.4 Indexdatenbank analysieren

Im View *C/C++-Index* können Sie auf leichte Weise die Indexdatenbank durchforsten. Abbildung 3-54 zeigt Ihnen, wie der View aussieht. Dort ist gerade der Index für das *dirscanner*-Projekt aufgeklappt.

Abb. 3-54
C/C++ Index-*View*

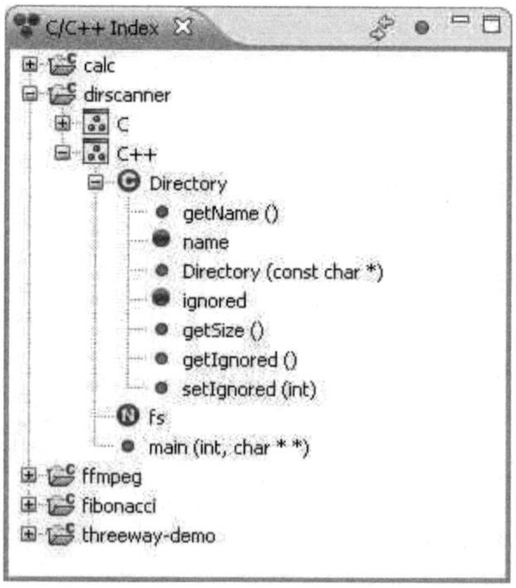

Angezeigt werden nur Elemente, die zum Projekt direkt gehören. Sollen hingegen auch Elemente, die in externen Header-Dateien deklariert werden, sichtbar sein, hilft Ihnen der Button *Show Externally Defined Symbols* weiter. Die Anzahl externer Elemente ist in der Regel aber sehr hoch.

Das Kontextmenü hält je nach Ressourcentyp unterschiedliche Kommandos parat, wobei die meisten schon bekannt sind. Das Kontextmenü einer Projektressource enthält jedoch zusätzlich den Eintrag *Count Symbols*, mit dem Sie eine Statistik des Indexes zu Gesicht bekommen. Abbildung 3-55 zeigt ein Beispiel.

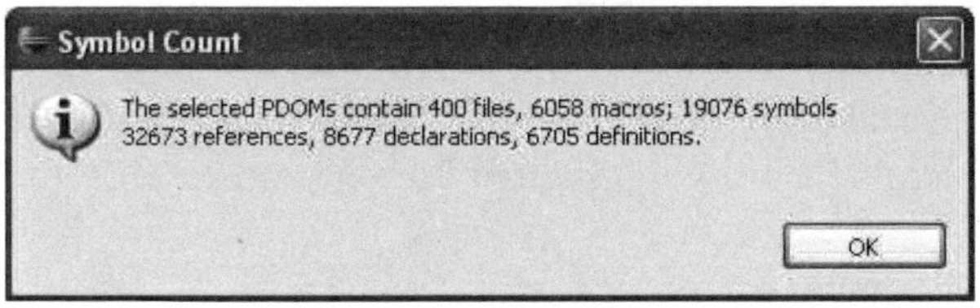

Abb. 3-55
Statistik des Indexes

3.10.5 Probleme mit dem Indexer

Manchmal weigert sich CDT, eine Funktion, wie z.B. das Springen zu einer bestimmten Funktionsdeklaration, auszuführen. Nicht selten liegt die Ursache in einem Problem mit dem Indexer. Wenn Sie ein Missverhalten feststellen, obwohl der Indexer eingeschaltet ist, sollten Sie zunächst einmal schauen, ob das Projekt korrekt indiziert wurde. Der im letzten Abschnitt beschriebene View *C/C++ Index* kann hier Aufschluss geben. Ist die gewünschte Funktion überhaupt indiziert?

Besonders hilfreich, wenn es sich beim Problem um externe Definitionen handelt, ist die Möglichkeit, im gesamten Projekt nach nicht gefundenen Header-Dateien zu suchen. Die Funktion können Sie über den Kontextmenüeintrag *Index > Search for Unresolved Includes* starten.

Wenn es sich um eine Definition im eigenen Projekt handelt, dann hilft Ihnen die Option weiter, alle vom Indexer bearbeiteten Dateien mit einer Dekoration versehen zu lassen, so wie es in Abschnitt 3.12 beschrieben wird. Wird Ihre Datei unerwartet nicht mit einer solchen Dekoration versehen, dann liegt es höchstwahrscheinlich daran, dass das Verzeichnis nicht im Quelltextpfad eingeschlossen ist, den Sie in den Projekteigenschaften *C/C++ General > Path and Symbols* im Karteireiter *Source Location* angeben können.

3.11 Views der C/C++-Perspektive

Dieser Abschnitt beschreibt ausführlich alle zur C/C++-Perspektive gehörenden Views, die in der Bearbeitungsphase eine Rolle spielen.

3.11.1 Outline

Den *Outline*-View haben Sie bereits in Kapitel 2 kennengelernt; er ist zur Erinnerung in Abbildung 3-56 dargestellt. Er ist einer der nützlichsten Views, denn in ihm lässt sich die Struktur des aktuell in Bearbeitung befindlichen Quelltextes erkennen. Dabei finden so ziemlich alle höheren Strukturelemente Platz, die durch markante Symbole und eine Bezeichnung repräsentiert werden. Die Symbole sollen Ihnen freilich eine schnelle Klassifikation der Elemente erlauben und stimmen mit den bereits in Abschnitt 3.1.3 vorgestellten Piktogrammen überein.

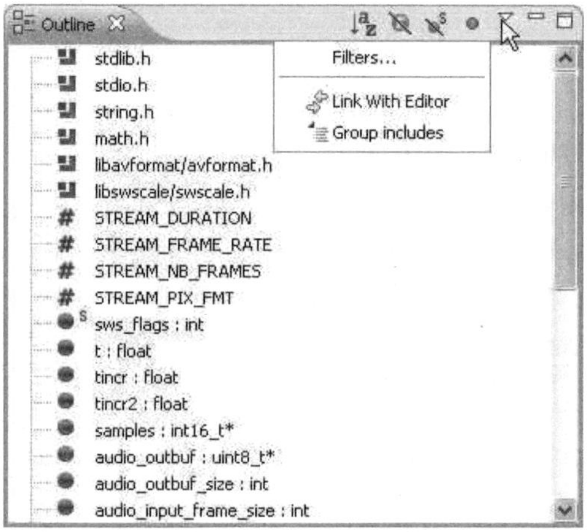

Abb. 3-56 *Der* Outline-*View mit aufgeklapptem Pulldown-Menü*

Anzumerken ist dabei noch, dass Sie besonders die Include-Elemente anschauen sollten. Sind sie nämlich mit einem Warnsymbol dekoriert, so konnte die Include-Datei nicht gefunden werden. Die Content-Assistenz und weitere Funktionen werden dann nicht wie erwartet funktionieren. Ebenso sind Funktionen, in denen ein Übersetzungsfehler vorliegt, durch ein Fehlersymbol dekoriert.

Mit Hilfe der zum View gehörenden Buttons können Sie diverse Einstellungen tätigen, die die Art und die Darstellungsweise beeinflussen:

- *Sort*, sortiert die Einträge gleichen Typs alphabetisch.
- *Hide Fields*, versteckt alle Elemente oder Attribute von Strukturen bzw. Klassen.

- *Hide Static Members*, versteckt alle statischen Attribute.
- *Hide Non-Public Members*, versteckt alle nicht öffentlichen Attribute.

Zugriff auf weitere Funktionen, über die die Anzeige angepasst werden kann, haben Sie im Pulldown-Menü. Während der Eintrag *Group includes* die Einträge in einen eigenständigen Ordner bewegt, können Sie mit *Filters...* spezielle Typen oder bestimmte Bezeichner ausblenden.

3.11.2 Include Browser

Der *Include Browser*-View bezieht sich auf eine Referenzdatei. Er ermöglicht Ihnen je nach Modus den Zugriff auf die in der Datei eingebundenen Dateien oder auf die Dateien, die die Referenzdatei einbinden. Das durchaus erst dem View Sinn Gebende dabei ist, dass die komplette Hierarchie dargestellt werden kann. Das heißt, bindet eine angezeigte Datei weitere Dateien ein (oder wird eine angezeigte Datei durch andere Dateien eingebunden), so können Sie diese zur Ansicht bringen, indem Sie den zugehörigen Eintrag im Baum aufklappen.

Die Ausgangsdatei des Views legen Sie fest, indem Sie mittels Drag'n'Drop eine C/C++-Quelltextdatei nehmen und auf den View fallen lassen. Auch finden Sie im Kontextmenü des Editors einen Eintrag *Show In > Include Browser*, womit Sie die Ansicht instruieren können. Als Beispiel schieben Sie einmal die Datei `directory.cpp` in den View. Sie dürften dann nach dem Aufklappen einiger Dateien eine Ansicht erhalten, die ähnlich zu der ist, die Sie in Abbildung 3-57 erkennen können.

Die enthaltenen Einträge sind zum Teil unterschiedlich ausgezeichnet. Sie können sofort erkennen, ob ein Eintrag als projektspezifische Datei oder eine System-Header-Datei eingebunden wird, denn letztere werden durch eckige Klammern im Dateisymbol gekennzeichnet. Ein Pfeil gibt an, ob die tiefer liegenden Dateien aktiv eingebunden werden (Pfeil nach unten) oder die referenzierenden Datei sind (Pfeil nach oben). So haben Sie schnell im Blick, in welchem Modus Sie sich befinden.

Selbstverständlich können Sie im View jede angezeigte Datei doppelklicken, um diese im Editor zu öffnen. Das funktioniert auch für Dateien, die nicht direkt zum Projekt gehören (z.B. System-Header-Dateien). Daneben können Sie noch andere nützliche Funktionen im Kontextmenü vorfinden.

- *Open Include*. Setzt den Texteditor an diejenige Stelle, die zum Eintrag führte.
- *Focus On*. Richtet den View auf die selektierte Include-Datei aus.

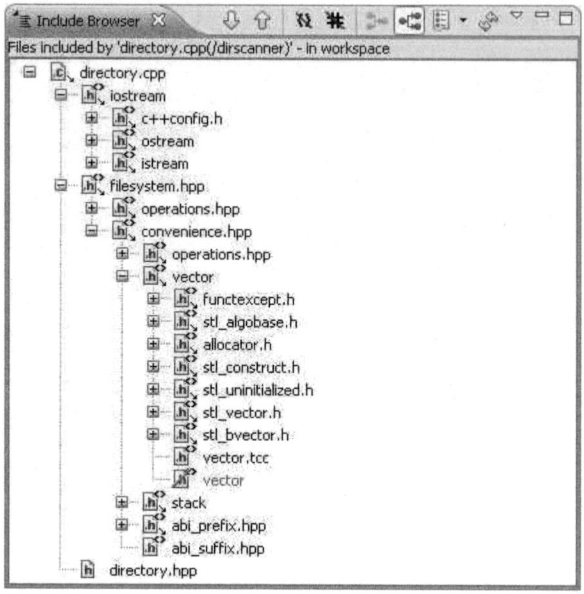

Abb. 3-57 *Im* Include Browser-*View kann die Hierarchie der eingebundenen Header-Dateien einer Quelltextdatei durchforstet werden.*

Im View stehen einige Buttons zur Verfügung, mit denen Sie die Art der dargestellten Einträge beeinflussen, innerhalb der Hierarchie navigieren oder den Modus umschalten können.

- *Show Next Include.* Die nächste auf gleicher Ebene liegende Include-Anweisung wird im Editor markiert.
- *Show Previous Include.* Die vorherige auf gleicher Ebene liegende Include-Anweisung wird im Editor markiert.
- *Hide System Includes.* Wenn diese Option aktiv ist, dann werden System-Header-Dateien nicht angezeigt.
- *Hide Includes from Inactive Code.* Aktivieren Sie diese Option, falls Include-Dateien aus ausgeschalteten Codestellen nicht angezeigt werden sollen.
- *Show Includers.* Es werden inkludierende Dateien angezeigt.
- *Show Files Includes.* Das View zeigt die Hierarchie der inkludierten Dateien auf.
- *Show History List.* Zeigt den Verlauf der im View betrachteten Dateien an.
- *Refresh View Content.* Der Inhalt des Views wird aktualisiert.

3.11.3 Call Hierarchy

Der *Call Hierarchy*-View bezieht sich auf eine zu selektierende Funktion und zeigt je nach Modus die Hierarchie der darin enthaltenen Funktionsaufrufe oder die Hierarchie der Aufrufer dieser Funktion an und folgt dem Schema des Include-Browsers.

Um die Ausgangsfunktion zu spezifizieren, markieren Sie den Funktionsnamen im Texteditor und wählen im Kontextmenü *Open Call Hierarchy* (Tastenkürzel STRG+ALT+H), so dass sich der View auf Ihrer Workbench öffnet. Sie können auch per Drag'n'Drop eine Funktion im *Outline*-View oder *C/C++ Projects*-View abfassen und auf einen zuvor geöffneten *Call Hierarchy*-View fallen lassen.

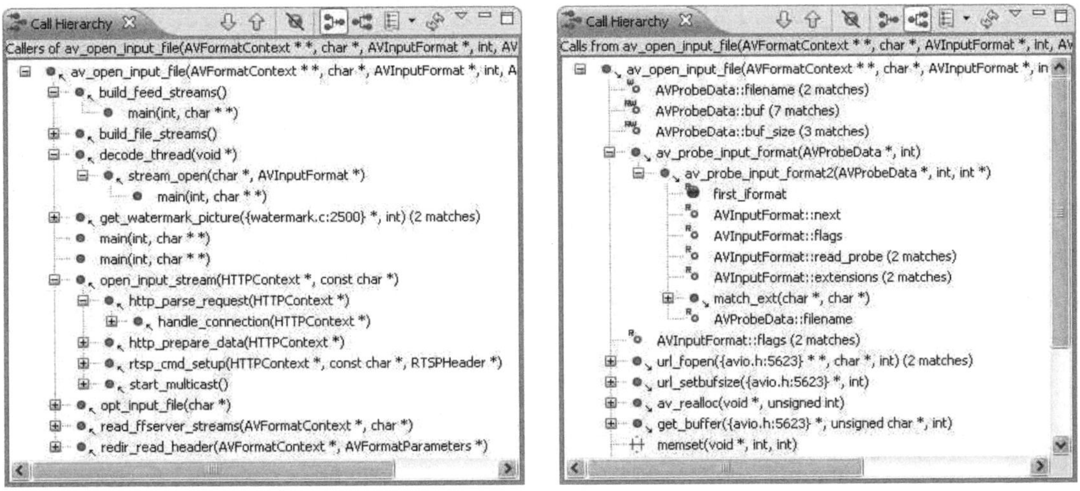

Abb. 3-58
Die beiden Modi der Call-Hierarchie

Besonders erwähnenswert ist die ungemein nützliche Tatsache, dass Sie nicht nur Funktionen, sondern auch Variablen als Ausgangspunkt benutzen können. Auf diese Weise werden alle Funktionen aufgelistet, die die Variable referenzieren. Die folgenden Buttons stellen weitere Funktionalitäten bereit:

- *Show Next Reference.* Springt zur nächsten Referenz.
- *Show Previous Reference.* Springt zur vorhergehenden Referenz.
- *Hide Variables, Constants and Enumerators.* Versteckt alle Variablen, Konstanten und Aufzählungen.
- *Show Callers.* Es werden alle Aufrufer oder Benutzer der Referenz dargestellt.
- *Show Callees.* Ausgehend von der Referenz werden alle aufgerufenen Funktionen dargestellt.
- *Show History List.* Ein Pulldown-Menü, das die letzten angezeigten Elemente anzubieten hat. Mit dem Eintrag *Open History...* haben Sie darauf direkten Zugriff.
- *Refresh View Content.* Aktualisiert die Anzeige.

Das Pulldown-Menü des View hat ansonsten noch den Eintrag *Show File Names* zu bieten. Bei aktivierter Option wird zusätzlich zum Elementnamen der Name der Datei angezeigt, in der Sie die Referenz finden können. Dann können Sie die Elemente auf Basis der Working-Sets filtern.

3.11.4 Type Hierarchy

Der *Type Hierarchy*-View zeigt Ihnen auf, wie die C/C++-Typen miteinander in Beziehung stehen. Am interessantesten ist die Funktion freilich für C++-Entwickler, da hiermit auch die Klassenhierarchie, also die Basis- und Subklassen einer Klasse, durchforstet werden kann.

In einem bereits geöffneten View können Sie analog zur vorherigen Benutzung einen Eintrag aus dem *Outline*-View abfassen und über den View fallen lassen. Oder Sie markieren den zu untersuchenden Typ im Texteditor und wählen dann den Menüpunkt *Navigate > Open Type Hierarchy* aus oder drücken einfach das zugehörige Tastenkürzel F4. Abbildung 3-59 zeigt den View auf.

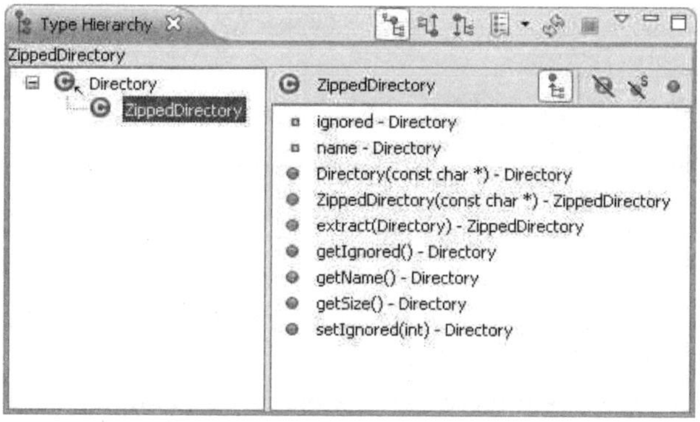

Abb. 3-59 *Typhierarchie, dargestellt im horizontalen Layout.*

Mit den ersten drei Buttons können Sie entscheiden, ob Sie die komplette Hierarchie oder jeweils nur die über- und untergeordneten Typen betrachten möchten. Das Pulldown-Menü zu *Show History List* gibt Ihnen Zugriff auf bisher betrachtete Typen. Mit *Refresh* lassen Sie die Anzeige aktualisieren, so dass vorherige Änderungen im Quelltext mit in Betracht gezogen werden.

Neben der simplen Hierarchieanzeige bringt der View einen Klasseninspektor mit, der in der Abbildung rechts dargestellt ist, dessen Lage aber durch Einträge im Pulldown-Menü geändert werden kann. Im Inspektor finden sich die Elemente der selektierten Klasse wieder, wobei sich der Umfang umstellen lässt, d.h., ob die geerbten, statischen oder nicht öffentlichen Elemente sowie Attribute überhaupt angezeigt werden.

3.12 Navigation-Views

Neben dem Editor sind die sogenannten Navigation-Views mit die wichtigsten Views innerhalb von Eclipse und somit auch von CDT. Allen Navigation-Views ist gemein, die Ressourcen des Workspaces in ihrer hierarchischen Anordnung aufzuzeigen und sie für Sie verwaltbar zu machen. Kennzeichen eines Eintrags ist neben dem Namen auch ein kleines Piktogramm, das Aufschluss über den Typ der Ressource gibt. Ordner- und Projektressourcen können aufgeklappt werden. Dateiressourcen werden entsprechend des Dateityps gekennzeichnet.

Ein wichtiges Konzept von Eclipse ist es, die dargestellten Ressourcen mit Dekorationen oder Auszeichnungen zu versehen. Wie von einem Dateimanager gewöhnt, wird der Typ einer Ressource durch ein Piktogramm angezeigt. Zusätzlich sind noch vielfältige andere Auszeichnungen denkbar, die zum einen das dargestellte Symbol modifizieren, zum anderen auch textueller Natur sein können. Beigesteuert werden diese Dekorationen von installierten Plugins.

Ein kleiner Punkt kennzeichnet eine Datei als indiziert.

CDT verwendet beispielsweise eine Auszeichnung, die erkennbar macht, ob eine Datei in den Index aufgenommen ist oder nicht. Standardmäßig ist diese Dekoration deaktiviert, wohingegen eine für das Kennzeichnen von verknüpften Ressourcen aktiviert ist. Um den Status der genannten und aller anderen Auszeichnungen zu beeinflussen oder um überhaupt einen Überblick über alle angebotenen Varianten zu erhalten, ist Ihnen die Seite *General > Appearance > Label Decorations* der globalen Voreinstellungen dienlich.

In einem Navigation-View können Sie die alltäglichen Dateiverwaltungsaufgaben erledigen.

Neben der reinen Ansicht können Sie in einem Navigation-View angezeigte Dateien mit Hilfe von Drag'n'Drop verschieben oder kopieren[19], gegebenenfalls auch projektübergreifend. Weitere bekannte Datei-Manager-Funktionen lassen sich über das Kontextmenü hervorbringen. Eine Ressource öffnen können Sie mit Hilfe eines Doppelklicks oder über besagtes Kontextmenü, wobei Sie hier auch den zu benutzenden Texteditor auswählen können. Hinter dem Eintrag *Open With >* verbergen sich mindestens folgende Einträge:

- *Text Editor.* Öffnet die Ressource mit dem einfachen Texteditor, der Komfortfunktionen wie beispielsweise Syntax Highlighting vermissen lässt.
- *System Editor.* Öffnet die Ressource nicht innerhalb von Eclipse, sondern über ein externes Programm, das durch Ihr System vorgegeben ist.
- *In-Place Editor.* Öffnet die Ressource innerhalb von Eclipse, allerdings nicht unter Verwendung eines Eclipse-internen Editors. Diese

[19] Um zu kopieren, halten sie beim Fallenlassen die STRG-Taste gedrückt.

Option steht z.B. auf Windows-Systemen zur Verfügung und nutzt dort Microsofts OLE-Protokoll, um kompatible Editoren einzubetten.

- *Default Editor*. Benutzt den für die Ressource voreingestellten Texteditor.
- *Other*.... Ein neues Fenster erscheint, in dem Sie ein Programm angeben können, welches benutzt werden soll, um die Datei zu öffnen.

Zusätzlich können weitere Einträge vorhanden sein, je nachdem, welche Editoren für den gewählten Ressourcentyp in Eclipse registriert sind. Für Sie als C/C++-Entwickler ist der *C/C++ Editor* von Bedeutung, der freilich auch der voreingestellte Editor für sämtliche mit C/C++ assoziierten Dateitypen ist.

Navigation-View und Editor verknüpfen

Ist der Zustand *Link with Editor*, der mit Hilfe des gleichnamigen Buttons in der Titelleiste gewechselt werden kann, aktiv, so werden Editor und Navigation-View miteinander verknüpft. Das hat zur Folge, dass beim Aktivieren eines Editors die darin bearbeitete Ressource auch im Navigation-View sichtbar gemacht wird und aktiv erscheint.

Darüber hinaus besitzen die Navigation-Views ein Menü, über welches Sie mindestens Zugriff auf die Filter und *Working Sets* erhalten. So können Sie mit *Select Working Set...* das Working-Set definieren sowie neue erstellen, wie in Abschnitt 3.7 beschrieben wird.

3.12.1 Navigator

Der *Navigator*-View ist der einfachste der integrierten Navigation-Views. Er stellt die Ressourcen so dar, wie sie sich auf dem Dateisystem befinden. Insbesondere werden auch Hilfsdateien dargestellt, die bei anderen Views versteckt werden. Dazu zählt z.B. die Datei `.project`, in der sich Eclipse die projektspezifischen Einstellungen merkt. In der Regel sollte die Benutzung dieses Views nicht notwendig sein. Hilfreich kann er dann werden, wenn Sie in Ihrem Projekt Konflikte vorfinden.

3.12.2 C/C++ Project

Der *C/C++ Project*-View, dessen Ansicht in Abbildung 3-61 illustriert ist, stellt wie alle *Navigation*-Views die Ressourcen der Projekte in einer Hierarchie dar. Er eignet sich jedoch besonders für C/C++-Projekte, weil er für jedes C/C++-Projekt drei zusätzliche virtuelle Ordner mit sich bringt. Dies sind

- der *Include*-Order,
- der *Binaries*-Ordner und
- der *Archive*-Ordner.

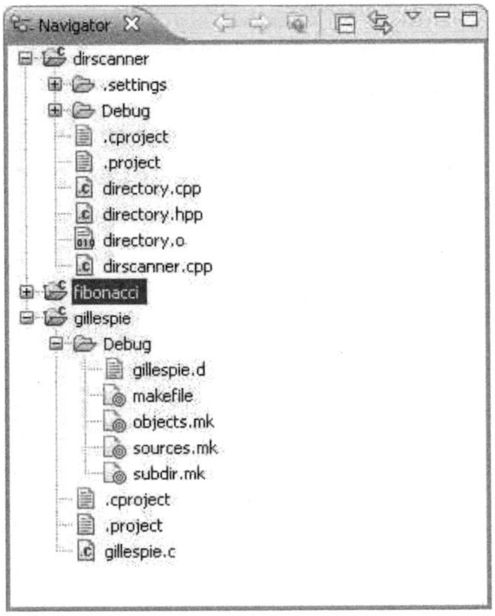

Abb. 3-60
Im Navigator-*View wird die Hierarchie der Ressourcen so abgebildet, wie sie sich auf dem Dateisystem befindet.*

Abb. 3-61
Im C/C++ Project-*View wird neben den Ressourcen in ihrer hierarchischen Anordnung die Struktur der Dateien dargestellt.*

Suchpfade werden im Include-Ordner aufgelistet.

Der *Include*-Ordner enthält die von CDT erkannten Suchpfade für die Header-Dateien. Bereitet der Indexer Probleme, so ist der Ordner die erste Adresse, um eine mögliche Ursache zu identifizieren. Selbstverständlich wird die den Pfaden angeschlossene Hierarchie angezeigt. So können Sie recht einfach Header-Dateien im Texteditor öffnen und begutachten.

Binärdateien können untersucht werden.

Im *Binaries*-Ordner werden alle sich im Projekt befindlichen ausführbaren Dateien angezeigt, wohingegen im *Archive*-Ordner die Bibliotheken Platz finden. Voraussetzung dafür ist allerdings, dass die richtigen Binary Parser für das Projekt aktiviert sind (siehe Abschnitt 4.4.5 auf Seite 202). Indem Sie die Ressourcen aufklappen, können Sie an weitere Informationen kommen. Dazu zählen die benutzten Quelltextdateien oder die enthaltenen Symbole. Eine Stufe weiter geht übrigens der *Executable*-View, der Binärdateien gesammelt auflistet. Im Rahmen des Debuggings wird er in Abschnitt 5.6.8 beginnend auf Seite 283 näher beleuchtet.

Die Struktur von C/C++-Dateien kann betrachten werden.

Ein weiteres Merkmal der speziellen Ansicht ist, dass zu den Dateiressourcen, deren Name mit einem bekannten C/C++-Dateisuffix endet, die Struktur ähnlich der des *Outline*-Views betrachtet werden kann. Hierzu klappen Sie die Datei ähnlich einem Ordner einfach auf.

Konfigurationsdateien werden ausgeblendet

Zu erwähnen ist dann noch, dass Dateien und Verzeichnisse, die bei der täglichen Arbeit eher als störend empfunden werden, nicht angezeigt werden. Hierzu zählen die `.project`- und `.cproject`-Dateien wie auch die Verzeichnisse der Konfigurationen.

Das Menü bietet neben den Einträgen des *Navigator*-Views noch den Eintrag *Non-C projects*. Bei aktivem Zustand werden alle Projekte, die keine C/C++-Nature assoziiert haben, in der Ansicht herausgefiltert.

3.12.3 Project Explorer

Der *Project Explorer*-View ist auch ein *Navigation*-View und dient, wie der Name suggeriert, der Exploration aller im Workspace vorhandenen Projekte. Die Funktion ist im Wesentlichen identisch zum *C/C++ Projects*-View, d.h., Eclipse-spezifische Metadaten werden ausgeblendet, virtuelle Ordner erscheinen und die tieferen Strukturen der C/C++-Quelltexte können exploriert werden. Auch können dieselben Operationen abgesetzt werden.

Der Unterschied besteht eigentlich darin, dass der *C/C++ Projects*-View CDT-spezifisch ist, während der *Project Explorer*-View vom Eclipse-Framework bereitgestellt wird. Dieser Fakt führt dazu, dass sich andere Plugins z.B. in das Pulldown-Menü einklinken können. So kommt mit installiertem JDT-Plugin der Eintrag *Package presentation* hinzu, mit dem Sie die Art beeinflussen können, in denen Java-Packages dargestellt werden. Diese Auswahlmöglichkeit bietet der *C/C++ Projects*-View nicht.

3.13 Elemente finden

Eine äußerst interessante Funktion bietet der *Open Element*-Dialog, der über den Button in der Toolbar oder mittels Menüeintrag *Navigate > Open Element...* hervorgebracht werden kann. Abbildung 3-62 zeigt den Dialog. In ihm werden die im Workspace vorhandenen Elemente von allen indizierten C/C++-Projekten angezeigt, natürlich mit der Möglichkeit, Einträge nach verschiedenen Kriterien zu filtern:

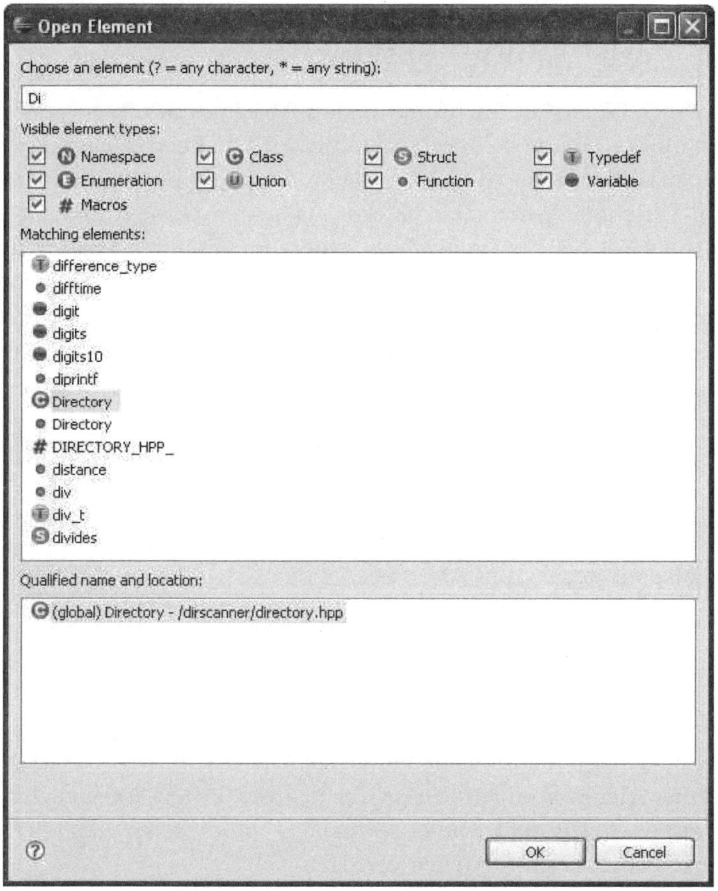

Abb. 3-62
Der Open Element-*Dialog*

- *Choose an element* beschränkt die angebotene Auswahl auf Bezeichner. Die Jokersymbole »?« und »*« können verwendet werden, um ein beliebiges Zeichen bzw. eine beliebige Zeichenkette zu matchen.
- *Visible element types* beschränkt die angebotene Auswahl auf die aktivierten Elementtypen.

Alle Elemente, die diesen Kriterien entsprechen, werden im mittleren Feld unter *Matching elements* angezeigt. Ein Klick auf einen Treffer lässt genaue Informationen, wie den Pfad, Typ und Namensraum, zu dessen Vorkommen im unteren Feld erscheinen. Diese Funktion zeigt insgesamt große Ähnlichkeit zur *C/C++ Search*-Funktion auf, nur haben Sie die Treffer sofort im Blick. Als nachteilig erweist sich jedoch, dass es sich bei dem Dialog um ein modales Fenster handelt. Des Weiteren können hiermit keine lokalen Variablen angezeigt werden.

3.14 Suchen und Ersetzen

Wir kennen bereits die Suchfunktion aus Abschnitt 3.5.9, die es erlaubt, innerhalb des gerade in Arbeit befindlichen Quelltextes nach Zeichenketten zu suchen oder diese zu ersetzen. Dies ist aber oft nicht ausreichend. Durchaus kommt es mal vor, dass man gerne alle Vorkommnisse einer Zeichenkette wie »DirScanner« im gesamten Projekt wissen möchte, das sich auch noch über mehr als hundert Dateien erstreckt. Für eine Entwicklungsumgebung ist deshalb eine Texteditor-basierende Suchfunktion bei weitem nicht ausreichend – eine Entwicklungsumgebung bedarf vielmehr einer *mächtigen* Suchfunktion. Das, was Eclipse hier anzubieten hat, ist Thema dieses Abschnittes.

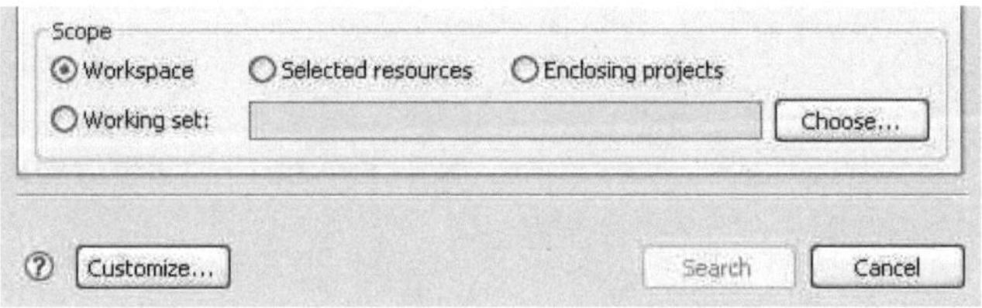

Abb. 3-63 *Gemeinsam verwendete Benutzerschnittstelle der komplexen Suchfunktion*

Genau genommen ist dies nicht nur eine einzige Funktion. Es handelt sich vielmehr um ähnliche Funktionen, deren Sinn es eben ist, innerhalb einer Menge von Dateien (in der Eclipse-Terminologie auch *Scope* genannt) nach was auch immer zu suchen, und die deswegen auch über ähnliche Benutzerschnittstellen verfügen.

Aufrufen können Sie das Ganze mit Hilfe des Menüeintrages *Search > Search...*, woraufhin sich das *Search*-Fenster öffnet. Es besteht aus einer Reihe verschiedener Register, die die bereits erwähnten ähnlichen Funktionen repräsentieren. Bei allen vorhandenen Suchfunktionen hat der Benutzer, wie in Abbildung 3-63 dargestellt, verschiedene Optionen zur Auswahl, um die Auswahl der Datei, die in die Suche mit einbezogen werden, zu beschränken. Wählen Sie

- *Workspace*, um im gesamten Workspace suchen zu lassen,
- *Selected resource*, um nur die gerade selektierte Ressource (was auch ein Ordner oder ein Projekt sein kann) zu durchsuchen (diese Option ist nur verfügbar, wenn tatsächlich vor dem Aufruf eine Ressource selektiert war),
- *Enclosing projects*, um Projekte zu durchsuchen, die die selektierte Ressource einschließen, oder
- *Working set*, um ein speziell anzugebendes Working-Set zu durchsuchen.

Die Suche kann mit dem Betätigen des *Search*-Buttons gestartet werden. Gewöhnlich lenkt dann ein neues Fenster Ihre Aufmerksamkeit auf sich, um Sie über den Fortschritt der Suche zu informieren. Sie können es mit *Run in Background* in den Hintergrund versetzen, wenn die Operation voraussichtlich länger dauern wird. Gleichzeitig öffnet sich der *Search*-View, in dem nach und nach alle Dateien erscheinen, bei denen etwas gefunden worden ist, entsprechend der Hierarchie. Jede Datei lässt sich aufklappen, was die Ergebnisse dann, Zeile für Zeile, zum Vorschein bringt. Mittels Doppelklick gelangen Sie im Texteditor zur entsprechenden Stelle (falls notwendig, wird ein neuer geöffnet).

Aber nicht nur in diesem View werden die Ergebnisse präsentiert, sondern auch im Texteditor selber. Alle Zeilen, die die Zeichenkette enthalten, werden in der linken vertikalen Leiste des Editors durch einen Pfeil speziell gekennzeichnet.

In den folgenden Unterabschnitten beschreiben wir die zwei für die C/C++-Entwicklung interessanten Suchfunktionen *File Search* und *C/C++ Search*. Falls Sie eine Eclipse-Version verwenden, die auch Java-Programme erzeugen kann, so werden Sie vermutlich eine Suchfunktion speziell für Java-Quelltexte sehen können. Andere Plugins können weitere Funktionen hinzufügen.

3.14.1 File Search

Die Methode *File Search* ist die einfachste Variante. Sie ist dem aus der Unix-Welt bekannten *grep* sehr ähnlich und nimmt den zu durchsuchenden Text, so wie er ist. Abbildung 3-64 illustriert das Interface.

- *Containing text*. Hier geben Sie die zu suchende Zeichenkette an. Es werden sogenannte Wildcards oder Joker akzeptiert. Dabei steht der Stern »*« für eine beliebige Zeichenkette und »?« für genau ein beliebiges Zeichen. Sollten Sie einmal nach diesen Zeichen suchen wollen, verwenden Sie den Backslash »\«, der als Escape-Zeichen dient.

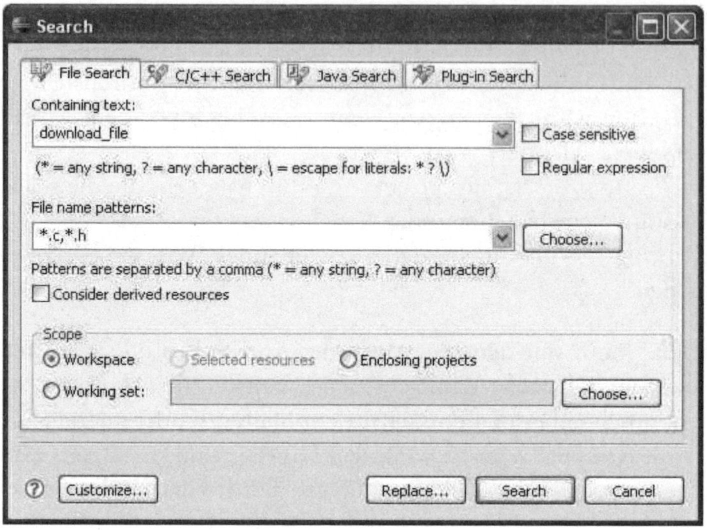

Abb. 3-64 *Interface der Methode* File Search

- *Case sensitive.* Bei aktivierter Option wird bei der Suche zwischen Groß- und Kleinschreibung unterschieden.
- *Regular expression.* Bei aktivierter Option wird der Suchtext als regulärer Ausdruck[20] interpretiert. Damit kann nach komplizierteren Regeln gesucht werden.
- *File name patterns.* Durch Komma getrennte Liste, mit der die durchsuchenden Dateien weiter eingegrenzt werden können.
- *Consider derived resources.* Es werden auch Ressourcen durchsucht, deren Flag *Derived* gesetzt ist. Mehr dazu gab es in Abschnitt 3.3 zu lesen.

Starten können Sie den Suchvorgang, indem Sie den Button *Search* betätigen. Möchten Sie die Zeichenkette durch eine andere ersetzen, so betätigen Sie den *Replace...*-Button. In beiden Fällen erscheinen die Ergebnisse Zeile für Zeile im *Search*-View. Die Anordnung ist dabei hierarchisch, entsprechend der Ressourcen-Hierarchie der durchsuchten Projekte, nur dass es eine weitere Ebene unter den Dateiressourcen gibt. Dort enthalten sind alle Zeilen der Ressource, für die ein Treffer vorliegt. Des Weiteren ist die gefundene Stelle in jeder Zeile hervorgehoben. Selbstverständlich gelangen Sie mit einem Doppelklick auf diesen Eintrag sofort an die Stelle im Quelltexteditor.

Über diese haben Sie Zugriff auf alle Suchtreffer innerhalb der Datei.

[20] spezielle Platzhalter, die eine Menge von Zeichenketten repräsentieren

3.14.2 C/C++ Search

Diese Methode ist eine speziell auf C/C++-Projekte zugeschnittene Variante, die als Grundlage nicht den rohen Quelltext nimmt. Sie bedient sich des Index eines Projekts, so dass Zeichenketten im Bezeichner bestimmter struktureller Elemente gefunden werden können. Selbstverständlich bedeutet dies auch, dass Sie die Index-Erstellung nicht abschalten sollten, falls Sie diese Suche verwenden möchten.

Beispielsweise können Sie nach der Zeichenkette »« in allen Variablennamen suchen. Funktionen, deren Namen die gleiche Zeichenkette beinhalten, werden ignoriert, genauso wie alle anderen Strukturelemente, inkl. den Kommentaren. Es ist damit letztendlich möglich, die Suche weiter einzugrenzen.

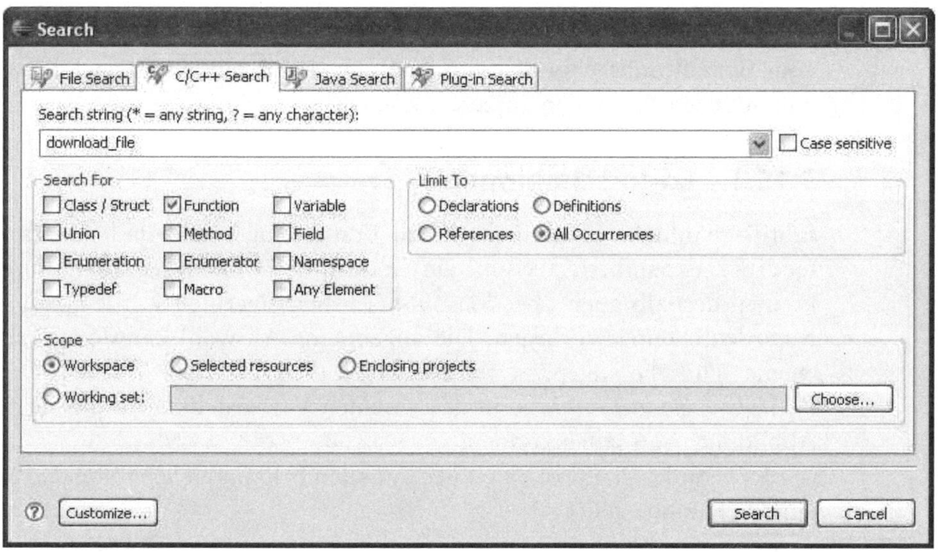

Abb. 3-65
Interface der Methode
C/C++ Search

Die Benutzerschnittstelle wird in Abbildung 3-65 dargestellt. Die zu suchende Zeichenkette geben Sie bei *Search Text* an. Analog zum *File Search* erfüllen die beiden Symbole »?« und »*« ihre Joker-Funktion. Ein Escape-Zeichen gibt es hingegen nicht: Beide Symbole dürfen ohnehin weder in C noch in C++ in Bezeichnern auftauchen. Soll die Groß-/Kleinschreibung eine Rolle spielen, so aktivieren Sie die Option *Case sensitive*.

Wie Sie im Kasten *Search For* sehen, können Sie die Zeichenkette in Bezeichnern ganz unterschiedlicher Strukturelemente suchen lassen, in

Funktionsnamen, in Strukturnamen, in Feldnamen und so weiter oder aber mit *Any Element* in allen. In Kasten *Limit To* können Sie zudem

- *Declarations* wählen, wenn nur in Deklarationen (Prototypen) gesucht werden soll,
- *Definitions* wählen, wenn nur in Definitionen (z.B. vollständig implementierte Funktionen) gesucht werden soll,
- *References* wählen, wenn nur in Referenzen gesucht werden soll, oder
- *All Occurrences* wählen, wenn in allen Arten gesucht werden soll.

3.15 Textschablonen anpassen

In diesem Abschnitt werden Sie erfahren, wie Sie die von CDT und vom Texteditor bereitgestellten Schablonen (engl. *templates*) nach Ihren individuellen Wünschen anpassen können.

3.15.1 Editorschablonen

Editorschablonen werden direkt im Editor eingegeben und auf Tastendruck expandiert. Sie sind ein Feature der Content-Assistenz und können deshalb auch über STRG+SPACE herbeigerufen werden, wenn Mehrdeutigkeiten vorliegen. Die angebotene Auswahl kann dabei an eigene Wünsche angepasst werden. Dazu dient die Seite *C/C++ > Code Style > Code Templates* in den globalen Voreinstellungen, die Sie in Abbildung 3-66 sehen können.

Es befindet sich dort eine Liste mit allen bekannten Schablonen. Zu einer Schablone gehört

- der kurze *Name*, den Sie auch im Editor eingeben, um die Schablone zu referenzieren,
- der *Kontext* (*Context*), der angibt, ob die Schablone bei Code oder bei Kommentaren aktiv sein soll,
- eine *Beschreibung* (*Description*), die Sie in der Content-Assistenz zu Gesicht bekommen,
- das Flag *Auto Insert*, das angibt, ob die Schablone automatisch eingesetzt werden soll, wenn keine anderen Ergänzungen möglich sind,
- der *Inhalt* der Schablone. Er wird im Textfeld unter *Preview* angezeigt.

Alle Attribute werden in einem Dialog definiert, der beim Anlegen einer Schablone mit *New...* oder beim Modifizieren einer Schablone mit

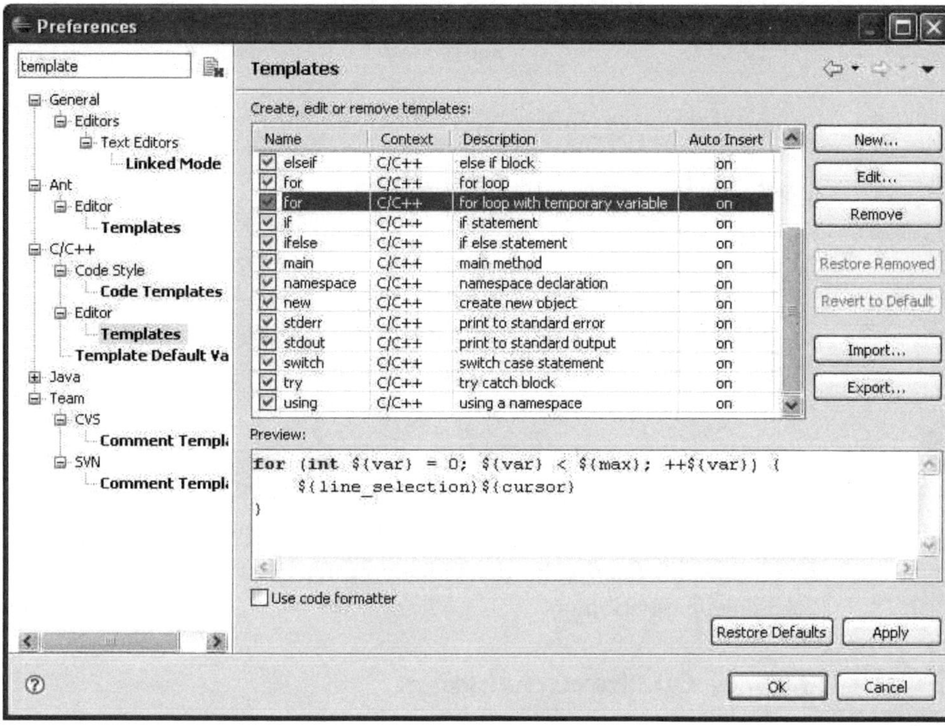

Abb. 3-66 *Eigene Editorschablonen definieren*

Edit... erscheint. Der Inhalt der Schablone kann dabei mit Variablen versehen werden, die durch ein Dollarzeichen und zwei geschweifte Klammern gekennzeichnet sind. Beim Anwenden der Schablone werden diese entweder gleich durch Eclipse ersetzt, falls es sich um eine eingebaute Variable handelt, oder vom Benutzer im Schablonenmodus abgefragt.[21] Ein Auszug der Variablen, die Eclipse versteht, findet sich in Tabelle 3-5.

Beispiel

Beispielsweise hat die eingebaute Schablone, die die Beschreibung *for loop with temporary variable* trägt, folgenden Inhalt:

```
for (int ${var} = 0; ${var} < ${max}; ++${var}) {
${line_selection}${cursor}
}
```

Nach Anwendung dieser Schablone wird die Variable `${line_selection}` durch den Text ersetzt, der zuvor markiert

[21] Hierbei werden die Variablen direkt im Text eingerahmt und können von Ihnen angepasst werden. Der Schablonenmodus kann z.B. mit STRG+ENTER verlassen werden.

Tab. 3-5
Auszug der möglichen Variablen für Schablonen

Variable	Bedeutung
`${cursor}`	Position des Cursors nach Abarbeitung der Schablone
`${dollar}`	Dollarzeichen
`${enclosing_method}`	Name der umschließenden Funktion oder Methode
`${file}`	Name der in Bearbeitung befindlichen Datei
`${line_selection}`	Inhalt der markierten Zeilen
`${user}`	Name des Benutzers

war. Die Variablen `${var}` und `${max}` sind CDT unbekannt und werden deshalb vom Benutzer mit Hilfe des Schablonenmodus abgefragt. Anschließend wird der Cursor hinter die letzte Anweisung der *for*-Schleife positioniert.

3.15.2 Quelltextschablonen

Im Gegensatz zu den Editorschablonen sind die Quelltextschablonen für von CDT selbst erzeugte Dateien und Konstrukte gedacht. Hierzu zählen beispielsweise die mit dem *New C++ Class*-Wizard erzeugten Klassen. Sie betreffen den Code-Style und sind daher auf der Voreinstellungsseite *C/C++ > Code Style > Code Templates* zu finden, deren Ansicht Sie in Abbildung 3-67 sehen.

In der Liste erkennen Sie, dass die Schablonen in drei Kategorien eingeteilt werden:

- *Comments*. Betrifft erzeugte Kommentare über die verschiedenen, strukturellen Elemente.
- *Code*. Betrifft die Form von *Stubs*, also als leer implementierte Definitionen, hier von Methoden, Konstruktoren und Destruktoren.
- *Files*. Betrifft ganze Dateien.

Den Inhalt der Schablone sehen Sie im unteren Feld. Diesen können Sie mit einem Klick auf *Edit...* in einem *Edit Template*-Dialog bearbeiten. Dabei kann der Text genauso wie bei den im letzten Abschnitt behandelten Editorschablonen Variablen beinhalten, die gegebenenfalls ersetzt werden. Mögliche Variablen werden im Dialog durch Klick auf *Insert Variable...* angezeigt und nach Wunsch eingefügt.

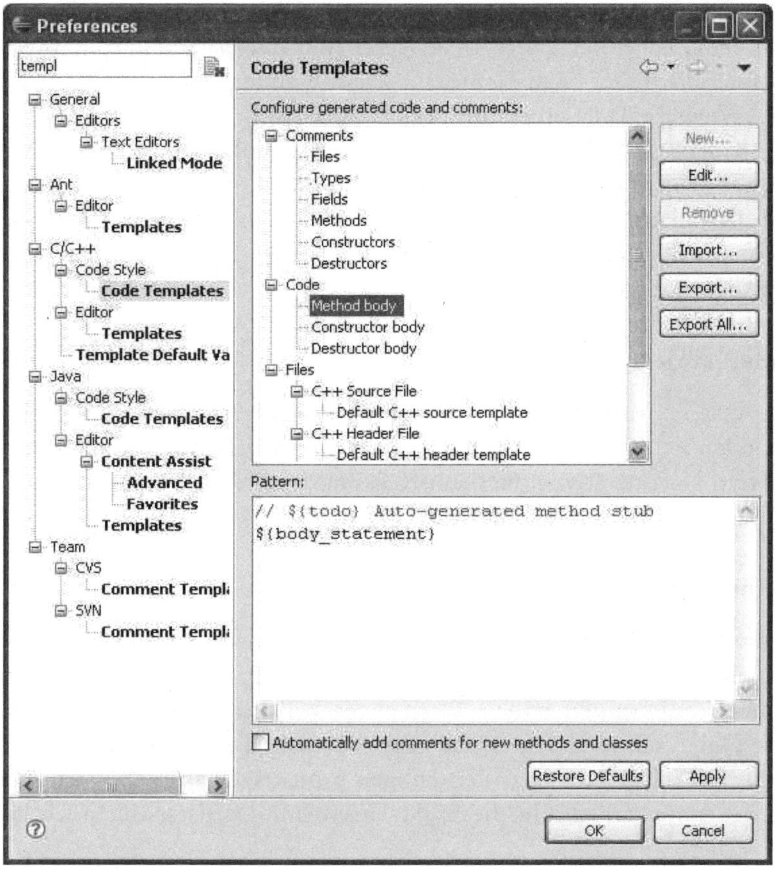

Abb. 3-67
Quelltextschablonen

Um neue Einträge können Sie nur die Sektion *Files* ergänzen. Hier befinden sich die Schablonen, die in diversen Wizards für neue Dateien zur Auswahl stehen, wie sie in Abschnitt 3.2.2 beschrieben wurden.

3.16 Projektspezifische Metadateien

Mit jedem C- oder C++-Projekt sind einige Metadateien assoziiert. Diese werden zum einen im Projektverzeichnis abgelegt, zum anderen im Workspace, je nachdem, ob sie Einstellungen tragen oder von Eclipse oder CDT erzeugt werden. Im Folgenden erfahren Sie, welche Dateien welchem Zweck dienen.

3.16.1 Metadateien im Projektverzeichnis

Im Projektverzeichnis befinden sich im XML-Format abgelegte Metadateien, die hauptsächlich projektspezifische Einstellungen tragen. Sie können die Dateien in einem Navigation-View dann sehen, wenn Sie den entsprechenden Filter `.*` ausgeschaltet haben. Standardmäßig deaktiviert ist dieser beim *Navigator*-View, wohingegen beim *C/C++ Projects*-View die Dateien nicht sichtbar sind.

Bedeutung haben diese Dateien für Sie vor allen Dingen dann, wenn Sie das Projekt unter die Fittiche einer Versionskontrolle stellen. Sie sollten diese dann beim Hochladen des Projektes nicht außer acht lassen, wenn Sie die Eigenschaften des Projektes, wie z.B. die Build-Variablen, geändert haben.

Datei `.project`

Die Datei `.project` ist für alle Eclipse-Projekte charakteristisch. Hier befinden sich wichtige Daten über das Projekt, z.B. der Name, die assoziierten Natures sowie die benutzten Builder (siehe dazu Abschnitt 4.1 im weiteren Verlauf des Buches).

Datei `.cproject`

Diese Datei existiert, wie der Name es ja schon vorgibt, nur für C/C++-Projekte, die mit CDT angelegt worden sind. Falls Sie CDT schon vor Version 5.0 benutzt haben, werden Sie bei Ihren Projekten eventuell eine Datei namens `.cdtproject` vorfinden, die die gleiche Aufgabe versieht: CDT legt hier vor allen Dingen projektspezifische Einstellungen ab. Darunter fallen z.B. die Build-Variablen, die Sie später noch kennenlernen.

Verzeichnis `.settings`

Dieses Verzeichnis ist nicht in jedem Fall im Projekt vorhanden. Es wird erstellt, wenn Sie bestimmte Einstellungen in den Projekteigenschaften verändern, und je nachdem, welche und wie viele Einstellungen das sind, existiert darin eine variable Anzahl von Dateien unterschiedlichen Namens.

3.16.2 Metadateien im Workspace-Verzeichnis

Weitere Metainformationen befinden sich im Verzeichnis `.metadata` des Arbeitsbereichs. Zum Beispiel wird im Verzeichnis `org.eclipse.cdt.core` die Index-Datenbank angelegt.

4 Der Build-Prozess

Der Build-Prozess ist für das Übersetzen der Programme verantwortlich und gehört damit zu einer der Grundaufgaben, die eine IDE erfüllen sollte. Im Verlauf der Entwicklung steht ihm mindestens eine dem Editieren des Projektes gleichwertige Bedeutung zu. Wie eingangs erwähnt, fehlt CDT ganz im Gegensatz zum JDT ein integrierter Compiler. CDT delegiert diese Aufgabe an andere Werkzeuge weiter. Dank des recht allgemein gehalten Toolchain-Konzepts besitzt das Framework im Prinzip keinerlei Einschränkung, um welche Werkzeuge es sich dabei handelt. Von Haus aus unterstützt CDT die GNU Compiler Collection, doch auch andere Compiler sind denkbar und werden von den CDT-Entwicklern auch angeboten, wie es das *XL Compiler Support*-Feature beweist.

Wurde in den vorangegangenen Kapiteln nur das Notwendigste über den Build-Prozess erläutert, so klärt dieses Kapitel über die Feinheiten und Details auf. Es wird aufgezeigt, wie Sie das Übersetzen Ihres Projektes beeinflussen können, wo Sie wie was einstellen. Weiterhin wird auf die bei der Übersetzung unter der Haube stattfindenden Vorgänge eingegangen. Zwar ist nicht alles, was hier präsentiert wird, beim täglichen Gebrauch von Bedeutung, ein Verständnis über die Abläufe innerhalb von CDT hilft aber bei so mancher Fehlersuche.

Im ersten Abschnitt wird auf das Builder-Framework von Eclipse eingegangen. Builder stellen diejenigen Module dar, die bei einem Aufruf des Build-Kommandos angestoßen werden, um aus bereits vorhandenen Ressourcen neue Ressourcen zu generieren. Die folgenden Abschnitte widmen sich den von CDT beigesteuerten Buildern und geben Aufschluss über die Möglichkeiten, den Prozess Ihren Wünschen anzupassen.

Konkrete Anwendungsfälle werden zum Schluss besprochen.

In den letzten vier Abschnitten des Kapitels wird erläutert, wie die Individualisierungsmöglichkeiten vom Build-Prozess für vier interessante Anwendungsfälle genutzt werden können. Zunächst wird gezeigt, wie *Code-Generatoren* eingebunden werden können. Es folgt das besonders für Softwareentwickler eingebetteter Systeme interessante Übersetzen für eine sich von der Entwicklerplattform unterscheidende Rechnerplattform (*Cross-Compiling*). Als Nächstes wird gezeigt, wie

Sie die Projektumgebung so einrichten, dass ein entfernter leistungsfähiger Rechner die häufig langwierige Aufgabe des Übersetzens übernimmt (*Remote Compiling*). Das Kapitel endet mit einem Abschnitt, der illustriert, wie Sie Microsofts Visual C++ mit Eclipse und CDT in Einklang bringen können.

4.1 Builder

Die Aufgabe eines *Builder* in Eclipse besteht darin, aus den Rohdaten, d.h. Ressourcen wie Quelltexten, neue Ressourcen zu erzeugen, die dann in den allermeisten Fällen mit dem *Derived*-Flag versehen werden. Ein solcher Vorgang ist bei einem gerade in Entwicklung befindlichen Projekt oftmals nicht von Erfolg gekrönt. Dabei auftretende Probleme, seien sie syntaktischer Natur im Quelltext oder einfach nur konfigurationstechnischer Art, werden durch diverse Mechanismen wie spezielle Formen von Annotationen dem Entwickler bekannt gegeben.

4.1.1 Die vier Modi eines Builders

Ein Builder unterstützt dabei vier verschiedene Modi, die im Folgenden beschrieben werden:

- Ein *inkrementelles Übersetzen* (*Incremental build*) wird veranlasst, sobald Sie die Menüeinträge *Project > Build*, *Project > Build All* oder entsprechende Buttons wählen. Inkrementell bedeutet, dass lediglich das sogenannte *Ressource-Delta* übersetzt wird, also nur der Teil der Ressourcen, die seit der letzten Übersetzung geändert worden sind. Die Ressource-Deltas, die Eclipse liefert, sind sehr feinkörnig und können nicht nur ganze Dateien erfassen, sondern auch geringe Änderungen im Quelltext.
- Das *automatische Übersetzen* (*Auto-build*) unterscheidet sich vom inkrementellen Übersetzen lediglich darin, dass es implizit für das Projekt ausgelöst wird, z.B. indem eine Ressource hinzugefügt, verändert oder im Workspace modifiziert wurde.
- Ein *vollständiges Übersetzen* (*Full build*) eines Projektes veranlasst den Builder, alle Ressourcen neu zu bearbeiten, unabhängig von einem Ressource-Delta. Auch wenn aus irgendeinem Grund kein Ressource-Delta ermittelt werden konnte, so wird dieser Modus aktiviert.
- Das Aufräumen (*Clean build*) eines Projektes führt zum Löschen aller im Projekt erzeugten Ressourcen und natürlich des Ressource-Deltas. Das Aufräumen eines Projektes können Sie z.B. im Kontextmenü innerhalb eines Navigation-Views mit Hilfe des Eintrages

Clean Project initiieren. Ein dem Aufräumen angeschlossenes Übersetzen ist dann zu einem vollständigen Bauen äquivalent.

Inkrementelles Übersetzen wird von CDT noch nicht effizient unterstützt.

Das inkrementelle Übersetzen wird momentan in CDT im Vergleich zum Java-Compiler von Eclipse nicht wirklich effizient unterstützt, denn es wird durch eine langwierige vollständige Übersetzung der geänderten Ressourcen ersetzt. Das hängt sicher damit zusammen, dass die Programme der GNU Compiler Collection, die ja von Haus aus durch CDT unterstützt werden, die nötigen Features vermissen lassen. Dazu zählt z.B., dass nur geänderte Funktionen neu übersetzt werden. Allerdings arbeiten einige GCC-Entwickler seit einiger Zeit an diesem Problem [8]. Die Fortschritte sind dabei so weit gediehen, dass man zum Entstehungszeitpunkt dieses Buchs eine Integration für die Version 4.4 von GCC ins Auge fasst. Es ist sicher nur eine Frage der Zeit, bis CDT daran angepasst wird und davon profitieren kann.

Deaktivieren Sie das automatische Bauen.

Als Folge der schlechten Turnaround-Zeiten eines Übersetzungsvorganges sollten Sie das automatische Übersetzen abschalten, ansonsten wird bei großen Projekten der Arbeitsfluss erheblich gehemmt – auch wenn dieses Vorgehen natürlich gegen die Eclipse-Philosophie verstößt, dass auch der gerade in Entwicklung befindliche Code zu möglichst jedem Zeitpunkt auch in kompilierter Form vorliegen soll. Abstellen (oder anstellen) können Sie dieses Feature Workspace-weit mit dem Menüeintrag *Project > Build Automatically*.

4.1.2 Builder-Assoziationen

Eclipse hat den Anspruch, eine möglichst vielseitige und flexible Entwicklungsumgebung zu sein. Daraus begründet sich die hohe Modularität und Skalierbarkeit, die sich auch im Builder-Konzept äußert: Jedes Eclipse-Plugin kann neue Builder hinzusteuern. So tut es CDT, aber auch die Java-Entwicklungsumgebung JDT. Natürlich ergibt es nicht immer Sinn, jeden Builder auf jedes Projekt loszulassen, z.B. wird der JDT-Builder wenig mit C/C++-Quelltexten anzufangen wissen. Umgekehrt wird aber auch der CDT-Builder wenig Sinnvolles aus Java-Quelltextdateien erzeugen können.

Builder werden deshalb mit Projekten assoziiert. Beim Anlegen eines Projektes legen Sie die Art des Projektes fest, in Eclipse-Sprache auch *Nature* genannt. Builder können von den Plugins so konfiguriert werden, dass sie eine spezifische Projektart voraussetzen. Anders formuliert: Builder, die nicht auf das Projekt passen, werden beim Erstellen ignoriert. Ein nachträgliches Hinzufügen von solchen artspezifischen Buildern ist nach Projekterstellung von Ihnen als Anwender der IDE, wenn überhaupt, nur schwer möglich. In den meisten Anwendungsfällen werden Sie jedoch ein homogenes Projekt bearbeiten, also ein Projekt, in dem nur eine Programmiersprache benutzt wird, so dass diese Einschränkung keine Probleme bereiten sollte.

4.1.3 Builder-Konfiguration

Als Anwender von Eclipse erhalten Sie Zugriff auf die Konfiguration mit Hilfe der Projekteingeschaften auf der Seite *Builders*, wie in Abbildung 4-1 zu sehen ist. Sie besteht im Großen und Ganzen aus einer Auswahl, in der die aktuell registrierten und für die Projektart möglichen Builder aufgelistet werden. Ein Auswahlkasten vor jeder Zeile zeigt an, ob der Builder im Projekt aktiv ist oder nicht. Bei einem Build-Kommando werden die aktiven Builder in der Reihenfolge ausgeführt, in der sie in der Liste aufgeführt werden. Mit Hilfe der Buttons *Up* und *Down* können Sie die Elemente innerhalb der Liste bewegen und so die Reihenfolge festlegen.

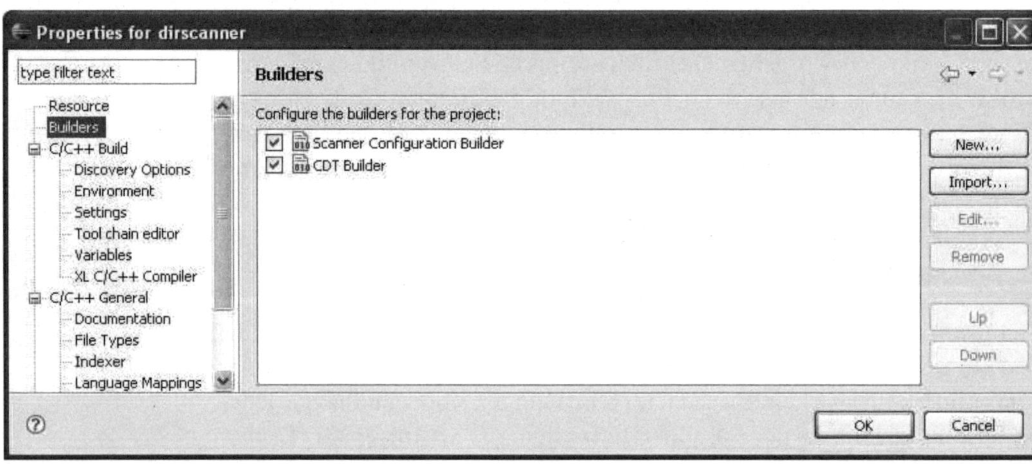

Abb. 4-1
Builder

Die Verwaltung der Builder eines Projektes geschieht mit Hilfe der übrigen Buttons.

Einen Builder hinzufügen

Neben den bereits durch die Projektart bestimmten Buildern können Sie auch weitere Builder hinzufügen. Benutzen Sie hierfür den Button *New...* in den Builder-Einstellungen. In der daraufhin erscheinenden Liste haben Sie die Wahl zwischen verschiedenen Typen von externen Tools, die bei Build-Ereignissen aufgerufen werden. Eclipse bringt selbst die Unterstützung für den *Ant-Builder* mit, dem speziell für Java geschriebenen *Make*-ähnlichen Werkzeug, und ganz banal für externe Programme mit *Program*.

Beim Starten der Tools bedient sich Eclipse des *Launch*-Moduls, das auch für das Starten von erzeugten Programmen benutzt wird. Deshalb stimmt die Konfiguration der Builder mit der Konfiguration zu startender Programme in den wesentlichen Parametern überein und ist Thema von Kapitel 5. Spezifisch für die Konfiguration eines Builders sind lediglich die Aktionen, die zum Aufruf des Tools führen, also ob das Werkzeug bei einem Full- oder Clean-Build gestartet werden soll.

Builder importieren

Liegt bereits eine *Startkonfiguration* für externe Werkzeuge in Ihrem Workspace vor, so können Sie diese als Builder importieren. Benutzen Sie hierfür den Button *Import...* und selektieren Sie eine bereits vorhandene Startkonfiguration. Das Thema Startkonfigurationen wird in Kapitel 5 ausführlich behandelt. So wird in Abschnitt 5.2 gezeigt, wie Sie *doxygen* als externes Werkzeug einbinden können.

Builder entfernen

Zum Projekt hinzugefügte Builder können Sie mit *Remove* natürlich auch wieder entfernen. Die durch ein Plugin beigesteuerten Builder können Sie allerdings nicht entfernen.

4.1.4 Zwei Builder für C/C++-Projekte

Legen Sie ein neues C/C++-Projekt an, so werden dafür mindestens zwei Builder konfiguriert:

- zum einen der *Scanner Configuration Builder* und
- zum anderen der *CDT Builder*.

Die folgenden beiden Unterabschnitte widmen sich jeweils einem Exemplar.

Scanner Configuration Builder

Damit der in CDT eingebaute Parser und die auf ihm aufbauenden Funktionen wie Code-Assistenz und der Indexer funktionieren, müssen neben projektspezifischen Header-Dateien auch die vom System bereitgestellten Header-Dateien, wie z.B. `stdio.h` oder `iostream`, auffindbar sein. Diese Verzeichnisse, die diese Dateien beinhalten, müssen normalerweise nicht explizit angegeben sein, sie sind im Compiler eingebaut.

Gleichfalls ist es wichtig, über eingebaute Symbole des Compilers Bescheid zu wissen, so definiert ein Cygwin-basierter GCC-Compiler das Makro `__CYGWIN__` und andere Makros, die durchaus in bedingter Übersetzung eine Rolle spielen können.

Innerhalb von CDT kommt nun die Aufgabe, derlei Informationen zu extrahieren, dem *Scanner Configuration Builder* zu. Das Verhalten dieses Builders wird vor allen Dingen durch die sogenannten *Discovery Profiles* bestimmt, zu denen sich in Abschnitt 4.4.2 ab Seite 192 mehr findet.

CDT Builder

Der *CDT Builder* ist der Bestandteil, der den eigentlichen Build-Prozess von CDT trägt. Die bescheidene Aufgabe lautet, alle C/C++-Quelltexte zu nehmen und zu einem *Produkt* zusammenzufügen. Bekanntlich führen aber viele Wege nach Rom, und so können Sie, genau wie beim vorherigen Builder, das letztendliche Verhalten beeinflussen, nur ist die Anzahl der Optionen um ein Vielfaches höher.

Die wichtigste Entscheidung über das Verhalten des Builders treffen Sie beim Anlegen des Projektes. Sie betrifft die Frage nach der Verantwortung über den Ablauf des Build-Prozesses. Liegt sie bei Ihnen oder doch besser bei CDT? Dies hängt natürlich von diversen Faktoren ab, die bereits im letzten Kapitel in Abschnitt 3.2.1 auf Seite 80 diskutiert worden sind. Die beim Anlegen getroffene Entscheidung ist jedoch nicht fest. Sie kann über die Eigenschaften des Projekts leicht geändert werden. Doch bevor Sie über das *Wie* in Abschnitt 4.4.1 aufgeklärt werden, werden in den nächsten beiden Kapitelabschnitten die für jede Variante spezifischen Begriffe eingeführt.

4.2 Build-Variablen

In fast jedem Texteingabefeld, das in irgendeiner Weise mit dem Build-Prozess in Zusammenhang gebracht werden kann, können Sie Build-Variablen angeben. Build-Variablen sind für die Builder das, was Makros für die Programmiersprache C oder C++ sind: Sobald innerhalb einer textuellen Eigenschaft, sei es ein Kommando oder ein Argument zu einem Kommmando, eine solche Variable gefunden wird, wird sie durch den aktuellen Wert der Variablen ersetzt.

4.2.1 Kennzeichen von Build-Variablen

Build-Variablen sind durch einen Namen und einen Typen ausgezeichnet. Dabei sind folgende Typen möglich:

- *String*. Die Variable ist eine Zeichenkette.
- *String List*. Die Variable ist eine Liste von Zeichenketten.
- *File*. Die Variable repräsentiert einen Dateinamen. Beim Editieren werden Sie durch einen Dateiauswahldialog unterstützt.
- *File List*. Die Variable repräsentiert eine Liste von Dateinamen.
- *Directory*. Die Variable repräsentiert ein Verzeichnis.
- *Directory List*. Die Variable repräsentiert eine Liste von Verzeichnissen.
- *Path*. Die Variable repräsentiert einen Pfad.
- *Path List*. Die Variable repräsentiert eine Liste von Pfaden.

Inhalte der Variablen werden immer durch eine Zeichenkette repräsentiert und treten auch so bei einer Anwendung in Erscheinung. Der Typ einer Variablen hat deshalb vor allen Dingen deskriptiven Charakter. Wenn Variablen durch den Benutzer zugewiesen werden, erscheinen allerdings dem Variablentyp angepasste Dialoge.

4.2.2 Build-Variablen benutzen

Um eine Build-Variable zu referenzieren, umschließen Sie den Namen der Variablen mit geschweiften Klammern und setzen zu Beginn ein »$«, also `${varname}`. Referenzen von Build-Variablen können Sie selbstverständlich in den Definitionen anderer Build-Variablen benutzen, da die Substitution rekursiv vonstatten geht. Rekursionskreise werden allerdings unterbrochen.

Texteingabefeldern, in denen Sie Build-Variablen benutzen können, ist in der Regel ein Button *Variables...* beigestellt. Ein Klick auf diesen Button bringt den in Abbildung 4-2 gezeigten Dialog auf den Bildschirm. Dort werden alle möglichen Variablen aufgelistet. Des Weiteren klärt Sie eine kurze Beschreibung über den Sinn und Zweck der Variablen auf.

4.2.3 Gültigkeitsbereich von Build-Variablen

Ähnlich zu den Variablen in C/C++ haben Build-Variablen einen Gültigkeitsbereich (engl. *scope*). Das Venn-Diagramm in Abbildung 4-3 verdeutlicht die Regeln. Dort ist jeder Gültigkeitsbereich als Menge dargestellt, wobei der komplette Namensraum als Universum repräsentiert ist. Je weiter vorn eine Menge abgebildet ist, desto mehr Vorrang hat eine in diesem Kontext definierte Variable. Die Hierarchie der Build-Variablen umfasst vom Allgemeinsten zum Spezifischsten demnach

- den Workspace,
- das Projekt und
- die Konfiguration innerhalb eines Projektes.

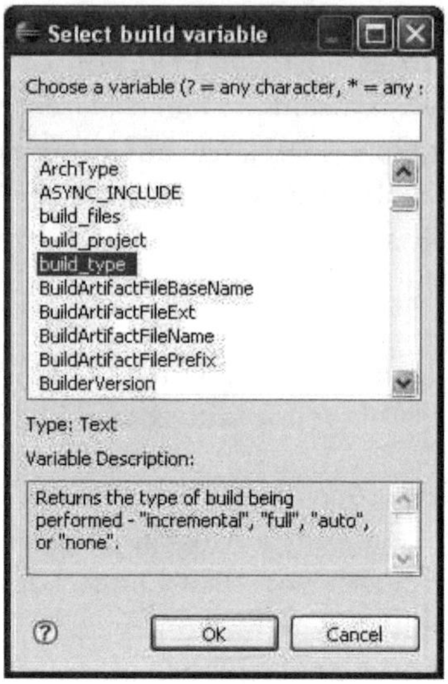

Abb. 4-2
Dialog zur Auswahl von Build-Variablen

Variablen können zudem von drei verschiedenen Instanzen deklariert werden:

- durch CDT,
- durch eine Toolchain und
- von Ihnen.

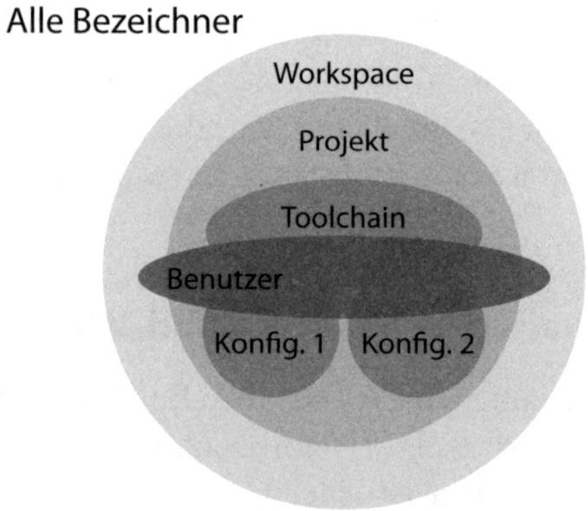

Abb. 4-3
Gültigkeitsbereich der Build-Variablen. Beispielsweise überschreiben die Variablen einer Konfiguration gleichnamige Variablen des Projektes oder des Workspace.

Sie und CDT dürfen die Variablen innerhalb jeder Hierarchieebene definieren, wohingegen die Toolchains ihre Variablen nur projekt- oder konfigurationsweit definieren können. Dabei haben die von Ihnen deklarierten Variablen eine höhere Priorität gegenüber denen der Toolchain, die wiederum Vorrang gegenüber den durch CDT definierten Variablen haben.

4.2.4 Workspace-weite Build-Variablen definieren

Build-Variablen, deren Gültigkeitsbereich der Workspace sein soll, können über die globalen Voreinstellungen hinzugefügt und bearbeitet werden. Wählen Sie hierzu den Menüpunkt *Window > Preferences...* und anschließend unter *C/C++* den Eintrag *Build Variables*. Es zeigt sich ein Bild, wie es in Abbildung 4-4 zu sehen ist.

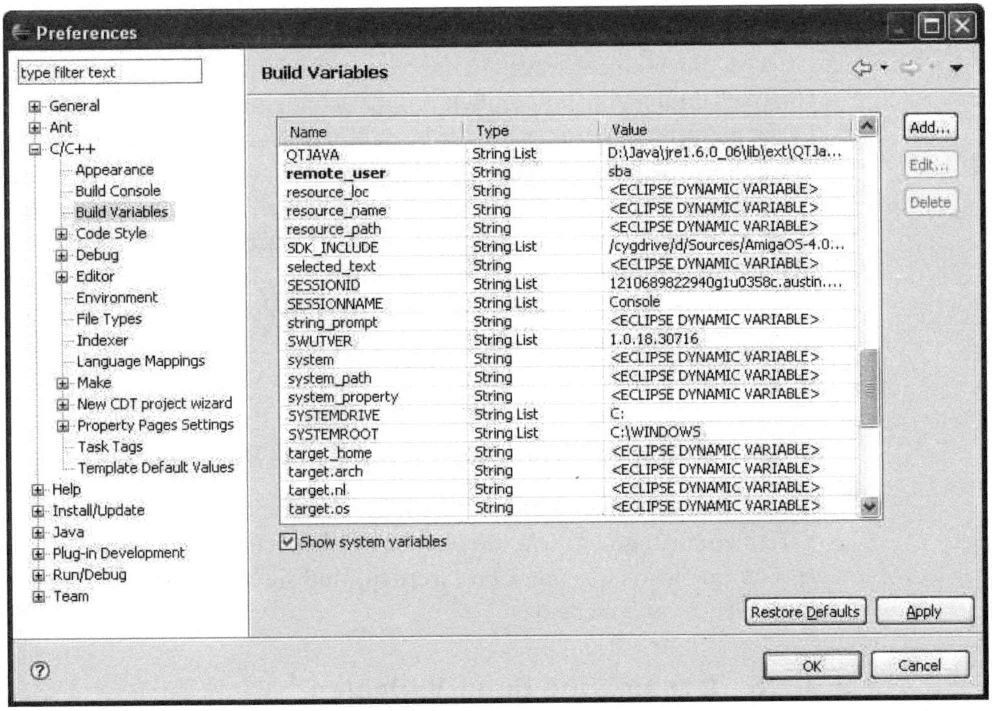

Abb. 4-4
Build-Variablen global festlegen

Eine neue Variable können Sie mit Hilfe des Buttons *New...* hinzufügen. Darauf öffnet sich ein neues Fenster, das in Abbildung 4-5 dargestellt ist. Dort geben Sie den Namen, den Typ und den Wert der Variablen an, wobei sich die Maske, die den Wert der Variablen entgegennimmt von Variablentyp zu Variablentyp unterscheidet. Bestätigen Sie die Eingaben mit *Ok*.

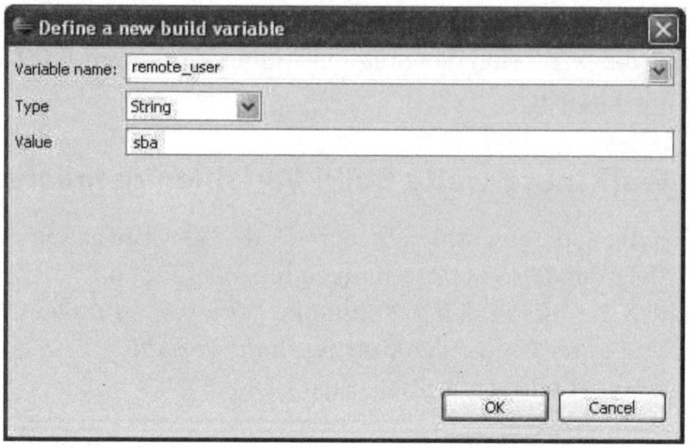

Abb. 4-5
Eine neue Variable hinzufügen. Die Maske für den Wert ist dem Typ angepasst. Hier ist die Variable eine einfache Zeichenkette.

Von Ihnen hinzugefügte Variablen werden in der Liste zur leichteren Unterscheidung von anderen fett ausgezeichnet und mit einer dunkleren Farbe hinterlegt, so wie es bei der Variable `remote_user` in der Abbildung der Fall ist. Selbst definierte Variablen können Sie mit *Remove* wieder entfernen, ganz im Gegensatz zu den eingebauten Variablen. Deren Anzeige können Sie mit der Auswahlbox *Show system variables* umschalten. Beide Variablenarten können Sie mit *Edit...* bearbeiten. Bearbeiten Sie allerdings eine eingebaute Variable, so wird ihr Wert lediglich im aktuellen Kontext überschrieben, das heißt, falls Sie die Variable wieder entfernen, so kommt die ursprüngliche Variable wieder zum Vorschein.

4.2.5 Umgebungsvariablen als Build-Variablen

Umgebungsvariablen werden durch CDT automatisch auch als Build-Variablen hinzugefügt. Da die Namen der Umgebungsvariablen oft mit großen Buchstaben geschrieben werden, sind sie leicht von den übrigen Variablen zu unterscheiden.

4.2.6 Dynamische Build-Variablen

Neben benutzerdefinierten Variablen bietet CDT eine Reihe von eingebauten Variablen. Spannend sind dabei die *dynamischen* Variablen. Das sind alle diejenigen Variablen, die bei den Einstellungen den Wert `<ECLIPSE DYNAMIC VARIABLE>` stehen haben und keinen dauerhaft fest zugewiesenen Wert besitzen. Ihr Wert ist vielmehr abhängig von einem bestimmten Kontext, z.B. vom Projekt, dem aktuellen Build-Prozess und so weiter.

Build-Variablen mit Argumenten

Im Gegensatz zu statischen Variablen, zu denen auch die benutzerdefinierten zählen, akzeptieren einige dynamische Variablen ein zusätzliches Argument, das dem Namen getrennt durch einen Doppelpunkt nachgestellt wird, also `${varname:argument}`. Da die gesamte Zeichenkette, die hinter dem ersten Doppelpunkt geschrieben wird, als ein Argument betrachtet wird, können je nach Vereinbarung natürlich auch mehrere Argumente möglich sein.

Ein Beispiel

So erlaubt z.B. die Variable *file_prompt*, bei deren Auftauchen dem Benutzer ein Dateiauswahldialog präsentiert wird, die Angabe des Dialogtitels sowie eines vordefinierten Wertes, was ebenfalls durch einen Doppelpunkt abgetrennt wird.

4.3 Kontrolle über Managed Build

In diesem Abschnitt werden die von CDT bereitgestellten Möglichkeiten erläutert, die es erlauben, den Prozess des Bauens für Managed-Build-Projekte zu individualisieren.

4.3.1 Konfigurationen verwalten

Die Anzahl der potenziellen *Konfigurationen*, die ein Projekt annehmen kann, ist keineswegs fest. Mit Hilfe des Buttons *Manage configurations...*, der gleich neben dem Button für das Übersetzen des Projektes liegt, können Sie ein recht schlichtes Fenster hervorrufen, in dem Sie die Konfigurationen des aktuellen Projekts verwalten können. Die Ansicht ist in Abbildung 4-6 aufgezeigt.

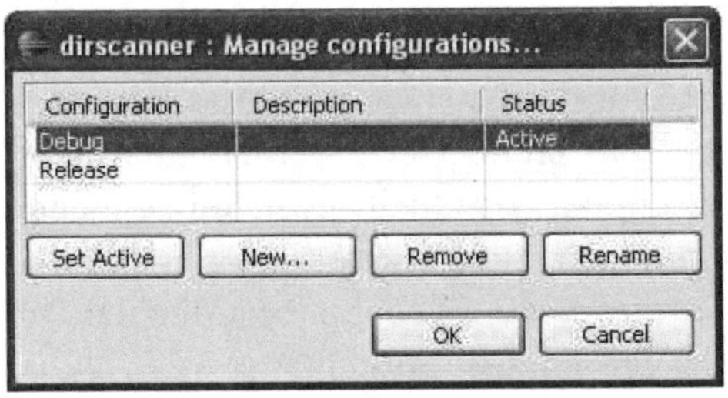

Abb. 4-6 *Konfigurationen verwalten*

Dargestellt wird eine Liste vorhandener Konfigurationen, die hier durch einen Namen und eine Beschreibung gekennzeichnet sind. Mit *Set Active* wird die aktuell gewählte Konfiguration zur aktiven Konfiguration. Mit *New...* können Sie eine neue Konfiguration anlegen, die Sie mit *Remove* auch wieder entfernen können. Mit Klick auf *Rename* können Sie den Namen sowie die Beschreibung der aktuell gewählten Konfiguration ändern.

Die letztendlichen Parameter der Konfigurationen werden in den Projekteigenschaften definiert. Nicht alle Parameter eines Projektes sind in Abhängigkeit von einer Konfiguration zu setzen. Von denen, die CDT bereitstellt, sind es aber die meisten. Der Indikator für konfigurationsveränderliche Parameter ist in den Projekteigenschaften eine spezielle Auswahlbox, die in Abbildung 4-7 hervorgeboben ist. Die auf der Seite vorgenommenen Einstellungen betreffen also nur die darin selektierte Konfiguration, wobei der Eintrag *All configurations* alle Konfigurationen einschließt.

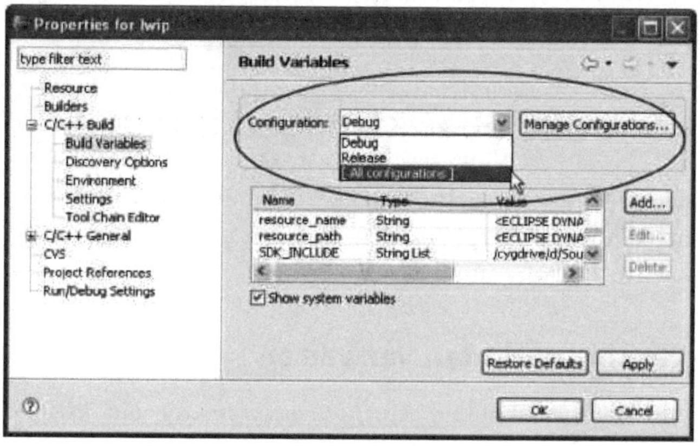

Abb. 4-7
Der Indikator für konfigurationsveränderliche Parameter ist eingekreist.

4.3.2 Quellverzeichnisse

Managed Build arbeitet alle Quellverzeichnisse und rekursiv deren Unterverzeichnisse ab, sofern sie nicht durch Filter ausgeschlossen worden sind, und ruft für jede bekannte Datei das dazu passende Werkzeug auf. Mit dem Konzept der Quellverzeichnisse können Sie also grob beeinflussen, welche Dateien übersetzt werden oder nicht.

Welche Verzeichnisse als Quellverzeichnisse dienen, können Sie in den Projekteinstellungen auf der Seite *C/C++ General* > *Paths and Symbols* im Karteireiter *Source Location* beeinflussen. In Abbildung 4-8 finden Sie die dort präsentierte Ansicht.

Auf der Seite ist zunächst eine Liste mit sämtlichen aktuellen Quellverzeichnissen zu sehen. Sie kann durch die beiden Buttons *Add Folder...* und *Link Folder...* ergänzt werden, wobei durch letzteren auch Quellverzeichnisse, die sich außerhalb des Workspace befinden, hinzugefügt werden. Dazu bedient sich CDT beim Konzept der verknüpften Ressource. Etwas unschön ist, dass sich Quellverzeichnisse immer im Projektverzeichnis befinden müssen.

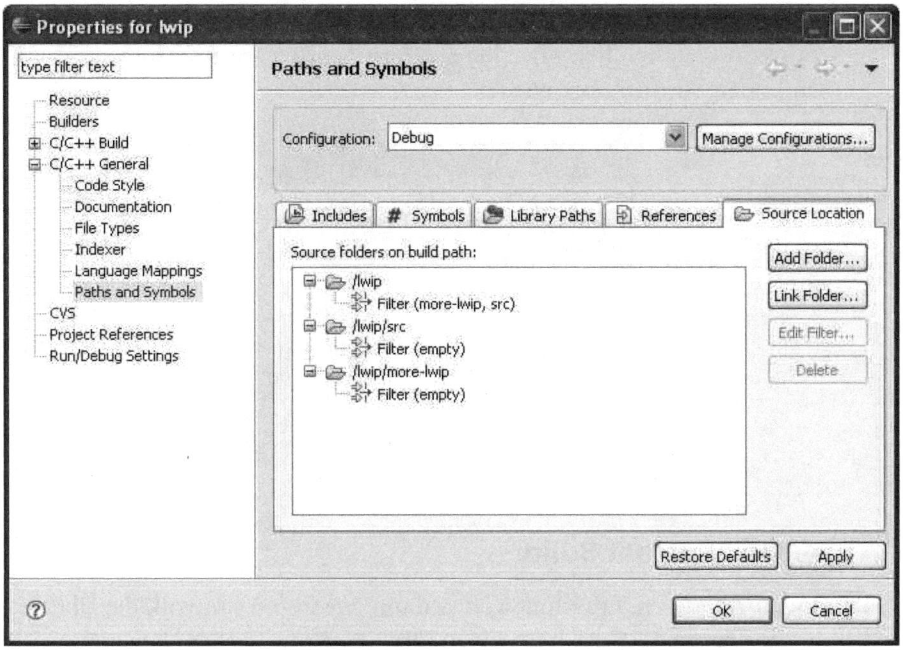

Abb. 4-8
Quellverzeichnisse

Die zweite Ebene der Anzeige ist für Attribute reserviert, was in CDT derzeit nur der Exklusionsfilter ist. Ein Exklusionsfilter gibt an, welche im Quellverzeichnisse enthaltenen Verzeichnisse bei einer rekursiven Operation wie dem Übersetzen ignoriert werden. Mit *Edit Filter...* können Sie diese Filter modifizieren, dabei werden exakte Namen unterstützt und Wildcards der Form »?«, »*« und »**«. Die ersten beiden erfüllen ihre gewöhnliche Funktion, letztere kann einen beliebigen Pfad ersetzen.

4.3.3 Dateien vom Build-Prozess ausschließen

In manchen Situationen ist es angebracht, ganz bestimmte Dateien von der Übersetzung auszuschließen. Unschön könnte man dies realisieren, indem die entsprechenden Dateien einfach umbenannt werden. Auch mit dem eben vorgestellten Konzept von Quellverzeichnis und Filtern lässt sich die Aufgabe nur umständlich erfüllen.

Glücklicherweise existiert noch eine einfache Methode: Das CDT-Plugin stellt die Funktion *Exclude from build...* im Kontextmenü aller unter seiner Kontrolle befindlichen Ressourcen bereit. Der daraufhin erscheinende Dialog (Abbildung 4-9) lässt Sie sogar die Konfigurationen angeben, für die der Ausschluss gelten soll. Realisiert wird diese Funktion letztendlich über die Exklusionsfilter, ausgeschlossene Dateien finden Sie also dort wieder.

Abb. 4-9 Ausschließen von Dateien

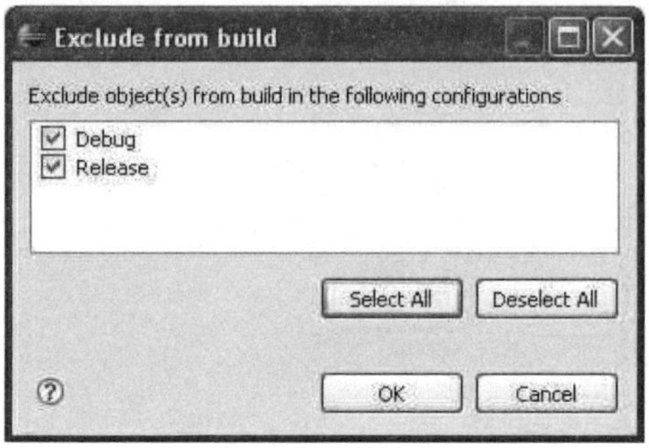

4.3.4 Custom Build

In ganz anderen Situationen ist es dann wiederum sinnvoll, die Übersetzung einer Datei mit alternativen Optionen zu versehen. Beispielsweise, auch wenn es sehr selten ist, kann es hin und wieder passieren, dass die Übersetzung eines Quelltextes in höchster Optimierungsstufe zu einem unbrauchbaren Ergebnis führt. Wenn der Fehler nicht unmittelbar im Quelltext selbst zu finden ist, möchte man die Optimierungsstufe nur für den fehleranfälligen Quelltext anpassen, zumindest so lange, bis der Compiler ein Update erfährt, das das Problem beiseiteschafft.

Fehler im Compiler schleunigst den Entwicklern melden

Für den Fall, dass Sie tatsächlich der Meinung sind, einen Optimierungsfehler des Compilers entdeckt zu haben, so zögern Sie nicht, die entsprechende Stelle in einen möglichst kleinen Testfall zu extrahieren und diesen den Entwicklern des Compilers zukommen zu lassen. Das erhöht die Chance auf einen Fix ungemein.

Hierfür bietet CDT eine sehr einfache Lösung: Fast alle für den Übersetzungsvorgang relevanten Einstellungen lassen sich für jede Ressource, also für jede Datei und jeden Ordner, separat definieren. Wie das geht, wird in Abschnitt 4.5 erklärt. Zuvor werden die für das Bauen von C/C++-Projekten relevanten Einstellungen vorgestellt.

4.4 Einstellungen für C/C++-Projekte

Die Parameter eines Übersetzungsvorgang bestimmen, wie Ihre Quelldateien zu einem ausführbaren Programm zusammengeführt werden. Im letzten Abschnitt wurde zunächst beschrieben, wie Sie die Sätze von konkreten Parameterrealisierungen, also den Konfigurationen, verwalten. Die Liste der Quellverzeichnisse ist ein konfigurationsspezifischer Parameter, der im Zuge dessen erläutert wurde. Was Sie sonst noch alles auf Projektebene einstellen können, erfahren Sie im Folgenden. Es handelt sich hierbei um eine Beschreibung relevanter Seiten in den Projekteigenschaften, deren Einblick Sie z.B. mit dem Menüpunkt *Project > Properties* erhalten.

4.4.1 C/C++ Build

Hier können ganz allgemeine Optionen in Bezug auf das Übersetzen des Projektes geändert werden. Sie können hier zum Beispiel die nicht ganz unwichtige Einstellung über die Verantwortlichkeit des Übersetzungsvorgangs vornehmen, das heißt, ob die Kontrolle darüber Ihnen oder CDT obliegt. Hierfür werden auf der Seite zwei Register angeboten: *Builder Settings* und *Behaviour*.

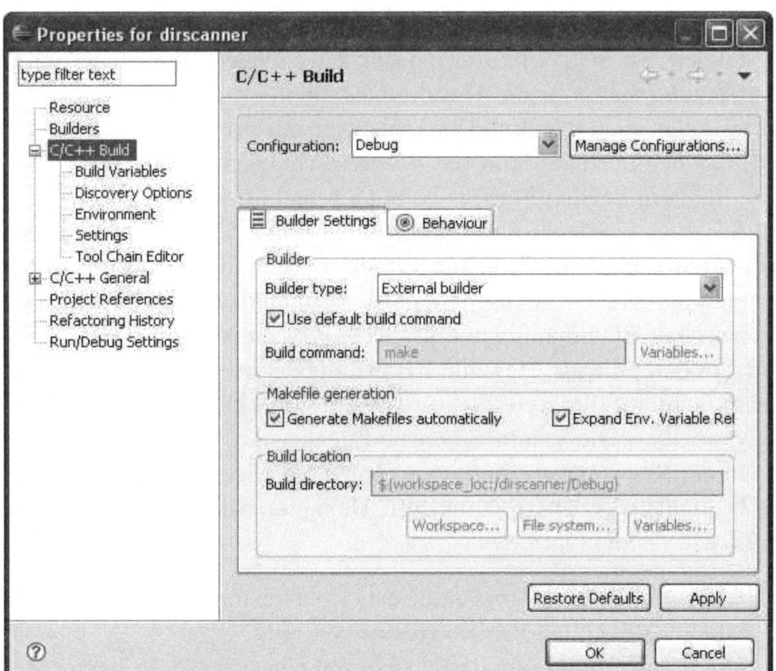

Abb. 4-10
Builder-Einstellungen

In *Builder* legen Sie fest, welche Art von Builder verwendet werden soll. Sie haben in *Builder type* die Auswahl zwischen

- *External Builder*, so dass sich CDT beim Bauen des Projektes eines externen Programmes bedient, das bei einer Build-Anweisung zu einem auch explizit bei *Build command* benennbaren Make-Programm zur Abarbeitung geschickt wird und dem
- *Internal Builder*, um auf den Umweg des expliziten Anlegens eines Makefiles zu verzichten. Das Aufrufen der Programme aus einer Toolchain geschieht dann direkt über CDT. Der Vorteil an dieser Option ist natürlich ein Performanzgewinn in der Übersetzung des Programms. Allerdings können Sie den Quelltext dann tatsächlich nur innerhalb von Eclipse mit Hilfe von CDT übersetzen.

Fällt Ihre Wahl auf *External Builder*, so können Sie im Kasten *Makefile generation* mit der Option *Generate Makefiles automatically* entscheiden, ob das Makefile nun durch CDT selbst erzeugt wird oder ob Sie diese Aufgabe doch selbst in die Hand nehmen möchten. Im ersteren Fall gibt Ihnen die Option *Expand Env. Variable Refs in Makefiles* die Möglichkeit zu bestimmen, ob im Makefile potenziell benutzte Umgebungsvariablen bei der Erzeugung des Makefiles ersetzt werden sollen oder erst beim Abarbeiten des Makefiles. Selbstverständlich sollte sich das angegebene externe Programm mit Makefiles verstehen.

Haben Sie sich allerdings dafür entschieden, die Steuerung der Übersetzung selbst in die Hand zu nehmen, so können Sie bei *Build location* das auch mit Build-Variablen spezifizierbare Verzeichnis angeben, das beim Bauen dann das aktuelle Verzeichnis darstellt. Die sich darunter befindenden Buttons bieten hierzu Hilfestellung.

Beachtet werden sollte, dass sich in CDT 5.0.1 Managed-Make-Projekte wie Makefile-Projekte verhalten, wenn Sie die Option zum Generieren des Makefiles abschalten. Sie können dann ohne Probleme ein eigenes Makefile hinzufügen und die *Build location* anpassen. Dagegen sind Projekte, die als Makefile-basiert angelegt worden sind, im Nachhinein nicht auf direktem Wege zu einem von CDT verwalteten Projekt umwandelbar: Die Schaltflächen sind deaktiviert.

In der Registerkarte *Behaviour* legen Sie allgemeine Verhaltensweisen bezüglich der Übersetzung fest. Darunter befinden sich im Kasten *Build settings* die Optionen

- *Stop on first build error*, um den Übersetzungsvorgang beim Auftauchen des ersten Fehlers zu stoppen, und
- *Use parallel build*, um das Übersetzen eines großen Projektes zu beschleunigen, falls Ihr Rechner mehrere Prozessoren oder einen Prozessor mit mehreren Kernen besitzt. Die Auswahl hat letztendlich

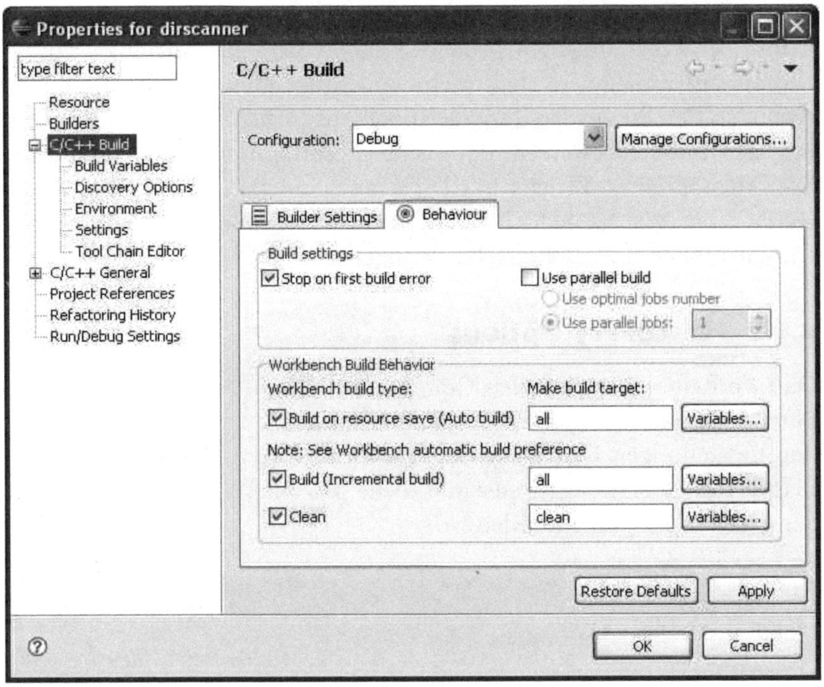

Abb. 4-11
Verhalten

zur Folge, dass mehrere Quelltexte gleichzeitig übersetzt werden. Bei der Benutzung eines externen Builders wird die Option -j an das Kommando übergeben. Die Anzahl der Jobs können Sie explizit angeben oder automatisch wählen lassen.

Im Kasten *Workbench Build Behaviour* können Sie schließlich noch diverse Optionen aktivieren, die gewisse Ereignisse der Eclipse-Workbench betreffen. Dazu zählen

- *Build on resource save (Auto build)*. Wenn diese Option aktiv ist, dann wird der Build-Vorgang nach einem Speichervorgang initiiert.
- *Build (Incremental build)*. Nur wenn diese Option aktiv ist, dann wird das Bauen des Projektes beim Absetzen eines Build-Kommandos (z.B. mit Hilfe des Buttons *Build active configuration* in der Toolbar) unterstützt. Sinnvollerweise sollte dies immer aktiv sein, ansonsten können Sie das Projekt zumindest innerhalb von Eclipse nicht bauen lassen.
- *Clean*. Das Clean-Kommando wird unterstützt.

Andere Namen für Targets angeben

Den Namen des Make Targets, das bei dem Ereignis gebaut wird, können Sie daneben angeben. Damit lässt sich das System auch an Makefiles anpassen, die andere Targets für die gewünschte Operation definieren. Beispielsweise könnten Sie anstelle des Targets `clean` das Target `maintainer-clean` angeben. Zudem können Sie Build-Variablen einfließen lassen, was Ihnen noch mehr Spielraum gibt. Für die alltägliche Arbeit sollten die beiden Targets jedoch ausreichend sein. Wenn Sie den internen Builder benutzen, dann sind diese Optionen nicht verfügbar. Die Angabe eines Targets hat bei Managed-Make-Projekten sowieso wenig Sinn. Wie Sie jedoch für Makefile-Projekte andere Targets bauen, wird Ihnen in Abschnitt 4.6 gezeigt.

4.4.2 Discovery Options

Das Verhalten des *Scanner Configuration Builder*, der die internen Header-Dateipfade und Symbole des Compilers ermittelt, lässt sich in den Einstellungen *Discovery Options* modifizieren. Abbildung 4-12 illustriert diese Seite, während in Tabelle 4-1 eine Beschreibung der allgemeinen Optionen zu finden ist.

Abb. 4-12
Discovery-Optionen

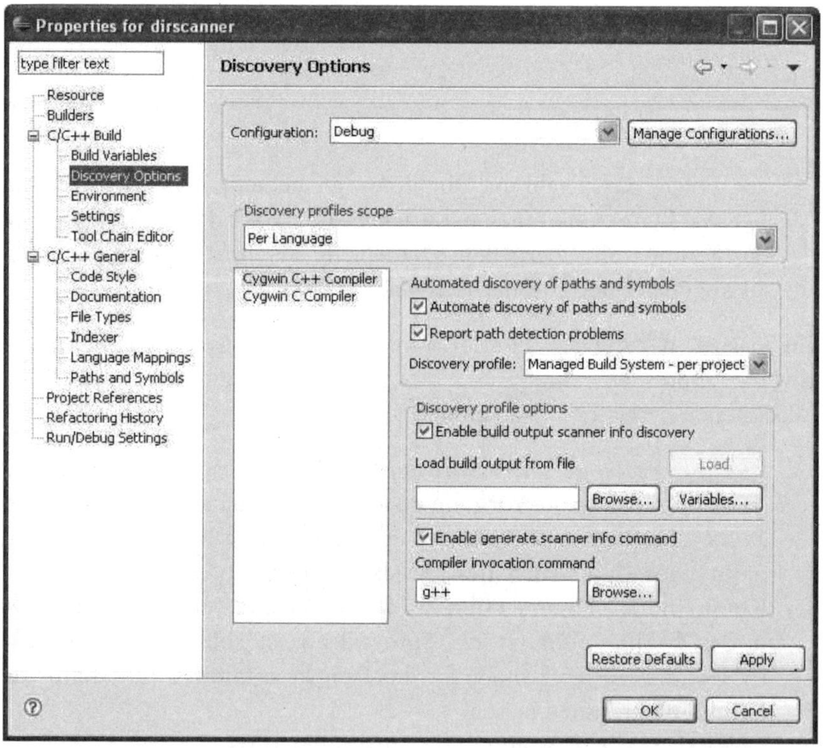

Tab. 4-1
Allgemeine Optionen

Name	Bedeutung
Discover profiles scope	Legt den Gültigkeitsbereich der Einstellungen auf der Seite fest: für jede Sprache einzeln (*Per Language*) oder für die gesamte Konfiguration (*Configuration-wide*)
Automated discovery of path and symbols	Soll CDT versuchen, Pfade und Symbole automatisch zu bestimmen?
Report path detection problems	Probleme bei der Erkennung von Pfaden werden angezeigt.
Discovery profile	Erkennungsprofil (siehe Text)

Auf welche Weise CDT an die Daten kommt, definiert das *Erkennungsprofil* (engl. *discovery profile*). Es stehen

- *GCC per project scanner info profile* und
- *Managed Build System – per project scanner info profile*

zur Auswahl, wobei letztere Option in diversen Ausführungen erscheinen kann. Zusätzlich können andere Profile angezeigt werden, falls Sie weitere CDT-Features installiert haben.

Je nach selektiertem Profil stehen Ihnen weitere Optionen zur Verfügung, die dann im Kasten *Discovery profile options* abgebildet werden. Die Parameter der beiden oben genannten Profile werden dabei in Tabelle 4-2 beschrieben.

Tab. 4-2
Optionen der GCC-basierten Profile

Name	Bedeutung
Enable build output scanner info discovery	Es wird in der Konsolenausgabe nach Pfaden und Symbolen gesucht.
Load build output from file	Anstelle der Konsolenausgabe wird eine Datei nach Informationen durchsucht.
Enable generate scanner info command	Der Compiler wird mit den Optionen `-E -P -v -dD specs.c` gestartet und die Ausgabe geparst.
Compiler invocation command	Der Name des Compiler, der bei obiger Aktion aufgerufen wird.

Einblick auf das Ergebnis des Scanners haben Sie im `Includes`-Ordner, der sich in einem Navigation-View befindet. Des Weiteren finden Sie es auf der Einstellungsseite *Path and Symbols* wieder. Die Beschreibung dieser Seite ist Thema des folgenden Unterabschnitts.

4.4.3 Path and Symbols

Die Seite *Path and Symbols* befindet sich in der Gruppe *C/C++ General*. Die Einstellungen beeinflussen nicht nur den Build-Prozess, sondern auch andere CDT-Funktionen wie beispielsweise den Indexer. In verschiedenen Registern legen Sie die Inlude-Pfade, die vordefinierten Symbole, die Bibliothekspfade, referenzierte Projekte sowie die Quellverzeichnisse fest. In Abbildung 4-13 zum Beispiel ist das Register für Symbole im Vordergrund.

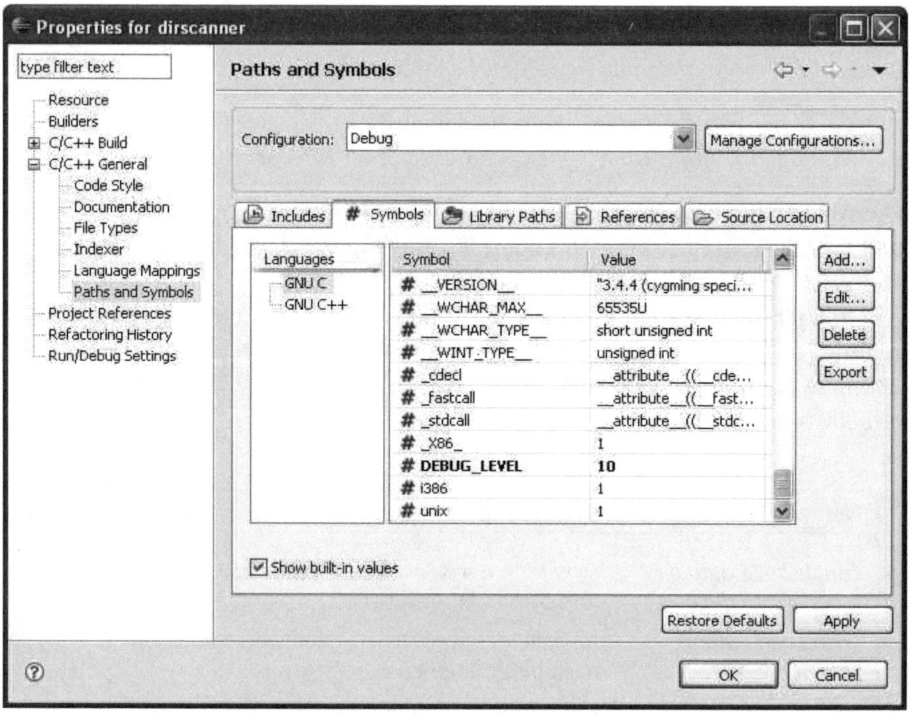

Abb. 4-13
Pfade und Symbole

Die ersten drei Register *Includes*, *Symbols* und *Library Paths* lassen sich ähnlich bedienen. Mit *Add...* fügen Sie ein neues Element hinzu, mit *Edit...* bearbeiten und mit *Delete* löschen Sie das ausgewählte Element. Eingebaute Elemente, die durch den Discover-Scanner entdeckt wurden, werden nur bei aktivierter Checkbox *Show build-in values* angezeigt. Alle von Ihnen hinzugefügten oder überschriebenen Elemente werden fett ausgezeichnet. Da Include-Verzeichnisse und Symbole Eingaben für den Compiler sind, existiert noch eine Auswahl, in der Sie die Programmiersprache festlegen.

Eingebaute Pfade löschen

Eingebaute Include-Pfade oder Symbole können mit Bordmitteln nicht entfernt werden. Wenn Sie es dennoch einmal tun müssten, z.B. wenn Sie eine neue Compiler-Version installieren, dann wechseln Sie mit einem Dateimanager oder in der Kommandozeile in das Workspace-Verzeichnis `.metadata/.plugins/org.eclipse.cdt.make.core`. Dort finden Sie Dateien der Form `<Projektname>.sc` vor, die alle durch den Discovery-Scanner entdeckten Pfade enthält. Löschen Sie die für das Projekt gültige Datei, damit nach einem Neustart das Projekt von den bisherigen eingebauten Pfaden und Symbolen befreit ist.

Im Register *References* legen Sie die Projekte fest, auf die sich das aktuelle Projekt bezieht. Die Bedeutung der Einstellungen vom letzten Register wurde ausgiebig in Abschnitt 4.3.2 behandelt.

4.4.4 Environment

Die Seite *Environment* widmet sich den Umgebungsvariablen, die allen Kind-Prozessen, also u.a. allen aufgerufenen Werkzeugen, mitgegeben werden. Wie in Abbildung 4-14 zu sehen ist, wird ein großer Teil des verfügbaren Platzes von einer Liste eingenommen, die in jeder Zeile den Namen, den Inhalt und den Definitionsursprung einer Umgebungsvariablen enthält.

Rechts neben der Liste befinden sich die Buttons, die Ihnen bei der Verwaltung nützlich sind.

- Mit *New...* können Sie eine neue Umgebungsvariable anlegen. Ein Klick auf den Button bringt das in Abbildung 4-15 gezeigte Fenster zum Vorschein. Hier werden Sie aufgefordert, den Namen und den Wert der Variablen zu definieren. Der Wert einer Variablen kann dabei eine Zeichenkette in Kombination mit einer *Build-Variablen* der Form `${Platzhalter}` enthalten, die dann erst beim Aufruf eines Werkzeugs ersetzt werden. Bevor Sie mit *OK* die Eingaben bestätigen, können Sie mit *Add to all configurations* veranlassen, dass Ihre Eingaben nicht nur für die momentan ausgewählte Konfigu-

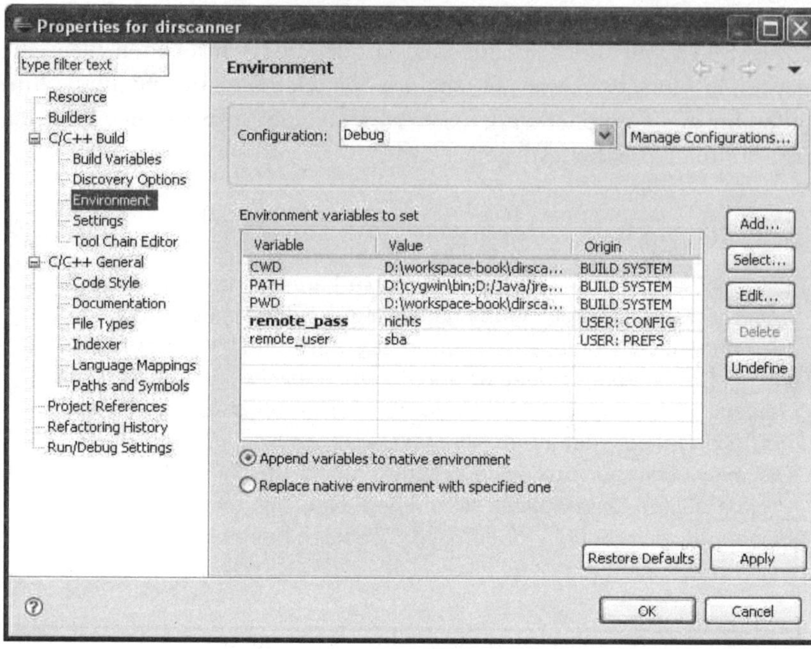

Abb. 4-14 *Die Seite für Umgebungsvariablen*

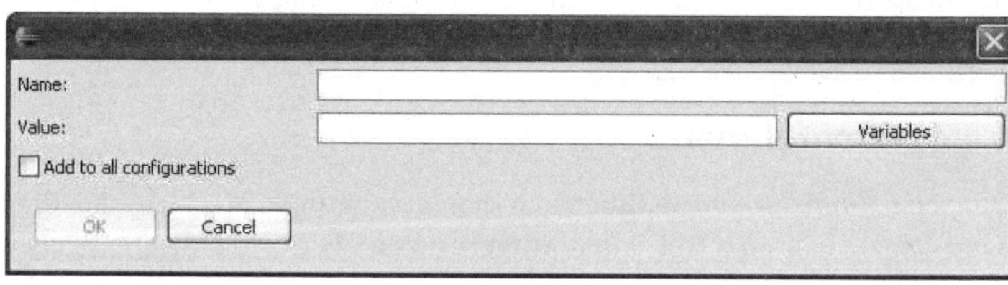

Abb. 4-15 *Eine neue Umgebungsvariable definieren*

ration übernommen werden, sondern auch für all die anderen im Projekt vorhandenen Konfigurationen.

- Mit *Select...* erscheint eine Auswahl aller der Eclipse-Umgebung zugehörigen Umgebungsvariablen inklusive deren aktuell zugewiesenen Werte. Mit Klick auf *OK* werden die markierten Variablen der Umgebungsvariablenliste mit dem angezeigten Inhalt, d.h. also nicht als Platzhalter, hinzugefügt. Auch hier haben Sie die Option, die Änderungen mit *Add to all configurations* bei allen Konfigurationen gleichzeitig durchzuführen.
- Mit *Edit...* können Sie die Eigenschaften der gerade angewählte Variable bearbeiten. Mit der Ausnahme, dass Sie den Namen der Variablen nicht ändern können, entspricht die Auswahl dem Hinzufügen einer Variablen.
- Mit *Remove* entfernen Sie den aktuell selektierten Eintrag.

- Mit *Undefine* setzen Sie eine Variable explizit als nicht definiert. Dieser »Wert« hat nur wirklich Sinn, wenn die Variablen der aktuellen Umgebung hinzugefügt werden. In dem Fall machen Sie eine vorherige Definition rückgängig.

Unter der Variablenliste befindet sich eine weitere Auswahl. Selektieren Sie dort *Append variables to native environment*, falls die spezifizierten Variablen lediglich zu der aktuellen Umgebung[1] hinzugefügt werden sollen. Andernfalls wählen Sie *Replace native environment with specified one* an, so dass die Variablen die tatsächliche Umgebung darstellen.

Erwähnenswert ist noch, dass die Umgebungsvariablen *PATH*, *PWD* und *CWD* zumindest bei der Verwendung des rohen CDT immer erscheinen und nicht gelöscht werden können. Um die von Ihnen eingegebenen Variablen von den voreingestellten Variablen unterscheiden zu können, besitzen letztere nicht nur den Ursprung `USER:CONFIG`, sondern auch eine fette Textauszeichnung.

4.4.5 Settings

Die umfangreichsten Einstellungen in Hinblick auf das Bauen von Projekten können auf der *Settings*-Seite vorgenommen werden. Ganz zu Beginn, in Abschnitt 2.2.6, haben Sie die Seite benutzt, um die Optimierungseinstellungen zu verifizieren und gegebenenfalls zu modifizieren. Der Aufbau der Seite wird thematisch durch die fünf Register untergliedert:

- Mit *Tool Settings* beeinflussen Sie Einstellungen der Werkzeuge einer Toolchain. Dazu zählen die wichtigen Compiler- und Linkeroptionen.
- Unter dem Register *Build Steps* können Sie Kommandos angeben, die vor oder nach dem Bauen aufgerufen werden.
- Bei *Build Artifact* definieren Sie wichtige Attribute bzgl. des Resultats des Projektes.
- In *Binary Parsers* aktivieren Sie die Parser für Binärdateien, wie z.B. ausführbare Programme.
- Schließlich legen Sie in *Error Parsers* diejenigen Parser fest, die auf die Ausgabe der Übersetzungswerkzeuge angewandt werden.

Im Folgenden werden Sie mehr über die Einstellungsmöglichkeiten erfahren.

[1] Die aktuelle Umgebung ist in der Regel diejenige, in der Eclipse gestartet wurde, plus Eclipse- und CDT-spezifische Variablen.

Tool Settings

Unter dem Reiter *Tool Settings* verbergen sich Einstellungen für Parameter, die den einzelnen Werkzeugen der Toolchain, also z.B. dem Compiler und Linker, übergeben werden. Die Werkzeuge finden Sie dabei als aufklappbare Elemente in einer Liste wieder. Eine Ebene tiefer werden die Optionen weiter in thematisch ähnliche Gruppen eingeteilt. Klicken Sie eine Gruppe an, um die Einstellmöglichkeiten zum Vorschein zu bringen.

Kenner der *GNU Compiler Collection* sollten keine Probleme beim Zurechtfinden in den Einstellungen haben, werden die zum Klartext korrespondierenden Argumente doch in Klammern dargestellt. Wünschenswert für GCC-Neulinge wäre in diesem Zusammenhang, dass detaillierte Beschreibungen der einzelnen Optionen auch innerhalb von CDT abgerufen werden können, sei es über Tooltips oder über die dynamische Hilfe. Tabellen 4-3 und 4-4 geben Ihnen einen Überblick, was sie in den einzelnen Gruppen einstellen können.

Tab. 4-3
Einstellungen für Compiler

Name	Gruppe
Debugging	Welche Art von Debuginformationen werden eingebunden?
Directories	Suchpfade für Include-Dateien
Miscellaneous	Zusätzliche Flags
Optimization	Optimierungsstufen des Compilers
Preprocessor	Einstellungen für den Präprozessor, ggf. auch Symbole
Symbole	Vordefinierbare Symbole
Warnings	»Pingeligkeit« des Compilers

Mit einem Klick auf einen übergeordneten Werkzeugeintrag erscheint wie in Abbildung 4-16 eine Zusammenfassung aller verwendeten Optionen, die beim Werkzeugaufruf benutzt werden sollen. Zusätzlich lässt sich

- der Name des aufzurufenden Tools ändern und
- die Form des durch CDT (oder Make) abgesetzten Kommandos mit Hilfe von Platzhaltern anpassen.

Tab. 4-4
Einstellungen für Linker

Name	Gruppe
General	Allgemeine Optionen, z.B., ob der *Startup-Code* eingebunden wird
Libraries	Hinzuzulinkende Bibliotheken und ihre Suchpfade
Miscellaneous	Verschiedenes, z.B. zusätzlich zu linkende Objekte
Shared Library Settings	Einstellungen, die das Erzeugen dynamischer Bibliotheken betreffen

Experteneinstellungen

Letzter Punkt bedarf schon aufgrund der Bezeichnung als *Expert setting* einer genaueren Erläuterung, denn damit lässt sich der Übersetzungsvorgang durchaus unbrauchbar gestalten. Per Vorgabe lautet der Eintrag bei allen Werkzeugen der GNU Compiler Collection:

```
${COMMAND} ${FLAGS} ${OUTPUT_FLAG}${OUTPUT_PREFIX}${OUTPUT} ${INPUTS}
```

Die Platzhalter bedeuten dabei im Einzelnen:

- `${COMMAND}` steht für den Namen des Kommandos, also den Inhalt des Textfelds *Command*.
- `${FLAGS}` steht für alle Compiler-Flags, also den Inhalt von *All options*.
- `${OUTPUT_FLAG}` steht für das Output-Flag, also -o bei der GNU Compiler Collection.
- `${OUTPUT_PREFIX}` steht für das Präfix der Ausgabedatei, also z.B. lib bei einem Archiv oder einer Bibliothek.
- `${OUTPUT}` steht für die Zieldatei, also z.B. `dirscanner.o`.
- `${INPUTS}` steht im Allgemeinen für Eingabedateien. Bei einem Compileraufruf ist dies in der Regel nur die zu übersetzende Quelltextdatei, also z.B. `dirscanner.cpp`, während es bei einem Linkeraufruf mehrere Dateien sein können.

Sinnvoll sind beide Optionen aber eigentlich nur bei speziellen Anforderungen anzupassen. Wenn Sie beispielsweise eine bestimmte Version vom C++-Frontend *g++* benutzen möchten, etwa die Version 4.3, weil das Frontend auf Ihrem Rechner standardmäßig die Version 4.2 verwendet, tragen Sie bei *Command* anstelle von *g++* einfach *g++-4.3* ein.

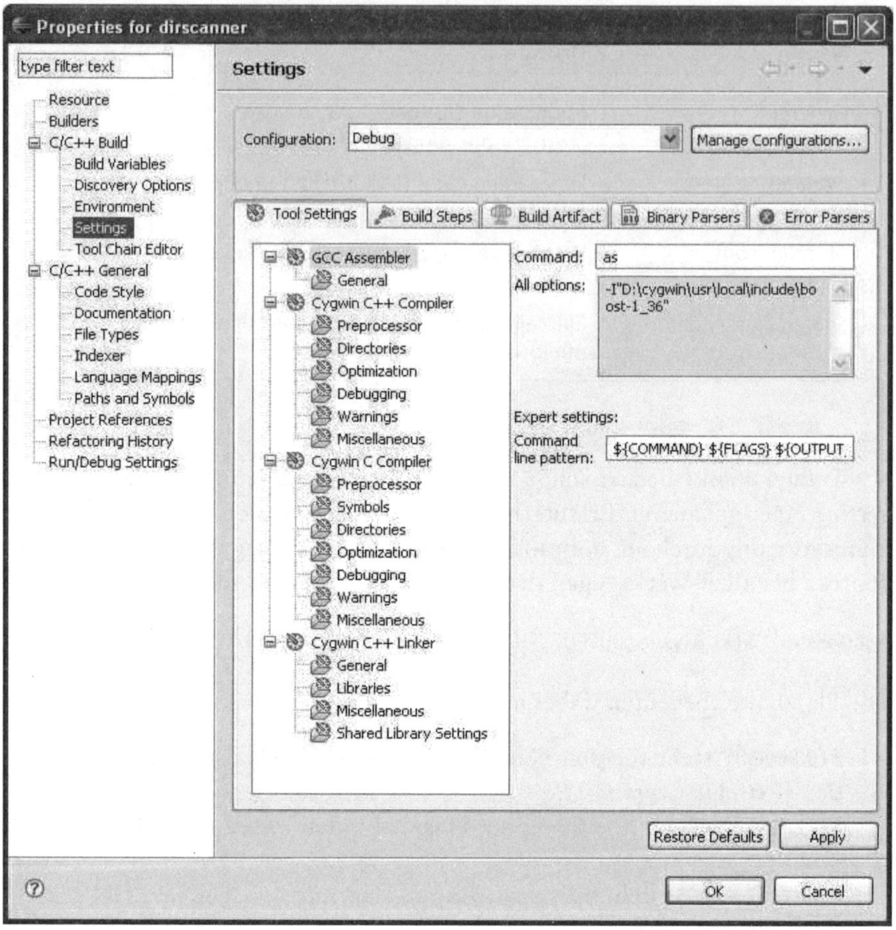

Abb. 4-16
Parameter eines Werkzeugs in kompakter Form

Build Steps

Die Registerseite *Build Steps* ist in Abbildung 4-17 dargestellt. Unter *Pre-build steps* geben Sie ein Kommando an, das aufgerufen wird, bevor die eigentliche Übersetzung beginnt. Das Gegenstück hierzu ist *Post-build steps*, wo Sie ein Kommando angeben, das aufgerufen wird, nachdem die Übersetzung erfolgreich abgeschlossen wurde. Bei beiden Varianten haben Sie die Möglichkeit, unter *Description* jeweils eine Beschreibung anzugeben, die dann beim Abarbeiten auf den Bildschirm ausgegeben wird.

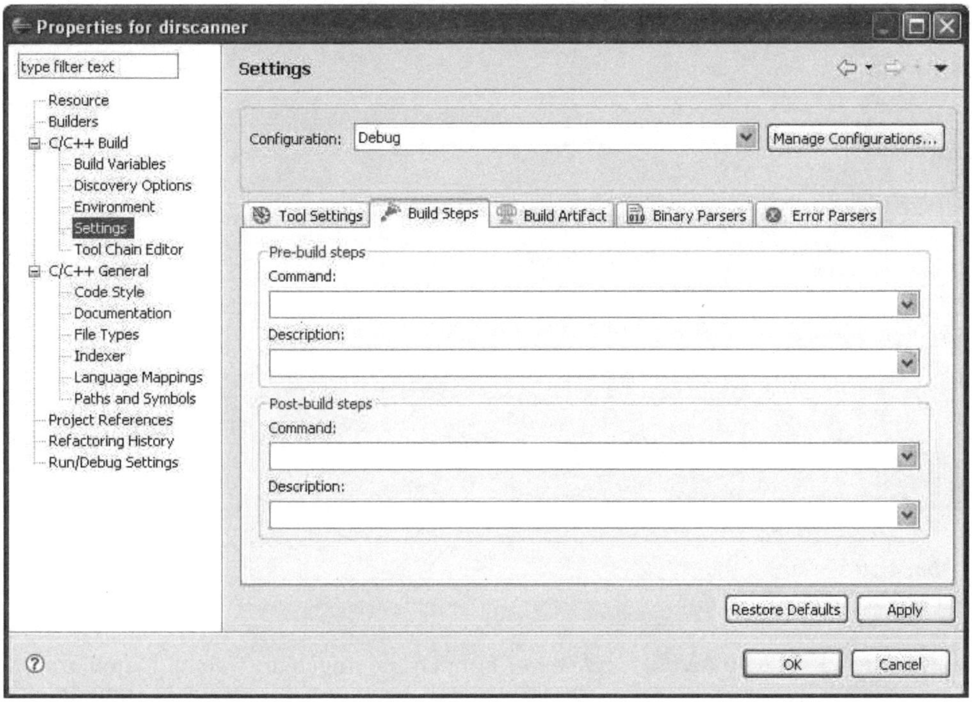

Abb. 4-17
Register Build Steps

Build Artifact

Auf der Seite *Build Artifact*, die in Abbildung 4-18 illustriert wird, können Attribute über das eigentliche Produkt eingestellt werden. Unter Produkt im Sinne von CDT wird das letztendliche Resultat einer Toolchain verstanden, die Sie dann gewöhnlich im *Binaries*-Ordner im *C/C++ Projects*-View nach einer erfolgreichen Übersetzung finden können, sofern es sich beim Produkt um eine Binärdatei handelt, mit der CDT unter Verwendung eines Binary Parsers umzugehen weiß.

Art des Produkts

Mittels der Combobox bei *Artifact type* spezifizieren Sie die Art des Produktes. Die Auswahl hängt dabei von der aktuellen Toolchain ab und stimmt mit den Möglichkeiten überein, die wie in Abschnitt 3.2.1 beim Erstellen des Projektes angeboten werden. Das bedeutet, falls die aktuelle Toolchain einer der von CDT mitgelieferten entspricht, dann stehen *Executable*, *Shared Library* und *Static Library* zur Verfügung.

Name des Produkts

Den Namen des Produkts können Sie darunter bei *Artifact name* angeben. Der Name muss dabei keineswegs mit dem Namen des einschließenden Projekts übereinstimmen.

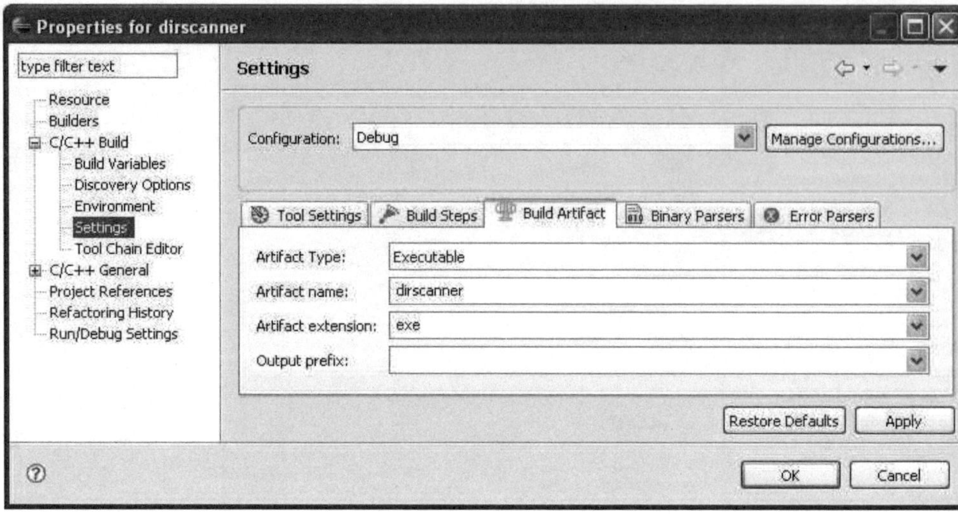

Abb. 4-18
Register Build Artifact

Suffix des Produkts

Mit *Artifact extension* können Sie angeben, welche Dateinamenserweiterung das Produkt erfährt. Das Suffix ist dabei im Eingabefeld ohne Punkt anzugeben. Bei einer Windows-Toolchain und einem ausführbaren Programm als Ziel wird das Suffix in aller Regel `exe` lauten, wohingegen der Dateiname einer Shared Library unter Linux auf `so` endet. Statische Bibliotheken enden auf `a`, wenn ein GNU Compiler verwendet wird. Sobald Sie die Art des Produkts ändern, wird diese Einstellung auf einen sinnvollen Vorgabewert gesetzt.

Präfix des Produkts

Mit *Output prefix* können Sie das Präfix vom Namen des Produkts festlegen. Bei statischen Bibliotheken ist dies z.B. `lib`. Auch dieses Feld wird auf einen sinnvollen Wert gesetzt, falls Sie die Art des Produkts ändern.

Binary Parsers

Binärparser

Ist ein Projekt einmal fehlerfrei übersetzt worden, so sollten sich anschließend Binärdateien im Projekt befinden. Um auf diese schnell zugreifen zu können, werden derartige Dateien im virtuellen *Binaries*-Ordner des *C/C++ Projects*-Views hinzugefügt. Voraussetzung dafür ist, dass CDT überhaupt in der Lage ist, die Dateien als ausführbare Binärdatei zu identifizieren.

Da jedoch die Formate für Binärdateien beinahe so variabel sind, wie es verschiedene Rechnerplattformen gibt, führten die Entwickler von CDT das Konzept der Binärparser ein. Deren Aufgabe ist es, Dateien nach ihrem binären Gehalt hin auszuwerten. Dabei werden sie nicht nur als solche identifiziert, sondern auch auf Informationen wie enthaltene Symbole hin untersucht.

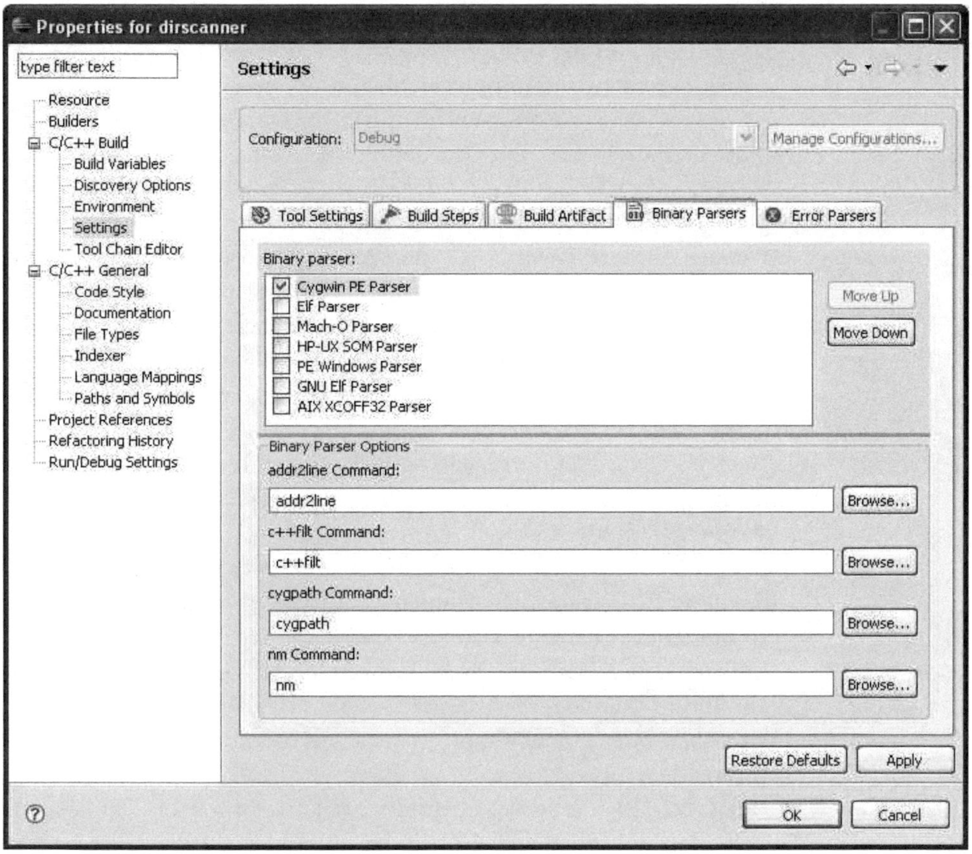

Abb. 4-19
Binary Parsers

Welche Binärformate im Projekt unterstützt werden, kann auf der Registerseite *Binary Parsers* spezifiziert werden. Die Seite wird in Abbildung 4-19 dargestellt und erlaubt als einzige nur globale Projekteinstellungen – die Konfigurationsauswahl ist deaktiviert. Unter dem Register befindet sich eine Liste, die alle verfügbaren Binärparser umfasst. Mittels Häkchen können Sie einen Binärparser aktivieren. Zusätzlich können Sie auch die Reihenfolge festlegen, indem Sie den selektierten Eintrag mit Hilfe der Buttons *Move Up* und *Move Down* nach oben (d.h. frühere Anwendung) oder nach unten (d.h. spätere Anwendung) verschieben.

Im Folgenden wird kurz der Anwendungsbereich der in CDT mitgelieferten Parser beschrieben.

- Der *Cygwin PE Parser* ist ein Parser, der das unter Windows verwendete *Portable Executable*-Format versteht. Aktivieren Sie diesen Parser, falls Sie Ihre Programme für Windows kompilieren und dabei den Cygwin-Compiler benutzen.
- *Elf Parser*. ELF ist die Kurzform für *Executable and Linking Format*. Es ist das Format, das die meisten Unix-ähnlichen Betriebssysteme wie z.B. Linux oder diverse BSD-Varianten benutzen. Aber auch nicht Unix-ähnliche Betriebssysteme wie AmigaOS 4.x verwenden ELF. Aktivieren Sie die Optionen, wenn Sie Ihre Projekte für eine solche ELF-unterstützende Plattform übersetzen.
- Der *Mach-O Parser* ist für das Mach-O-Format verantwortlich, das u.a. in Mac OS X Verwendung findet und sogenannte Fat Binaries unterstützt. Falls Sie Programme für Apples Betriebssystem erzeugen wollen, so aktivieren Sie diese Option.
- Der *HP-UX SOM Parser* zielt auf das Dateiformat ab, das für 32-bittigen Code für die Prozessorfamilie PA-RISC unter dem Betriebssystem *HP-UX* verwendet wurde.
- Der *PE Windows Parser* ist ebenfalls ein Parser für das in Windows benutzte PE-Format. Die Implementation verwendet im Gegensatz zu obigem PE-Parser allerdings keine externen Programme, um die Informationen zu extrahieren. Verwenden Sie diesen Parser, falls Sie auf Ihrem Windows-Rechner keine Cygwin-Umgebung eingerichtet haben oder einen Windows-Code-erzeugenden Cross-Compiler verwenden.
- Der *GNU Elf Parser* ist ebenfalls ein Parser für ELF-Dateien, der sich allerdings für manche Aufgaben auf externe Programme stützt. Aktivieren Sie diesen Parser, wenn der *Elf Parser* nicht erfolgreich ist.
- *AIX XCOFF32 Parser*

Einige der oben aufgeführten Parser erlauben noch weitere Einstellungen, die im Kasten *Binary Parser Options* vorgenommen werden können. Diese erlauben hauptsächlich die Angabe der Pfade zu den verwendeten Programmen, die zu dem GNU-Paket *binutils* gehören. Zu den Programmen, die CDT verwenden, zählen

- *addr2line*, um die zu einer Adresse gehörende Programmzeile im Quelltext zu bestimmen,
- *c++filt*, um die Bezeichner für Methoden im Objekt-Code wieder zu korrekten C++-Bezeichnern zu transformieren,

- *cygpath*, um Windows-Pfade in POSIX-kompatible Formate zu transformieren und umgekehrt, und
- *nm*, um die in Objekt-Dateien benutzten Symbole zu extrahieren.

Error Parsers

Error Parser sind für das Parsen der Ausgabe von den Werkzeugen des Übersetzungsprozesses verantwortlich. Die Einstellungen, die auf der Registerseite vorgenommen werden, sind Thema von Abschnitt 4.7.4.

4.4.6 Tool Chain Editor

Standardmäßig ist die Toolchain ausgewählt, die Sie beim Kreieren des Projektes angegeben haben. Damit wird prinzipiell festgelegt, welche Werkzeuge verwendet werden können, was mit den Arten von Quelltextdateien einhergeht, mit denen CDT beim Übersetzen etwas anzufangen weiß. Auf der Seite des Toolchain-Editors, dargestellt in Abbildung 4-20, können Sie allerdings die Werkzeuge der aktuellen Konfiguration fast nach Belieben anpassen – aber nur fast, weil die eigentlichen Werkzeuge, d.h. deren konkreten Eigenschaften, z.B. für welche Dateiendung sie gelten, nicht selbst für ein Projekt definiert werden können. Dies ist den Entwicklern von CDT sowie Plugin-Anbietern vorbehalten. Sicherlich wäre es sinnvoll, dies auch den Benutzern von CDT zu gestatten.

Unter *Current toolchain* können Sie zunächst in einer Combobox erst mal aus dem Pool aller Toolchains eine passende Toolchain auswählen. Dabei können Sie mit *Display compatible toolchains only* die Auswahl auf kompatible Toolchains beschränken. Ist die Option aktiviert und haben Sie z.B. die Unterstützung von IBMs XL-C/C++-Compiler installiert, so können Sie diesen nicht auswählen, wenn die aktuelle Toolchain *Linux GCC* ist. Das Gleiche gilt in entgegengesetzter Richtung. Wie dem auch sei, sobald Sie die Toolchain wechseln, erfährt auch die Liste unter *Used tools*, in der alle benutzten Werkzeuge dargestellt werden, eine Änderung. Allerdings ist bei einer Änderung Vorsicht geboten: Alle Einstellungen, die den Discoverer sowie die Parameter der Werkzeuge betreffen, gehen (zumindest bei der Version 5.0 von CDT) verloren. So richtig interessant wird es, wenn Sie *Select Tools...* wählen.

Bevor wir dazu kommen, sei erwähnt, dass Sie unter *Current builder* auch noch einmal den Builder wählen können, also ob der interne oder externe Builder benutzt werden soll. Diese Einstellung entspricht letzten Endes genau der Einstellung, die bereits in Abschnitt 4.4.1 beschrieben wurde.

Abb. 4-20
Die Seite des Toolchain-Editors

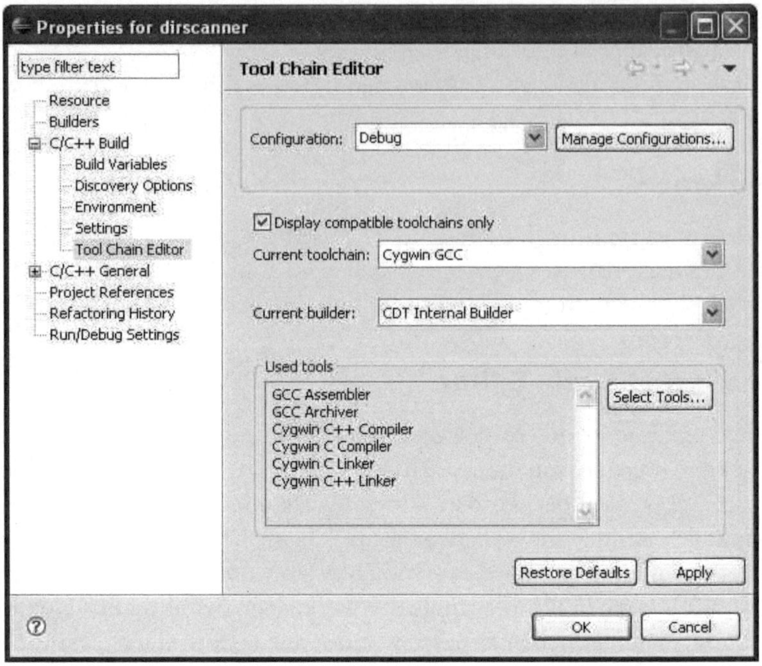

Wenn Sie den bereits erwähnten Button *Select Tools...* betätigen, erscheint das in Abbildung 4-21 gezeigte Fenster. Es besteht aus zwei Listen, wobei die erste mit *Available tools* und die zweite mit *Used tools* betitelt ist. In der ersten Liste können Sie ein Werkzeug aus allen verfügbaren Werkzeugen auswählen, während die zweite diejenigen Werkzeuge zur Auswahl anbietet, die momentan in der Toolchain Verwendung finden.

Kompatible Werkzeuge können ausgetauscht werden.

Mit Hilfe des Buttons mit der Aufschrift *Replace*, der zwischen den beiden Listen zu finden ist, lässt sich ein angegebenes Paar austauschen. Dies gelingt allerdings nur, wenn die beiden Werkzeuge kompatibel sind, andernfalls ist der Button deaktiviert. Einen Hinweis auf die Kompatibilität der Werkzeuge untereinander geben Dreiecke vor dem Namen des Werkzeugs. Werkzeuge sind kompatibel zueinander, wenn sich dieselben Sorten von Eingabedateien in dieselben Sorten von Ausgabedateien transformieren.

Standardmäßig deaktiviert sind auch die Buttons *Add Tool* und *Remove Tool*. Sie werden erst benutzbar, wenn Sie die Option *Allow all changes* aktivieren, so dass auch inkompatible Änderungen in der Werkzeugliste zugelassen werden. Damit können Sie dann Werkzeuge nach Belieben zur Toolchain hinzufügen bzw. aus ihr entfernen.

Abschließend können Sie die vorgenommenen Einstellungen mit *OK* bestätigen oder mit *Cancel* verwerfen.

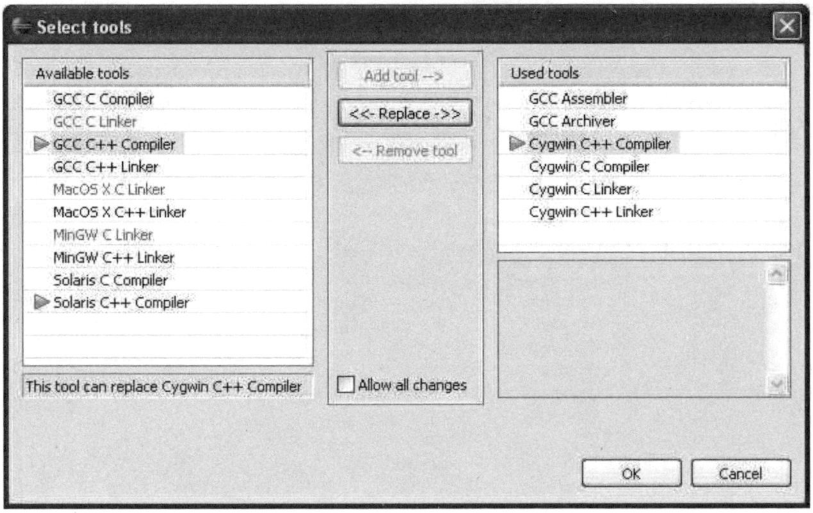

Abb. 4-21
Fenster, um die Toolchain nach Belieben anzupassen

4.4.7 Build Variables

Die Seite *Build Variables* ist die projektspezifische Variante zu den in Abschnitt 4.2.4 beschriebenen Build-Variablen mit globalem Gültigkeitsbereich. Alle hier definierten Build-Variablen gelten demnach nur im Kontext des Projektes. Die Bedienung erfolgt analog zur globalen Variante.

4.5 Einstellungen für Ressourcen

Während im letzten Abschnitt die Projekteigenschaften besprochen wurden, sind jetzt die Eigenschaften aller anderen Ressourcen an der Reihe. Das Ganze gestaltet sich nicht viel anders als das Anpassen der Einstellungen für das ganze Projekt, nur dass Sie anstelle des Projektes eben die Ressource anklicken, um im Kontextmenü das Properties-Fenster hervorzurufen.

Bei Ordner- und Dateiressourcen ist dieses allerdings stark gekürzt, wie in Abbildung 4-22 in der Liste links zu sehen ist. Wie bei den Projekteinstellungen können die Einstellungen mit Hilfe der Combobox für Konfigurationen separat vorgenommen werden. Die Option *Exclude resource from build* dient dem Zweck, die Ressource gänzlich vom Build-Prozess auszuschließen.

Lokale Einstellungen überschreiben übergeordnete Voreinstellungen.

Für die selektierbaren Seiten gilt, dass in ihnen teilweise andere Eigenschaften modifiziert werden können, als dies unter gleichnamigen Seiten in den projektspezifischen Einstellungen der Fall ist. Bevor diese Unterschiede in den folgenden Abschnitten erläutert werden, soll noch

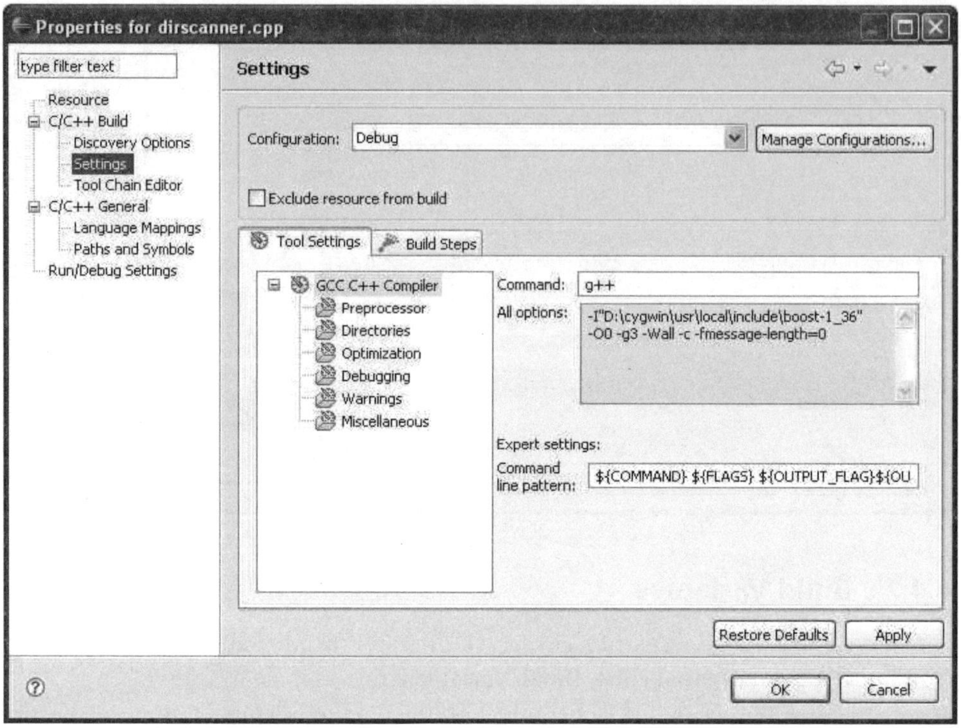

Abb. 4-22
Mit Hilfe der Eigenschaften von Datei- und Ordnerressourcen können Sie gezielt in den Build-Prozess eingreifen.

darauf hingewiesen werden, dass einmal vorgenommene lokale Einstellungen gegenüber den gleichen Einstellungen der übergeordneten Ressource Vorrang haben.

Indikator für geänderte Einstellungen

Ressourcen, bei denen eine lokale Einstellung vorgenommen wurde, werden mit Hilfe einer Dekoration, die aus einem eckigen Klammerpaar besteht, im Navigation-View kenntlich gemacht. Da aber nicht klar ist, welche Änderung dies konkret betrifft, sind bei häufiger Anwendung dieser Funktion Verwirrungen nicht ausgeschlossen[2].

Lokale Einstellungen zurücknehmen

Um Änderungen rückgängig zu machen, können Sie vom Button *Restore Defaults* Gebrauch machen. Allerdings werden die Einstellungen dann auf die von CDT vorgegebenen Werte gesetzt, also nicht auf die vom einschließenden Projekt. Möchten Sie die im Projekt eingestellten Werte übernehmen, so wählen Sie die zu löschende Konfiguration aus, nachdem Sie den Kontextmenüeintrag *Build Configurations > Delete Resource Cfgs...*, wie in Abbildung 4-23 gezeigt, ausgewählt haben.

[2]Sollten Sie tatsächlich einmal wissen wollen, welche Option Sie geändert haben, so empfiehlt es sich, die Datei `.cproject` zu begutachten.

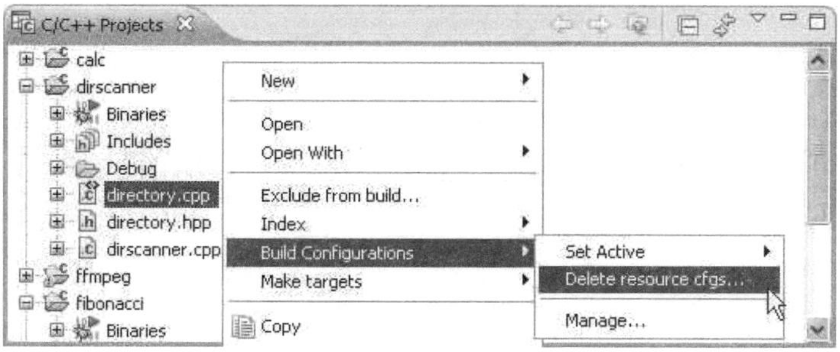

Abb. 4-23 *Spezifische Konfiguration zurücksetzen*

4.5.1 Discovery Options

Diese Seite erscheint, falls die in Bearbeitung befindliche Ressource durch ein Compiler-Werkzeug verarbeitet werden kann, wozu für gewöhnliche alle Quelltextdateien, nicht aber Header-Dateien gehören. Diese Seite stimmt dann mit der Seite, die Sie für eine Projektressource an der Stelle sehen würden, überein. Die ausführliche Beschreibung der Optionen finden Sie daher in Abschnitt 4.4.2.

Wieso sollte man aber in ein und demselben Projekt verschiedene Discoverer verwenden? Die Antwort findet sich in den nächsten beiden Abschnitten. Dort wird gezeigt, dass nicht nur die Parameter der Werkzeuge für jede Ressource geändert werden können, sondern auch die Werkzeuge selbst. Es besteht folglich die Möglichkeit, einen anderen Compiler zu verwenden, für den, wenn nicht unbedingt ein anderes Profil, dann vielleicht ein anderes *Compiler invocation command* benutzt werden sollte.

4.5.2 Settings

Die Seite *Settings* erlaubt das Verhalten der Werkzeuge zu beeinflussen. In den eingeschränkten Eigenschaften für Ordner- oder Dateiressourcen ist das Register *Tool Settings* zu finden. Für Dateiressourcen kommt dann noch *Build steps* hinzu.

Die Einstellungsmöglichkeiten im Register *Tool Settings* sind mit denen eines Projekts identisch, abgesehen davon, dass sich die Anzahl der Werkzeuge reduziert, deren Optionen Sie variieren können – bei Dateiressourcen wird, wie in Abbildung 4-22 erkenntlich, gar nur ein einziges Werkzeug angezeigt.

Die Sache verhält sich mit dem Register *Build Steps*, das in Abbildung 4-24 dargestellt ist, anders. Die Seite besteht aus einem Kasten *Resource Custom Build Steps*, innerhalb dessen Sie verglichen mit der projektspezifischen Einstellung gänzlich andere Parameter angeben können.

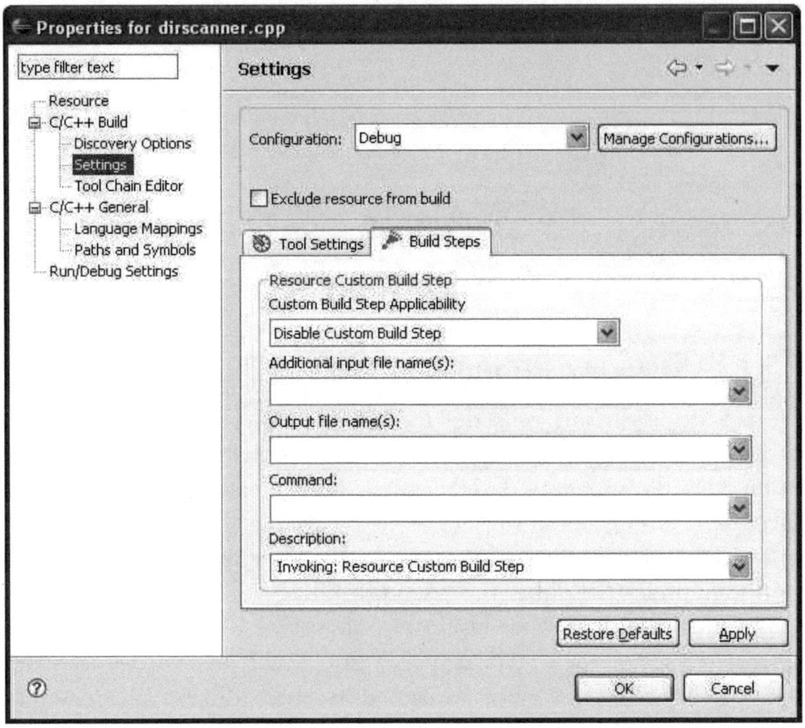

Abb. 4-24 *Das Register* Build Steps *für Dateiressourcen*

Eigene Werkzeuge zum Übersetzen definieren

Und zwar können Sie hier das für die Übersetzung herangezogene Werkzeug ganz unabhängig von der aktuell gewählten Toolchain selbst spezifizieren. Hierfür stellen Sie die Combobox *Custom Build Step Applicability* zunächst von *Disable Custom Build Step* auf *Apply Custom Step Overriding Other Tools.*

Weitere Abhängigkeiten festlegen

Unter *Additional input files* können Dateien angegeben werden, die neben der gerade in Bearbeitung befindlichen Ressource im Build-Schritt verwendet werden. Das Feld dient dem Zweck, dem Builder weitere Abhängigkeiten bekannt zu machen. Der Build-Schritt wird also auch ausgeführt, wenn sich eine der spezifizierten Dateien geändert hat.

Weitere Ziele spezifizieren

Theoretisch kann ein benutzerdefinierter Build-Schritt nicht nur die eigentliche Zielressource, sondern auch weitere Ressourcen erzeugen. Damit der Builder davon in Kenntnis gesetzt werden kann, um beispielsweise die Ressourcen in den Navigation-Views aktualisieren zu lassen, existiert das Feld *Output file name(s)*, in dem die Dateinamen durch ein Semikolon getrennt angegeben werden können.

Das Kommando wird vollständig vom Benutzer spezifiziert.

Unter *Command* geben Sie das Kommando an, dass bei der Abarbeitung der Ressource aufgerufen wird. Das Feld repräsentiert dabei das vollständige abgesetzte Kommando, d.h., Sie müssen bei der Eingabe auch die Kommandozeilenparameter bedenken, inklusive der zu übersetzenden Datei – die Einstellungen im Register *Tool Settings* sind wie auch im gleich behandelten *Tool Chain Editor* demnach hinfällig. Obwohl es in aktueller CDT-Version nicht gekennzeichnet ist, können Sie hier jedoch Build-Variablen benutzen, was auch hier eine gewisse Flexibilität zulässt. Beispielsweise bietet es sich an, die Optionen des Kommandos in einer solchen Build-Variablen zuzuweisen.

Schließlich können Sie mit *Description* eine kurze Beschreibung angeben. Diese wird beim Arbeiten der Datei ausgegeben.

4.5.3 Tool Chain Editor

Ist die ausgewählte Ressource ein Ordner, so bietet diese Seite die gleichen Einstellungsmöglichkeiten wie die Seite für Projekte, deren Beschreibung Sie in Abschnitt 4.4.6 finden. Für Dateien ist die Ansicht in Abbildung 4-25 dargestellt. Anstelle einer Toolchain wählen Sie hier das Werkzeug in der Combobox unter *Select tool* direkt aus. Dabei werden normalerweise nur kompatible Werkzeuge dargestellt, denn einen C-Quelltext durch einen Assembler übersetzen zu lassen wird in den seltensten Fällen zu einem Erfolg führen. Durch das Deaktivieren der Option *Display compatible toolchains only* können Sie diese Einschränkung dennoch aufheben.

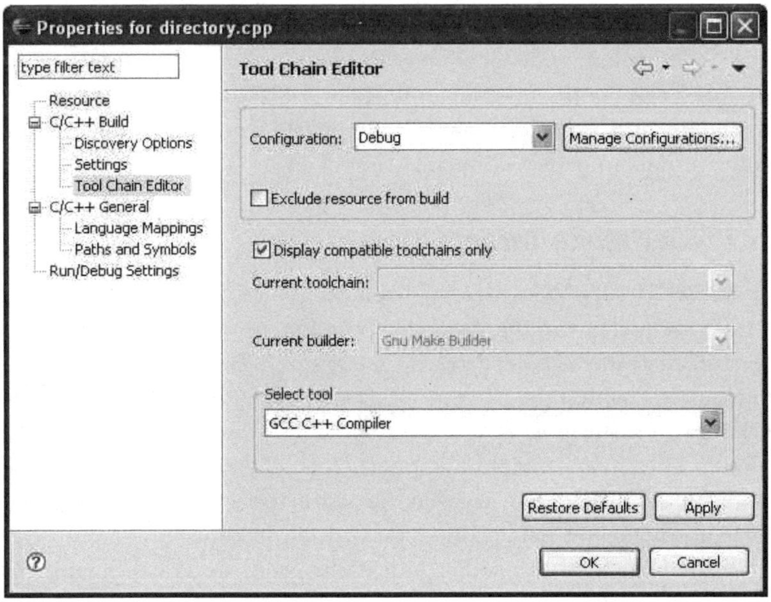

Abb. 4-25
Der Toolchain-Editor für Dateien erlaubt die explizite Angabe des Werkzeugs.

4.5.4 Path and Symbols

Auch die Seite *Path and Symbols* lässt Anpassungen zu. Auf ihr können sowohl Include-Pfade, auch Symbole datei- bzw. ordnerspezifisch angegeben werden. Einstellungen für den Linker gibt es hingegen nicht. Sie sind nur global zu definieren, da der Linker ja auf mehreren Objekten agiert.

4.6 Makefile-Projekte

Dass CDT auch Aufgaben des Build-Systems abnimmt, ist für Einsteiger in der C/C++-Programmierung sicher eine enorme Erleichterung. Allerdinge geht diese recht bequeme Vorgehensweise auch mit Einschränkungen in der Flexibilität einher; andere als die von den Toolchain bereitgestellten Aktionen lassen sich nur schwerlich von Benutzerseite integrieren. Projekte, die auf einem externen Build-Programm wie *Make* oder *CMake* basieren, sind deshalb noch lange nicht vom Aussterben bedroht. Solche Projekte werden in CDT unter der Angabe des Projekttypens *Makefile project* angelegt.

In den Projekteinstellungen, die ab Abschnitt 4.4 behandelt wurden, lassen sich Aktionen wie das Bauen oder das Aufräumen eines Projektes mit Make Targets verknüpfen. Wenn Sie die Verwaltung des C- oder C++-Projektes selbst in die Hand nehmen, so haben Sie wahrscheinlich weitere Make Targets im Makefile vorliegen. Auch die in der Open-Source-Gemeinde beliebten Entwickler-Software *autoconf* und *automake* erzeugen Makefiles mit einer Vielzahl weiterer Targets. Im Folgenden wird erläutert, wie Sie innerhalb von CDT mit mehreren Make Targets umgehen können.

4.6.1 Der *Make Targets*-View

Der *Make Targets*-View, der in Abbildung 4-26 zu sehen ist, stellt die zentrale Stelle dar, um die Ziele der Projekte zu verwalten. In ihm werden zunächst alle C/C++-Projekte dargestellt. Beim Aufklappen eines Projektes erscheinen die Ziele, die CDT bekannt gemacht worden sind. CDT ist also nicht in der Lage, die Ziele selbstständig aus dem Makefile zu lesen. Dies mag zunächst wunderlich erscheinen, kann aber durchaus als Vorteil angesehen werden. So können Sie Ziele hinzufügen, die überhaupt nicht mit einem Makefile verknüpft sind.

Ist die Hierarchie eines Projektes sehr groß, so haben Sie mit Hilfe der Buttons *Home*, *Back* und *Go Into* die Möglichkeit, innerhalb der Hierarchie zu navigieren. Des Weiteren können Sie

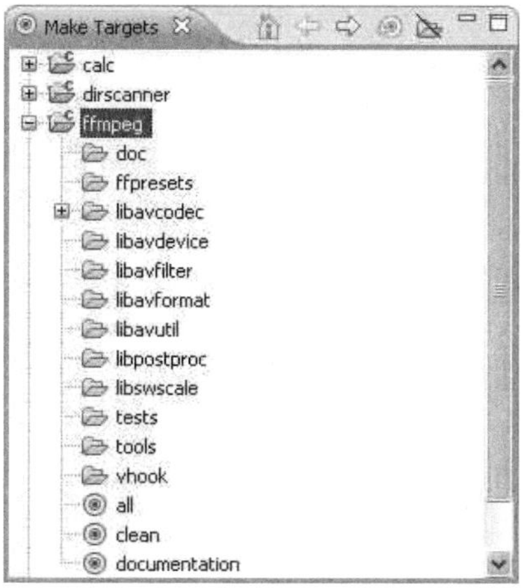

Abb. 4-26
Make Targets-*View. Die mit einer grünen Scheibe versehenen Einträge stellen bekannte Ziele dar.*

- mit *Build Make Target* das eingestellte *Make*-Programm mit ausgewähltem Target als Argument starten oder
- mit *Hide Empty Folders* alle Ordner, die kein definiertes Make Target besitzen, verstecken lassen.

4.6.2 Make Targets hinzufügen

Um ein Target der Entwicklungsumgebung bekannt zu machen, bieten sich mehrere Möglichkeiten an. Am einfachsten geht es über den *Make Targets*-View. Klicken Sie mit der rechten Maustaste auf das Projekt, zu dem Sie ein Make Target hinzufügen möchten. Wählen Sie im so hervorgerufenen Kontextmenü den Eintrag *Add Make Target*. Alternativ können Sie auch das Kontextmenü über dem Projekt in einem Navigation-View hervorrufen und dort *Make targets > Create...* auswählen. Gleich welchen Weg Sie nehmen, es öffnet sich das in Abbildung 4-27 dargestellte Fenster, das von Ihnen weitere Eingaben fordert.

Angezeigter Name und Target spezifieren

Da wäre einmal im oberen Teil des Fensters das Eingabefeld *Target Name*, in dem Sie z.B. den im *Make Targets*-View angezeigten Namen des Ziels spezifizieren. Im Feld *Make Target* geben Sie im Gegensatz dazu den Namen des Ziels an, so wie er im Makefile selbst angegeben ist.

Build-Kommando definieren

Zusätzlich können noch weitere Einstellungen vorgenommen werden, die einige globale Projekteinstellungen überschreiben, die in Abschnitt 4.4.1 behandelt wurden. Dazu zählen das aufzurufende Build-Kommando unter *Build command* und *Stop on first build error*. Neu hingegen ist *Run all project builders*. Ist diese Option aktiviert, so wer-

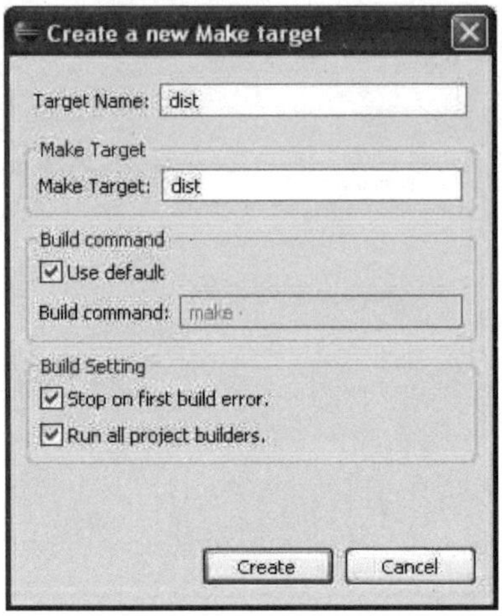

Abb. 4-27
Ein neues Make Target erstellen

den alle im Projekt aktivierten Builder ausgeführt, ansonsten wird nur der *CDT Builder* gestartet.

Die Verwendung von Build-Variablen

Wie bei vielen Einstellungen von CDT ist auch hier die Benutzung von Build-Variablen gestattet. Die Auflösung erfolgt beim Aufruf des Programms.

Make Targets über Outline-*View hinzufügen*

Haben Sie ein Makefile geöffnet, so finden Sie alle dort definierten Make Targets im *Outline*-View wieder, so wie in Abschnitt 3.5.12 beschrieben wurde. Sie können ein Make Target bekannt machen, indem Sie über seinem Kontextmenü den Eintrag *Add make Target* auswählen.

4.6.3 Make Targets bauen

Zum Bauen eines Make Targets können Sie wie angesprochen das entsprechende Ziel innerhalb des *Make Targets*-Views doppelklicken. Alternativ können Sie in einem Navigation-View im Kontextmenü über dem Projekt *Make Targets > Build...* benutzen und im daraufhin erscheinenden Fenster das gewünschte Ziel doppelklicken.

Daraufhin wird das spezifizierte Kommando mit dem angegebenen Target aufgerufen. Bei aktivierter Option *Run all project builders* werden noch alle weiteren aktiven Builder des Projektes gestartet. Das heißt, falls Ihr C/C++-Projekt etwa den *Scanner Configuration Builder* benutzt, so wie es auch bei neu erstellten C/C++-Projekten voreingestellt ist, werden ebenfalls die eingestellten Discovery-Profile gestartet, die die im Compiler eingebauten Header-Dateien bestimmen.

4.6.4 Make Targets entfernen

Natürlich können Sie ein Make Target auch wieder entfernen. Bringen Sie das Kontextmenü des zu löschenden Target im *Make Targets*-View hervor und wählen Sie dort *Delete Make Target* aus.

4.6.5 Besonderheiten

Make Targets können benutzt werden, um beliebige Programme zu integrieren.

Make Targets im Sinne von CDT repräsentieren nicht ausschließlich die Make Targets eines Makefiles. Genau betrachtet stellen sie eher eine allgemeine Funktionalität bereit, um Programme aus Eclipse zu starten. Auf diese Weise können Sie z.B. auch Skripte wie *configure* oder ganz andere Programme einbinden. Ein Beispiel dazu finden Sie in Abschnitt 6.6, wo gezeigt wird, wie das Projekt *Inkscape* heruntergeladen und übersetzt wird.

Speicherort der Make Targets

Die Information, welche Make Targets hinzugefügt worden sind, wird in CDT 5.0 in der Datei `.cproject` abgelegt.

4.7 Compiler-Ausgaben

Wenn die Übersetzung im Gange ist, wird der Compiler früher oder später Ausgaben machen, sei es um den aktuellen Stand zu melden oder um Fehler zu monieren. Wo landen diese Ausgaben in Eclipse?

4.7.1 Console

Zunächst einmal wäre da der *Console*-View, auf den schon einige Male verwiesen wurde. Dorthin werden Ausgaben von Ausgabeströmen umgeleitet und gegebenenfalls Eingaben entgegengenommen. Da es mehr als einen Ein- oder Ausgabestrom geben kann, beispielsweise einmal vom Übersetzungsvorgang, vom ausgeführten C-Programm, vom CVS-Client und so weiter, existieren eigentlich fast immer mehrere Konsolen, von denen aber nur eine im *Console*-View angezeigt wird. Auch unterscheiden sich je nach Konsolenart die angebotenen Interaktionsmöglichkeiten.

Für den Build-Prozess ist die Konsole mit dem Namen *C-Build* die interessante. Einen *Console*-View, der ein Exemplar davon beherbergt, sehen Sie in Abbildung 4-28. Dort wurde gerade ein Übersetzungsvorgang beendet, wobei der Ablauf nicht ganz fehlerfrei ablief. Neben den Standard-Buttons zum Minimieren oder Maximieren hält der *Console*-View dafür die folgenden Buttons bereit:

- *Clear Console*. Löscht den gesamten Inhalt der Konsole.
- *Pin Console*. Die aktuelle Konsole wird nicht von einer anderen verdrängt.
- *Display Selected Console*. Dient zum zyklischen Umschalten zwischen geöffneten Konsolen. Das Pulldown-Menü enthält die Einträge aller geöffneten Konsolen.
- *Open Console*. Das Pulldown-Menü enthält mögliche Konsolen, z.B. die *CVS Console*, in der die Ausgaben des CVS-Client geschrieben werden.

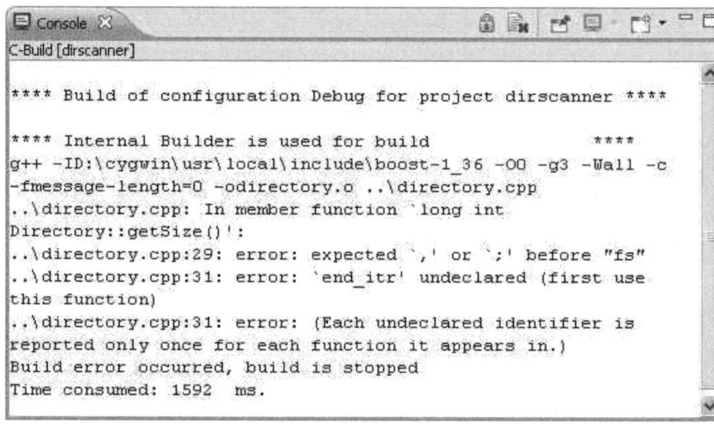

Abb. 4-28
Console-View

Weitere für C/C++-Programmierer wichtige Konsolen sind diejenigen, die mit der Ein- und Ausgabe von in Eclipse gestarteten Applikationen verknüpft sind. Deren Umgang wird im nächsten Kapitel in Abschnitt 5.3 beschrieben.

4.7.2 Voreinstellungen zur Build-Konsole

Das Verhalten der Build-Konsole können Sie in den globalen Einstellungen unter der Seite *C/C++ > Build Console* beeinflussen. Die dort präsentierte Ansicht finden Sie in Abbildung 4-29. Die Bedeutung der Elemente wird in Tabelle 4-5 beschrieben.

4.7.3 Wie CDT Kommandoausgaben verarbeitet

Da CDT bekanntlich beliebige Werkzeuge, die ihrerseits unterschiedlich formatierte Meldungen auf den Bildschirm bringen können, in den Build-Prozess mit einbeziehen kann, setzt auch die Auswertung der Ausgaben Flexibilität voraus. Die CDT-Entwickler haben sich hierfür

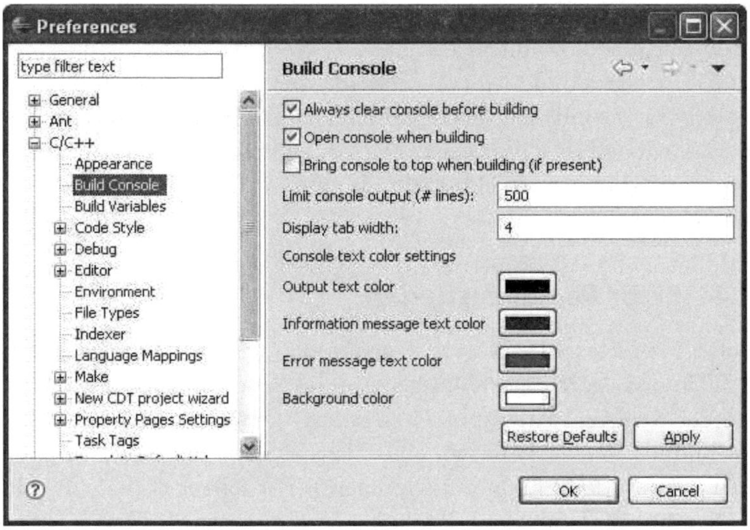

Abb. 4-29
Voreinstellungen zur Build-Konsole

Tab. 4-5
Optionen der Build-Konsole

Name	**Bedeutung**
Always clear console before building	Der Konsoleninhalt wird vor dem Bauen gelöscht.
Open console when building	Die Konsole wird beim Bauen geöffnet.
Bring console to top when building	Die Konsole wird in den Vordergrund gebracht, wenn gebaut wird.
Limit console output	Begrenzt die Anzahl der Zeilen, die von der Konsole gespeichert werden
Output text color	Die Farbe von gewöhnlichem Text
Information message text color	Die Farbe von informativem Text
Error message text color	Die Farbe von Fehlermeldungen (z.B. wenn ein Kommando nicht gefunden wurde)
Background	Die Hintergrundfarbe der Konsole

das Konzept der Error Parser ausgedacht, das hier näher beleuchtet werden soll.

Error Parser sind oftmals speziell auf die Ausgabe eines einzigen Werkzeugs zugeschnitten. Alle aktiven Parser werden Zeile für Zeile auf den Ausgabestrom angesetzt, der auch im *Console*-View zur Anzeige gebracht wird. Eine von einem Parser erfolgreich eingelesene Information wird zum Framework weitergeleitet, das diese dann in aufbereiteter Form zum Benutzer reicht.

CDT bringt in der Grundausstattung für die wichtigsten Werkzeuge die Error Parser mit sich. Dazu zählen Parser für den *Compiler*, *Linker* und *Make* der GNU Compiler Collection. Die Einstellung, welche Error Parser aktiv sind, ist projektspezifisch und wird in folgendem Abschnitt beschrieben.

4.7.4 Error Parser festlegen

Welche Error Parser beim Übersetzen in Betracht gezogen werden, können Sie in den Projekteinstellungen auf der Seite *C/C++ Build > Settings* unter der Registerkarte *Error Parsers* festlegen. Dort verbirgt sich, wie in Abbildung 4-30 erkennbar, eine Liste, die alle von CDT oder einen CDT-erweiternden Plugin angebotenen Error Parser enthält. Ein Häkchen symbolisiert, ob der jeweilige *Error Parser* auf die Ausgabe der Werkzeuge angewandt werden soll. Error Parser werden dabei in der Reihenfolge benutzt, wie sie in der Liste erscheinen. Ein Überblick aller bei CDT mitgelieferten Error Parser befindet sich in Tabelle 4-6.

Tab. 4-6
Eingebaute Error Parser

Name	Beschreibung
CDT GNU C/C++ Error Parser	Versteht sich über die Fehlermeldung des C- oder C++-Compilers *gcc* bzw. *g++*
CDT GNU Assembler Error Parser	Parst die Fehlermeldung des GNU-Assemblers *as*
CDT GNU Linker Error Parser	Durch den GNU-Linker *ld* ausgegebene Fehlermeldungen werden erkannt.
CDT Visual C Error Parser	Ein Error Parser für *Microsoft Visual C*
CDT xLC Error Parser	Ein Parser für die Fehlermeldung des *xL*-Compilers von IBM
CDT GNU Make Error Parser	Parst die Fehlermeldungen, die *make* aufgrund von Syntaxproblemen ausgibt

4.7.5 Fehler finden

Fehler und Warnungen werden gleich nach dem Übersetzen im Editor als Marker an richtiger Stelle des in Bearbeitung befindlichen Quelltextes gesetzt. Die von Error Parsern gewonnenen Warn- und Fehlermeldungen manifestieren sich als Annotationen, die vor allen Dingen den

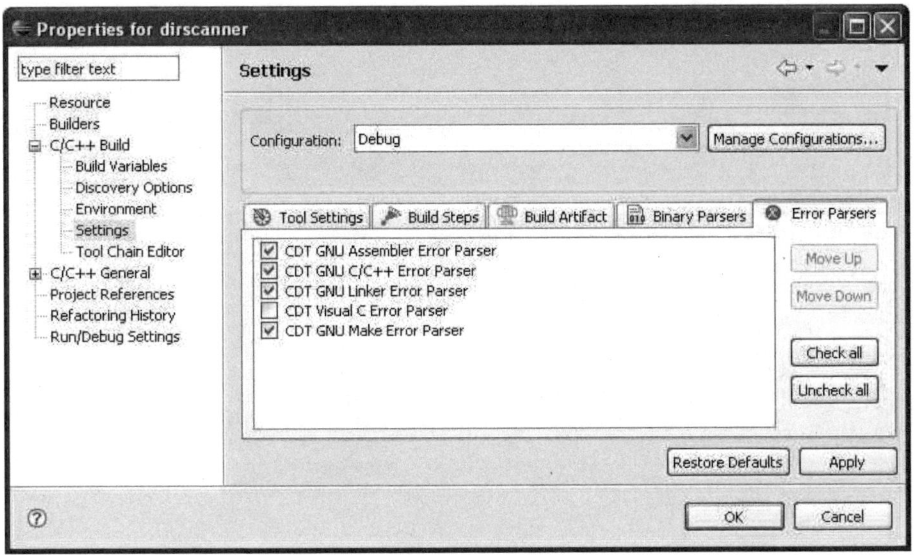

Abb. 4-30
Error Parsers

Quelltexteditor bereichern, aber auch im Outline-View werden Dekorationen an den Grafiken vorgenommen. Auf diese Weise ist die Stelle des Fehlers schnell aufgespürt. Wie in Abbildung 4-31 zu sehen ist, enthüllt ein Mouse-Hover auf dem angezeigten Fehler die Meldung.

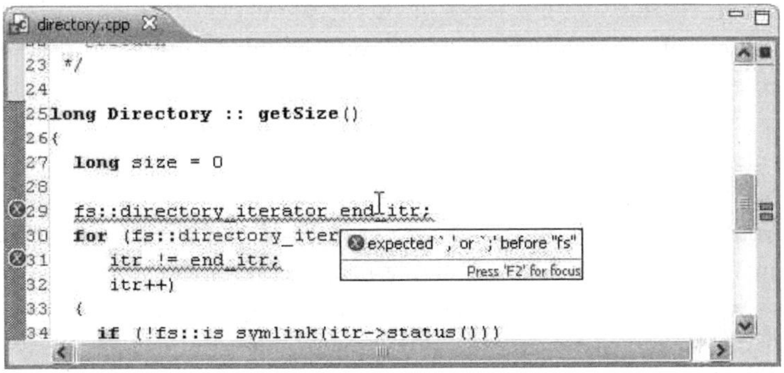

Abb. 4-31
Ergebnis des Error Parsers

Eine weitere Adresse, um die Warnungen oder Fehler aufzuspüren, ist der *Problems*-View, der alle Annotationen vom Typ Warnung oder Fehler auflistet. Der View stellt neben der Beschreibung die betreffende Ressource, ihren Pfad und die Zeilennummer in separaten Spalten dar. Da der View dem Eclipse-Framework entspringt, werden hier die Meldungen aller Builder geloggt. Die Spalte *Type* gibt hierbei Auskunft über deren Ursprung. Probleme, die vom C/C++-Builder herrühren, erscheinen dabei in dieser Spalte als *C/C++ Problem*. Abbildung 4-32 zeigt den View.

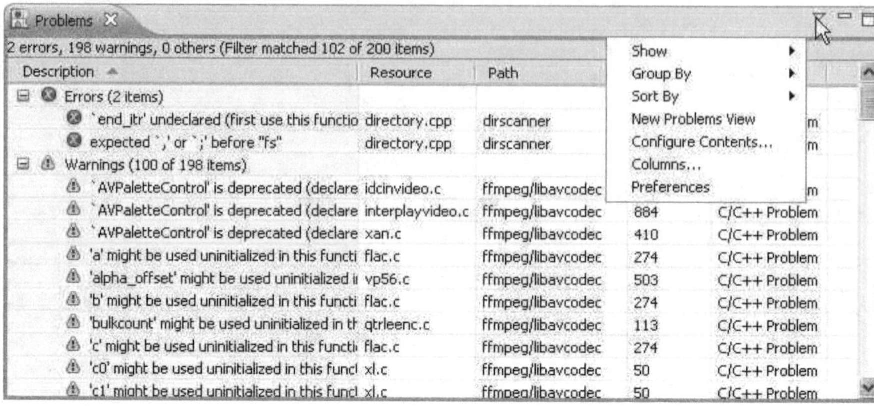

Abb. 4-32
Problems-*View mit aufgeklapptem Pulldown-Menü*

Ein Doppelklick auf einen Zeileneintrag lässt die zugehörige Datei öffnen, und wenn eine Zeileninformation verfügbar ist, wird diese angesprungen. Auf diese Weise lassen sich Fehler also schnell global aufspüren und der Reihe nach abarbeiten.

4.7.6 Fehler filtern

Wenn die Anzahl der Projekte groß ist, kann der *Problems*-View mit Fehlermeldungen ziemlich überfüllt sein. Es wird schwierig, die Fehler einzelner Projekte zu lokalisieren. Zudem kann es passieren, dass aufgrund des Markerlimits wichtige Fehlermeldungen herausgefiltert werden.

Neben dem Markerlimit existiert jedoch noch eine leistungsfähige Variante, Einträge zu filtern. Diese verbirgt sich im Konfigurationsfenster, das durch den Pulldown-Menüeintrag *Configure Contents...* geöffnet werden kann. Das Fenster ist in Abbildung 4-33 zu sehen.

In der linken Liste sind alle verfügbaren Filter aufgeführt, deren Anzahl beliebig ist. Sie lässt sich mit dem Button *New...* unter der Angabe eines Namens und mit dem Button *Remove* erweitern bzw. kürzen.

Filterkriterien

Rechts legen Sie die Kriterien des selektierten Filters fest. Sie können Elemente nach einem bestimmten Bereich (*Scope*), Beschreibung (*Description*) und Typ (*Type*) filtern. Interessant sind die verschiedenen Modi, die Sie bei *Bereich* wählen können:

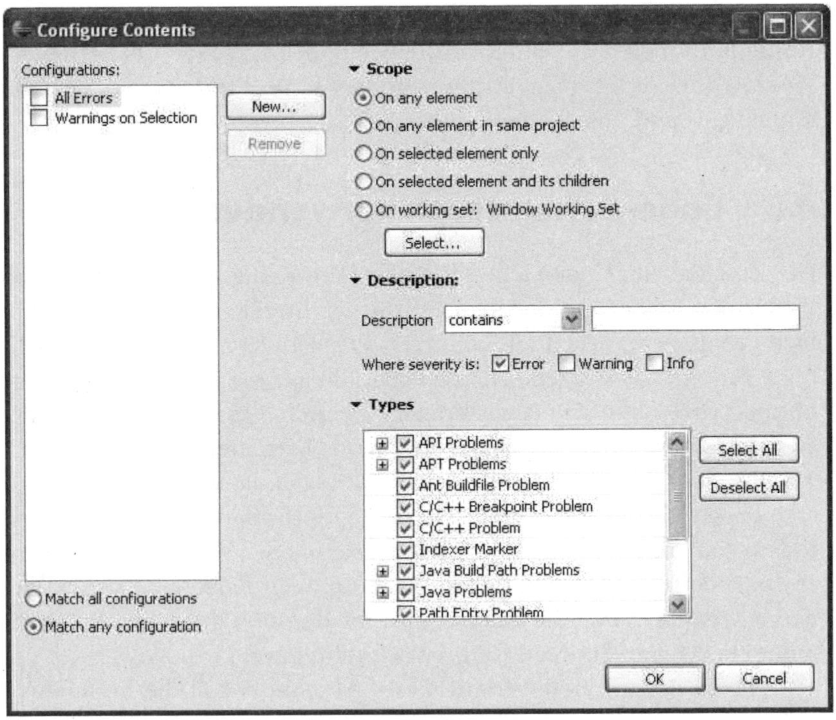

Abb. 4-33
Problem-View konfigurieren

- *On any element*. Der Filter gilt global.
- *On any element in the same project*. Es werden nur die Einträge betrachtet, die auf Ressourcen im Projekt des selektierten Eintrages annotiert werden.
- *On selected element only*. Es werden nur die Einträge der selektierten Ressource betrachtet.
- *On selected element and its children*. Es werden nur die Elemente der selektierten Ressourcen und der darunter liegenden Hierarchie betrachtet.
- *On working set*. Es werde nur die Elemente eines wählbaren Working-Sets betrachtet.

Geben Sie z.B. bei einem Filter den Eintrag *On selected element and its children* an und wählen ein Projekt, dann erscheinen nur die Fehler, die in diesem Projekt vorhanden sind.

Konfigurationen aktivieren

Aktiv ist eine Filterkonfiguration, wenn Sie sie in der Liste mit einem Häkchen versehen und den Dialog anschließend mit *Ok* bestätigen. Je nachdem, ob Sie wünschen, dass alle Konfigurationen einen Treffer landen müssen oder mindestens ein Treffer einer Konfiguration genügt, wählen Sie zuvor entweder *Match all configurations* oder *Match any configuration* an. Wenn Sie nur zwischen verschiedenen Konfigurationen umschalten möchten, empfiehlt sich die Abkürzung im Pulldown-Menü über das Untermenü des *Show*-Eintrags, wo Sie diese schnell ein- und ausschalten können.

4.8 Code-Generatoren verwenden

Die Aufgabe von Code-Generatoren ist es, für eine spezielle Klasse von Problemen aus einer Eingabedatei, in der in einem bestimmten, einfach gehaltenen Format ein konkretes Problem formuliert wird, Quelltexte für eine Zielsprache zu erzeugen, die auf das Problem möglichst optimal zugeschnittene Algorithmen enthalten. Oftmals werden Code-Generatoren benutzt, wenn gefordert wird, Textdateien effizient zu parsen, die einer sehr speziellen Grammatik folgen. Benötigt werden effiziente Parser beispielsweise für eine für die Informatik äußerst wichtige Klasse von Programmen, nämlich den Compilern. Vertreter von Parser-erzeugenden Code-Generatoren (die dann auch Parsergeneratoren genannt werden) sind *yacc* oder dessen im Rahmen des GNU-Projektes unter einer Open-Source-Lizenz entwickelte *bison* [15].

Thema im weiteren Verlauf dieses Abschnitts soll die Einbindung solcher Code-Generatoren sein. Möchten Sie beim Bauen Ihres Projektes einen Code-Generator hinzufügen, so haben Sie im Wesentlichen vier Möglichkeiten:

- Ihr Projekt nutzt für den Build-Prozess ein externes Tool, wie *make*. Dann wäre für das Hinzufügen des Code-Generators eine Anpassung des Makefiles vonnöten.
- Sie machen sich auf die Suche nach einem Plugin für den Code-Generator.
- Sie schreiben selbst ein Plugin für den Code-Generator.
- Sie benutzen das Custom-Build-Feature, das in Abschnitt 4.3.4 auf Seite 188 beschrieben wurde.

Die erste Variante wird hier nicht näher betrachtet, da es hier um die Projekte geht, die von CDT gemanagt werden sollen. Die zweite oder die dritte Variante sind sicherlich die elegantesten. Ein solches Plugin würde ein neues Werkzeug für den Code-Generator definieren, dessen Optionen in nette GUI-Elemente verpacken, vermutlich einen Editor mit Syntax Highlighting hinzufügen und als Bonus einen Fehlerparser bereitstellen. Nicht immer ist ein derartiges Plugin verfügbar; viel seltener hat man die Muße, selbst Hand anzulegen, insbesondere wenn es schnell gehen und einfach nur funktionieren soll. Daher bietet sich die vierte Variante an, die anhand eines kleinen Anwendungsbeispiels vorgestellt werden soll.

4.8.1 Beispiel: mathematische Ausdrücke auswerten

Die Test-Applikation ist frei nach einem Beispiel, das ich der Dokumentation von *bison* entnommen habe. Die Aufgabe der Applikation besteht darin, einen mathematischen Ausdruck in Infixnotation[3] einzulesen und auszuwerten und das Ergebnis auf dem Bildschirm auszugeben. Wie Sie sich denken können, soll dabei *bison* benutzt werden, um einen effizienten Parser für die Eingabe zu erzeugen.

Die im Beispiel verwendete Menge von Terminalsymbolen setzt sich neben den Fließkommazahlen aus den bekannten Symbolen für die Operation der Addition »+«, Subtraktion »-«, Multiplikation »*«, Division »/« und Exponentiation »^« sowie aus den Symbolen für die Klammern »(» und »)« zusammen. Als Nichtterminalsymbol wird *expr* verwendet. Die Regeln (auch *Produktionsregeln* genannt), nach denen sich ein Ausdruck erzeugen lässt, lauten wie folgt:

$$
\begin{array}{lclll}
expr & \rightarrow & \texttt{NUM} & & \\
 & | & expr & \texttt{'+'} & expr \\
 & | & expr & \texttt{'-'} & expr \\
 & | & expr & \texttt{'*'} & expr \\
 & | & expr & \texttt{'/'} & expr \\
 & | & expr & \texttt{'\^{}'} & expr \\
 & | & \texttt{'('} & expr & \texttt{')'}
\end{array}
$$

Bei Infixnotationen spielen noch zwei weitere Eigenschaften eine Rolle, die, wenn man die Grammatik formal definiert, bereits in den Produktionsregeln berücksichtigt werden können und sollten:

Assoziativität: Per Konvention sind Subtraktion und Division linksassoziativ, während die Exponentiation ein Exemplar eines rechtassoziativen Infixoperators darstellt. Die Reihenfolge bei Addition und Multiplikation spielt bekanntlich keine Rolle, hier werden sie deshalb als linksassoziative Operationen behandelt.

Priorität: Die Reihenfolge der Operationen wird in der Regel durch Klammern festgelegt. Um die Lesbarkeit zu verbessern, weist man Operatoren eine Priorität zu. So wird die Exponentiation stets vor einer Multiplikation oder Division und die Punktrechnung stets vor Strichrechnung ausgeführt.

[3] So nennt man die allgemein gebräuchliche Notationsweise eines mathematischen Ausdrucks: Die Operatoren befinden sich zwischen den Operanden.

Allerdings sind bei *bison* keinerlei spezielle Vorkehrungen vonnöten, was die Angabe einer Grammatik sichtlich vereinfacht. So lässt sich die Assoziativität eines Symbols als Attribut in einem Deklarationssteil spezifizieren. Des Weiteren wird die Priorität einer Regel anhand der Position in der Auflistung abgeleitet: Je weiter unten sie erscheint, desto höher die Priorität.

4.8.2 Bison installieren

Da *bison* Teil des GNU-Projektes ist, lässt es sich mit ziemlich allen Linux-Distributionen über die entsprechenden Bordmittel installieren. Auch über Cygwin wird es über das Paketmanagementsystem angeboten. Sollten Sie *MinGW* verwenden, so finden Sie Informationen über den Bezug einer nativen Windows-Version auf `http://www.mingw.org/MinGWiki/index.php/bison`.

4.8.3 Projekt erstellen und Quelltexte einpflegen

Erstellen Sie jetzt ein neues Projekt und geben Sie ihm einen sinnvollen Namen, wie z.B. `calc`. Als Projekttyp wählen Sie *Executable* aus. Das Projekt soll zwei Quelltextdateien und eine Header-Datei umfassen, `calc_bison.y`, `calc.c` und `calc.h`, deren Inhalte in den folgenden Unterabschnitten aufgelistet sind.

Datei: calc_bison.y

Die Datei `calc_bison.y` stellt die Eingabedatei für *bison* dar und beschreibt die Grammatik, wie sie oben erläutert worden ist. Grob kann man die Datei in folgende Teile gliedern:

Präambel: Dieser Teil wird 1:1 in den erzeugten Quelltext übernommen.

Deklarationsteil: Hier wird definiert, welche Token unterstützt werden und welcher Assoziativität diese genügen.

Grammatik: Die eigentliche Grammatik wird hier angegeben. Die Priorität der Regeln wird über die Reihenfolge der Regel im Text definiert. Je weiter unten sich eine Regel befindet, desto höher ist ihre Priorität.

Listing 4.1
calc_bison.y

```
/* Infix notation calculator. */

%{
  #include <math.h>
  #include <stdio.h>

  #include "../calc.h"
%}

/* Bison declarations. */
%token NUM
%left '-' '+'
%left '*' '/'
%left NEG /* negation--unary minus */
%right '^' /* exponentiation */

%% /* The grammar follows. */
input: /* empty */
       | input line
;

line: '\n'
       | exp '\n' { printf ("\t%.10g\n", $1); }
;

exp: NUM { $$ = $1; }
       | exp '+' exp { $$ = $1 + $3; }
       | exp '-' exp { $$ = $1 - $3; }
       | exp '*' exp { $$ = $1 * $3; }
       | exp '/' exp { $$ = $1 / $3; }
       | '-' exp %prec NEG { $$ = -$2; }
       | exp '^' exp { $$ = pow ($1, $3); }
       | '(' exp ')' { $$ = $2; }
;
%%
```

Datei: calc.h

Die Header-Datei `calc.h` enthält neben der Definition des Datentyps, der für die semantischen Werte benutzt wird, die Prototypen der Funktionen *yylex*() und *yyerror*(), die vom erzeugten Parser aufgerufen werden, um das nächste Token zu holen bzw. einen Fehler anzuzeigen.

Listing 4.2 *calc.h*

```
#ifndef CALC_H_
#define CALC_H_

typedef double YYSTYPE;
#define YYSTYPE_IS_DECLARED

int yylex (void);
void yyerror (char const *);

#endif /* CALC_H_ */
```

Datei: calc.c

Die Datei `calc.c` stellt neben dem Einstiegspunkt *main*() die Funktion *yylex*(), die den lexikalischen Scanner ausmacht, sowie die Funktion *yyerror*(), die aufgerufen wird, wenn ein syntaktischer Fehler vorliegt, bereit.

Listing 4.3 *calc.c*

```
#include <ctype.h>
#include <stdio.h>

#include "calc.h"
#include "calc_bison.tab.h"

/* Prototype for the actual parser function */
int yyparse(void);

/* The lexical analyzer returns a double floating point
 * number on the stack and the token NUM, or the numeric code
 * of the character read if not a number. It skips all blanks
 * and tabs, and returns 0 for end-of-input. */
int yylex(void)
{
        int c;

        do
        {
                c = getchar();
                /* Skip white space. */
        } while (c == ' ' || c == '\t' || c == '\r');

        /* Process numbers. */
        if (c == '.' || isdigit(c))
        {
```

```
                ungetc(c, stdin);
                scanf("%lf", &yylval);
                return NUM;
        }

        /* Return end-of-input. */
        if (c == EOF)
                return 0;

        /* Return a single char. */
        return c;
}

/* Called by yyparse on error. */
void yyerror (char const *s)
{
        fprintf (stderr, "%s\n", s);
}

int main (void)
{
  puts("Please enter a formula:");
  fflush(stdout);
        return yyparse();
}
```

4.8.4 Einstellungen anpassen

Schließlich kommen wir zum interessanten Part. Wie stellt man den Builder so ein, dass *bison* zum Prozessieren der Schablonendatei verwendet wird?

Öffnen Sie hierzu die Projekteigenschaften der Datei `calc.y`. Gehen Sie anschließend auf die Seite *C/C++ Build > Settings* zum Register *Build Steps*.

Aktivieren Sie den Modus des benutzerdefinierbaren Build Step, indem Sie die Combobox auf *Apply Custom Build Step Overriding Other Tools* stellen. Weitere Eingabedateien, von denen das Ergebnis abhängen könnte, gibt es nicht – deshalb bleibt das Feld *Additional input file name(s)* leer. In *Output file name(s)* geben Sie `calc.tab.c` gefolgt von `calc.tab.h` an, da dies die Namen der Dateien sind, die von *bison* erzeugt werden. Anschließend füllen Sie das Texteingabefeld *Command* mit `bison -d ../calc.y`, um das bei dem Build-Schritt zu verwendende Kommando zu spezifizieren. Die Option `-d` gibt dabei an, dass Definitionen, die vom erzeugten Code benutzt werden, in eine separate Datei geschrieben werden sollen.

In *Description* können Sie etwa `Invoking bison` schreiben, so dass sie beim Übersetzen über den aktuellen Fortschritt informiert werden. Am Ende sollten die Angaben in etwa denen in Abbildung 4-34 entsprechen. Zum Schluss lässt ein Klick auf *Ok* die vorgenommenen Änderungen übernehmen.

Abb. 4-34
Übersetzungseinstellung für `calc.y`

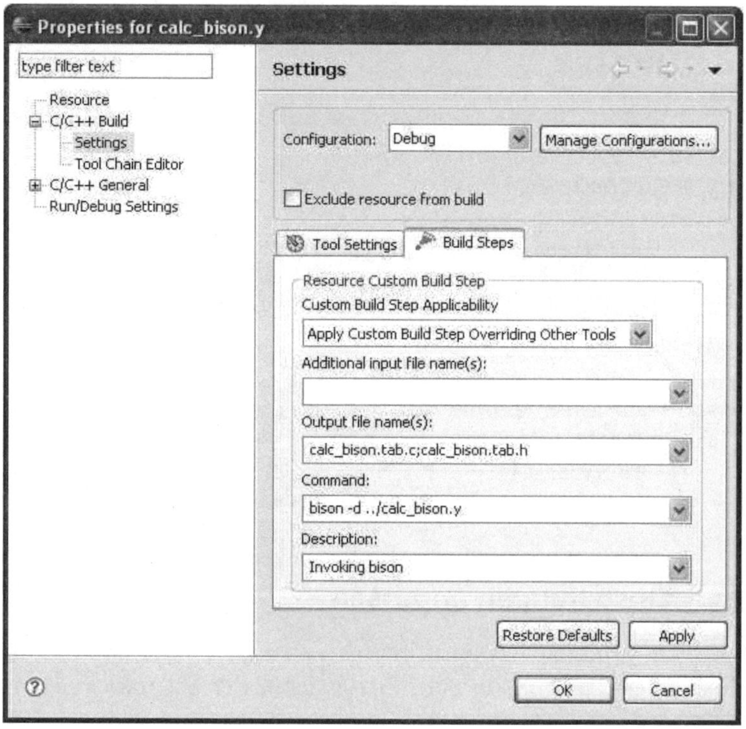

Damit das Projekt wirklich fehlerfrei übersetzt werden kann, bedarf es noch weiterer Einstellungen, die in den Eigenschaften des Projektes vorgenommen werden müssen.

Die erste Einstellung findet sich im Register *Behaviour*, das auf der Seite *C/C++ Build* platziert ist. Dort ist es wichtig, dass die Option *Stop on first build error* ausgeschaltet ist. Die Maßnahme ist nötig, weil die Angabe von Dateiabhängigkeiten im Moment nicht vorgesehen ist.Da der Erfolg der Übersetzung der Datei `calc.c` von der Existenz der Datei `calc_bison.tab.h` abhängt, man diese aber nirgends angeben kann, führt das zwangsläufig zu einer Fehlermeldung, wenn *calc.c* vor *calc_bison.y* übersetzt wird. Mit der aktivierten Option wird dennoch der nächste Übersetzungsschritt ausgeführt, der das Erzeugen von besagter Datei `calc_bison.tab.h` zur Folge hat.

Die allerletzte Einstellung, die Sie vornehmen müssen, betrifft die Konfiguration des Linkers. Da das Programm die *pow*()-Funktion benutzt, muss in der Regel – zumindest wenn Sie unter Linux übersetzen – die Bibliothek *libm* eingebunden werden. Hierfür wechseln Sie in den *Tool Settings* auf die Seite *Libraries*. Dort klicken Sie auf das Pluszeichen und geben im neu erschienenen Dialog schlicht `m` ein.

4.8.5 Projekt übersetzen und ausführen

Nachdem Sie den Builder konfiguriert haben, können Sie das Projekt übersetzen, indem Sie den Button *Build* anklicken. Dabei landet die von *bison* erzeugte Datei im Verzeichnis der eingestellten Konfiguration und wird auch ordnungsgemäß vom Builder übersetzt. Wie weiter oben erwähnt, müssen Sie das Projekt gegebenenfalls zweimal übersetzen, da die Datei `calc_bison.tab.h` erst beim ersten Durchgang erzeugt wird. Das ist etwas unschön. CDT lässt derzeit leider die Möglichkeit vermissen, Abhängigkeiten für Ressourcen, die von einem Werkzeug der Toolchain übersetzt werden, selbst zu definieren.

4.9 Cross-Compiling

Unter Cross-Compiling versteht man das Übersetzen eines Projektes für eine Zielplattform, die nicht kompatibel ist zu der, auf der der Vorgang ausgeführt wird. Das Prinzip spielt eine große Rolle in der Welt der eingebetteten Systeme, für die es in der Regel keinen Sinn ergibt, direkt einen Compiler darauf auszuführen. In den allermeisten Fällen ist dies nicht mal möglich, denn die Ressourcen eines solchen Systems werden entsprechend der angedachten Aufgabe sehr knapp bemessen.

Dieser Abschnitt zeigt einige Beispiele auf, wie Sie mit Eclipse von der Form des Cross-Compilings Gebrauch machen können.

4.9.1 Cross-Compiling für Make-Projekte

Da die Logik des Cross-Compilings ja bereits Teil des Makefiles ist, ist ein durch CDT getriggertes Übersetzen auf jeden Fall möglich. Features wie das automatische Eintragen von Include-Pfaden funktionieren allerdings nur dann, wenn es sich beim Compiler um einen der *GNU Compiler Collection* handelt. Gewöhnlich wird den Kommandos der GNU Compiler Collection ein Präfix vorangestellt, wenn diese als Cross-Compiler funktionieren. Beispielsweise lautet der Name des Compilers, der Programme für eine ARM-Version von Linux erzeugt, `arm-linux-gcc`, während der Cross-Compiler für AmigaOS4-

Programme mit `ppc-amigaos-gcc` bezeichnet ist. Sie müssen folglich die Einstellungen auf der Seite *C/C++ Build > Discovery Options* anpassen.

Probleme könnten des Weiteren zutage treten, wenn für den im Makefile aufgerufenen Compiler kein Error Parser existiert: Fehlermeldungen ohne zugeschnittenen Parser können von CDT nicht verarbeitet werden.

4.9.2 Cross-Compiling für Managed Build

Bei einem von CDT verwalteten Programm sieht die Sache nicht anders aus. Ohne Probleme, wenngleich mit ein wenig mehr Konfigurationsaufwand, ist es möglich, wenn es sich bei dem Cross-Compiler um einen der *GNU Compiler Collection* handelt. Andere Compiler besitzen meistens andere Schnittstellen, so dass man ein externes Plugin benötigt. In dem Fall ist also ein Triggern des Übersetzungsvorgangs schwierig.

Aber einmal angenommen, bei dem Compiler handelt es sich um *GCC*. Neben einer Anpassung der Einstellungen für den Discovery-Scanner bedarf es lediglich einer Änderung bei den aufgerufenen Kommandos im Register *Tool Settings* auf der Seite *C/C++ Builder* der Projekteinstellungen.

4.9.3 Beispiel: AmigaOS4

Die ersten ernsthaften Schritte in Sachen Programmierung habe ich auf meinem Amiga 2000 machen können. Schon damals faszinierte mich die Transparenz des Betriebssystems, und diese Faszination ist bis heute ungebrochen. So entwickle ich immer noch mit besonderer Freude in meiner Freizeit für dieses Betriebssystem. Leider existiert keine so schöne Umgebung wie das Gespann Eclipse und CDT direkt auf dem Amiga. Mit einem knappen Beispiel möchte ich deshalb die Cross-Compiling-Fähigkeit von Eclipse und CDT demonstrieren. Wenn Sie eine andere Zielplattform im Sinn haben, dann können Sie einfach die Kommandos und den Quelltext anpassen.

Voraussetzung schaffen

Sie sollten das System so eingerichtet haben, dass Sie mit dem Cross-Compiler `ppc-amigaos-gcc` Programme für das Amiga-Betriebssystem übersetzen können. Die Eingabe von

```
ppc-amigaos-gcc
```

sollte in etwa mit

```
ppc-amigaos-gcc: no input files
```

beantwortet werden.

Projekt erstellen

Erstellen Sie ein neues, von CDT verwaltetes leeres C-Projekt mit dem Namen `hello_world_amiga`. Zunächst muss das System Bescheid wissen, dass anstelle vom Programm `gcc` das Programm `ppc-amigaos-gcc` zur Übersetzung der Quelltextdateien herangezogen werden soll. Hierzu gehen Sie bei den Projekteigenschaften auf die Seite *C/C++ Build > Settings* auf die Registerkarte *Tool Settings*. Im Eintrag für C-Compiler tragen Sie den Namen des Cross-Compilers, also `ppc-amigaos-gcc`, ein. Analog gehen Sie beim Eintrag für den Linker vor. Ebenso sollten Sie auf der Seite *C/C++ Build > Discovery Options* unter *Compiler invocation command* den Namen des Cross-Compilers einsetzen. Anschließend können Sie die Einstellungen mit *Ok* bestätigen.

Wenn Sie jetzt in einem Navigation-View den Include-Ordner aufklappen, werden Sie feststellen, dass hier zunächst die Include-Pfade Ihres Host-Compilers zu finden sind. Diese sind aber sehr störend – nicht nur, weil sie Konflikte mit den tatsächlichen Include-Dateien herbeiführen. Um diese zu entfernen, sollten Sie sich den Tipp auf Seite 195 zu Gemüte führen.

Binärparser aktivieren

Da das Amiga-Betriebssystem seit der Version 4 *Elf* als Binärformat nutzt, sollten Sie als letzte Voreinstellung den *Elf Parser* für das Projekt aktivieren. Sie erledigen das in den Projekteinstellungen auf der Seite *C/C++ Build > Settings* im Register *Binary Parser*.

Quelltext

Fügen Sie jetzt dem neuen Projekt folgende Quelltextdatei mit Namen `window.c` hinzu:

Listing 4.4
window.c

```
#include <proto/exec.h>
#include <proto/intuition.h>
#include <proto/graphics.h>

int main(int argc, char *argv[])
{
  struct Window *wnd;

  wnd = IIntuition->OpenWindowTags( NULL,
        WA_Title, "Hello World",
                                  WA_CloseGadget, TRUE,
                                  WA_DragBar, TRUE,
                                  WA_IDCMP, IDCMP_CLOSEWINDOW,
                                  WA_Left, 0,
                                  WA_Top, 20,
                                  WA_InnerWidth, 200
                                  WA_InnerHeight, 100,
```

```
        TAG_DONE);
  if (!wnd) goto bailout;

  IExec->WaitPort(wnd->UserPort);
bailout:

  return 0;
}
```

Projekt bauen

Damit ist eigentlich schon alles fertig. Das Projekt bauen Sie, indem Sie den Eintrag *Project > Build Project* anklicken. Sie müssen das fertige Programm, das Sie im Ordner *Binaries* vorfinden, nur noch übertragen, um es auszuführen. Hierfür können Sie die Export-Funktion nutzen.

4.10 Remote Compiling

Manchmal könnte es interessant sein, die Quelltexte auf einem lokalen Rechner zu bearbeiten und zu verwalten, das Übersetzen jedoch auf einen anderen Rechner auszulagern, weil dieser der leistungsfähigere ist. Beispielsweise benötigt ein großes Projekt wie das Open-Source-Vektorzeichenprogramm *Inkscape* für einen vollständigen Compiler-Durchlauf auf einem Rechner mit nur einem Kern ca. 17 min Zeit, während auf einen aktuellen Dualkernsystem das Ganze immerhin in knapp 10 min abgeschlossen ist. Im Folgenden wird Schritt für Schritt ein Setup beschrieben, mit dessen Hilfe Sie *Remote Compiling* durchführen können.

Error Parser erfordern gleiche Pfade.

Eine Voraussetzung hierfür ist, dass der Pfad des Projektes auf beiden Rechnern der gleiche ist, da CDT trotz *EFS*, der abstrakten Dateisystem-API von Eclipse, nicht mit verschiedenen Pfaden umgehen kann – vor allem die Error Parser auf der lokalen Seite setzen gleiche Pfade voraus, um aus den Fehlermeldungen die richtigen Marker für die richtige Datei zu setzen. Damit das Setup dieser Bedingung gerecht wird, benötigen Sie also ein Dateisystem, das sowohl auf dem Remote-Rechner als auch auf Ihrem lokalen Rechner an gleicher Stelle zu finden ist.

Das vorgestellte System funktioniert, wenn auf beiden Rechnern das Linux-Betriebssystem läuft. Zuerst wird die Voraussetzung geschaffen, sich auf dem entfernten Rechner einzuloggen, um Kommandos abzusetzen. Dann wird ein verteiltes Dateisystem eingerichtet. Anschließend wird ein Build-Kommando erstellt, das die eigentliche Arbeit zum entfernten Rechner delegiert. Schließlich werden Sie ein Projekt erstellen und seine Eigenschaften so modifizieren, dass jeder Übersetzungsaufruf vom entfernten Rechner prozessiert wird.

4.10.1 Das Programm ssh einrichten

Eine Voraussetzung für die Funktion ist ja, dass Sie Kommandos von Ihrem lokalen Rechner auf dem entfernten Rechner zur Ausführung absetzen können, was in den meisten Fällen über *ssh* geschieht. Mit *ssh*, was die Kurzform zu *Secure Shell* ist, ist es möglich, eine verschlüsselte Verbindung zum entfernten Rechner herzustellen. Zwar ist diese Sicherheit nicht unbedingt vonnöten, wenn sich beide Rechner in einem abgeschotteten lokalen Netzwerk befinden, da *ssh* aber Standard ist und bei fast jeder Linux-Distribution in der Form von OpenSSH eingerichtet ist, hat es wenig Sinn, noch ein anderes System einzurichten.

Beim Einloggen auf den entfernten Rechner fragt *ssh* per Vorgabe nach Ihrem Passwort. Dies jedes Mal bei einem Übersetzungsvorgang eingeben zu müssen, wäre sehr lästig. Glücklicherweise sahen das auch die OpenSSH-Entwickler so und haben noch ein anderes Authentifizierungsverfahren als die interaktive Passwortabfrage implementiert.

Dieses Verfahren basiert auf einem Schlüsselpaar, das aus einem privaten und einem nur dazu passenden öffentlichen Schlüssel besteht. In der Kryptographie dient der öffentliche Schlüssel zum Chiffrieren von Nachrichten, die nur unter der Verwendung des privaten Schlüssels effizient dechiffriert werden können. Auf diese Weise lässt sich das System auch zur Authentifizierung benutzen. Dem entfernten Rechner ist hierzu der öffentliche Schlüssel des Benutzers bekannt zu machen.

Es sei noch angemerkt, dass die auf Schlüssel basierende Authentifizierung im Vergleich zur Passwort-Authentifizierung gegen Brute-Force-Attacken[4] wesentlich sicherer ist, aus dem einfachen Grund, weil ein privater Schlüssel wesentlich größer als ein Passwort ist.

Schlüsselpaar erzeugen

Wenn Sie noch kein Schlüsselpaar erzeugt haben, dann können Sie dies auch direkt in Eclipse tun. Ebenso können Sie gleich den öffentlichen Schlüssel zum entfernten Rechner kopieren. In Abschnitt 2.5.6 wurde beschrieben, wie Sie dabei vorzugehen haben. Dabei müssen Sie darauf achten, dass der lokale SSH-Client *ssh* auch Zugriff auf den privaten Schlüssel hat. Der in Eclipse eingebaute SSH-Client kann hier nämlich nicht verwendet werden, da das Build-System nur Programme unterstützt, die über die Kommandozeile aufgerufen werden können. In der Regel genügt es, den privaten Schlüssel je nach Algorithmus in der Datei `.ssh/id_rsa` bzw. `.ssh/id_dsa` abzulegen.

[4]Hierbei versucht der Angreifer in das System einzudringen, indem er alle möglichen Buchstabenkombinationen ausprobiert.

4.10.2 Das Dateisystem einrichten

Dateisystem sshfs

Da die Funktion von *ssh* nun sichergestellt ist, ist es relativ unproblematisch, auch ein Dateisystem, das sich *ssh* oder besser *sftp* bedient, anzumelden. Ein solcher Vertreter ist *sshfs*, das auf FUSE aufsetzt, einem Framework unter Linux, das Dateisysteme im Userspace ermöglicht. Da die meisten Distributionen das Dateisystem nicht standardmäßig installieren, liegt die Installation bei Ihnen. Debian- oder Ubuntu-Benutzer können dies mit

```
aptitude install sshfs
```

geschehen machen. Beachten Sie, dass das erwähnte Kernel-Modul FUSE ebenfalls installiert ist (geschieht in der Regel bei Debian oder Ubuntu automatisch).

Das entfernte Verzeichnis einhängen

Anschließend können Sie durch Eingabe von

```
sshfs ssh-konto@ssh-server:[pfad] mount-point
```

unter dem lokalen Verzeichnis `mount-point` das entfernte Verzeichnis `pfad` einhängen. Achten Sie dabei darauf, dass `mount-point` mit dem Pfad auf dem entfernten Rechner übereinstimmt, sonst funktioniert das Vorhaben nicht einwandfrei. Sollte das Anmelden fehlschlagen, so haben Sie vermutlich nicht die entsprechenden Rechte. Beispielsweise muss der aktuelle Benutzer unter Debian der *fuse*-Gruppe angehören. Im Übrigen machen Sie das Anmelden mit

```
fusermount -u mount-point
```

rückgängig.

Verteilte Dateisysteme

Neben dem vorgestellten *sshfs* können Sie natürlich auch ein anderes verteiltes Filesystem verwenden, mit NFS oder PVFS2 sind hier nur zwei Vertreter genannt. Dies erfordert zwar zusätzliche Modifikationen auf dem entfernten Rechner, hat aber den Vorteil, dass ein solches Dateisystem für diesen Zweck geschaffen worden ist und so in der Regel performanter arbeitet.

Weiterhin wird in Kapitel 8 ein Eclipse-Plugin vorgestellt, mit dessen Hilfe ein Remote-Verzeichnis in den Workspace von Eclipse eingehängt werden kann.

4.10.3 Ein Remote-Build-Kommando erstellen

Nachdem das Dateisystem eingerichtet wurde, ist es an der Zeit, das Build-Kommando zu entwerfen. Die Aufgabe von einem solchen Kommando soll darin bestehen, sich mit dem entfernten Rechner zu verbinden und dort das Programm *make* mit allen Argumenten, die es selbst übergeben bekommen hat, zu starten. Des Weiteren soll das Kommando zwei weitere, vorangestellte Argumente unterstützen, damit es universell eingesetzt werden kann:

- Das erste Argument soll den Benutzernamen und die Adresse aufnehmen.
- Mit dem zweiten Argument wird das entfernte Verzeichnis angegeben, in dem das Kommando *make* gestartet wird.

Freilich ist für eine solche Aufgabe ein Shell-Skript prädestiniert. Das folgende kleine Skript erfüllt die geschilderten Anforderungen:

Listing 4.5
make.remote

```
#!/bin/bash

if [ "$#" -lt "2" ]; then
 echo -n "Usage: make.remote [address] "
 echo "[location] [args for make...]"
 exit 1
fi

REMOTE_ADDR=$1
REMOTE_DIR=$2
shift 2
REMOTE_CMD="cd ${REMOTE_DIR} && make $*"

ssh $REMOTE_ADDR $REMOTE_CMD
```

Nennen Sie das Skript *make.remote* und legen Sie es am besten im Verzeichnis Ihres Projektes ab. Stellen Sie sicher, dass die Datei des Skriptes ausführbar ist, gegebenenfalls setzen Sie das entsprechende Dateiattribut z.B. mit der Eingabe von

```
chmod a+x make.remote
```

in einer Shell.

Austesten des neuen Build-Kommandos

Damit später alles reibungslos funktioniert, ist es ratsam, vorher alles einmal ohne Eclipse und CDT zu testen. Geben Sie hierzu in einer Shell

```
./make.remote [remote] [location] all
```

ein, wobei Sie für *remote* den Benutzernamen mit der Adresse des entfernten Rechners und mit *location* das Verzeichnis, in dem das Make-Kommando ausgeführt werden soll, ersetzen.

4.10.4 Remote Compiling in Eclipse anwenden

Der letzte Schritt im Programm besteht darin, CDT und das Projekt über das modifizierte Build-Kommando zu informieren. Rufen Sie hierfür das Fenster für die *Project Properties* herbei. Gehen Sie dann auf die Seite *C/C++ Build*. Dort stellen Sie den *Builder type* auf *External builder*, falls noch nicht geschehen. Das Häkchen vor *Use default command* entfernen Sie, um bei *Build command*

```
${project_loc}/make.remote
    ${remote_user}@${remote_addr}
    ${project_loc}/${ConfigName}
```

einzugeben. Dabei identifiziert die Build-Variable *project_loc* das Projekt-Verzeichnis und die *ConfigName* den Namen der aktiven Konfiguration. Die beiden anderen Variablen *remote_user* und *remote_addr* repräsentieren den Login-Namen bzw. die Adresse des entfernten Rechners. Die beiden Variablen können Sie natürlich direkt selbst im *Build command* explizit ausschreiben oder aber den *Variables-Editor* benutzen, was natürlich die flexiblere Variante darstellt.

4.11 Microsoft Visual C++ einbinden

Für Windows-Entwickler, die vor der Entscheidung stehen, ob sie nach CDT migrieren sollen, ist sicherlich die Frage, ob sie auch ihre bestehenden Projekte weiter pflegen können, von großem Interesse. Wird ohnehin schon ein GCC-Compiler verwendet, so können Sie das Projekt importieren, wie es in Abschnitt 3.2.4 beschrieben wurde. Anders ist es natürlich, wenn Sie zuvor Visual C++ benutzt haben und Sie aus irgendeinem Grund nicht auf GCC umsteigen können. Dieser Abschnitt zeigt deshalb auf, wie Sie ein vorhandenes Projekt aus Visual C++ mit Eclipse und CDT übersetzen können.

Visual C++ Keybindings

Eingefleischte Fans der Entwicklungsumgebung von Microsoft wird es vielleicht freuen, dass sie keine neuen Tastatur-Shortcuts lernen müssen, denn Eclipse lässt sich hierfür leicht konfigurieren. Dazu gehen Sie in die Voreinstellungen auf die Seite *General > Keys*. In *Scheme* wählen Sie *Microsoft Visual Studio* aus.

JkDefrag

Damit das Ganze nicht ganz so theoretisch daherkommt, wird das Vorgehen anhand eines Beispiels erläutert. Hierfür wird das Projekt *JkDefrag* [10] herhalten müssen. Wie man vom Namen her vermuten kann, widmet sich JkDefrag der Defragmentierung, und zwar von externen Speichermedien wie Festplatten. Es ist ausschließlich für Windows verfügbar, da es auf die Windows-eigene Defragmentier-API aufsetzt. Im

Vergleich zum Programm *Defrag.exe*, das Windows für gewöhnlich beiliegt, benutzt es andere Algorithmen für die Auswahl der Blöcke, die innerhalb des Mediums vertauscht werden. Zwar hat *JkDefrag* eine zunächst eher schlicht anmutende Benutzeroberfläche, allerdings können Sie das konkrete Verhalten je nach Bedarf durch vielfältige Optionen über die Kommandozeile beeinflussen.

JkDefrag an dieser Stelle als Beispiel zu verwenden, hat mindestens zwei Gründe: Zum einen ist es unter GPL veröffentlicht – die Quelltexte sind also frei verfügbar –, zum anderen wird es eben von seinem Autor mit Hilfe von Visual C++ entwickelt; eine Transition zu GCC wäre alles andere als trivial.

Anzumerken ist noch, dass die Beschreibung hier auf der Version 3.36 von JkDefrag basiert, die am 31. August 2008 der Öffentlichkeit zugänglich gemacht wurde. Allerdings dürfte mittlerweile das Programm in aktualisierter Fassung vorliegen. Sollten Sie die Schritte mit einer neueren Version nicht nachvollziehen können, so können Sie alternativ die Quellen zur genannten Version auch von der Webpage zum Buch herunterladen.

Gehören Sie zu dem Leserkreis, der bisher noch nichts mit Visual C++ zu tun hatte? Und möchten Sie trotzdem diesen Abschnitt bearbeiten? Falls Sie beide Fragen mit Ja beantwortet haben, dann können Sie ohne Sorge weiterlesen, denn im ersten Unterabschnitt wird erläutert, woher Sie eine kostenlose Version von Visual C++ beziehen können und wie Sie diese installieren. Ist bei Ihnen Visual C++ bereits installiert, so können Sie den Teil freilich überspringen und sich gleich dem interessanten, CDT-spezifischen Teil zuwenden.

4.11.1 Visual C++ installieren

Seit dem 2005er-Releasezyklus seiner *Visual Studio*-Reihe, die unter anderem Visual C++ einschließt, bietet Microsoft spezielle Versionen, die zwar hinsichtlich Komfort und Funktionalität abgespeckt sind, dafür aber von jedermann frei über das Internet bezogen werden können. Glücklicherweise ist der eigentliche Kern des Entwicklerwerkzeugs, d.h. der Compiler, vollständig vorhanden, so dass die Einschränkungen für uns nicht weiter von Belang sind: Die Komfortfunktionen werden schließlich von CDT bereitgestellt.

Sie können die Express-Edition von Visual C++ über die Website

```
http://www.microsoft.com/express/download/
```

beziehen. Zur Auswahl stehen dort eine Web- sowie eine Offline-Installation. Bei ersterer Variante wird das Gros der Daten während des Installationsvorgangs angefordert, und zwar nur jener Teil, der wirklich benötigt wird. Hingegen müssen Sie bei der Offline-Installation zunächst eine mehrere Gigabyte umfassende ISO-Datei[5] aus dem Internet laden, die Sie anschließend über einen CD/DVD-Emulator einbinden oder auf DVD brennen müssen. Eine weitere Alternative stellen diverse Computerfachmagazine dar, denen gelegentlich aktuelle Versionen von Visual Studio beigelegt sind; so z.B. geschehen in der Ausgabe 17/2008 der Zeitschrift c't vom Heise Zeitschriften Verlag.

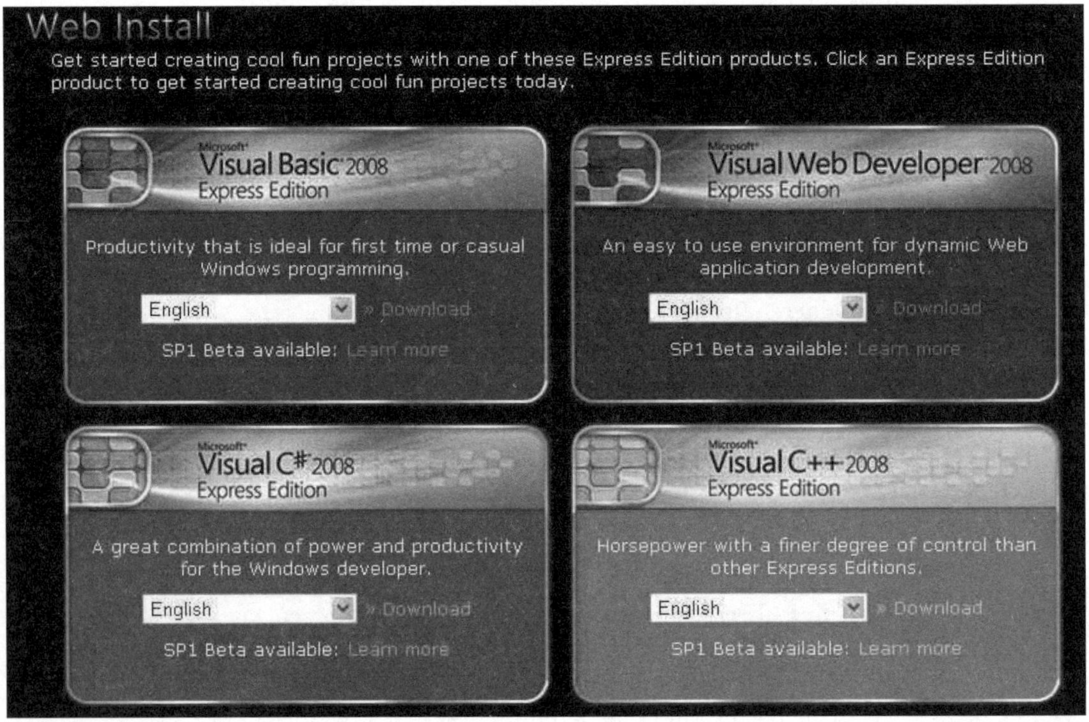

Abb. 4-35
Ausschnitt der Webseite, über die die Komponenten der Reihe Visual Studio Express *durch* Web Install *einzeln bezogen werden können*

Für die hier dargestellten Abläufe reicht die minimale Installation von Visual C++ vollkommen aus, insofern empfehle ich Ihnen die

[5] Diese schließt dann alle als Express-Edition vorliegenden Produkte der *Visual Studio*-Reihe ein.

Web-Installation. Diese spart nicht nur Platz, sondern geht auch am schnellsten vonstatten. Wenn Sie sich dem anschließen möchten, dann wählen Sie auf der Website im Kasten von Visual C++ gegebenenfalls eine Sprache aus (siehe Abbildung 4-35), bevor Sie das Herunterladen einer Datei *vcsetup.exe* mit Hilfe eines Klicks auf *Download* in die Wege leiten. Nach erfolgtem Download führen Sie das Setup-Programm mit Administratorrechten aus.

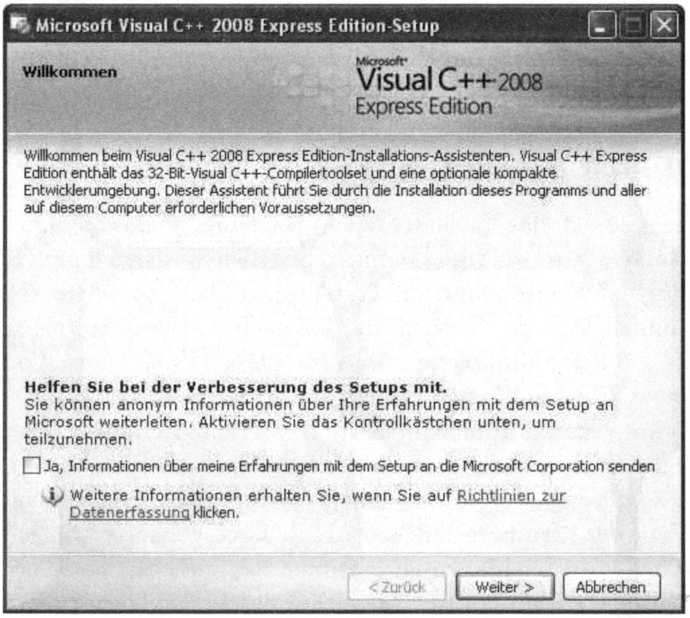

Abb. 4-36
Auch der Installationswizard von Visual C++ *möchte Sie willkommen heißen.*

Begrüßt werden Sie daraufhin mit einem Installationswizard, dessen erste Seite in Abbildung 4-36 zu sehen ist. Hier können Sie angeben, ob Sie Informationen über Ihre Erfahrungen mit der Installation an Microsoft senden möchten. Auf der zweiten Seite akzeptieren Sie die Lizenzbedingungen und können entscheiden, ob Sie RSS-Onlineinhalte zulassen möchten. Da die Oberfläche hier ohnehin nicht benötigt wird, können Sie die Option getrost deaktivieren.

Auf der nächsten Seite werden Sie gefragt, welche zusätzlichen Komponenten Sie installieren möchten. Hier können Sie wieder alle Optionen deaktivieren. Die *MSDN Express Library* benötigen Sie nicht, da diese nur die Dokumentation zur Software enthält, nicht aber die wichtige Entwicklerdokumentationen[6]. Auch die anderen beiden Komponenten sind für C/C++-Entwicklung wenig interessant.

[6]Diese können Sie unter `http://msdn.microsoft.com/library` online einsehen.

Auf der folgenden Seite werden Sie aufgefordert, den Installationspfad anzugeben. Dabei enthält die Seite auch Informationen über die tatsächlich zu installierenden Komponenten und den hierfür veranschlagten Speicherbedarf auf der Festplatte. Falls Sie noch nicht das .NET-Framework installiert haben, kann der beanspruchte Platz durchaus die Gigabyte-Grenze überschreiten. Nach Auswahl des Pfades klicken Sie anschließend auf *Installieren* >, um die Installation tatsächlich in Gang zu setzen. Daraufhin lädt der Wizard die erforderlichen Daten herunter und installiert Sie auf Ihrem Rechner. Selbstverständlich gibt der Wizard bei Erfolg oder Fehler eine entsprechende Fehlermeldung aus.

4.11.2 Das Projekt einrichten

Besorgen Sie sich das Quellarchiv von JkDefrag, an das Sie unter `http://www.kessels.com/JkDefrag` kommen. Erstellen Sie danach mit Hilfe des New-Projekt-Wizards ein neues C++-Projekt, das Sie z.B. `jkdefrag` nennen könnten. Auf der Seite, in der Sie nach den Projekttypen gefragt werden, wählen Sie *Makefile project > Empty Project* aus. Von CDT verwaltete Projekte könnten dann gewählt werden, sobald eine an Visual C++ angepasste Toolchain existiert, was zum Zeitpunkt der Drucklegung des Buchs allerdings nicht der Fall ist.

Ist das Projekt erfolgreich angelegt, importieren Sie anschließend den Inhalt der heruntergeladenen Archivdatei, genau so wie es in Abschnitt 3.2.4 auf Seite 90 beschrieben wurde. Ein vorheriges Entpacken des Archivs in ein temporäres Verzeichnis können Sie sich sparen, wenn Sie als Importquelle *General > Archive File* wählen. Ist der Vorgang beendet, so müsste sich die Struktur der Ressourcen Ihres Projektes mit der in Abbildung 4-37 dargestellten Hierarchie in etwa decken.

Bevor Sie im Folgenden für eine erfolgreiche Übersetzung des Projekts den Build-Prozess anpassen, sollten Sie sicherstellen, dass korrekte Binary und Error Parser aktiviert sind. Die notwendigen Einstellungen nehmen Sie in den Projekteigenschaften auf der Seite *C/C++ Build > Settings* vor. Dort sollten Sie zumindest bei *PE Windows Parser* und *Visual C Error Parser* in den Registern *Binary Parsers* bzw. *Error Parsers* ein Häkchen anbringen.

4.11.3 Den Build-Prozess anpassen

Die Quelltext-Distribution von *JkDefrag* beinhaltet eine vorgefertigte Makefile-Datei, die problemlos von *nmake.exe* abgearbeitet werden kann. Durch geringfügige Änderungen können Sie jedoch auch die GNU-Version von *make* von der Syntaxkonformität der Datei überzeu-

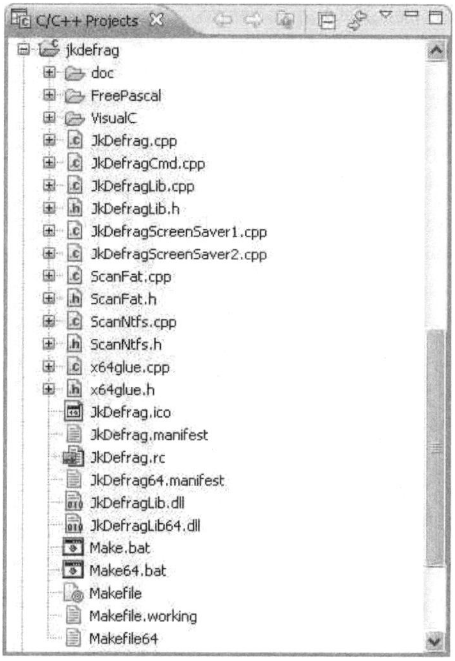

Abb. 4-37
Das Projekt jkdefrag *nach dem Importieren*

gen und zum Zwecke der Programmgenerierung benutzen. Zunächst soll das Projekt jedoch unter der Verwendung von *nmake.exe* übersetzt werden, während im darauffolgenden Unterabschnitt der Vorgang an *make* angepasst wird.

JKDefrag mit nmake übersetzen

Sofern Sie diese Parameter nicht in den globalen Voreinstellungen verändert haben (siehe Abschnitt 4.4.1), wird für alle neu erstellten Makefile-basierten Projekte das Kommando *make* aufgerufen, sobald der Übersetzungsvorgang ausgeführt werden soll. Wie erwähnt, soll die Steuerung jetzt von *nmake* übernommen werden. Rufen Sie hierfür die Projekteinstellungen zu *jkdefrag* herbei. Gehen Sie dort auf die Seite *C/C++ Build*. Im Karteireiter *Builder Settings* deaktivieren Sie die Auswahlbox *Use default build command*. Geben Sie dann in *Build command* `nmake` ein und bestätigen Sie die vorgenommenen Änderungen mit *Ok*.

Sie können es jetzt wagen, den Build-Prozess zu starten. Ein Klick auf Build lässt den Vorgang beginnen. Je nachdem, wie Ihre Installation eingerichtet ist, kann dies von Erfolg gekrönt sein oder fehlschlagen.

Den Kommandosuchpfad anpassen. Zum Beispiel könnte es sein, dass die folgende Meldung im *Console*-View erscheint:

```
(Cannot run program "nmake": Launching failed)
```

In diesem Fall kann CDT kann *nmake* nicht lokalisieren. Die einfachste Möglichkeit, das Problem zu beheben, besteht darin, das Verzeichnis, in dem sich die Microsoft-Programme befinden, in den Kommandosuchpfad von Eclipse hinzuzufügen. Dieser wird auch auf alle innerhalb von Eclipse gestarteten Programme vererbt. Sie könnten den Pfad in den *Environment*-Optionen des Projekts hinzufügen, wie in Abschnitt 4.4.4 beschrieben, doch ist ein solcher Pfad in der Regel nicht projektspezifisch. Vielmehr ist er spezifisch für Ihren Rechner oder Ihre Installation. Deshalb ist eine Einstellung sinnvoller, die einen globalen Gültigkeitsbereich hat.

Den Suchpfad innerhalb von Eclipse erweitern

Wenn Sie den globalen Pfad des Betriebssystems nicht ändern wollen oder können, sind die Voreinstellungen von Eclipse die richtige Adresse. Öffnen Sie diese, indem Sie in der Menüzeile den Eintrag *Window > Preferences...* auswählen. Die gesuchten Einstellungen verbergen sich dann auf der Seite *C/C++ > Environment*. Sie lassen sich genau wie die projektspezifischen Einstellungen der Umgebungsvariablen bedienen. Klicken Sie auf *Add...* und geben Sie bei *Name* den Namen der Variablen ein, die Suchpfade für ausführbare Programme enthält. Unter Windows enthält die Variable `PATH` diese Angaben. In *Value* spezifizieren Sie den Pfad, über den die Visual C++-Programme zu finden sind. Zu beachten ist jedoch, dass die Tools von Microsoft auf mehrere Bibliotheken zugreifen, die ebenfalls über den Kommandosuchpfad gefunden werden können. Die Variable wird deshalb am besten auch um diese Pfade ergänzt. Auf meinem System lauten die Pfade:

```
C:\Programme\Microsoft Visual Studio 9.0\VC\bin
C:\Programme\Microsoft Visual Studio 9.0\Common7\IDE
C:\Programme\Microsoft SDKs\Windows\v6.0A\bin
```

Im *Value*-Feld werden sie getrennt durch ein Semikolon »;« angegeben. Wenn Sie vorher sichergehen möchten, dass die Pfade korrekt und vollständig sind, könnten Sie eine Windows-Shell öffnen und dort beispielsweise

```
set PATH=%PATH%;<Alle Pfade getrennt durch ";">
cl.exe
```

eingeben. Sehen Sie anschließend keinen Hinweis auf einen Fehler, so wurde das Programm *cl*, das im Übrigen den eigentlichen Compiler von Visual C++ darstellt, ordnungsgemäß ausgeführt.

Ein neuer Versuch, das Projekt zu übersetzen, wäre jetzt an der Reihe. Klicken Sie wieder auf Build.

Include- und Bibliothekspfade anpassen. Im *Console*-View könnte jetzt folgende Fehlermeldung erscheinen:

```
 cl.exe /Gd /c /W3 /nologo /D "NDEBUG" /MT /O2 /GA /GL JkDefrag.cpp
JkDefrag.cpp
JkDefrag.cpp(30) : fatal error C1034: windows.h:
  Kein Suchpfad für Headerdateien vorhanden
NMAKE : fatal error U1077:
  ""C:\Programme\Microsoft Visual Studio 9.0\VC\bin\cl.exe"":
  Rückgabe-Code "0x2"
Stop.
```

Es ist leicht zu sehen, dass der Compiler die Datei `windows.h` nicht einlesen konnte. Schön ist, dass die Datei `JkDefrag.cpp`, in der das Problem aufgetreten ist, in den Navigation-Views mit einem Fehlersymbol gekennzeichnet ist. CDT liefert einen Error Parser für *Visual* C++ mit, der standardmäßig eingeschaltet ist, so dass ebenso die entsprechende Zeile im Texteditor markiert wird.

Den Suchpfad der Header-Dateien entnimmt *Visual* C++ aus der Umgebungsvariablen `INCLUDE`. Demzufolge müssen Sie diese den Einstellungen hinzufügen, sinnvollerweise auch in den globalen Eclipse-Einstellungen und mit korrekten Pfaden. Auf meinem System lauten Sie:

```
C:\Programme\Microsoft Visual Studio 9.0\VC\INCLUDE
C:\Programme\Microsoft SDKs\Windows\v6.0A\include
```

Natürlich können sich auch hier die Pfade bei Ihnen unterscheiden[7]. Wie oben werden die einzelnen Verzeichnisse durch ein Semikolon »;« getrennt.

Da Sie schon einmal dabei sind: Neben dem Übersetzungsprogramm wird auch ein Linker benötigt, der weitere Dateien, d.h. Bibliotheken, einliest. Die dafür ausgelesene Umgebungsvariable lautet `LIB`. Die Pfade könnten folgendermaßen aussehen:

```
C:\Programme\Microsoft Visual Studio 9.0\VC\LIB
C:\Programme\Microsoft SDKs\Windows\v6.0A\lib
```

[7] Haben Sie keine Idee, wie die Pfade auf Ihrem System lauten könnten, so hilft Ihnen die *Visual Studio 2008-Eingabeaufforderung* weiter, die Sie über das Startmenü herbeirufen können. Den korrekten Pfad erhalten Sie nämlich, indem Sie darin z.B. `echo %INCLUDE%` eingeben.

Kommandosuchpfad umordnen. Ein weiterer Fehler äußert sich folgendermaßen im *Console*-View:

```
link: extra operand '/OPT:REF'
Try 'link --help' for more information.
```

Dies ist nicht etwa eine Fehlermeldung, die vom Microsoft-Programm *link* ausgeworfen wurde, sondern vom GNU-Programm *link*, das durch eine Installation von Cygwin seinen Weg auf Ihren Rechner gefunden hat. Wenn Sie sicherstellen, dass das Cygwin-Verzeichnis nach dem *Visual* C++-Verzeichnis erscheint, dann ist auch dieses Problem gelöst.

Konnten Sie die beschriebenen Probleme lösen? Falls ja, dann dürfte einer erfolgreichen Übersetzung nichts mehr im Wege stehen. Im Projekt sehen Sie anschließend zahlreiche neue Dateien, von denen die meisten nicht weiter interessante Zwischenerzeugnisse sind. Die ausführbaren Dateien landen allerdings zur schnelleren Übersicht wie gewohnt im *Binaries*-Ordner, falls Sie den *Windows PE Binary Parser* für das Projekt aktiviert haben.

JkDefrag mit make übersetzen

Verglichen mit *make* kommt *nmake* mit einigen Einschränkungen daher. In diesem Unterabschnitt soll deshalb *JKDefrag* mit *make* als Steuerprogramm übersetzt werden. Als vorteilhaft erweist sich diese Vorgehensweise auch, wenn die Entwicklung generell mit Eclipse stattfinden soll, denn der in CDT eingebaute Makefile-Editor versteht sich nicht mit Makefiles, die ausschließlich für *nmake* geschrieben worden sind.

```
Makefile:20: *** missing separator.  Stop.
```

Selbstverständlich wollen wir der Meldung auf den Grund gehen. Öffnen Sie deshalb die Datei `Makefile`. Schon der *Outline*-View hat einige Fehlermeldungen parat. Ein weiteres Fehlersymbol befindet sich in der linken Leiste des Texteditors. Es zeigt die Stelle an, die durch den (normalerweise aktiven) Make Error Parser anhand obiger Fehlermeldung gefunden wurde. Ein genauer Blick in der Zeile offenbart, dass die Zeile, die die Build-Anweisungen enthält, durch Leerzeichen eingeleitet wurde, obwohl zumindest *GNU Make* zu diesem Zwecke ein Tabulator-Zeichen verlangt.

Modifikationen am Makefile

Entfernen Sie alle Leerzeichen vor den Build-Anweisungen und fügen Sie anstelle dessen einen Tabulator ein. Dabei können Sie den *Outline*-View zu Rate ziehen, um die Probleme zu identifizieren und per Doppelklick die entsprechenden Stellen anzuspringen. Ist im *Outline*-View kein weiterer Fehler erkennbar, so gilt es noch die Anweisungen

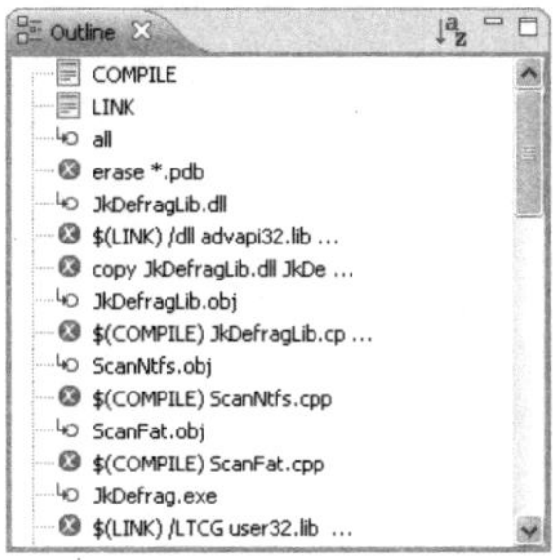

Abb. 4-38
Outline-View für das mitgelieferte Makefile von JKDefrag

zu modifizieren: Im Auslieferungszustand des Makefiles werden interne Kommandos wie *erase* und *copy* verwendet, die für andere Shells oder Programme nicht verfügbar sind. Diese Aufrufe sollten Sie deshalb durch `rm -Rf` bzw. `cp` ersetzen.

5 Ausführen und Debugging

Die syntaktischen Fehler sind alle ausgemerzt, die Übersetzung des Programms ist endlich von Erfolg gekrönt. Als nächster Schritt folgt in der Regel das Austesten des Produkts. Variante eins ist es, das Programm per Hand mittels Explorer oder einer Shell zu starten. Das wäre allerdings kein interessanter Stoff für ein Buch, wie Sie es mit diesem in der Hand halten. Eclipse ist eine integrierte Entwicklungsumgebung. Selbstverständlich, und das ist Variante zwei, wird das Starten von erzeugten Programmen auch direkt daraus unterstützt. Die Beschreibung dieser Funktionalität ist ein Thema in diesem Kapitel.

Wie es bereits im Beispiel in Abschnitt 2.2 angedeutet wurde, wird ein Programm in der Frühphase viele bis sehr viele semantische Fehler enthalten, die sich wie im Fibonacci-Beispiel durch Fehlverhalten in einer Berechnung oder gar durch Abstürze äußern können. Um einem Fehler auf die Schliche zu kommen, sind die folgenden Methoden denkbar:

- Statische Codeanalyse, auch unter dem Begriff Code-Review bekannt. Das kann im einfachsten Fall ein vom Entwickler scharfes Hinschauen, aber auch eine sorgfältige Überprüfung des Codes durch andere Entwickler bedeuten. Ebenso ist dies durch eine systematische Untersuchung des Quelltextes mit Hilfe weiterer Werkzeuge abgedeckt.
- Auswertung von Logdateien. Hier wird vorausgesetzt, dass das Programm Logeinträge generiert.
- Start des Programms unter der Kontrolle eines Debuggers
- Verwendung weiterer Debugging-Tools wie z.B. *valgrind*[1] [18].

Welche Variante man wählen sollte, lässt sich nicht klar sagen und ist oft Geschmackssache. Manchmal eignet sich die eine besser als die an-

[1]Linux-Entwickler wird es freuen, dass ein Plugin namens *Linux Tools* existiert, das u.a. die Verbindung zwischen *valgrind* und Eclipse herstellt. Da es mit der Versionsnummer 0.1 jedoch erst kurz vor Drucklegung erschien, kann das Buch darauf nicht näher eingehen. Interessierte Entwickler finden mehr auf der Heimatseite des Plugins unter `http://www.eclipse.org/linuxtools/`.

dere, dann ist es wieder umgekehrt, ein anderes Mal führt nur eine Kombination aus den Methoden zur Klärung des Problems.

Sehr populär ist immer noch die Zuhilfenahme eines Debuggers, denn zu fast jedem Compiler wird eine solche Software mitgeliefert. Auch von Eclipse erfährt das Konzept des Debuggings auf Quelltextebene Unterstützung. Es bringt, wie in vielen anderen Bereichen ja auch, ein ganzes Framework mit, aus dem sich CDT bedient. CDT benötigt für das Debugging, wie fast alle bisherig behandelten Komponenten, Hilfe von einem externen Programm, das in der Basisverson freilich der kostenlose GDB ist [16]. Wenn Ihnen GDB bekannt ist, werden Sie deshalb hier viele seiner Eigenschaften beschrieben finden.

Kapitelübersicht

Nachdem Sie sich zu Beginn des Kapitels mit dem Starten von Programmen unter Eclipse vertraut gemacht haben, wird ab dem dritten Abschnitt auf das eigentliche Debugging eingegangen, wobei zunächst nur die elementaren Funktionen besprochen werden. Es folgt im fünften Abschnitt die Vorstellung aller Views, die für das Debugging von Interesse sein könnten. Das Kapitel wird mit mehreren Beispielen abgeschlossen.

5.1 Programmstart-Dialoge

Programme können mit dem Button Run *gestartet werden.*

Um ein Programm zu starten, selektieren Sie seine Datei in einem Navigation-View. Wie gewohnt haben Sie dann mehrere Möglichkeiten. Sie können z.B. einfach auf den Button *Run* der Werkzeugleiste klicken, womit das Programm mit den Parametern der letzten Konfiguration oder der Vorgabekonfiguration gestartet wird. Sie können aber auch den Menüeintrag *Run* > *Run* benutzen oder auf der Tastatur STRG+F11 betätigen.

Startkonfigurationen sind Container für die Parameter.

Diese Variante lässt natürlich einiges vermissen. Kann man beispielsweise dem Programm zusätzliche Argumente übergeben? Kann man die Umgebungsvariablen, auf die das Programm Zugriff hat, beeinflussen? Selbstredend, dass diese beiden Fragen mit Ja beantwortet werden können, denn auch beim Starten von Programmen bedient man sich einer flexiblen Systematik. Diese hat unter dem Begriff Startkonfiguration (engl. *launch configuration*) den Weg in das Eclipse-Framework gefunden. Alle Parameter, die für einen Programmstart relevant sind, werden in einer solchen Konfiguration repräsentiert.

Startkonfigurationen werden im Dialog Launch Configuration *festgelegt.*

Es stellt sich die Frage, wie eine solche Konfiguration hinzugefügt werden kann. Nun, eine neue, recht simple Konfiguration erzeugten Sie implizit, als Sie Programme mit der eben geschilderten Methode gestartet haben und vorher noch keine Konfiguration existierte. Einblick auf die Konfiguration erhalten Sie jedoch im Dialog *Launch Configuration*, wo auch Modifikationen vorgenommen werden können.

Öffnen der Dialoge

Je nachdem, in welchem Modus das Programm gestartet werden soll, erscheint dieser Dialog in leicht unterschiedlichen Varianten. Ein Modus ist z.B. das Ausführen von Programmen, ein anderer Modus ist das Debuggen von Programmen. Den Dialog für ersteren Modus bringen Sie mit dem Menüeintrag *Run > Run Configurations....* hervor, den für letzteren Modus mit *Run > Debug Configurations....* Der Dialog für das Ausführen ist in Abbildung 5-1 zu sehen. Neben diesen beiden Modi sind noch weitere Methoden in Gebrauch, etwa der Modus für das Starten von externen Programmen, der im nächsten Abschnitt eine Rolle spielt, oder der Profiling-Modus, der durch das TPTP-Projekt Einzug in das Eclipse-Framework hält.

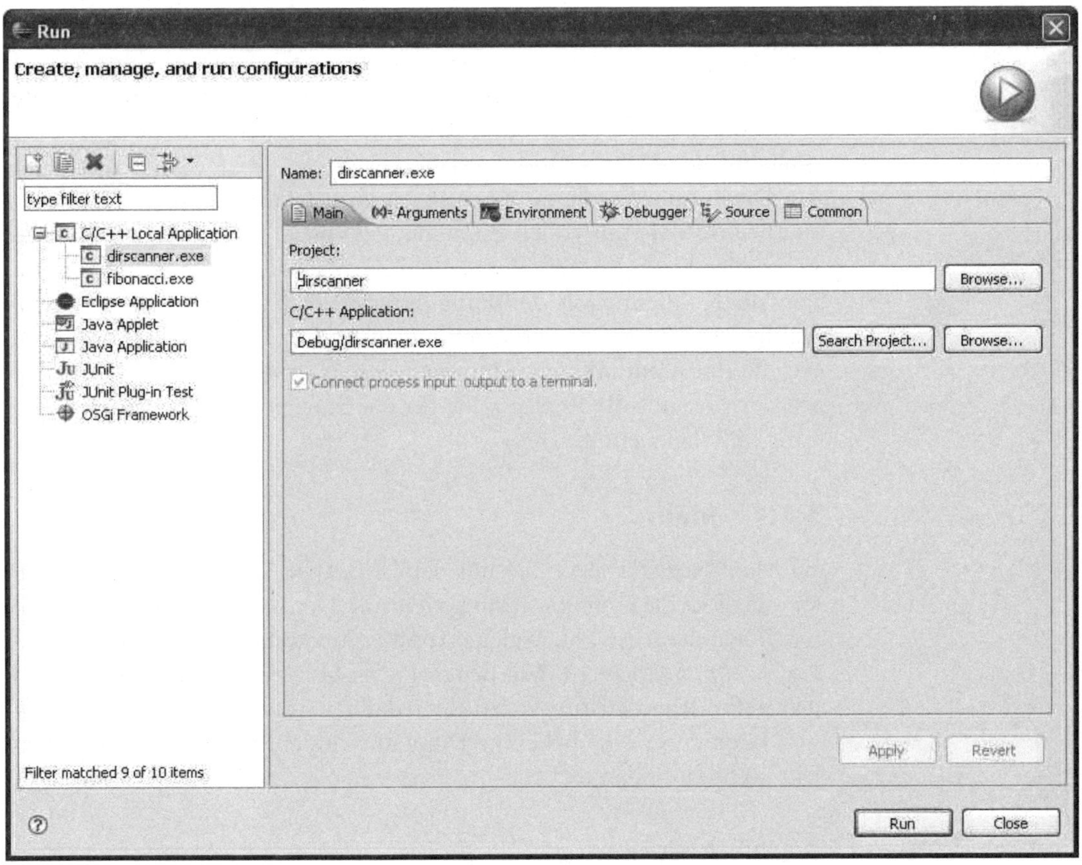

Abb. 5-1
Run-Dialog

Das Hauptaugenmerk liegt zunächst auf dem linken Baum. Mit diesem haben Sie Zugriff auf alle vorhandenen Startkonfigurationen. Die dargestellte Hierarchie hat zwei Ebenen. In der ersten Ebene befinden sich alle vom aktuellen Modus unterstützten *Startkonfigurationstypen*. In der zweiten die zugehörigen Konfigurationen, identifizierbar durch ihren Namen.

Startkonfigurationstypen legen fest, in welcher Umgebung das Programm gestartet wird und welche Parameter hierfür existieren. In der Abbildung ist z.B. der Typ *Java Application* erkennbar, der für das Starten von Java-Applikationen zu benutzen ist und neben vielen anderen Optionen eine bietet, mit der spezifiziert werden kann, unter welcher lokal installierten Java-Runtime die Applikation gestartet wird. Hier soll freilich nicht die Rede von Java-Applikationen sein.

Der in diesem Abschnitt betrachtete Starttyp soll *C/C++ Local Application* sein, der aus C/C++-Quelltexten erzeugte Programme auf den lokalen Rechner ausführt und der einzige bei CDT mitgelieferte Typ ist, der den Run-Modus unterstützt. In Abschnitt 5.4.1 werden Sie weitere für die C/C++-Entwicklung relevante Typen kennenlernen, die allerdings für den Debug-Modus existieren.

Die Parameter, die für einen Programmstart benutzt werden, finden sich, zu oftmals sinnvollen Einheiten gruppiert, in den Registern rechts neben der Liste. Im Texteingabefeld darüber spezifizieren Sie den Namen der Konfiguration, der dann im Baum auch angezeigt wird. Die folgenden Abschnitte widmen sich jeweils einem Register und erläutern, welche darin enthaltenen Optionen den Start wie beeinflussen. Dabei werden hier nur die Register, die für das Starten von Programmen relevant sind, beleuchtet.

5.1.1 Main

Im *Main*-Register legen Sie mit dem Eingabefeld *Project* fest, für welches Projekt die Konfiguration gelten soll. Der Button *Browse...* erleichtert Ihnen die Auswahl. Welche Applikation gestartet wird, geben Sie in *C/C++ Application* an. Mit *Seach Project...* werden dabei alle im Projekt gefundenen ausführbaren Binärdateien aufgelistet, und mit *Browse...* können Sie eine beliebige Datei auswählen, falls die Datei im Projekt nicht zu finden ist.

5.1.2 Arguments

Das Register *Arguments* dient der Angabe von Argumenten, die das Programm beim Start erhält. Hierfür steht das große Texteingabefeld zur Verfügung. Argumente können wie in der Kommandozeile durch

Leerzeichen getrennt werden, alternativ aber auch in eine neue Zeile geschrieben werden. Im zweiten Eingabefeld unter *Working directory* können Sie das Arbeitsverzeichnis, das für das Programm gelten soll, spezifizieren.

Eclipse-Variablen können benutzt werden.

In beiden Fällen haben Sie die Möglichkeit, Eclipse-Variablen zu benutzen, die eine Untermenge der Build-Variablen darstellen und weitere Argumente unterstützen. Die anzugebende Form ist mit der der Build-Variablen identisch: `${varname}` ohne Argument oder `${varname:argument}` mit einem Argument. Betätigen Sie den Button *Variables...*, um diese komfortabel auszuwählen. Sinnvoll anzuwenden sind Variablen wie *string_prompt*, die vom Benutzer eine Eingabe erfordern oder Pfad-repräsentierende Variablen wie *workspace_loc* für den Pfad des Workspace.

5.1.3 Environment

Die Umgebungsvariablen spezifizieren Sie im Register *Environment*. Die Eingabe der Umgebungsvariablen läuft ähnlich wie in Abschnitt 4.4.4 auf Seite 195 ab, mit dem Unterschied, dass hier lediglich die Eclipse-Variablen als Platzhalter benutzt werden können, wohingegen bei den Projekteigenschaften die Build-Variablen zur Auswahl standen.

5.1.4 Common

Innerhalb der Seite *Common*, die Sie in Abbildung 5-2 bewundern können, definieren Sie im Kasten *Save as*, wo die Startkonfiguration abgelegt wird. Der Zustand *Local* bedeutet, dass die Konfiguration lokal im Workspace abgelgt wird[2]. Mit *Shared file* hingegen wird die Konfiguration in eine zu spezifizierende Datei gesichert und kann so zusammen mit dem Projekt verteilt werden.

Startkonfiguration als Favoriten

Im Kasten *Display in favorites menu* wird die Auswahl aller unterstützten Startmodi angezeigt (derzeit *Debug* und *Run*). Mit einem Häkchen in der Auswahlbox geben Sie bekannt, dass Sie diese Startkonfiguration zu den präferierten zählen. Die Folge ist, dass die Konfiguration schnell z.B. über die Menüpunkte *Run > Run History* oder *Run > Debug History* bzw. über das Dropdown-Menü der Buttons in der Toolbar aufgerufen werden kann.

Im Kasten *Standard Input and Output* wird das Verhalten der Standardein- und -ausgabe festgelegt. Die Vorgabe ist eine aktive *Allocate Console*-Option, was bedeutet, dass eine neue Konsole angelegt wird, über die Sie in Eclipse durch den *Console*-View Zugriff haben.

[2]Genauer wird sie im Verzeichnis `.metadata` des Workspace abgelegt.

Abb. 5-2
Common-Register

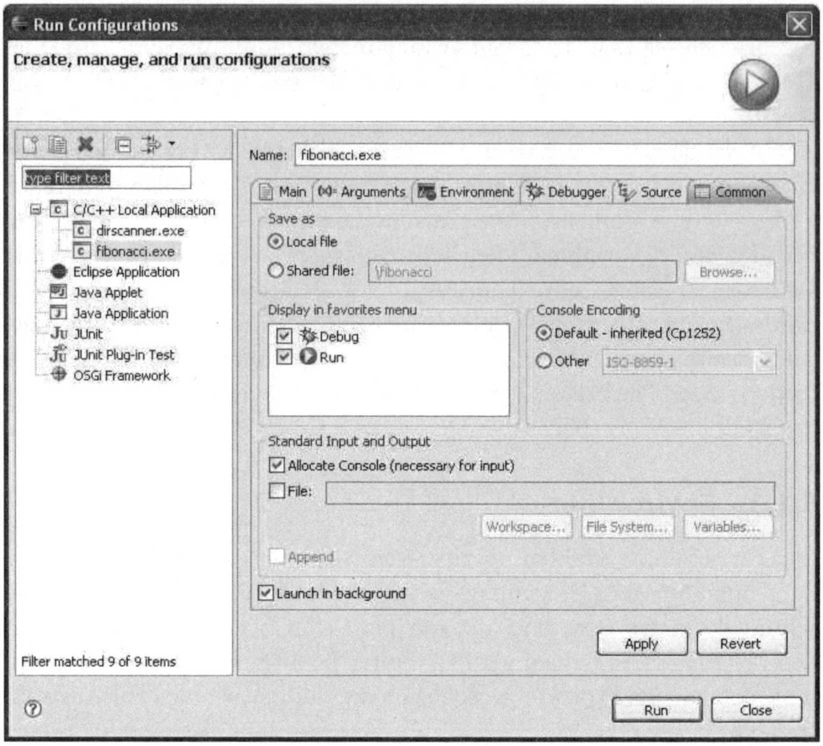

Falls Sie keine Konsole wünschen, so deaktivieren Sie diese Option. Dann können Sie allerdings keine Eingaben, die das Programm erwarten könnte, tätigen.

Eine weitere Möglichkeit bietet die *File*-Option: Hier können Sie eine Datei spezifizieren, in die sämtliche Ausgaben des Programms geschrieben werden. Dazu zählt nicht nur die Standardausgabe, sondern auch die Standardfehlerausgabe. Unterscheidbar sind die beiden Typen dann allerdings nicht mehr. Auch finden Benutzereingaben über den Standardeingabestrom ihren Weg nicht in die Datei. Als Dateiname können Sie wieder Eclipse-Variablen benutzen. Falls das Ziel im Workspace liegt und Sie die Datei mit einem Editor von Eclipse zu betrachten wünschen, müssen Sie zuvor die Ressource in einem Navigation-View aktualisieren, sofern Sie die Auto-Aktualisierungsfunktion nicht aktiviert haben. Schalten Sie die Option *Append* ein, wenn die Ausgaben der Datei hinzugefügt werden sollen.

Kodierung der Texte der Standardein- und -ausgabe

Falls die Konsole benutzt wird, ist noch die Option im Kasten *Console Encoding* von Interesse, denn hier können Sie die Textkodierung festlegen, die für die Ein- und Ausgabe benutzt wird. Standardmäßig entspricht sie der auf Ihrer Plattform benutzten Kodierung. Mehr zur Launch-Konsole finden Sie in Abschnitt 5.3.

Startvorgang im Hintergrund durchführen

Schließlich existiert noch die Option *Launch in background*. Ist sie aktiv, so wird der Startvorgang im Hintergrund ausgeführt, die IDE kann immer noch auf Ihre Benutzereingaben reagieren. Beim lokalen Ausführen von Programmen hat das dann eine Bedeutung, wenn das Programm zuvor noch übersetzt werden muss. Die Gleichläufigkeit von IDE und dem erfolgreich gestarteten Programm ist davon nicht beeinflusst. In der Regel sollte die Option angeschaltet sein, so ist es auch vorgegeben.

5.2 Doxygen einbinden

Nein, dieser Abschnitt hat sich nicht in das falsche Kapitel verlaufen. Bevor ich Ihnen das Debugging näherbringe, möchte ich in einem kleinen Einschub zeigen, wie Sie die eben eingeführten Launcher benutzen können, um externe Build-Tools, in diesem Fall *doxygen*, einzubinden. Anders als der CDT-Builder rühren die Launcher direkt vom Eclipse-Framework her. In der Anwendung mit *doxygen* besteht der Vorteil darin, dass die Einstellungen viel leichter vorzunehmen sind und Sie den Aufruf explizit absetzen können.

Als Beispiel soll hier erneut das Projekt *dirscanner* herhalten. Bereits in Abschnitt 3.5.10 haben Sie es mit Kommentaren versehen, aus denen *doxygen* die Dokumentation extrahieren kann. Was fehlt, ist die allgemeine Konfigurationsdatei, in der steht, was *doxygen* nun genau zu tun hat. Diese Datei soll im ersten Unterabschnitt angelegt werden. Im zweiten Unterabschnitt soll dann eine Startkonfiguration erzeugt werden, die an den Anwendungsfall angepasst ist. Schließlich soll die Startkonfiguration genutzt werden, um die Dokumentation zu erzeugen.

5.2.1 Konfigurationsdatei anlegen

Das Programm *doxygen* zieht seine Konfiguration aus einer Datei, die Sie vor einem Aufruf erzeugen müssen. In diesem Beispiel begnügen wir uns mit den Standardwerten, so dass nur wenig Optionen spezifiziert werden. Legen Sie eine neue Datei `doxyfile` im Projekt *dirscanner* mit dem folgenden Inhalt an:

```
OPTIMIZE_OUTPUT_FOR_C = YES
EXTRACT_ALL = YES
INPUT = .
```

Listing 5.1
Die Datei `doxyfile`

5.2.2 Doxygen-Tool einrichten

Jetzt ist es an der Zeit, eine Startkonfiguration für *doxygen* zu erzeugen. Rufen Sie den Launch-Dialog für externe Programme herbei, indem Sie den Menüeintrag *Run > External Tools > External Tools Configurations...* auswählen. Dort selektieren Sie *Program* und klicken anschließend auf den Button *New launch configuration*, um eine neue Startkonfiguration zu erzeugen.

Abb. 5-3 *Fertige Startkonfiguration für* doxygen

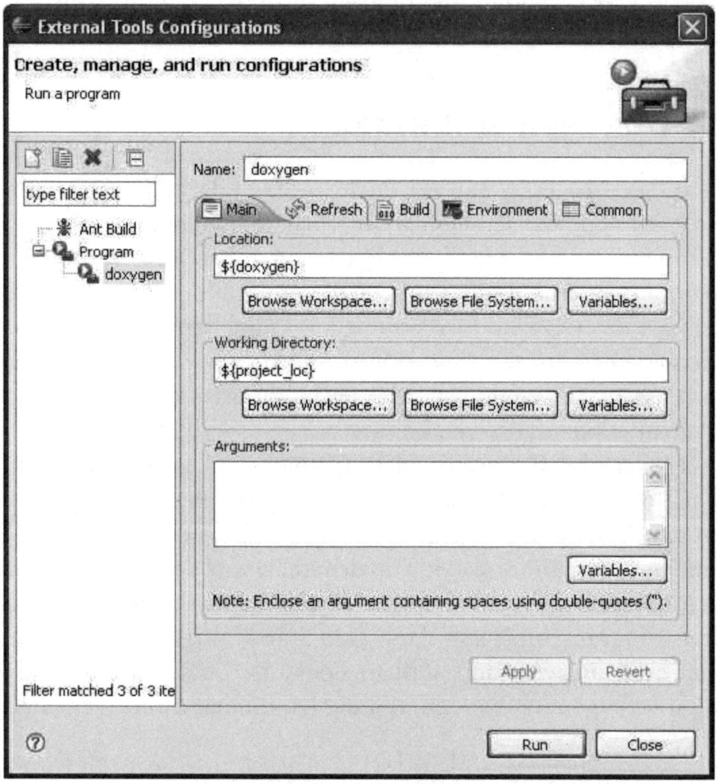

Startbedingungen spezifizieren

Den vorgeschlagenen Namen `New_configuration` ändern Sie ganz schnell in `doxygen` um. Wie Sie die Felder im Register *Main* ausfüllen können, ist für Sie in Abbildung 5-3 dargestellt. Das Feld *Location* nimmt den Pfad des zu startenden Programms auf. Ich habe hier die selbst definierte Variable `${doxygen}` eingetragen, die den absoluten Pfad zum *doxygen*-Programm enthält[3]. Damit ist die Startkonfiguration an keinerlei Rechnerkonfiguration gebunden. Sie können es mir

[3]Das Programm *doxygen* beziehen Sie übrigens über `www.doxygen.org/`. Linux-Anwender können freilich einen distributionsspezifischen Installationsweg wählen.

gleichtun oder einfach den absoluten Pfad direkt eingeben. Aus dem ähnlichen Grund geben Sie im Feld *Working Directory* die Variable `${project_loc}` an: Das Programm wird dann im Kontext des selektierten Projekts gestartet, so dass die Startkonfiguration projektunabhängig wird. Das Feld *Arguments* lassen Sie leer, da *doxygen* vorgabemäßig die Datei `doxyfile` einliest.

Bauen oder nicht bauen?

Standardmäßig wird beim Aufruf eines so definierten Werkzeugs der gesamte Workspace kompiliert. Das kann, insbesondere wenn er viele C/C++-Projekte enthält, eine zeitraubende Operation sein. Für *doxygen* wird diese Funktionalität ohnehin nur selten bis gar nicht benötigt, da es ja auf den Quelltexten operiert. Schalten Sie es deshalb im Register *Build* ab, indem Sie die Markierung vor *Build before launch* entfernen[4].

Projekt auffrischen lassen

Da der so konfigurierte Aufruf von *doxygen* direkt im Verzeichnis des Projektes operiert, ist es des Weiteren ratsam, im Register *Refresh* ein Häkchen vor *Refresh resources upon completion* zu machen und *The project containing the selected resource* anzuwählen. Damit wird das Projektverzeichnis nach Abarbeitung des Kommandos selbstständig aufgefrischt.

Wenn die Definition bisher ohne eine Referenz auf Ihrer Installation auskam, was der Fall ist, wenn Sie Eclipse-Variablen benutzt haben, können Sie die Einstellungen auch mit ins Projekt abspeichern. Hierfür gehen Sie in das Register *Common* und wählen bei *Save as* zunächst *Shared file* an. Im dazugehörigen Texteingabefeld geben Sie einen Dateinamen an, zum Beispiel `dirscanner/doxygen.launcher`.

Damit wären alle notwendigen Einstellungen vorgenommen. Sie können jetzt auf *Apply* klicken. Lassen Sie den Dialog aber vorerst noch geöffnet.

5.2.3 Doxygen aufrufen

Wenn Sie ein so definiertes Werkzeug nämlich das erste Mal starten möchten, dann geht dies nur über den Dialog. Dort klicken Sie bei selektierter Startkonfiguration *doxygen* auf *Run*. Das nächste Mal können Sie den Prozess auch ganz schnell über die Favoritenfunktion starten, in der der neue Eintrag, wie in Abbildung 5-4 gezeigt, erscheint.

Während *doxygen* seine Aufgaben verrichtet, werden die Ausgaben in die Launch-Konsole geschrieben, die im *Console*-View sichtbar ist. Falls bei Ihnen eine Fehlermeldung wie

```
Variable references empty selection: ${project_loc}
```

[4] Falls Sie ein Projekt verwenden, in dem beim Bauen Quelltexte erzeugt werden, können Sie auch *The project containing the selected resource* anwählen.

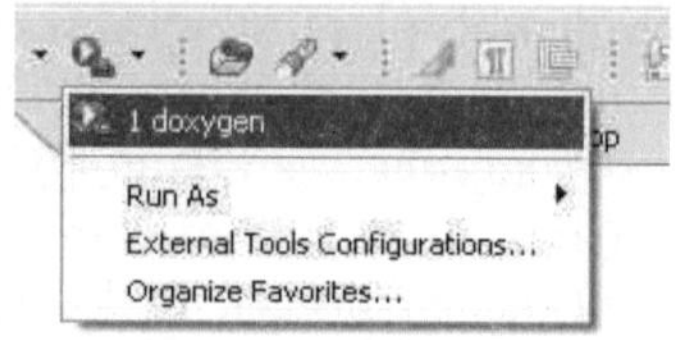

Abb. 5-4
Doxygen über die Favoritenfunktion aufrufen

auf dem Bildschirm auftaucht, dann haben Sie im Navigation-View keine Ressource selektiert. Um die Dokumentation für *dirscanner* zu erzeugen, sollte also eine Ressource aus dem Projekt angewählt sein.

5.3 Die Launch-Konsole

Die Launch-Konsole wird geöffnet, wenn Sie über Eclipse eine Applikation gestartet und dies nicht explizit im *Common*-Register des Launch-Dialogs unterbunden haben. Die Launch-Konsole unterscheidet sich von der Build-Konsole insofern, als sie auch Eingaben entgegennimmt, die mit dem Standardeingabestrom der Applikation verknüpft werden.

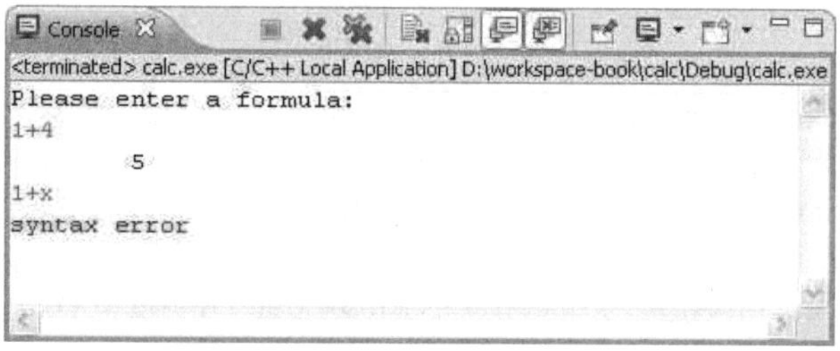

Abb. 5-5
Launch-Konsole. Aus- und Eingaben werden verschiedenfarbig gekennzeichnet.

In die Launch-Konsole geschriebener Text wird, je nach dessen Bedeutung, mit verschiedenen Farben ausgegeben. Mit den Buttons des *Console*-Views können Sie das Verhalten der Konsole beeinflussen, aber auch auf das Programm einwirken. Eine kurze Beschreibung der Buttons finden Sie in Tabelle 5-1.

Launch-Konsole anpassen

Die Farben und Puffergrößen sind wie bei der Build-Konsole konfigurierbar. Die Einstellungen finden Sie auf Seite *Run/Debug > Console* der globalen Präferenzen.

5.4 Programme debuggen

In diesem Abschnitt erfahren Sie, welche Views für das Debugging interessant sind und welche Funktionen durch sie bereitgestellt werden. Der Abschnitt beschränkt sich auf die Beschreibung der Bedienelemente. Ein

Name	Beschreibung
Terminate	Beendet das Programm
Remove Launch	Entfernt das zur Konsole zugehörige Programm und schließt infolgedessen die Konsole
Remove All Terminated Launches	Entfernt alle beendeten Programme
Clear Console	Löscht den aktuellen Inhalt der Konsole
Scroll Lock	Rastet den Scrollbalken ein
Show Console When Standard Out Changes	Zeigt die Konsole, wenn in den Standardausgabestrom geschrieben wird
Show Console When Standard Error Changes	Zeigt die Konsole, wenn in den Standardfehlerstrom geschrieben wird
Pin Console	Die gerade im View sichtbare Konsole wird nicht durch eine andere verdrängt.
Display Selected Console	Zeigt eine im Pulldown-Menü anzuwählende bereits geöffnete Konsole
Open Console	Öffnet eine neue Konsole

Tab. 5-1
Die Buttons der Launch-Konsole

konkretes Anwendungsbeispiel, das alltägliche Arbeitsweisen beinhaltet, findet sich dann im nächsten Abschnitt wieder.

5.4.1 Programme im Debug-Modus starten

Um ein Programm zu debuggen, starten Sie es mit Hilfe des Launchers im Debug-Modus. Hierzu wählen Sie die ausführbare Datei aus und benutzen das Pulldown-Menü des Debug-Buttons wie in Abbildung 5-6. Haben Sie bereits Startkonfigurationen vom Typ *C/C++ Local Application*, dann erscheinen diese ebenso als Favoriten im Pulldown-Menü.

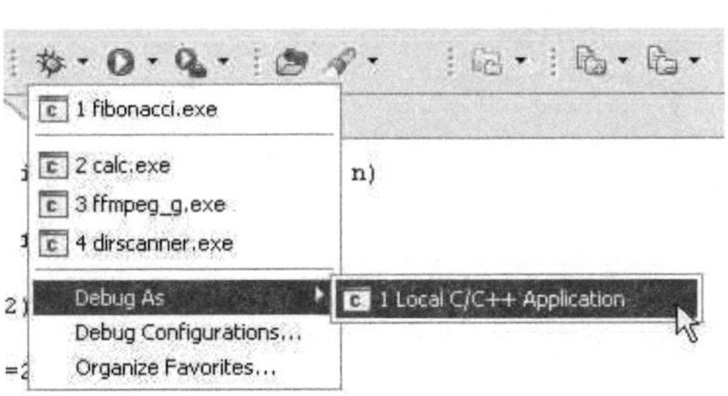

Abb. 5-6
Programme im Debug-Modus starten

Weitere für C/C++-Programmierer relevante Startkonfigurationstypen sind C/C++ *Attach to Local Application* und C/C++ *Postmortem Debugger*. Beide existieren nur im Debug-Modus und stehen demzufolge im Debug-Dialog zur Auswahl. Während Sie mit C/C++ *Attach to Local Application* ein bereits laufendes Programm unter die Kontrolle des Debuggers stellen können, lässt sich mit C/C++ *Postmortem Debugger* das Gleiche für bereits beendete Programme tun. Das kann z.B. hilfreich sein, wenn Sie die Ursache eines Absturzes untersuchen möchten.

5.4.2 Debug-Perspektive

Wenn Sie ein Programm unter einem Source-Level-Debugger starten und ausführen lassen wollen, haben Sie in der Regel ganz andere Interessen als beim Schreiben des Programms. Um dieser Anforderung Rechnung zu tragen, bietet Eclipse schon standardmäßig eine *Debug*-Perspektive, die ein der Aufgabe angepasstes Layout besitzt und zusätzliche Views geöffnet hat.

In die Perspektive gelangen Sie beispielsweise durch manuelles Umschalten. Sie kann allerdings auch automatisch hervorgebracht werden, sobald ein Programm im Debug-Modus gestartet wird. Dieses Verhalten ist per Vorgabe eingeschaltet, lässt sich aber in den globalen Einstellungen auf der Seite *Run/Debug* > *Launching* modifizieren.

5.4.3 Quelltextpfad lokalisieren

Standardmäßig ist das bei der C/C++-Eintrittsfunktion main() *der Fall.*

Wenn Sie ein Programm im Debug-Modus starten und die Ausführung des Programms gestoppt wird, dann wird die nächste abzuarbeitende Zeile im Quelltexteditor hervorgehoben. Hierzu muss CDT aber in der Lage sein, den Quelltext zu lokalisieren, was nicht immer funktioniert. Es kann also vorkommen, dass Sie das Fenster in Abbildung 5-7 zu Gesicht bekommen, insbesondere auf Windows-Systemen unter Cygwin, da hier zwei Arten von Pfaden existieren.

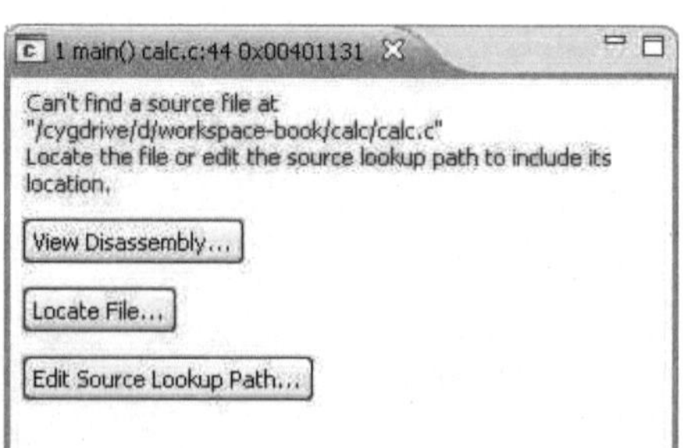

Abb. 5-7
Probleme beim Lokalisieren der Quelltextdatei

Ist der Quelltext nicht verfügbar, oder interessiert Sie es wirklich, dann können Sie mit *View Disassembly...* den Disassembler öffnen und das Programm in Assemblergestalt bewundern. In Sektion 5.6.4 wird dieser etwas näher beschrieben.

Mit *Locate File...* lokalisieren Sie den Quelltext direkt. Da Sie dies aber für jeden Quelltext machen müssten, was lästig ist, wenn Ihr Projekt groß ist, können Sie mit *Edit Source Lookup Path...* den Quelltextsuchpfad allgemein angeben. Der Dialog ist in Abbildung 5-8 dargestellt. Dort wurde eine Pfadumwandlung (*Path Mapping*) hinzugefügt, um das Cygwin-spezifische Problem zu lösen. Eine Pfadumwandlung gibt an, dass ein Pfad auf einen anderen abgebildet wird, der im Idealfall natürlich existiert.

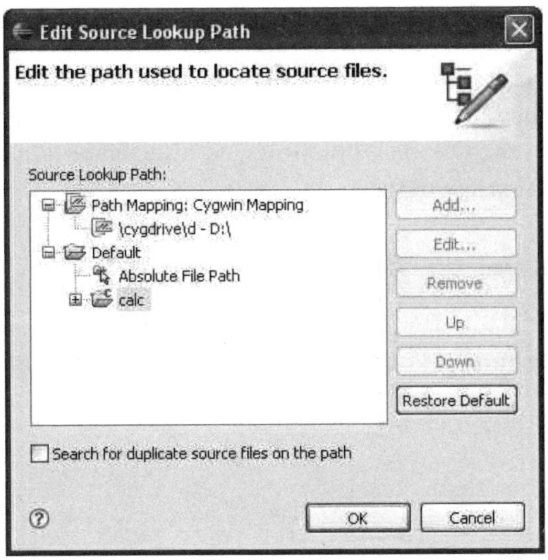

Abb. 5-8
Quelltextsuchpfad bearbeiten

Als Beispiel soll der Pfad `/cygdrive/d` wie in der Abbildung auf den Pfad `D:\` abgebildet werden. Hierfür klicken Sie auf *Add...*, wählen in der Liste *Path Mapping* aus und klicken dann auf *OK*. Daraufhin erscheint ein Eintrag *Path Mapping: New Mapping* in der Liste, den Sie anklicken, um mit *Edit...* die Parameter festzulegen. Das Fenster ist im linken Teil von Abbildung 5-9 zu sehen. In *Name* können Sie einen sinnvollen Namen des Mappings eingeben. Das letztendliche Mapping fügen Sie mit *Add...* hinzu. Dem *Compilation path* geben Sie den abzubildenden Pfad mit, hier also `/cygdrive/d`, und in *Local file system path* geben Sie den Zielpfad ein, hier, wie auf der rechten Seite der Abbildung, `D:\`.

Wenn CDT den Quelltext jetzt findet, dann erscheint der Quelltext anstelle der Fehlermeldung. Übrigens können Sie Quelltextsuchpfade eines Projektes auch im Launch-Dialog im bisher verschwiegenen

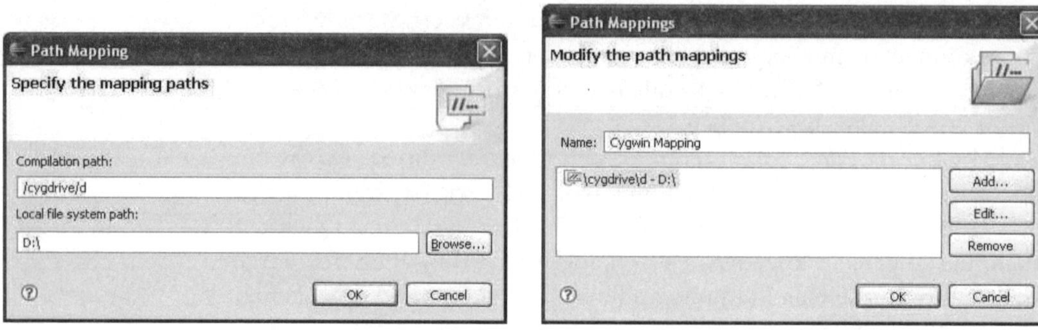

Abb. 5-9
Pfadumwandlung hinzufügen

Register *Source* bearbeiten. Des Weiteren verwaltet CDT auch einen Workspace-weiten Quelltextpfad. Diesen können Sie in den globalen Voreinstellungen auf der Seite *C/C++ > Debug > Common Source Location* definieren. Die hier beschriebene allgemeine Pfadumwandlung eigent sich besonders dafür.

5.4.4 Der Debug-View

Die Kontrolle über den Ablauf des Programm haben Sie im *Debug*-View, der sich in der Vorgabe der *Debug*-Perspektive über dem Texteditor befindet. Dargestellt wird die Benutzeroberfläche in Abbildung 5-10.

Abb. 5-10
Der Debug-*View*

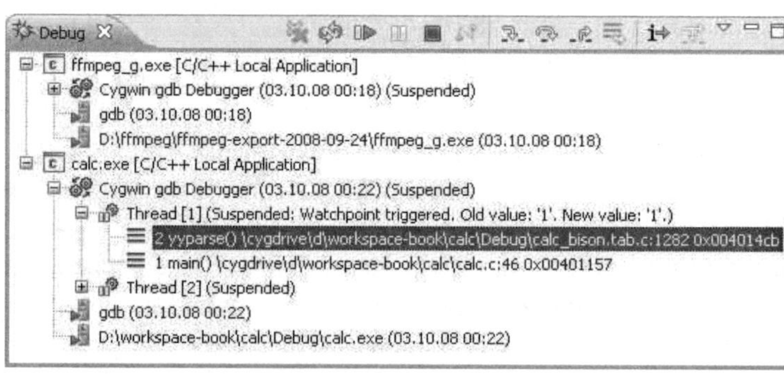

Innerhalb des Views befindet sich die Ansicht, die Auskunft über den Zustand der gestarteten Programme gibt. Die Ansicht ist hierarchisch gegliedert. Die möglichen Elemente sind zusammen mit ihren Piktogrammen in Tabelle 5-2 gelistet.

Tab. 5-2
Hierarchie

Symbol	Instanz
	Startkonfiguration
	Debugger
	Thread
	Stack Frame

Fokus der Debugging-Views

Die Aktionen, die im View abgesetzt werden können, hängen vom Typ des selektierten Elements und freilich auch von dessen Status ab. Aber auch für den Fokus von anderen Debugging-Views ist das selektierte Element ausschlaggebend. So werden z.B. im später vorgestellten *Variables*-View die lokalen Variablen der Funktion *yyparse*() angezeigt, wenn diese im *Debug*-View selektiert wird. Wäre hingegen die Funktion *main*() aktiviert, dann würde sich der Kontext des *Variables*-Views auf diese Funktion beziehen.

Die Zustande von Debugger-Instanzen und Threads

Die Zustände, die ein Thread einnehmen kann, belaufen sich auf:

- *Running/Stepping*. Das Programm/der Thread wird gerade abgearbeitet.
- *Suspending*. Der Programmablauf ist unterbrochen.
- *Terminated*. Das Programm wurde beendet.

In Abbildung 5-11 werden die möglichen Übergänge dargestellt.

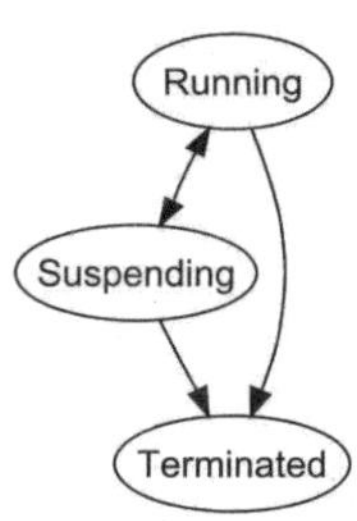

Abb. 5-11
Zustände und ihre Übergänge

Nur wenn der Status eines Threads *Suspended*, d.h. unterbrochen ist, haben Sie Kontrolle über den Ablauf und Zugriff auf die Daten des Programms. Ein Thread kann in diesen Zustand übergehen,

- falls ein Breakpoint aktiv ist,
- falls der Benutzer die Unterbrechung des Programms wünscht oder
- falls ein Signal aufgerufen wird und der Debugger angewiesen ist, auf dieses Signal hin das Programm zu unterbrechen.

Die Ursache für eine Programmunterbrechung erfahren Sie im *Debug*-View im Eintrag des Threads. In Abbildung 5-10 wurde `calc.exe` aufgrund eines getriggerten Watchpoints angehalten.

Kontrollfluss steuern

Um das Programm zu steuern, stehen Ihnen einige im View enthaltene Buttons zur Verfügung. Teilweise sind deren Funktionen bequem über die Tastatur zu erreichen. Folgende Buttons werden angeboten:

- Mit *Remove All Terminates Launches* räumen Sie die Ansicht auf: Alle Einträge von beendeten Programmen werden entfernt.
- Mit *Restart* starten Sie das Programm neu.
- Mit *Resume* (F8) setzen Sie das Programm an aktueller Stelle fort.
- Mit *Suspend* halten Sie die Ausführung des Programms an.
- Mit *Terminate* (STRG+F2) erzwingen Sie die Beendigung des Programms.
- Mit *Disconnect* lösen Sie den Debugger von einem ausgewählten Prozess.
- Mit *Step Into* (F5) lassen Sie die Ausführung um genau einen Schritt fortführen. Falls damit ein Funktionsaufruf verbunden ist, wird das Programm am Kopf dieser Funktion angehalten.
- Auch mit *Step Over* (F6) lassen Sie einen Einzelschritt fortführen. Funktionen werden allerdings abgearbeitet, ohne dass die Ausführung gestoppt wird (sofern kein Breakpoint innerhalb der Funktion die Ausführung anhält).
- Der Button *Step Return* (F7) ermöglicht Ihnen, die Ausführung des Programms so lange fortzuführen, bis die aktuelle Funktion abgearbeitet worden ist.
- Der Button *Drop To Frame* setzt die Ausführung an dem selektierten Stack Frame fort.
- Mit *Instruction Stepping Mode* (de-)aktivieren Sie den Instruktionsschrittmodus. Befindet sich der Debugger in einem derartigen Zustand, so beziehen sich die Schritte nicht auf C/C++-Anweisungen im Quelltextfenster, sondern auf Prozessorinstruktionen, die im *Dissasembly*-View ihre Ansicht finden.
- Der Button *Use Step Filters* hat derzeit keine Bedeutung beim Debuggen von C/C++-Programmen.

Zusätzlich zu den Buttons existiert auch ein Kontextmenü. Hierüber sind neben den Kommandos, die Sie bereits über die Buttons absetzen können, folgende Aktionen möglich:

- Mit *Copy Stack* kopieren Sie die ausgewählte Hierarchie ins Clipboard.
- Mit *Find...* können Sie den dargestellten Baum gezielt nach Elementen durchsuchen. Hierfür werden die Elemente des Baumes ohne jegliche Struktur in einem neuen Fenster mit einer Liste dargestellt, die Sie durch Filter verfeinern können.
- Der Punkt *Resume Without Signal* ist aktiv, wenn die Ausführung des Programms aufgrund eines Signals unterbrochen wurde. Benutzen Sie den Eintrag, wenn das unterbrechende Signal nicht zum Programm weitergeleitet werden soll.
- Mit *Terminate and Relaunch* beenden Sie die aktuelle Abarbeitung des Programms.
- Mit *Edit...* können Sie die Parameter der Startkonfiguration bearbeiten. Hierfür erscheint ein Fenster, das den rechten Teil des Programmstart-Dialogs beinhaltet.
- Mit *Edit Source Lookup...* haben Sie Zugriff auf den Pfad, der für das Aufsuchen von Quelltexten verwendet wird, die zur Binärdatei gehören.
- Mit *Lookup Source* laden Sie den Quelltext ein.
- Mit *Terminate and Remove* beenden Sie das Programm und entfernen gleichzeitig die gesamte Instanz der Startkonfiguration.
- Mit *Terminate/Disconnect All* werden alle gestarteten Programme terminiert oder von der Kontrolle durch den Debugger getrennt, falls der Prozess eingehängt worden ist.

5.5 Den Programmablauf gezielt unterbrechen

Den Ablauf des Programms können Sie unterbrechen, indem Sie den *Stop*-Button im *Debug*-View betätigen. Eine viel häufiger benutzte Variante stellen sogenannte *Haltepunkte* (engl. *breakpoints*) dar, die den Programmablauf unterbrechen, wenn eine bestimmte Bedingung eingetreten ist. Die Bedingung kann eine bestimmte Codestelle sein, ein Ereignis oder ein Speicherzugriff. In diesem Abschnitt sollen die verschiedenen, durch CDT unterstützten Varianten von Breakpoints vorgestellt werden. Der *Breakpoint*-View stellt die zentrale Schaltstelle dar. Er soll zunächst beschrieben werden, bevor wir uns den einzelnen Arten der Breakpoints zuwenden.

5.5.1 Breakpoints-View

Der *Breakpoints*-View zeigt alle aktiven oder inaktiven Breakpoints auf. Abbildung 5-12 zeigt den View, der mit diversen Breakpoints gefüllt ist. Sie können dort verschiedene Arten von Breakpoints sehen, die durch passende Piktogramme verdeutlicht werden und zudem bei zusätzlichen Parametern eine Dekoration erhalten. Tabelle 5-3 listet deren Bedeutung auf.

Abb. 5-12 Breakpoints-*View mit Kontextmenü*

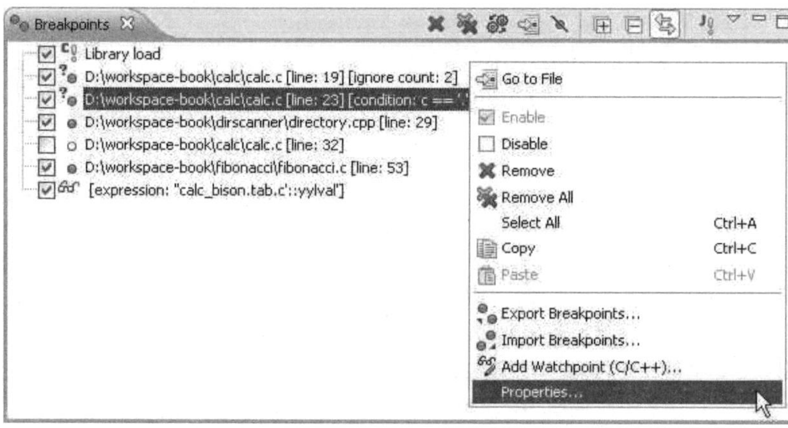

Tab. 5-3 *Breakpoints*

Symbol	Bedeutung
	Address-Breakpoint
	Data-Breakpoints
	Event-Breakpoint
	Zeilen-Breakpoint

Die vorangestellten Auswahlboxen erlauben Ihnen, einen Breakpoint zu aktivieren oder zu deaktivieren. Des Weiteren können Sie wie gewohnt die Elemente anwählen und auf ihnen weitere Aktionen ausüben. Das Kontextmenü bietet Ihnen dazu folgende Aktionen an:

- *Go to File.* Setzt den Editor an die Stelle des Breakpoints.
- *Enable.* Aktiviert die selektierten Einträge.
- *Disable.* Deaktiviert die selektierten Einträge.

- *Remove*. Entfernt die selektierten Einträge.
- *Remove All*. Alle Elemente der Liste werden gelöscht.
- *Select All*. Alle Elemente der Liste werden ausgewählt.
- *Copy*. Der Breakpoint wird als Text in die Zwischenablage kopiert. Dabei besteht sein Inhalt aus dem Dateinamen und der Zeilennummer.
- *Paste*. Fügt einen kopierten Breakpoint ein.
- *Export Breakpoints...*. Erlaubt Ihnen, eine auswählbare Menge von Breakpoints in eine Datei auszuschreiben. Diese Funktion könnte beispielsweise dann nützlich sein, wenn Sie einen reproduzierbaren Fehler an einer bestimmten Stelle des Codes entdeckt haben und die Position anderen Projektmitglieder mitteilen möchten.
- *Import Breakpoints...*. Hiermit können Sie die exportierten Breakpoints wieder in das System importieren.
- *Add Watchpoint (C/C++)...*
- *Properties...*. Hiermit können Sie in die Eigenschaften des Breakpoints einsehen. Mehr Details verrät Abschnitt 5.5.6.

Mit den Buttons sind folgende Aktionen durchführbar:

- *Remove Selected Breakpoints*. Löscht alle angewählten Breakpoints.
- *Remove All Breakpoints*. Löscht sämtliche Breakpoints.
- *Show Breakpoints Supported by Selected Target*.
- *Go to File for Breakpoint*. Setzt den Editor an die Stelle des Breakpoints.
- *Skip All Breakpoints*. Deaktiviert alle Breakpoints.
- *Expand All*. Aufklappen aller Elemente.
- *Collapse All*. Zuklappen aller Elemente.
- *Link with Debug View*. Stellt eine Verknüpfung zum *Debug*-View her. Selektieren Sie im *Debug*-View einen Prozess und befindet sich beispielsweise der Programmzähler aktuell auf einem Breakpoint, so wird der entsprechende Breakpoint im *Breakpoint*-View auch selektiert.

Schließlich bietet Ihnen das Pulldown-Menü des Views unter anderem die folgenden Aktionen an:

- *Add Event Breakpoint (C/C++)...*. Öffnet ein neues Fenster, mit dessen Hilfe Sie einen neuen Event-Breakpoint erstellen können.
- *Show Full Paths*. Ist diese Option aktiv, dann werden vollständige Pfadnamen der Dateien angezeigt, ansonsten wird nur der Dateiname angezeigt.

- *Group By*. Hiermit haben Sie die Möglichkeit, die Gruppierung der dargestellten Breakpoints zu ändern. Sie können beispielsweise nach Breakpoints, Breakpoint-Typen oder Dateinamen gruppieren.

5.5.2 Zeilen-Breakpoints

Mit Hilfe der Zeilen-Breakpoints können Sie die Ausführung von Programmen an von Ihnen bestimmten Stellen unterbrechen. Gelangt bei der Abarbeitung der Programmzähler an diese Stelle, so wird der aktuelle Zustand des Programmes eingefroren. Sie erhalten die Kontrolle über den Fluss und über die Daten. Breakpoints werden verwendet, wenn die zu untersuchende Stelle fernab vom Einstieg des Programms liegt.

Breakpoints werden zeilenorientiert und nicht anweisungsorientiert[5] z.B. in einem Texteditor gesetzt, wo sie als Annotationen ersichtlich sind. Äußerst bequem ist es, wenn Sie einen Doppelklick auf die linke Editorleiste machen, um den Breakpoint für diese Zeile zu setzen. Ein erneutes Doppelklicken lässt ihn wieder verschwinden. Mehr Optionen bietet das Kontextmenü, das Sie über der linken Leiste des Texteditors hervorrufen und in Abbildung 5-13 sehen. Breakpoint-relevante Einträge sind

- *Toggle Breakpoint*. Hiermit fügen Sie einen Breakpoint hinzu oder löschen gänzlich einen vorhandenen.
- *Disable Breakpoint*. Der Eintrag erscheint, wenn es einen aktiven Breakpoint in der Zeile gibt, der damit deaktiviert wird. Deaktivierte Breakpoints werden nicht beachtet.
- *Enable Breakpoint*. Hiermit aktivieren Sie einen deaktivierten Breakpoint.
- *Breakpoint Properties*. Hiermit können Sie die Eigenschaften des Breakpoints in einem neuen Fenster modifizieren.

5.5.3 Data-Breakpoints

Die Data-Breakpoints oder Watchpoints erlauben Ihnen, ähnlich zu den Breakpoints, den Programmablauf zu unterbrechen, was allerdings nicht auf Basis von Anweisungen geschieht, sondern auf Basis von Daten oder Variablen. Hierfür werden quasi die Adressen beobachtet und

[5] Für feinste Kontrolle sollten Sie also nicht mehrere Anweisungen pro Zeile verwenden.

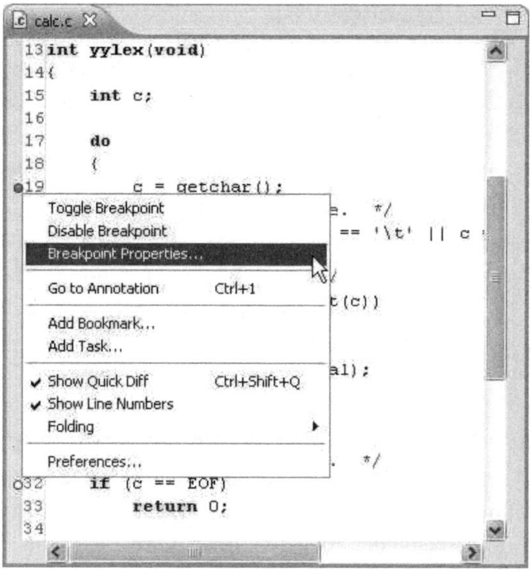

Abb. 5-13
Breakpoints und Kontextmenü der Editorleiste

wenn auf sie lesend oder schreibend zugegriffen wird, dann wird der Ablauf unterbrochen.

Data-Breakpoints definieren Sie am besten über den *Variables*-View. Dort klicken Sie auf die zu beobachtende Variable und wählen im Kontextmenü *Add Watchpoint (C/C++)...*, woraufhin sich der in Abbildung 5-14 dargestellte Dialog öffnet.

Abb. 5-14
Einen neuen Watchpoint hinzufügen

In *Expression to watch* steht der Ausdruck, der überwacht werden soll. Das Feld *Units* gibt an, über wie viele physische Bytes sich der Watchpoint erstreckt. Der voreingestellte Wert ist meistens sinnvoll. Im Kasten *Access* wird festgelegt, welche Zugriffe, also lesende (*Read*) oder schreibende (*Write*), abgefangen werden sollen.

5.5.4 Address-Breakpoints

Address-Breakpoints gehören wie die Zeilen-Breakpoints zu den Instruktions-Breakpoints. Sie gelten jedoch nicht für Zeilen im Quelltext, sondern für Adressen im ausführbaren Code und sind demzufolge nur für systemnahe Zwecke sinnvoll verwendbar. Die Verwaltung geschieht im *Disassembly*-View, da nur hier die Speicheradressen vom Programmcode angezeigt werden, und ist bzgl. der Arbeitsschritte ähnlich zu den Zeilen-Breakpoints.

5.5.5 Event-Breakpoints

Die Unterstützung von GDBs *Event-Breakpoints* hielten erst mit Version 5.0 Einzug in CDT. Mit ihrer Hilfe können Sie den Ablauf des Programms unterbrechen lassen, sobald bestimmte Ereignisse eintreten. Es werden verschiedene Klassen von Event-Breakpoints unterstützt, die in Tabelle 5-4 aufgelistet werden. Allerdings werden nicht alle Sorten bei allen Betriebssystemen unterstützt.

Tab. 5-4
Event-Breakpoints

Name	Aktivität
Exception Caught	Eine C++-Ausnahme wird abgefangen.
Exception Thrown	Eine C++-Ausnahme wird geworfen.
Signal Caught	Ein Signalereignis tritt ein.
Stop on fork	Die Funktion *fork*() wird aufgerufen.
Stop on vfork	Die Funktion *vfork*() wird aufgerufen.
Stop on exec	Die Funktion *exec*() wird aufgerufen.
Process exits	Bevor ein Prozess endet.
Process suspend	Ein Prozess wird gestoppt.
Process start	Nachdem ein Prozess gestartet wurde.
Thread start	Nachdem ein Thread gestartet wurde.
Thread exit	Bevor ein Thread endet.
Thread join	Nachdem ein Mutterthread infolge der Beendigung eines Kindthreads fortgesetzt wird.
Library load	Eine dynamische Bibliothek wird geladen.
Library unload	Eine dynamische Bibliothek wird entfernt.

Auf den ersten Blick ist es nicht ersichtlich, wie man Event-Breakpoints hinzufügt. Die Entwickler haben den Zugriff auf diese Funktionalität im Pulldown-Menü des *Breakpoints*-Views versteckt, wie Sie in Abbildung 5-15 sehen können.

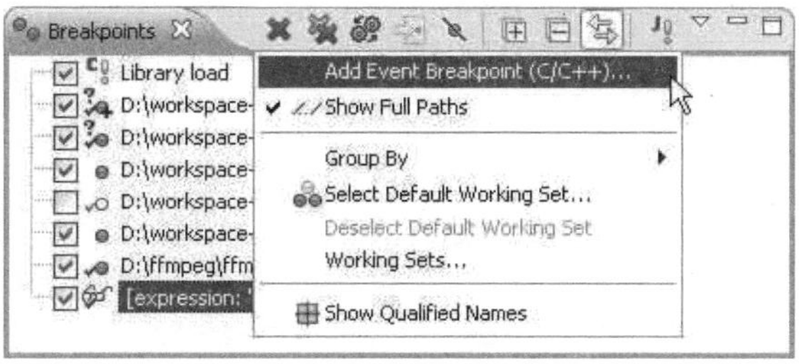

Abb. 5-15
Event-Breakpoints werden über das Pulldown-Menü des Breakpoints-*Views kreiert.*

5.5.6 Eigenschaften von Breakpoints

In den Eigenschaften der Breakpoints, die Sie im *Breakpoints*-View über den Kontextmenüeintrag *Properties...* erhalten, können Sie zum einen die Bedingungen definieren, unter denen der Breakpoint aktiv ist, und zum anderen die Aktionen, die ausgeführt werden, sobald der Breakpoint aktiviert wurde. Standardmäßig ist das jene Aktion, dass das Programm angehalten wird.

Aktionen definieren

Die Aktionen werden auf der Seite *Actions* verwaltet, die in Abbildung 5-16 zu sehen ist. Im unteren Teil der Seite sind alle vorhandenen Aktionen aufgelistet. Dort sind Aktionen durch einen Namen, einen Typ und eine Zusammenfassung, die Auskunft über Sinn und Zweck der Aktion gibt, in Kurzform charakterisiert. Mit dem Button *New...* legen Sie eine neue Aktion an, mit *Edit...* bearbeiten Sie die Aktion in ihren Eigenschaften, und mit *Delete* wird die aktive Aktion gelöscht. Als Typ einer Aktion kommt in Frage:

- *Sound Action.* Eine anzugebende Sound-Datei wird gespielt.
- *Log Action.* Eine zu spezifizierende Meldung wird in einer speziellen Log-Konsole mit Namen *Log Action Messages*[6] ausgegeben.
- *Resume Action.* Der Ablauf des Programms wird fortgesetzt. Optional kann eine Verzögerung angegeben werden. Sinnvoller kombiniert man diese Aktion mit einer anderen, um beispielsweise auf der Konsole über das Erreichen eines Punktes informiert zu werden.
- *External Tool Action.* Ein externes Programm wird aufgerufen.

[6] Wenn diese nicht sichtbar ist, vergessen Sie nicht, dass Sie per Pulldown-Menü des Buttons *Display Selected Console* Zugriff auf alle geöffneten Konsolen haben.

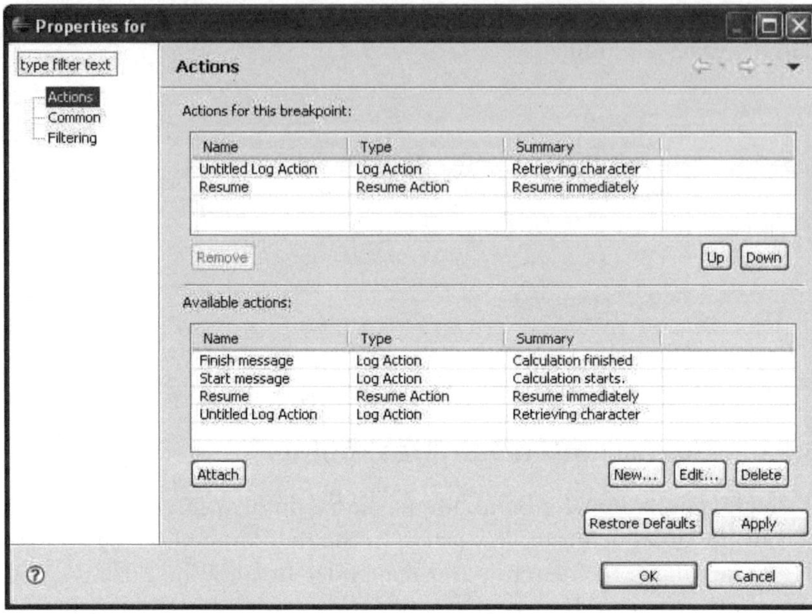

Abb. 5-16
Aktionen

Aktionen, die hierüber erstellt werden, sind weder projekt- noch dateispezifisch, sondern können, einmal definiert, für alle Projekte im Workspace benutzt werden.

Aktionen benutzen

Um eine Aktion für den Breakpoint zu aktivieren, selektieren Sie die Aktion und klicken anschließend auf *Attach*. Die selektierte Aktion erscheint anschließend in der oberen Liste, die alle aktiven Aktionen beinhaltet.

Den Breakpoint einschränken

Bedingungen, unter denen der Breakpoint aktiv ist, werden auf der Seite *Common* festgelegt. Sie ist in Abbildung 5-17 dargestellt.

Nur wenn die Checkbox *Enabled* selektiert ist, wird der Breakpoint überhaupt erst in Betracht gezogen, andernfalls wird er ignoriert. Die Funktion korrespondiert mit den *Enable/Disable Breakpoint*-Einträgen vom Kontextmenü der linken Editorleiste.

Das Feld *Condition* nimmt einen mathematischen Ausdruck auf, der auch Variablennamen enthalten kann. Der Ausdruck wird ausgewertet, sobald der Programmzähler mit der Stelle des Breakpoints übereinstimmt. Ist der Ausdruck dann wahr, werden die dem Breakpoint assoziierten Aktionen durchgeführt, andernfalls wird der Breakpoint ignoriert. Mit *Ignore Count* können Sie auch einen Zähler festlegen,

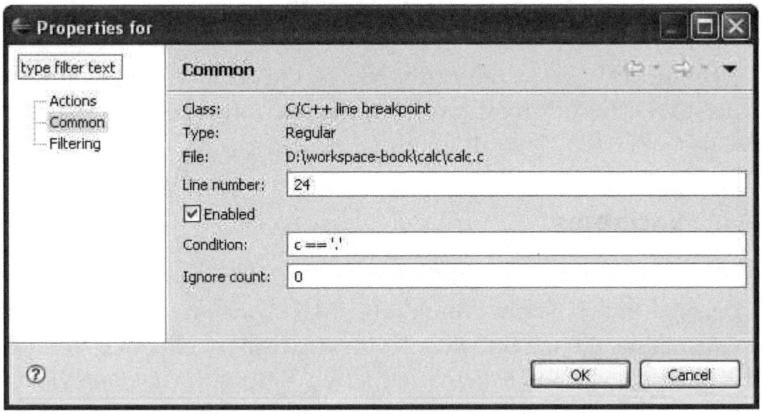

Abb. 5-17
Common

der angibt, wie oft der Breakpoint passiert werden kann, bevor er beachtet wird.

Filtering

Wenn Breakpoints definiert werden, so gelten sie standardmäßig für alle Threads eines Programms, bei denen ihre Aktionen ausgeführt werden. Auf der Seite *Filtering*, die nur verfügbar ist, wenn das Programm läuft, für das der Breakpoint gilt, lässt sich auch dieses Verhalten mit Einschränkungen versehen.

Wie Sie in Abbildung 5-18 sehen, besteht die Ansicht lediglich aus einer Liste, die alle Threads des Debug-Prozesses enthält. Mit der Checkbox vor jedem einzelnen Eintrag können Sie die Aktivität des Breakpoints auf diese Threads eingrenzen.

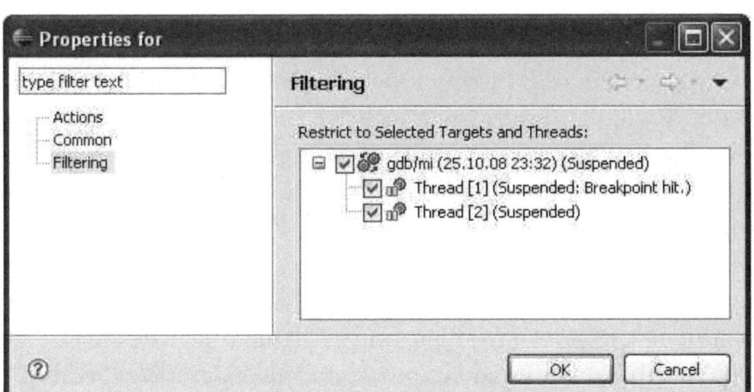

Abb. 5-18
Filter

5.6 Nützliche Views beim Debuggen

Eclipse und CDT bieten zahlreiche Views, die beim Debuggen dem Entwickler nützliche Information liefern. Allen voran geht der *Variables*-View, der im ersten Unterabschnitt besprochen wird.

5.6.1 Variables

Die Variablen eines Programms werden im *Variables*-View angezeigt. Ein Beispiel finden Sie in Abbildung 5-19. Die Anzeige enthält dabei standardmäßig alle im aktuellen Kontext sichtbaren lokalen Variablen. Der Kontext wird durch den selektierten Eintrag im *Debug*-View bestimmt. So können Sie problemlos zwischen verschiedenen Threads oder Programmen umschalten.

Abb. 5-19
Variables-*View*

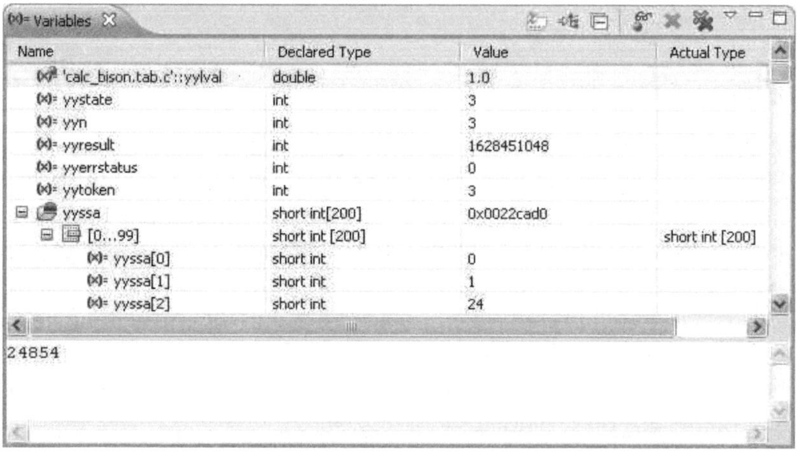

Welche Informationen in der Tabelle angezeigt werden, ist konfigurierbar. Standardmäßig befindet sich in der linken Spalte (*Name*) der Name der Variablen und in der rechten Spalte (*Value*) deren aktueller Wert. Ist die Variable kein primitiver Datentyp, sondern eine Struktur, eine Klasse oder ein Feld, so kommen Sie an die Inhalte, indem Sie die Variable aufklappen. Auch der Inhalt von Zeigern kann auf diese Weise eingesehen werden. Selbstverständlich ist dieses Aufklappen rekursiv anwendbar, so dass Sie sich durch komplizierte Datenstrukturen hangeln können. Globale Variablen unterscheiden sich des Weiteren von lokalen Variablen, sie werden zusätzlich mit einem Weltsymbol dekoriert.

Neben den bisher genannten Spalten haben Sie die Möglichkeit, eine Spalte *Declared Type*, in der der deklarierte Typ der Variablen zu erkennen ist, oder eine Spalte *Actual Type*, in der der momentane Typ der Spalte zu finden ist, der Ansicht hinzuzufügen. Hierfür wählen Sie im Pulldown-Menü des Views den Eintrag *Views Layout > Select Columns...* aus. Im selben Menü können Sie zudem noch das Layout des Views ändern sowie mit *Show Columns* entscheiden, ob die Informationen in Spalten dargestellt werden sollen oder ob Sie eine rein zeilenbasierte Anzeige bevorzugen.

Wählen Sie eine oder mehrere Variable an, so wird deren Inhalt im unteren Teil des Views ausführlich dargestellt, was beispielsweise auch dann nützlich ist, wenn der Datentyp der Variablen ein komplexer ist. Auch der Inhalt von Zeichenketten wird darin dargestellt. Klicken Sie aber auf den Wert einer Variablen in der zweiten Spalte der Tabelle, so können Sie diesen modifizieren.

Ändert sich eine Variable als Resultat eines Einzelschrittes, so wird die zugehörige Variable mit einer Farbe hinterlegt, die in den Werkseinstellungen gelb ist. Eine andere Farbe können Sie in den Voreinstellungen auf der Seite *Run/Debug* festlegen.

Wie üblich stellt der View einige Buttons rechts neben der Titelzeile bereit. Diese belaufen sich auf:

- *Show Type Names*. Befindet sich die Tabelle nicht im Spaltenmodus, dann können Sie diese Option aktivieren, um die Typen der Variablen sichtbar zu machen. Sie werden den Namen dann vorangestellt.
- *Show Logical Structure*. Dieser Button hat derzeit nur für das Debuggen von Java-Programmen Bedeutung.
- *Collapse All*. Klappt alle geöffneten Einträge zu.
- *Add Global Variable*. Hiermit fügen Sie der Ansicht eine globale Variable hinzu. Dazu wird ein Dialog geöffnet, der alle verfügbaren globalen Variablen auflistet. Mit Hilfe der Auswahlboxen können Sie festlegen, welche globalen Variablen im View angezeigt werden sollen.
- *Remove Selected Global Variable*. Alle selektierten globalen Variablen werden vom View entfernt.
- *Remove All Global Variables*. Alle bisher hinzugefügten globalen Variablen werden vom View entfernt.

Neben schon einigen bekannten Vertretern aus der Button-Zeile finden sich im Kontextmenü die folgenden Einträge wieder:

- *Select All*. Es werden alle Variablen angewählt.
- *Copy Variables*. Kopiert die selektierten Variablen inklusive der angezeigten Werte als Text in die Zwischenablage.
- *Enable*. Der Wert der Variablen wird bei jeder Unterbrechung ausgelesen.

- *Disable*. Der Wert der Variablen wird nicht mehr ausgelesen.
- *Display As Array....* Der Eintrag ist benutzbar, wenn die selektierte Variable ein Zeiger ist. Sie können diese Variable hiermit als Feld interpretieren lassen, wobei der Startindex und die Länge des Feldes anzugeben sind.
- *Cast To Type*. Hiermit können Sie eine Variable zu einem anderen Datentyp *casten*. Nach Auswahl öffnet sich ein Dialog, in dem Sie einen neuen Typ per Hand eingeben müssen.
- *Restore Original Type*. Der ursprüngliche Typ wird wiederhergestellt.
- *View Memory*. Fügt die Adresse der selektierten Variablen zum Speichermonitor hinzu.
- *Find....* Mitunter kann die Variablen-Liste sehr groß sein, so dass es schwerfällt, eine bestimmte Variable aufzusuchen. Mit diesem Punkt wird ein neues Fenster geöffnet, das die Namen der angezeigten Variablen alphabetisch auflistet und zusätzlich einen Filter bereitstellt. Doppelklicken Sie auf einen Namen, um den korrespondierenden Eintrag im *Variables*-View zu aktivieren.
- *Change Value....* Ein neuer Dialog öffnet sich, der Sie um die Eingabe nach dem neuen Wert der Variablen bittet. Sie können nur den Wert einer primitiven Variablen ändern, das schließt Zeiger ein.
- *Add Watchpoint*. Hiermit erstellen Sie für die selektierten Variablen einen neuen Watchpoint.
- *Create Watch Expression*.
- *Format*. Hiermit können Sie das angezeigte Format des Wertes einer Variablen ändern. In einem Untermenü stehen zur Auswahl: Binär (*Binary*), Dezimal (*Decimal*), Hexadezimal (*Hexadecimal*) oder am Datentyp angepasst (*Natural*).

5.6.2 Expressions

Den Wert von Variablen eines unterbrochenen Programms können Sie erfahren, indem Sie mit der Maus über den Namen der Variablen im Quelltext fahren. Der *Expressions*-View hingegen geht einen Schritt weiter. Er ist nützlich, wenn Sie während des Debuggings bestimmte *Ausdrücke* dauerhaft beobachten möchten. Man spricht deshalb von Ausdrücken, weil Variablen mit mathematischen Operationen verknüpft werden können.

Aufbau des Views

In Abbildung 5-20 ist der View dargestellt, wobei auch das Kontextmenü zu sehen ist. Links befindet sich die Liste aller momentan bekannten Ausdrücke zusammen mit dem Ergebnis. Im rechten Feld werden hingegen die Werte aller selektierten Einträge zur Anzeige gebracht.

Generell werden alle aktiven Ausdrücke ausgewertet, wann immer der Status des Programms von Neuem auf *Suspended* gesetzt wird (z.B. bei einem Einzelschritt). Sie können jedoch auch eine Neuauswertung erzwingen.

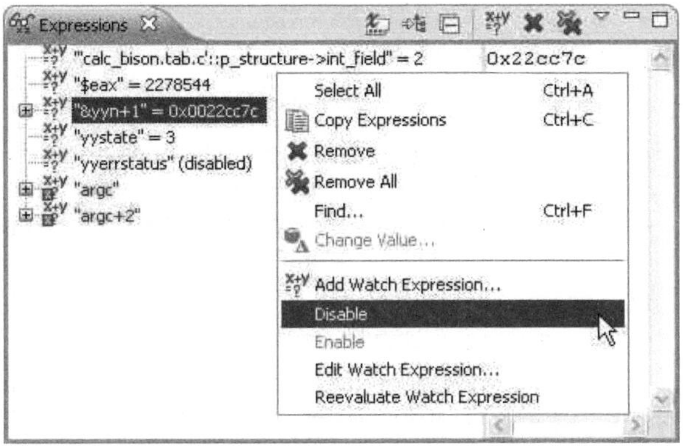

Abb. 5-20
Expressions-*View*

Einen Ausdruck hinzufügen

Einen Ausdruck können Sie z.B. hinzufügen, indem Sie eine Variable aus dem *Variables*-View mit Drag'n'Drop in den *Expressions*-View ziehen. Oder Sie benutzen den Eintrag *Add Watch Expression...* aus diversen Kontextmenüs, auch die des Quelltexteditors, und geben den Eintrag manuell an. Die Reihenfolge der Ausdrücke im *Expressions*-View selbst können Sie auch mit Drag'n'Drop Ihren Wünschen anpassen.

Zusätzliche Information

Je nach Kontext kann es vorkommen, dass Ausdrücke nicht ausgewertet werden können. CDT kennzeichnet solche Ausdrücke, indem sie rot hervorgehoben werden. Ist die über den ersten Button beeinflussbare Option *Show Type Names* aktiv, werden zudem alle Einträge um ihren jeweiligen Datentyp ergänzt.

Die Funktion der anderen Buttons können Sie im Wesentlichen auch mit dem Kontextmenü herbeirufen. Alle durchführbaren Aktionen finden Sie in Tabelle 5-5 erklärt.

Das Pulldown-Menü hat indes wenige Operationen für C/C++-Programmierer[7] anzubieten. Sie können lediglich mit *Layout* über die Anordnung der beiden Felder entscheiden.

[7] Der *Expressions*-View ist ein Konzept vom Debugger der Plattform und lässt sich deshalb auch von anderen Programmiersprachen benutzen. Manche nicht aktive Funktionen sind z.B. durch die Java-Umgebung hinzugefügt worden.

Tab. 5-5
Aktionen im
Expressions-*View*

Name	Beschreibung
Select All	Selektiert alle Einträge.
Copy Expressions	Kopiert die selektierten Einträge in die Zwischenablage.
Remove	Löscht die selektierten Einräge.
Remove All	Löscht den aktuellen Inhalt der Konsole.
Find...	Öffnet ein Fenster, mit dessen Hilfe Sie einen Eintrag schnell anhand seines Namens finden können. Es werden die beiden Wildcards »?« und »*« unterstützt.
Add Watch Expression...	Fügt einen noch zu spezifizierenden Ausdruck hinzu.
Disable	Der Eintrag wird nicht länger automatisch ausgewertet.
Enable	Der Eintrag wird automatisch ausgewertet.
Edit Watch Expression...	Erlaubt Ihnen, den Eintrag zu modifizieren.
Reevaluate Watch Expression	Wertet den Eintrag erneut aus.

5.6.3 Register

Die Programmiersprache C ist eine Low-Level-Sprache. Es gibt Menschen, die behaupten, dass die Programmiersprache C nichts weiter als ein guter Makro-Assembler wäre. Egal, ob man dies jetzt positiv oder negativ bewertet, für wirkliche systemnahe Programmierung benötigt man auch Zugriff auf die Register des Prozessors. Hierfür dient der View *Register*, der in Abbildung 5-21 seine Darstellung findet.

Der View hat große Ähnlichkeit mit dem *Variables*-View, bietet dazu aber noch die Unterstützung von *Registergruppen* an. Registergruppen sind Container, die eine Kategorisierung der unzähligen Register eines Prozessors erlauben; dabei können Register in mehreren Gruppen auftauchen. Die Verwaltung der Registergruppen geschieht über das Kontextmenü:

- *Add Register Group*. Fügt eine neue Registergruppe hinzu. Sie können in einem neuen Fenster den Namen der Gruppe angeben sowie die Register bestimmen, die sich in der Gruppe befinden sollen.
- *Restore Default Register Group*. Stellt den Ursprungszustand wieder her.

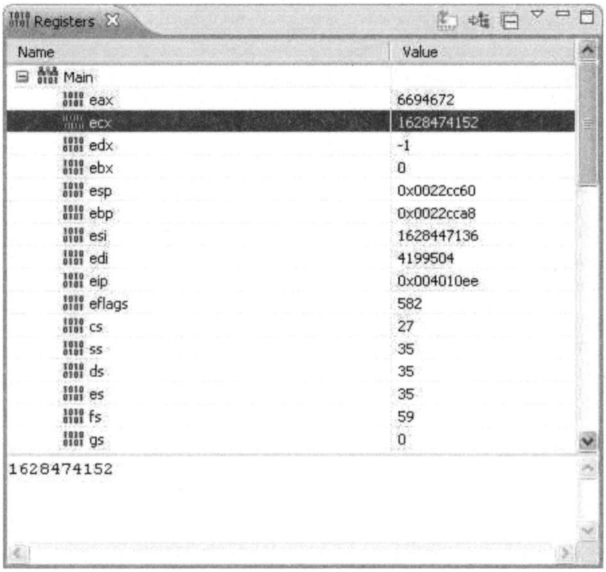

Abb. 5-21
Register-*View*

- *Remove Register Group.* Entfernt die selektierte Registergruppe.
- *Edit Register Group.* Hiermit können Sie nachträglich die Register beeinflussen, die in der Gruppe angezeigt werden sollen.

5.6.4 Disassembly

Wo die Prozessorregister dargestellt werden, da ist der Disassembler nicht weit. Der dafür verantwortliche View nennt sich *Disassembly* und ist in Abbildung 5-22 illustriert. Angezeigt wird der Assemblercode zusammen mit dem C/C++-Code. Die Zeile, an der sich der Programmzähler momentan befindet, wird hervorgehoben. Wie beim Quelltexteditor können Sie Breakpoints hinzufügen, indem Sie auf der linken Leiste der Assembleransicht einen Doppelklick ausführen oder das Kontextmenü hervorrufen. Ein Kontextmenü über dem eigentlichen Code gibt es auch.

- Mit *Run to Line* lassen Sie das Programm so lange laufen, bis der Programmzähler mit der angewählten Zeile übereinstimmt
- Mit *Resume at Line* wird die Ausführung des Programms an der angewählten Stelle fortgesetzt, ohne dass die dazwischenliegenden Instruktionen abgearbeitet werden würden. Die Anwendung dieser Aktion birgt natürlich die Gefahr in sich, dass der Programmablauf erheblich gestört werden kann.

Abb. 5-22
Disassembler-*View*

5.6.5 Signale

Der *Signals*-View ist in Abbildung 5-23 dargestellt. In ihm werden alle möglichen Signale angezeigt, auf die ein C/C++-Programm reagieren kann. In der Tabelle können Sie in Erfahrung bringen, ob ein auftretendes Signal zum Programm weitergeleitet (Wahrheitswerte in Spalte *Pass*) oder ob das Programm in den *Suspended*-Status überführt wird. Des Weiteren wird Ihnen eine kurze Beschreibung des Signals gegeben. Ein einmal unterbrochenes Programm können Sie hierüber auch mit einem bestimmten Signal fortsetzen, indem Sie das gewünschte Signal auswählen und den Eintrag *Resume with Signal...* im Kontextmenü auswählen.

5.6.6 Module

Der *Modules*-View wird von der Eclipse-Plattform bereitgestellt und durch CDT für das C/C++-Programmieren erweitert. Es ist für ein Beispiel in Abbildung 5-24 dargestellt. Der Zweck dieses Views besteht darin, den Benutzer über alle geladenen Module zu informieren, wobei hierzu auch die Shared Libraries zählen.

Das Fenster enthält zum einen die Übersicht über die Module, die in einem Baum angeordnet sind, zum anderen einen Bereich, der Details

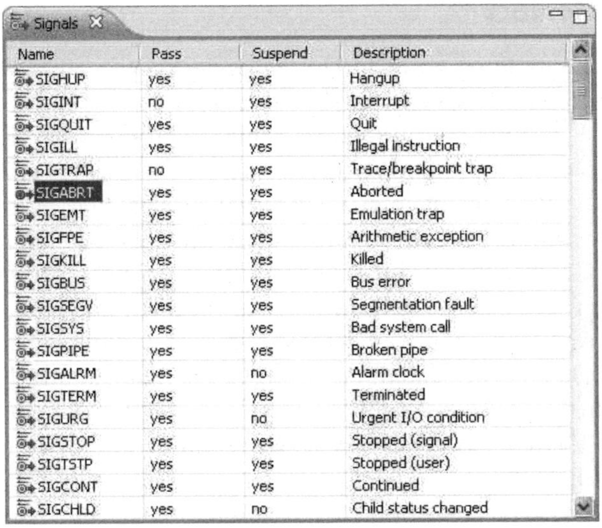

Abb. 5-23
Signals-*View*

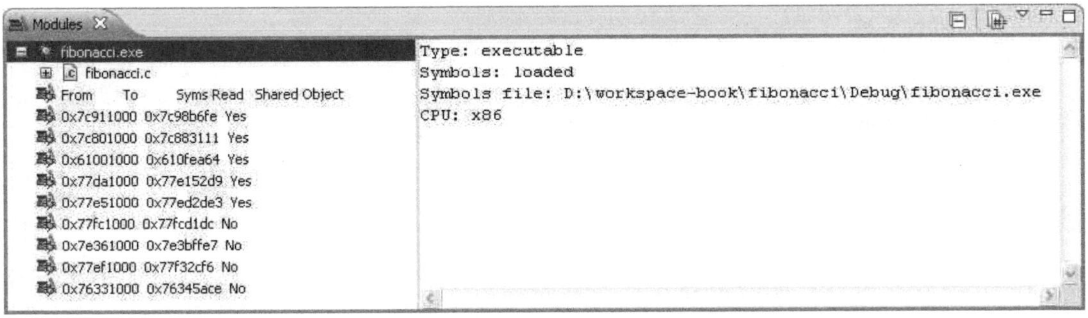

Abb. 5-24
Modules-*View*

zum selektierten Modul verrät. Die Anordnung der Bereiche lässt sich über das Pulldown-Menü des Views anpassen.

Über das Kontextmenü über einem Eintrag sind folgende Aktionen möglich:

- *Load Symbols for All.* Lädt die Symbole aller Module, zu denen noch keine Symbole geladen worden sind.
- *Load Symbols.* Lädt die Symbole des selektierten Eintrags.
- *Find....* Öffnet ein neues Fenster, in dem Sie nach einen Modul suchen können, das nach dessen Auswahl im *Modules*-View selektiert wird.
- *Properties....* Hat bei C/C++-Modulen derzeit keine Bedeutung.

5.6.7 Memory

Der Speichermonitor wird durch den *Memory*-View repräsentiert. In ihm können Sie auf spezifische Adressen vom gesamten Speicher eines unter der Kontrolle vom Debugger befindlichen Prozesses je nach Zugriffsrechten sowohl lesend als auch schreibend zugreifen. Abbildung 5-25 stellt den View in einem möglichen Layout dar.

Im Abschnitt, der mit *Monitors* betitelt ist, werden Monitore aufgelistet. Sie stehen jeweils für eine Basisadresse, die den Ausgangspunkt für den Speicherbereich stellt, den Sie beobachten möchten. In der erwähnten Abbildung befindet sich die Liste auf der linken Seite. Rechts daneben sehen Sie den Inhalt des vom selektierten Monitor beobachteten Speicherbereichs in Gestalt einer Matrix. Die Inhalte von Speicherbereichen können auf verschiedene Weise auf den Bildschirm gebracht werden, z.B. in Form von Hexadezimalzahlen oder ASCII-Zeichen. In CDT wird dieses Konzept durch sogenannte *Renderings* getragen.

Abb. 5-25 Memory-*View mit Kontextmenü über einer Speicherzelle*

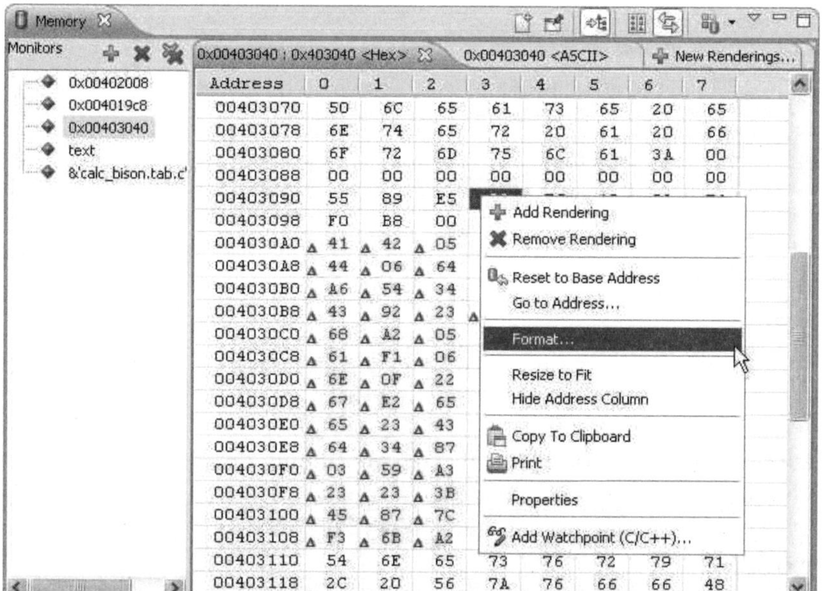

Vom *Memory*-View können mehrere Instanzen geöffnet sein. Die angebotene Auswahl der Monitore ist dabei immer gleich, sie ist immer global für einen Prozess gültig. Es dürfen allerdings jeweils unterschiedliche Monitore oder verschiedene Renderings eines Monitors aktiviert sein, was beim Debuggen von komplizierteren Datenstrukturen sicherlich hilfreich ist.

Monitor hinzufügen

Um einen Monitor für eine Basisadresse der Tabelle hinzuzufügen, klicken Sie auf den Button *Add Memory Monitor*. Es erscheint ein Dialog, der Sie zur Eingabe eines Ausdrucks auffordert. Ein Ausdruck ist wie beim *Expressions*-View eine korrekte mathematische Formel, in der Ganzzahlen und Variablennamen durch Operationen miteinander verknüpft werden können. Wenn Sie den Dialog bestätigen, dann erscheint die Eingabe so wie spezifiziert als neuer Eintrag.

Beachten Sie, dass die eingegebenen Ausdrücke tatsächlich als Adressen interpretiert werden. Die in einem Ausdruck benutzten Variablen sollten deswegen in der Regel Zeiger sein. Des Weiteren sei Ihnen auch nicht verschwiegen, dass die Auswertung der Formel zum Zeitpunkt des Hinzufügens geschieht. Wird der Wert einer beteiligten Variablen im späteren Verlauf des Programms modifiziert, dann ändert sich die beobachtete Adresse nicht.

Zusätzlich zu der geschilderten Methode können Sie neue Ausdrücke auch über den *Variables*-View hinzufügen, ohne dass Sie den Namen einer Variablen manuell eingeben müssten. Hierfür existiert für jede dargestellte Variable ein Kontextmenüeintrag *View Memory*. Ist die Variable dabei kein Zeiger auf eine Speicheradresse, so wird dem Ausdruck der Adressoperator vorangestellt.

Monitor entfernen

Klicken Sie auf den Ausdruck und anschließend auf den Button *Remove Memory Monitor*, um den Monitor zu entfernen. Sie können auch den Button *Remove All* betätigen. Dann werden sämtliche Einträge von der Liste entfernt.

Renderings erstellen

Renderings sind die Darstellungsformen der Inhalte einer Speicherzelle bzw. ihrer Umgebung. Der Inhalt der Speicheradressen kann dabei durch hexadezimale Ganzzahlen (*Hex*), vorzeichenbehaftete oder vorzeichenlose Dezimalzahlen (*Signed Integer*, *Unsigned Integer*) oder ASCII repräsentiert werden. Genaue Angaben über das Format, wie die Byte-Reihenfolge (*endianness*) oder Wortbreite, können ebenso gemacht werden.

Für eine Adresse können mehrere Renderings existieren, in denen unterschiedliche Formate angezeigt werden. Dabei findet jedes einzelne Rendering seinen Platz in einem eigenen Register. Zu Beginn ist lediglich das Register *New Renderings...* sichtbar, mit dem Sie neue Renderings erstellen können. Hierzu wählen Sie darin eine oder mehrere der auch oben aufgezählten Darstellungsformen aus und klicken anschließend auf *Add Rendering(s)*, so dass für jedes gewählte Rendering ein neues Register erzeugt wird.

Renderings löschen

So einfach, wie Sie ein neues Rendering anlegen, so einfach können Sie es auch wieder löschen. Klicken Sie hierfür auf das Schließsymbol des entsprechenden Registers, das erscheint, wenn Sie mit der Maus über das Register fahren.

Durch den Speicher navigieren

Sie können den Scrollbalken auf der rechten Seite benutzen, um durch den Speicher zu navigieren. Der Name *Rendering* ist vielleicht nicht ganz korrekt gewählt, denn klicken Sie auf eine Zelle doppelt, so können Sie deren Inhalt auch ändern. Der Inhalt von erfolgreich modifizierten Speicherstellen erscheint in roter Farbe. Die Schreibfunktion ist nur mit besonderer Vorsicht zu genießen, da beispielsweise eine inkonsistente Änderung von Speicherzellen einer Datenstruktur den fehlerhaften Ablauf des Programms erheblich beeinträchtigen kann.

Weitere Funktionen werden über das Kontextmenü der Speicherzellen bereitgestellt. Dabei stehen Ihnen die folgenden Punkte zur Auswahl:

- *Add Rendering*. Erlaubt Ihnen, ein neues Rendering hinzuzufügen. Es wird dabei lediglich das Register *New Renderings...* aktiviert.
- *Remove Rendering*. Entfernt das angewählte Rendering.
- *Reset to Base Address*. Haben Sie die Ansicht des Renderings auf eine andere Adresse verstellt, so können Sie die dargestellte Adresse mit diesem Menüpunkt zum Ausgangspunkt zurücksetzen.
- *Go to Address...*. Hiermit können Sie im aktuellen Rendering zu einer beliebigen Adresse springen.
- *Format...*. Hiermit können Sie das Format des Renderings ändern. Beispielsweise ist beim hexadezimalen Rendering die Spaltenweite anpassbar.
- *Resize to Fit*. Zeigt derzeit keine Wirkung.
- *Show Address Column*. Zeigt die Spalte, die die Speicheradressen darstellt.
- *Hide Address Column*. Versteckt die Spalte, die die Speicheradressen beinhaltet.
- *Copy to Clipboard*. Der Inhalt der ausgewählten Speicherzelle wird in die Zwischenablage kopiert.

- *Properties*. Zeigt ein paar Eigenschaften zur ausgewählten Speicherzelle und zum Rendering an.
- *Add Watchpoint (C/C++)....* Erlaubt es, einen Watchpoint für die selektierte Adresse hinzuzufügen.

Weitere Funktionen

Weitere Funktionen sind über die Buttons des Views aufrufbar.

- *New Memory View*. Öffnet einen zusätzlichen *Memory*-View.
- *Pin Memory Monitor*. Hiermit halten Sie den selektierten Monitor fest. Beim Hinzufügen eines weiteren Monitors wird dieser dann beispielsweise nicht aktiviert.
- *Toggle Memory Monitors Pane*. Wenn die Option deaktiviert ist, dann wird die Liste von möglichen Monitoren ausgeblendet.
- *Toggle Split Pane*. Wenn diese Option aktiv ist, dann existieren nebeneinander zwei (sinnvollerweise sich in ihrem Typ unterscheidende) Renderings für eine Speicheradresse.
- *Switch Memory Monitor*. Hiermit schalten Sie zwischen den verfügbaren Monitoren um, wobei die Liste vom Pulldown-Menü offenbart wird. Machen Sie hiervon Gebrauch, wenn Sie die Monitorliste versteckt haben.

5.6.8 Executables

Im View *Executables* werden alle als ausführbar erkannten Dateien in einer einfachen Liste aufgeführt. Im rechten Teil befinden sich hierarchisch angeordnet die Komponenten, aus denen die angewählte ausführbare Datei besteht, falls das Programm Debugging-Informationen besitzt. Zudem müssen die darin referenzierten Quelltexte vorliegen, wenn Sie in tiefere Strukturen, wie Funktionen und Klassen, einblicken möchten.

- *Refresh*. Aktualisiert die Liste von ausführbaren Dateien.
- *Import*. Erlaubt Ihnen, eine ausführbare Datei aus einem beliebigen Verzeichnis hinzuzufügen.
- *Columns*. Ermöglicht Ihnen, diejenigen Spalten zu definieren, die in beiden Häften des Views angezeigt werden. Es können z.B. auch die Größe und das Modifikationsdatum der Datei angezeigt werden. Im Allgemeinen gilt, dass eine Spalte sich auf die linke Tabelle bezieht, wenn der Name mit *Executable* beginnt. Ansonsten handelt es sich um eine Spalte der rechten Tabelle.

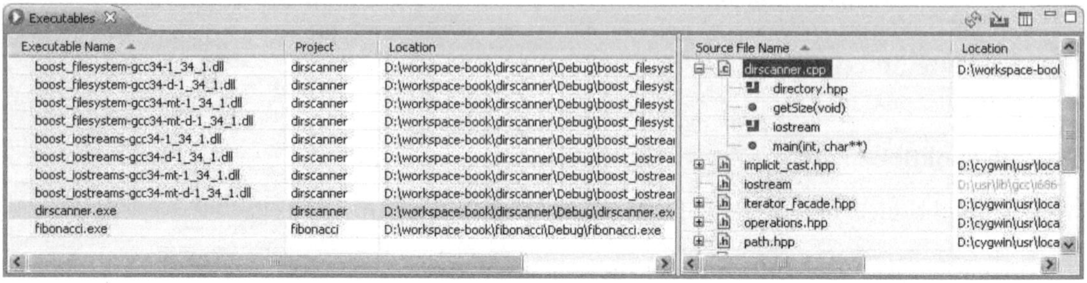

Abb. 5-26
Executables-*View*

5.7 Remote Debugging

Für Softwareentwickler, deren Zielplattform nicht in der Lage ist, Eclipse oder CDT auszuführen, wäre eine Methode interessant, Programme auf dem entfernten Rechner auszuführen und gegebenenfalls zu debuggen. Für sich genommen kann das CDT-Plugin diese Anforderung jedoch nicht erfüllen. Im Zusammenhang mit dem *Target Management*-Plugin kann Eclipse aber auch dieser Zielgruppe gerecht werden. Diesem Plugin ist die Gesamtheit von Kapitel 8 gewidmet. Spezielle Informationen zur Durchführung von *Remote Debugging* finden Sie dort in Abschnitt 8.14.

Teil III

Fortgeschrittene Entwicklung

6 Versionsverwaltung

Einen bedeutenden Aspekt bei der Entwicklung von Software stellt die Versionsverwaltung dar. Hiermit verbindet man heutzutage nicht nur die begriffgebende Versionierung der Quelltexte eines Projekts, sondern auch die Reglementierung des gemeinsamen Zugriffs auf Quelltexte, Dokumente und andere Ressourcen. Projekte, die in Form einer (global) verteilten Entwicklung vorangetrieben werden, gibt es zuhauf. Selbstverständlich existieren softwaregesteuerte Ansätze, mit denen der Entwickler mehr oder weniger elegant die Anforderungen erfüllen kann.

Schon öfter wurde auf dieses Kapitel verwiesen, das Ihnen die Hilfestellungen, die Ihnen Eclipse in Bezug auf die Versionsverwaltung geben kann, vorstellen möchte. Hiervon ist der erste Abschnitt für Sie dann interessant, wenn Sie Hintergrundinformationen benötigen, vielleicht weil Sie sich mit dem Thema bisher noch nicht auseinandergesetzt haben.

Im zweiten Abschnitt wird erläutert, wie Sie das Versionsverwaltungssystem CVS lokal auf Ihrem Rechner einrichten können. Diesen Arbeitsschritt benötigen Sie, wenn Sie alle besprochenen Features ausprobieren möchten. Im dritten Abschnitt wird dann der dazugehörige in Eclipse integrierte Client besprochen. Abschnitt Nummer vier wendet sich dem neueren System SVN zu und bespricht ein Plugin, das eine Eclipse-Integration verspricht.

Der fünfte Abschnitt widmet sich einer weiteren Perspektive, die speziell für die Aufgabe des Synchronisierens von Quelltexten den Weg in Eclipse gefunden hat. Der sechste Abschnitt stellt schließlich ein komplexes Beispiel dar. Hier werden Sie das Open-Source-Programm Inkscape mit Hilfe von SVN in den Workspace importieren. Der Vollständigkeit halber wird es auch zu einem ausführbaren Programm übersetzt.

6.1 Grundlagen

In diesem Abschnitt werden Sie zu Beginn mit dem Prinzip der Versionsverwaltung bekannt gemacht. Sollten Sie bereits ein CVS- oder

SVN-Profi sein, dann können Sie den Abschnitt getrost überspringen und sich gleich der Beschreibung der in Eclipse angebotenen Unterstützung zuwenden.

6.1.1 Motivation

Die Notwendigkeit einer Versionsverwaltung ergibt sich, weil die Bestandteile eines Projektes für gewöhnlich verändert werden und nicht jede Änderung sich immer als richtig oder klug herausstellt. Doch das regelmäßige Anfertigen und Einspielen von Backups wird schnell als zu umständlich angesehen, da viel Handarbeit erforderlich ist.

Ein Versionsverwaltungssystem ist eine Software, die speziell für den Umgang mit verschiedenen Versionen von Dateien geschrieben wurde. Sie geht in der Regel weit über die reine Backup-Funktionalität hinaus und erlaubt dem Benutzer beispielsweise, neue Versionen von Dateien mit Kommentaren zu speichern, ältere Versionen zu extrahieren oder wiederherzustellen oder die Unterschiede zweier verschiedener Versionen von ein und derselben Datei anzuzeigen.

Ein weiterer Aspekt, dem moderne Verwaltungssysteme Beachtung schenken, ist die Unterstützung für Projekte, die von einem Team entwickelt werden, wie es bei größeren Projekten immer der Fall sein wird. Hier besteht die Aufgabe darin, den gemeinsamen Zugriff auf die Dateien möglichst konfliktfrei zu gestalten oder zumindest dem Entwickler beim Lösen eines Konfliktes zur Seite zu stehen.

Erst RCS

Ein früher freier Vertreter eines solchen Versionsverwaltungssystems ist RCS, das 1980 das Licht der Welt erblickte und die oben beschriebenen Features bot. Ein Manko von RCS ist jedoch, dass es nur auf einzelnen Dateien operiert und somit kein Kontext zu einem Projekt existiert, das normalerweise aus vielen Dateien besteht.

Dann CVS

Dieses Manko wurde neun Jahre später durch CVS beseitigt, das auf der Dateistruktur von RCS beruht und anfänglich sogar auf den Kommandos von RCS aufbaute, dann aber schnell eigenständig wurde. Ein bedeutsames Merkmal von CVS ist sicherlich die angebotene Netzwerkunterstützung und die damit verbundene Client-/Serverarchitektur, die auch erheblich dem immer wichtiger werdenden Sicherheitsaspekt Rechnung trug. So unterscheidet man Schreib- und Lesezugriffe und kann diese ganz verschieden auf die Benutzer verteilen. Ein Vorteil, der sich auch durch Architektur ergibt, lässt sich mit der Redundanz der Quellen begründen: Sie befinden sich zum einen als *Repository* auf dem Server und zum anderen auf den Clients[1]. Auch die

[1] Die gesamte Versionsgeschichte liegt allerdings nur auf dem Server vor, so dass man an Backups freilich nicht vorbeikommt.

reduzierte Menge an zu übertragenden Daten steht auf der Habenseite, denn im Idealfall sendet der Server nur die Änderungen zwischen zwei Versionen des ein und desselben Dokumentes. Trotz seines stattlichen Alters und genügend leistungsfähiger Konkurrenz ist CVS nach wie vor sehr beliebt. Beispielsweise werden hiermit die Quellen von *OpenOffice* verwaltet. Aber auch die Quellen von Eclipse und der zahlreichen Unterprojekte sind allesamt unter CVS gestellt. Wenig verwunderlich ist es deshalb, dass man eine Unterstützung von CVS seit Anbeginn in der Eclipse-Plattform finden kann und seit jenen Tagen mit fürsorglicher Pflege bedacht hat.

Probleme von CVS

CVS hat mit einigen Schwächen zu kämpfen. Verzeichnisse können nur umständlich von Benutzern mit administrativen Rechten gelöscht werden, was überdies auch den kompletten Verlust der Versionsgeschichte des Verzeichnisses nach sich zieht. Ein Umbenennen von Dateien kann ebenso nicht verfolgt werden: Letztendlich müssen Sie eine Datei löschen und eine neue Datei erzeugen. Andere Unzulänglichkeiten betreffen die Unterstützung von Binärdateien, die CVS zwar kennt, aber nur sehr naiv in die Verwaltung einbindet.

SVN

Aus diesen und einer ganzen Reihe weiteren Kritikpunkten heraus wurde Ende des Jahres 2000 das Projekt Subversion (SVN) initiiert, das als Nachfolger von CVS konzipiert werden sollte. Vier Jahre später erblickte dann endlich die Version 1.0 das Licht der Welt, das die hier beschriebenen Kritikpunkte zu lösen wusste. Im Gegensatz zu CVS werden Änderungen durch Subversion in das Repository atomar eingepflegt, das bedeutet, dass sie entweder vollständig prozessiert wurden oder gar nicht. Als Folge haben Dateien keinen eigenen Versionszähler mehr, diesen gibt es jetzt nur noch für das Projekt, und er wird bei jeder Änderung hochgezählt. Das erleichtert das Wiederherstellen einer bestimmten konsistenten Version ungemein. Dadurch, dass clientseitig das gesamte Repository nicht nur in der Arbeitskopie, in der die Änderungen vorgenommen werden, auch in einer Schattenkopie mit letztem bekannten Versionszustand vorliegt, kann der Client auch differenzielle Dateien senden.

Eclipse und CVS

Die Subversion-Unterstützung hielt in Eclipse im Gegensatz zur CVS-Unterstützung erst durch externe Plugins Einzug. Dafür hat der Benutzer gleich zwei zur Auswahl, nämlich Subversive und Subclipse. Für ganz alltägliche Aufgaben nehmen sich die beiden rein gar nichts. Während Subversive seit 2007 ein offizielles Eclipse-Projekt darstellt, hat Subclipse einige Versionen mehr auf dem Buckel. Als Basis in diesem Buch dient Subclipse.

Andere Systeme

Die Liste anderer Versionsverwaltungssysteme ist lang, denn auch SVN ist weit davon entfernt, universal zu sein. Viele Entwickler kritisieren z.B. die Zentralität von SVN, d.h., es existiert nur ein Server, auf dem die gesamten Daten gehostet werden. Bei einem verteilten Versionskontrollsystem findet sich die komplette Versionsgeschichte auf allen Arbeitsrechnern, was den Vorteil hat, dass man den Großteil der Operationen auch ohne Netzwerkzugriff erfolgreich durchführen kann. Ein bekannter Vertreter ist *Git*, das ursprünglich für die Entwicklung des Linux-Kernels entwickelt wurde, aber auch bei anderen Projektadministratoren regen Anklang fand. Auch hierfür oder für andere Systeme existieren Plugins, die allerdings noch nicht so weit gediehen sind. In diesem Kapitel finden Sie daher keine weitere Beachtung.

6.1.2 Begriffe

Die Terminologie, die für CVS und SVN verwendet wird, ist sehr ähnlich. Ein *Repository*, *Projektarchiv* oder schlicht *Depot* ist der Ort, in den sich die Projektdateien an zentraler Stelle befinden. Üblicherweise befindet sich das Repository auf einem eigenständigen Rechner. Die Quellen, die sich auf den Client-Rechner befinden, werden *Arbeitskopie* genannt.

Die Operationen, die mit zu den Grundoperationen zählen, sind:

- *check out*. Diese Operation lädt ein Repository das erste Mal auf Ihren Rechner und richtet die dafür notwendige Infrastruktur ein. Sie erzeugt quasi die Arbeitskopie.
- *update*. Ein bereits auf Ihrem Rechner ausgechecktes Repository wird mit dem entfernten Repository abgeglichen. Hierbei muss es sich nicht notwendigerweise um die aktuelle Version handeln.
- *commit*. Die lokalen Änderungen werden auf das entfernte Repository übertragen.

Daneben existieren natürlich eine Vielzahl von weiteren Operationen. Beispielsweise können Sie sich die Historie des Repositorys anschauen. Die Historie enthält im Wesentlichen die Informationen über alle *commit*-Ereignisse.

6.2 Serverseitige CVS-Komponenten installieren

In diesem Abschnitt werden Sie erfahren, wie Sie einen CVS-Server lokal auf Ihrem Rechner installieren können. Dass dies nur lokal geschieht, stellt sicher, dass Sie alle wichtigen Operationen auch wirklich durchführen können, denn nicht jeder hat Schreibzugriff auf einen entfernten oder gar öffentlichen CVS-Server. Allerdings soll an dieser Stelle bemerkt werden, dass die hier gegebene Beschreibung auf ein Minimum reduziert wurde, das für einen öffentlichen Server auf keinen Fall ausreichend ist; hierzu sei auf spezielle Literatur verwiesen.

Ein lokales Repository können Sie mit CVS prinzipiell auch verwalten, ohne explizit einen Server einzurichten. Allerdings ist der Zugriff mit Eclipse dann nicht möglich, da seitens Eclipse nur TCP/IP-Verbindungstypen unterstützt werden. Da CVS im nächsten Kapitelabschnitt für das *calc*-Projekt benutzt werden soll, ist eine vollständige Installation des Servers angebracht, wenn Sie den gesamten Abschnitt mitverfolgen möchten.

6.2.1 Windows

Am leichtesten geht die Installation mittels *CvsNT* von der Hand, das einen eigenständigen CVS-Server repräsentiert und alle wichtigen Protokolle von CVS unterstützt. CvsNT kann von der Seite `http://www.cvsnt.org/` frei bezogen werden. Nach dessen Installation kann die Konfiguration sehr bequem über das Programm *CVSNT Server* der Systemsteuerung vorgenommen werden.

Ein Testrepository einrichten

Öffnen Sie das erwähnte Programm aus der Systemsteuerung. Im Register *About*, das zu Beginn im Vordergrund steht, sehen Sie im Kasten *Services*, ob der Server gestartet ist oder nicht. Der Status kann zudem mit den Buttons *Start* und *Stop* beeinflusst werden. Einstellungen für Repositories finden Sie allerdings im Register *Repository configuration* vor, das Sie jetzt aktivieren sollten. Klicken Sie anschließend auf Add[2]. Im neuen Dialog, der in Abbildung 6-1 zu sehen ist, geben Sie unter *Location* den lokalen Pfad für das Repository für *calc* ein, z.B. `D:\cvs-root\calc`, wobei die angegebene Verzeichnishierarchie erzeugt wird, falls Sie nicht vollständig existiert. Unter *Name* lässt sich der Name angeben, unter dem das Repository von außen sichtbar ist. Ihn müssen Sie später im Client eingeben. Das Feld *Description* gibt die Möglichkeit, das Repository mit einer Beschreibung zu versehen. Mit *Ok* bestätigen Sie die Angaben.

6.2.2 Linux

Die Installation unter Linux ist sehr einfach, denn eine CVS-Unterstützung bieten die meisten Distributionen an. Um unter Debian die Softwarevoraussetzungen zu schaffen, genügt die Eingabe von

```
aptitude install cvs
```

in einer Kommandozeile.

[2] Ist dieser Button nicht anklickbar, dann wurde das Programm ohne Administratorrechte gestartet.

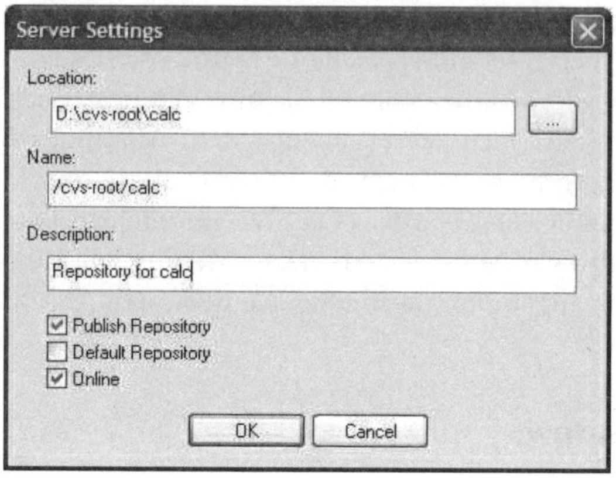

Abb. 6-1
Einstellungen für einen CVS-Server

Es soll jetzt das Repository für das *calc*-Projekt eingerichtet werden. Struktur und Inhalt eines CVS-Repositorys wird auf Serverseite in einem Ordner im Dateisystem abgebildet. Wenn Sie mehrere Repositories auf einem Server verwalten möchten, wird empfohlen, deren Ursprung in einem gemeinsamen Wurzelverzeichnis abzulegen. Legen Sie zunächst das Wurzelverzeichnis, das im Folgenden `<cvs-root>` genannt wird, an beliebiger Stelle an. Geben Sie dann in einer Kommandozeile

```
cvs -d :local:/<cvs-root>/calc init
```

ein, um das Repository einzurichten.

6.3 CVS

In diesem Abschnitt erfahren Sie, wie Sie die CVS-Funktionalität in Eclipse benutzen. Begonnen wird mit der Installation des CVS-Client von Eclipse, die in den meisten Fällen wahrscheinlich gar nicht notwendig sein wird. Danach werden Sie Schritt für Schritt in den Umgang mit dem CVS-Client eingeführt, wobei nur auf die wichtigsten Funktionen eingegangen wird.

6.3.1 CVS-Unterstützung von Eclipse einrichten

Zwar haben die Entwickler seit Anbeginn eine CVS-Unterstützung in Eclipse integriert, weil jedoch Eclipse seitdem stark an Modularität gewonnen hat, muss diese nicht mehr zwangsläufig bei jeder Installation verfügbar sein. Sie ist es allerdings, wenn Sie Eclipse so eingerichtet haben, wie es in diesen Buch beschrieben wurde. Ob Sie letztendlich die CVS-Unterstützung installiert haben oder nicht, erkennen Sie an dem Vorhandensein der Perspektive *CVS Repository Exploring*.

6.3.2 Perspektive *CVS Repository Exploring*

Die Perspektive *CVS Repository Exploring*, die man in Abbildung 6-2 sehen kann, beinhaltet standardmäßig auf dem Platz eines Navigation-Views den View *CVS Repositories*, der Ihnen zur Verwaltung der CVS-Repositories bereitsteht.

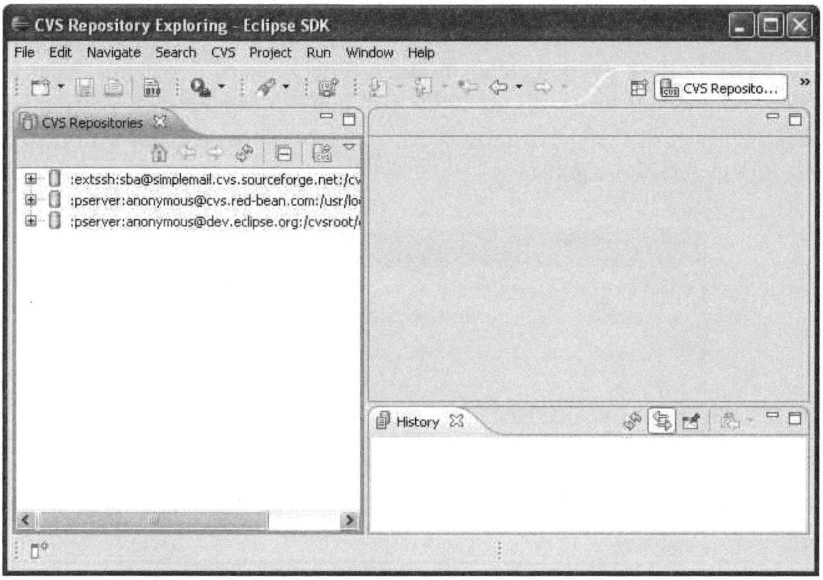

Abb. 6-2
Standardlayout der Perspektive CVS Repository Exploring

6.3.3 Repositories verwalten

Der erste Schritt, um von Eclipse aus Zugriff auf ein Repository zu haben, besteht darin, die Adresse im View *CVS Repositories* hinzuzufügen sowie alle anderen relevanten Einstellungen. Hierfür können Sie den Button *Add CVS Repository* betätigen oder aus dem Kontextmenü den Eintrag *New > Repository Location...* auswählen.

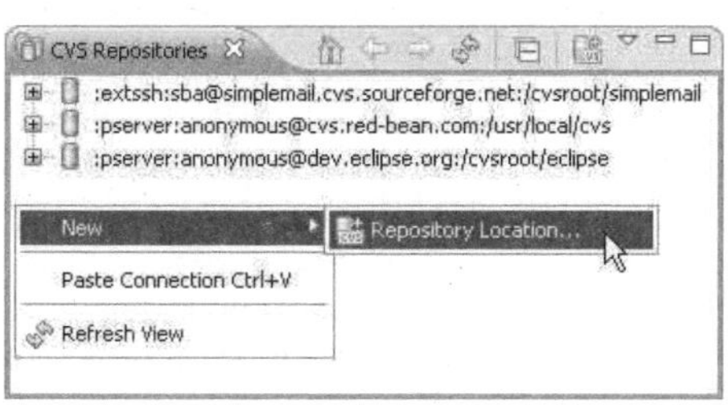

Abb. 6-3
Eine neue Verbindung anlegen

Die Verbindungsdaten eingeben

Es öffnet sich der in Abbildung 6-4 gezeigte Dialog, in dem Sie die Verbindungsdaten des Servers einzugeben haben. Das sind unter *Location* der Name des Rechners und der Pfad, unter dem das Repository gefunden werden kann. Der Kasten *Authentication* dient der Eingabe der Login-Daten. Beispielsweise ist für den fast von allen Open-Source-Projekten gestatteten anonymen Lesezugriff der Benutzername oft anonymous und das Passwort gänzlich leer.

Passwort

Mit der Option *Save password* können Sie das eingegebene Passwort von Eclipse auch speichern lassen. Hierzu wird der Passwortspeicher bedient, der in Abschnitt 2.5.7 auf Seite 59 beschrieben wurde. Ist diese Option deaktiviert, dann werden Sie bei Operationen ab und zu nach dem Passwort gefragt.

Abb. 6-4
Dialog, um eine neue Verbindung anzulegen

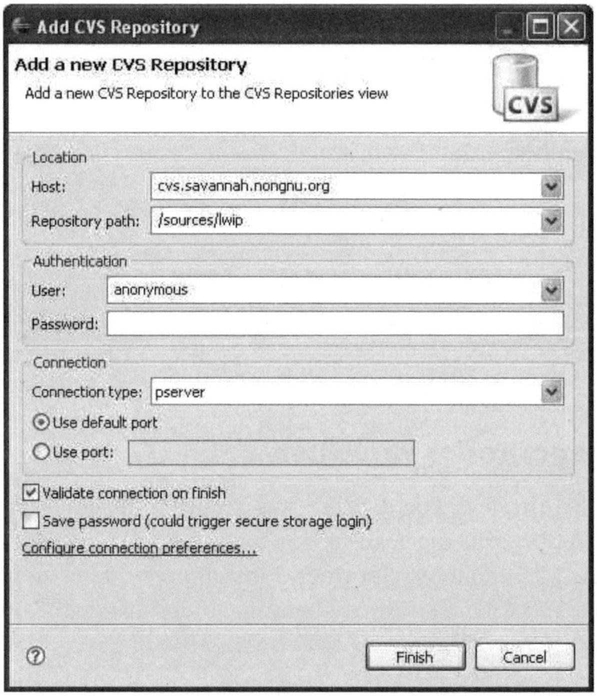

Verbindung

Im Kasten *Connection* können Sie den Verbindungstyp und den TCP/IP-Port, auf dem der CVS-Server auf eingehende Verbindungen horcht, eingeben. Als Verbindungstypen haben Sie die Wahl zwischen

- *ext*, womit ein externes Programm, das in den Voreinstellungen definierbar ist, zur Verbindungsherstellung benutzt wird,
- *extssh*, womit eine ssh-Verbindung zum Server hergestellt wird, wobei die Voreinstellungen Beachtung finden, die in Abschnitt 2.5.6 auf Seite 57 beschrieben wurden,

- *pserver*, was für *password authenticated server* steht und CVS eigenes Passwortprotokoll darstellt, aufgrund der Klartextübertragung allerdings bis auf für anonyme Zugriffe im Internet nicht weiter verwendet wird, und
- *pserverssh2*, das eine gesicherte Passwortübertragung erlaubt.

Verbindung überprüfen

Mit einem Klick auf *Finish* werden die Eingaben akzeptiert. Und sofern Sie die doch recht nützliche Option *Validate connection on finish* nicht explizit abgeschaltet haben, versucht sich Eclipse anschließend mit dem Server zu verbinden. Bei Erfolg findet sich der neue Eintrag im View *CVS Repositories*. Bei Misserfolg wird eine Warnung angezeigt. Sie können dann entscheiden, ob Sie die Verbindungsdaten so hinnehmen oder korrigieren möchten.

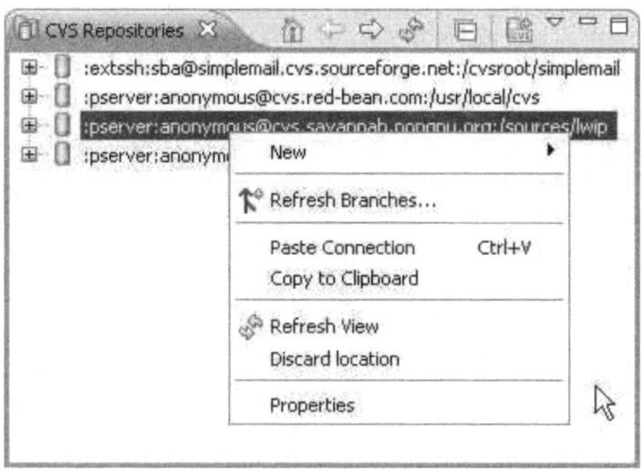

Abb. 6-5
Das Kontextmenü über einem Eintrag

Verbindung entfernen

Über das Kontextmenü eines Eintrages, das in Abbildung 6-5 dargestellt ist, können Sie weitere Funktionen aufrufen. Mit *Discard location* entfernen Sie einen Eintrag. Hierbei muss beachtet werden, dass es Projekte im Workspace geben kann, die zum Repository gehören. Dann funktioniert das Entfernen nicht, und es erscheint die in Abbildung 6-6 gezeigte Meldung, die auch die verursachenden Projekte enthält. Wenn Sie den Eintrag dennoch entfernen möchten, müssen Sie die darauf basierenden Projekte zunächst entkoppeln. Wie das funktioniert, steht in Abschnitt 6.3.20 ab Seite 312.

Eigenschaften der Verbindung

Ein weiterer an dieser Stelle zu erwähnender Punkt im Kontextmenü trägt den Namen *Properties*. In dem damit hervorgebrachten Eigenschaftenfenster existieren zwei Seiten. Auf der Seite *CVS*, die in Abbildung 6-7 zu sehen ist, können Sie die Verbindungsdaten wie Hostname und Pfad nachträglich modifizieren sowie den angezeigten Namen des Eintrages ändern. Auf der Seite *Server Encoding* können Sie hingegen die Kodierung für die Dateinamen und die Commit-Kommentare festlegen, die der Server benutzt. Diese Einstellung ist wichtig, wenn Sie Umlaute für die genannten Informationen benutzen. Ob solche erlaubt sind, hängt vom Projektbetreiber ab. Für Open-Source-Projekte wird

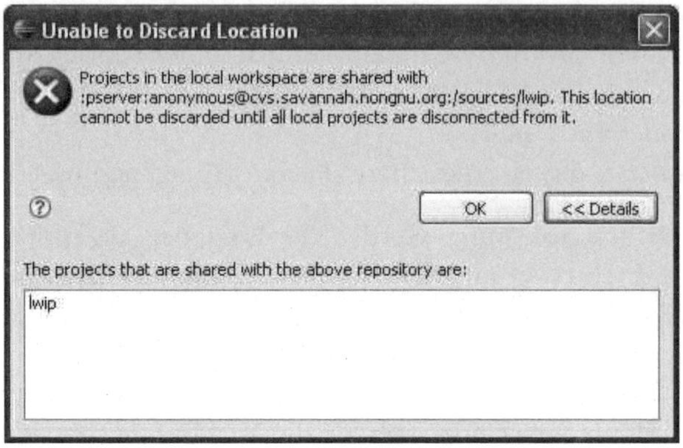

Abb. 6-6 *Falls noch ausgecheckte Projekte zum Repository gehören, verwehrt Ihnen Eclipse den Löschvorgang.*

in der Regel die englische Sprache benutzt, so dass der Einstellung hier keine Bedeutung zufällt.

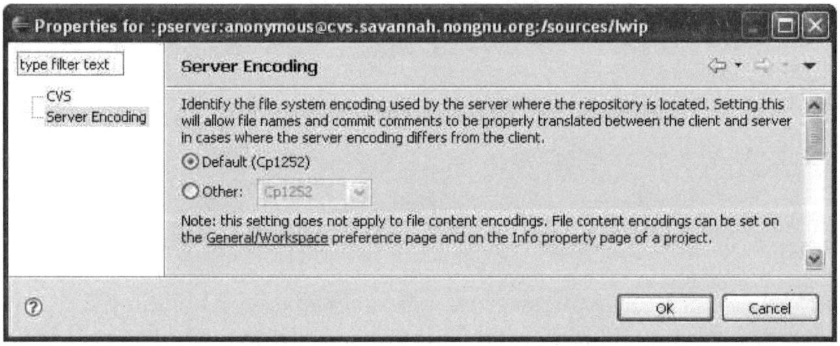

Abb. 6-7 *Server-Kodierung*

Verbindungen auffrischen

Wenn Sie auf ein passwortgeschütztes Repository zugreifen, das Passwort im Dialog falsch eingeben und die Eingabe schließlich unterbrechen, dann verschwindet das Aufklappsymbol vor dem Eintrag. Ein erneutes Aufklappen ist so nicht mehr möglich. Abhilfe schafft der Kontextmenüeintrag *Refresh View*, der auch als Button im View verfügbar ist. Damit werden alle Verbindungen und die bereits geöffnete Hierarchie aufgefrischt, was auch ein Zurücksetzen der Aufklappsymbole zur Folge hat.

Das lokale Repository unter Eclipse einrichten

Um das oben eingerichtete lokale Repository hinzuzufügen, rufen Sie den Dialog wie beschrieben herbei.

Mit der Zwischenablage arbeiten

Häufig werden Sie die Adresse der Update-Sites über eine Webseite in Erfahrung bringen. Sie können diese dann einfach im Webbrowser in die Zwischenablage kopieren und in Eclipse mit dem Kommando *Paste Connection* einfügen, ohne einen Umweg über die Eingabemaske im Dialog zu gehen. Mit dem Menüeintrag *Copy to Clipboard* gehen Sie den umgekehrten Weg: Die Angaben der selektierten Verbindung werden in die Zwischenablage übertragen.

6.3.4 Projekte auschecken

Um ein Projekt auszuchecken, klappen Sie das zugehörige Repository im View *CVS Repositories* auf. Eclipse beginnt anschließend, eine Verbindung mit dem Server herzustellen[3] und bei Erfolg die Namen spezieller Ressourcen auf der ersten Ebene des Pfades anzuzeigen. Diese können Sie in Abbildung 6-8 erkennen; sie lauten wie folgt:

- *HEAD*. Hier befindet sich in den allermeisten Fällen derjenige Zweig, in dem die Entwicklung normalerweise stattfindet.
- *Branches*. Hier finden Sie alle anderen Entwicklungszweige.
- *Version*. Enthält die Markierungen (engl. *tags*) für spezielle (vergangene) Revisionen des Projektes.
- *Date*.

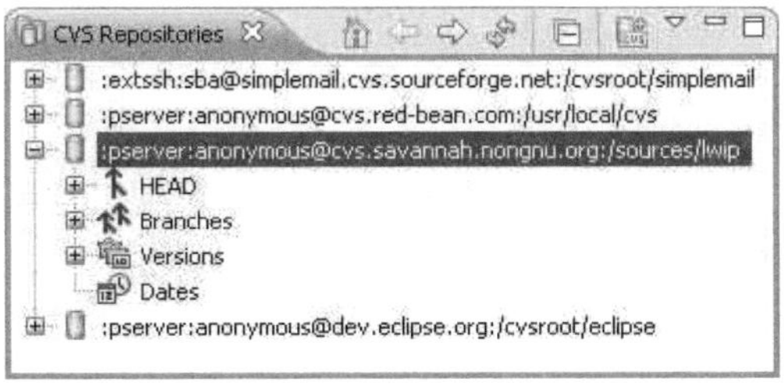

Abb. 6-8
Ressourcen auf der ersten Ebene eines Repositorys

Die Ressourcen, die sich unter diesen Einträgen verbergen, sind normale Dateien und Verzeichnisse. Je nachdem, für welchen Versionsstand Sie sich entscheiden, navigieren Sie durch einen Bereich, bis das auszucheckende Verzeichnis erscheint. Im Kontextmenü über den Verzeichniseinträgen haben Sie dazu zwei Möglichkeiten. Sie können mit

[3] gegebenenfalls auch mit Passworteingabeaufforderung

- *Check Out* das Projekt, so wie es ist, auschecken. Allerdings sollte es sich dabei schon um ein Eclipse-Projekt handeln, da ansonsten ein einfaches Projekt angelegt wird, das keinerlei *nature* zugehörig ist und demnach keine Builder assoziiert hat. Alternativ können Sie mit
- *Check Out As...* einen Dialog herbeirufen, der Ihnen ein bisschen mehr Optionen bietet, wie Sie im linken Teil von Abbildung 6-9 sehen. Insbesondere können Sie die Option *Check out as a project configured using the New Project Wizard* anwählen, wenn Sie das angelegte Projekt mit dem *New Project Wizard* zu konfigurieren wünschen – sehr sinnvoll, wenn es beim auszucheckenden Projekt noch nicht um ein Eclipse-Projekt handelt. Auf der zweiten Seite ist es hingegen möglich, einen speziellen Zeitpunkt des Ordners anzufordern, indem Sie einen Zweig oder eine Markierung anwählen.

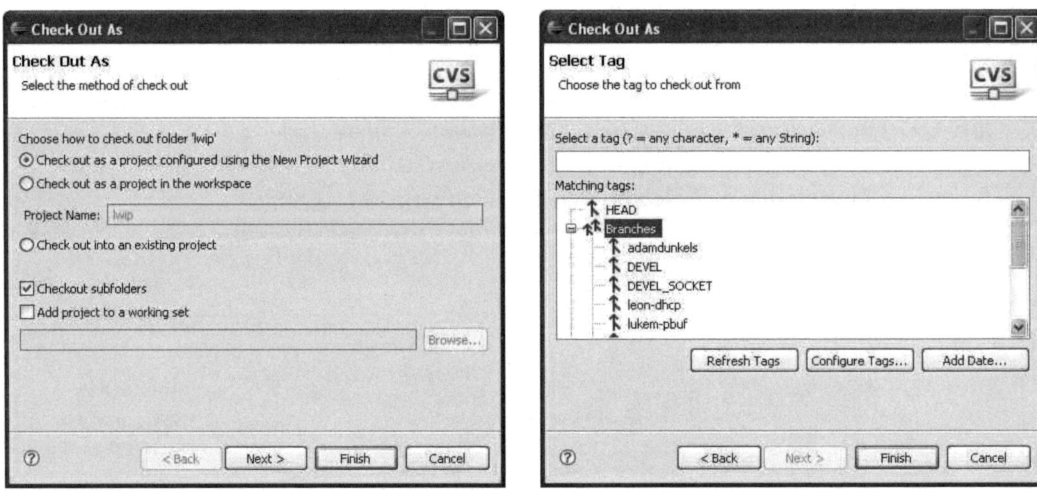

Abb. 6-9
Zwei Seiten des Checkout-Dialogs

Nachdem Sie ein Projekt ausgecheckt haben, können Sie sich wieder der normalen Entwicklungsperspektive zuwenden.

6.3.5 Dekorationen

Wenn Sie dort ein mittels CVS ausgechecktes Projekt wie das *lwip*-Projekt in Abbildung 6-10 im Navigation-View betrachten, dann erkennen Sie an seinen Ressourcen weitere Dekorationen, die sowohl bildlicher als auch textueller Natur sind.

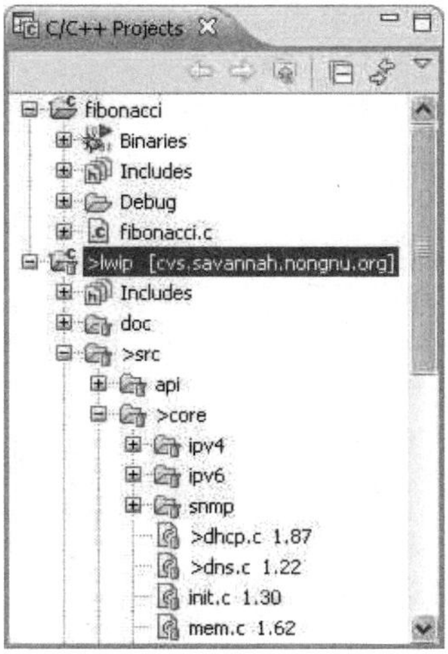

Abb. 6-10
Das lwip-*Projekt besitzt im Vergleich zum* fibonacci-*Projekt zusätzliche Dekorationen, da es unter CVS-Kontrolle steht.*

Welche Dekorationen für welche Zustände erscheinen, lässt sich in Voreinstellungen auf der Seite *Team > CVS > Label Decorations* festlegen.

6.3.6 Dateien aktualisieren

Der Abgleich der Dateien vom Server in Richtung Arbeitskopie erfolgt mit dem Menüeintrag *Team > Update*, wie in Abbildung 6-11 gezeigt. Daraufhin stellt der Client eine Verbindung mit dem Server her und lädt neue Dateien herunter. Der Aufwand wird dabei so minimal wie möglich gehalten, sprich, es werden keine Dateien übertragen, wenn sich diese nicht verändert haben.

Wenn Sie Änderungen an einer Datei vorgenommen haben und diese auf dem Server in einer neueren Version vorliegt, dann versucht CVS die Änderungen einzupflegen. Dies ist allerdings nicht immer fehlerfrei möglich, nämlich dann, wenn Ihre Änderungen und die Änderungen im Projektarchiv die gleiche Textstelle betreffen. Es kommt dann zu einem Konflikt.

6.3.7 Konflikte

Dateien, bei denen ein Konflikt festgestellt wurde, sind im Navigation-View anhand der Dekoration schnell erkennbar. In Abbildung 6-12 liegt ein Konflikt in der Datei `dns.c` vor.

Sie sollten diese Datei in den Texteditor laden und den Konflikt auflösen. Die Textstellen, in denen Konflikte auftreten, werden durch

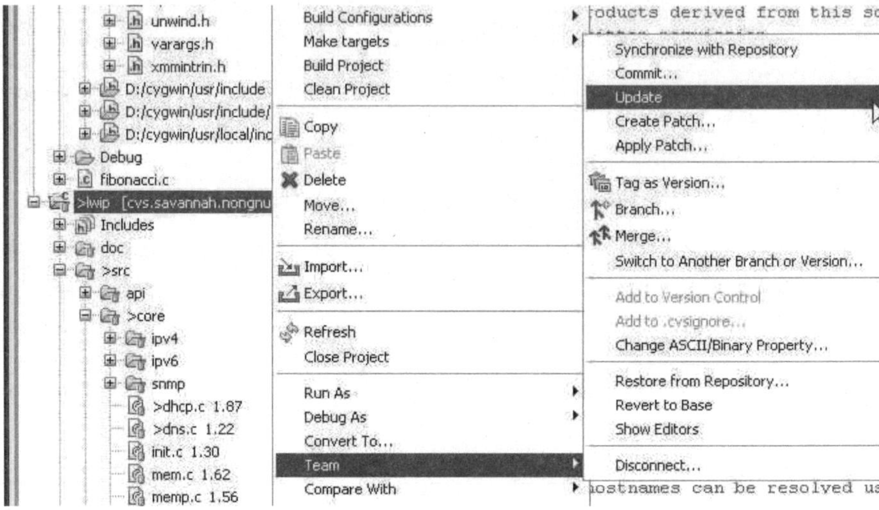

Abb. 6-11
Kontextmenü

Abb. 6-12
Konflikte

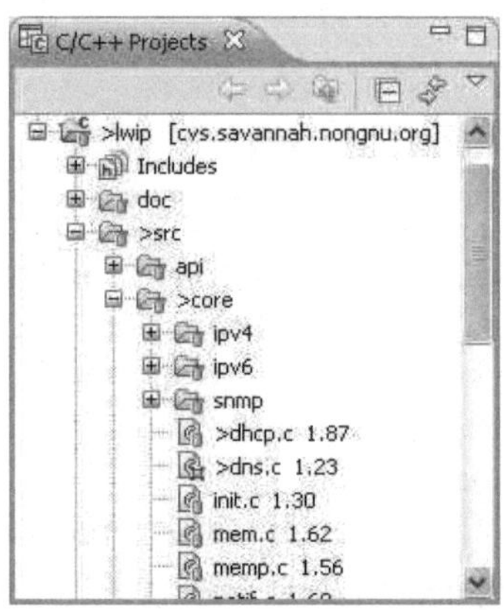

Zeilen umschlossen, die mit <<<<<<< und >>>>>>> beginnen. Sobald Sie die Datei einmal speichern, geht der Konfliktstatus verloren.

6.3.8 Veränderte Dateien einchecken

In einem ausgecheckten Projekt können Sie die Dateien ganz einfach über Kommandos in einem Navigation-View einchecken. Hierzu wählen Sie das Projekt oder auch die hochzuladenden Dateien an und wählen im *Team*-Untermenü den Eintrag *Commit...*. Er bringt zunächst den Wizard in Abbildung 6-13 hervor.

Oben im Fenster geben Sie einen Kommentar ein, der die durchgeführten Änderungen widerspiegelt. Dieser Kommentar ist für Sie und

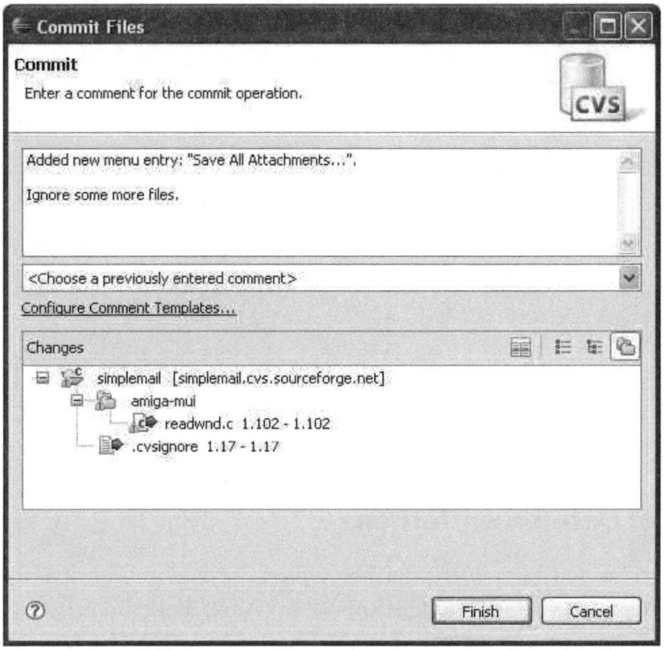

Abb. 6-13
Dateien committen

für andere Entwickler eine Orientierung und sollte deshalb aussagekräftig, zugleich aber möglichst kurz gefasst sein. In der darunter abgebildeten Hierarchie sehen Sie nochmals alle Dateien, die zum Server gesendet werden. Das sind nur die Dateien, die Sie wirklich geändert haben. Ein Klick auf *Finish* leitet den Vorgang in die Wege.

Der Commit schlägt fehl, wenn in der Zwischenzeit eine neue Version der Datei auf dem Server vorliegt. In dem Fall müssen Sie ein Update machen oder die Dateien synchronisieren.

6.3.9 Neue Dateien einchecken

Fügen Sie neue Dateien zum Projekt hinzu, das durch CVS verwaltet wird, dann erscheinen sie mit einem Fragezeichen anstelle des Repository-Symbols dekoriert, wie auf der linken Seite in Abbildung 6-14 zu sehen ist. Damit diese Dateien tatsächlich im Repository landen, wählen Sie im Team-Menü den Eintrag *Add to Version Control* an. Die Dekoration ändert sich dann in die einer modifizierten Datei. Anschließend können Sie *Commit...* nutzen, um die Datei zum Server zu übertragen.

Stellen Sie vor dem Commit fest, dass die Datei doch nicht auf den Server soll, dann wählen Sie den Menüpunkt *Team > Revert to Base*

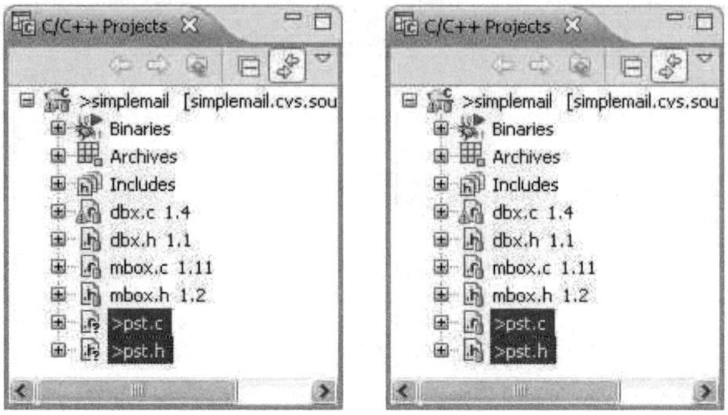

Abb. 6-14
Unbekannte Dateien

nur an, wenn die Datei tatsächlich gelöscht werden soll. Andernfalls ist es vorteilhafter, die Dateien einfach umzubenennen.

6.3.10 Dateien entfernen

Möchten Sie Dateien entfernen, so gehen Sie wie gewohnt vor und löschen diese über den Navigation-View. Anschließend müssen Sie die Änderungen mit einem *Commit...* über das Verzeichnis zum Server übertragen. Im *Commit*-Dialog sind die gelöschten Dateien als zu entfernen markiert.

6.3.11 Ressourcen synchronisieren

Die Operation, die das Aktualisieren der Quelltexte in der Arbeitskopie sowie im Repository in beide Richtungen abgleicht, also sowohl aktuelle Daten vom Repository in die Arbeitskopie einpflegt als auch andersherum, findet sich im Menüpunkt *Team > Synchronize...* wieder. Die Auswahl des Menüpunktes hat einen Wechsel in die Perspektive *Team Synchronizing* zur Folge. Da diese nicht CVS-spezifisch ist, ist für deren Beschreibung eine eigene Sektion vorgesehen, nämlich Abschnitt 6.5.

6.3.12 Dateien markieren

Bei CVS hat jede Datei einen eigenen Revisionszähler, so dass schon relativ bald keine Beziehung mehr zwischen den Dateien zu erkennen ist. Deshalb ist es möglich, den Zustand von Dateien mit einem einheitlichen Marker (engl. *tag*) zu versehen. Kommt es zum Beispiel zur Veröffentlichung des Projektes, dann ist es sinnvoll, den Zustand aller eingecheckten Projektressourcen mit einem für die Version spezifischen Marker zu kennzeichnen, um den gleichen Satz an Dateien mit den gleichen Versionen später wieder rekonstruieren zu können.

Um Dateien zu markieren, wählen Sie den Menüpunkt *Team > Tag as Version...* aus. Im Dialog geben Sie dann wie in Abbildung 6-15 den Namen des Markers an. Bereits vorhandene Marker können über *Details* in Erfahrung gebracht werden. Mit *Ok* wird die Eingabe bestätigt, und Eclipse setzt sich mit dem CVS-Server in Verbindung.

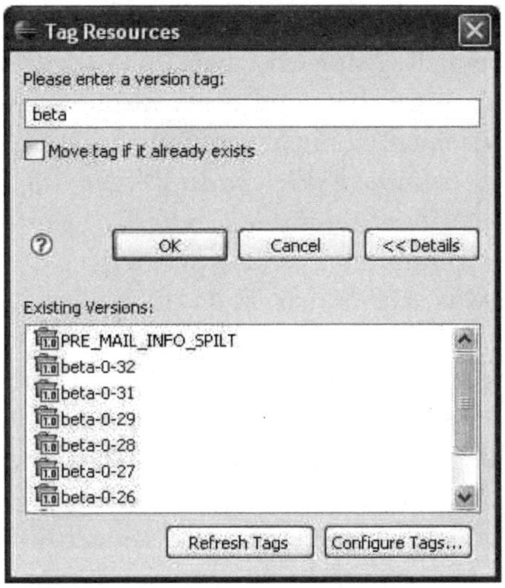

Abb. 6-15
Dateien markieren

6.3.13 Historie anzeigen

Die CVS-Historie können Sie mit Hilfe des Menüeintrages *Team > Show History* anzeigen. Er funktioniert nur, wenn eine Datei selektiert wurde. Ein Beispiel finden Sie in Abbildung 6-16.

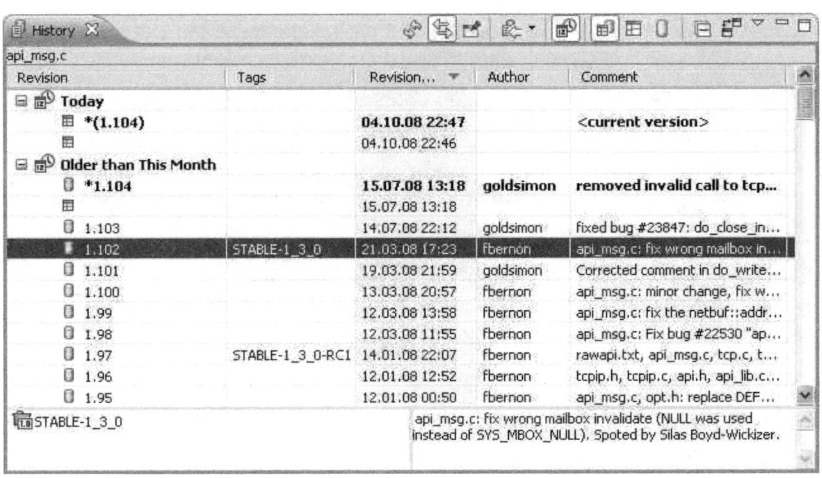

Abb. 6-16
Historie einer CVS-Datei

Aufbau der Tabelle

Einen Großteil der Oberfläche nimmt die Tabelle ein, in der die gesamte Historie der Datei zu sehen ist. Die Historie im Sinne von CVS umfasst alle durchgeführten *Commit*-Kommandos. Die Spalten umfassen die Revision, die mit der Revision assoziierten Markierungen (*Tags*), das Datum des Check-ins, den Autor sowie den Kommentar. Neben der CVS-Historie fließen optional die Checkpoints der lokalen Historie mit ein.

Pulldown-Menü

Ein Klick auf eine Revision offenbart im unteren Teil des Views den vollständigen Namen des Tags und den vollständigen Kommentar. Ob diese Bereiche erscheinen, können Sie durch das Pulldown-Menü selbst entscheiden (*Show Comment Viewer* und *Show Tag Viewer*). Manchmal ist die Option *Show Search Field* hilfreich. Mit der Eingabe einer Zeichenkette im verknüpften Suchfeld können Sie die Tabelle über alle Spalten filtern. Etwas spezifischer ist da die Funktion, die über *Filter...* zutage gebracht werden kann.

Kontextmenü

Einige wichtige Funktionen sind über das Kontextmenü erreichbar. Für den Fall, dass Sie ein Element selektiert haben, wird dieses in Tabelle 6-1 beschrieben. Haben Sie hingegen zwei Elemente angewählt, dann reduziert sich dessen Inhalt. Sie können dann mit *Compare with Each Other* die Unterschiede dieser beiden Revisionen im *Compare*-Editor anschauen, der aus Abschnitt 3.6 bekannt ist.

Tab. 6-1
Einträge im Kontextmenü für Revisionen

Eintrag	Beschreibung
Open (= Doppelklick)	Öffnet die Revision in einem neuen, schreibgeschützten Editor
Compare Current with	Vergleicht den aktuellen Stand der Datei mit dem Inhalt der selektierten Revision
Get Contents	Überschreibt die lokale Kopie der Datei mit dem Inhalt der selektierten Revision
Get Sticky Revision	Wie *Get Contents*. Die Datei wird jedoch als *sticky* gekennzeichnet.
Tag with Existing...	Erlaubt Ihnen, die ausgewählte Revision mit einem vorhandenen Marker zu versehen
Show Annotation	Ein Editor mit CVS-Annotationen öffnet sich.
Refresh View	Der View wird aktualisiert.

6.3.14 Ältere Revisionen wiederherstellen

Ein guter Grund für die Versionierung von Projekten ist, dass man vorherige Zustände wiederherstellen kann[4]. Im Menü *Replace With*, das durch das CVS-Plugin erweitert wird, wie im linken Teil von Abbildung 6-17 zu sehen ist, finden Sie alles, was Sie dafür benötigen.

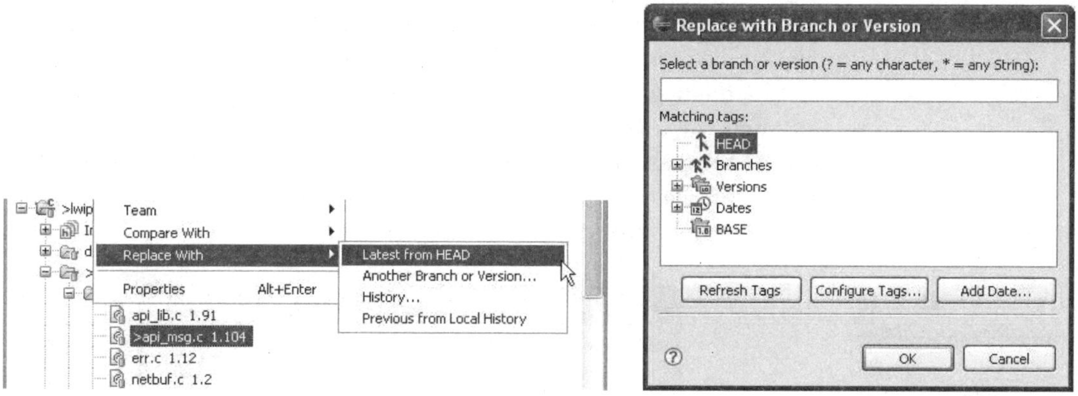

Abb. 6-17
Links sehen Sie das Kontextmenü, um Revisionen wiederherzustellen. Rechts sehen Sie den Dialog zur Angabe einer Version.

Der Eintrag *Latest from HEAD* ersetzt die Arbeitskopie durch die aktuelle Revision im Repository, wohingegen Sie mit *Another Branch or Version...* in einem weiteren Dialog (siehe Abbildung 6-17 rechts) einen speziellen Zweig oder eine Markierung anwählen können. Hierbei wird der Name der Markierung bei Erfolg in Form einer *sticky*-Kennzeichnung bei allen beteiligten Ressourcen festgehalten. Folgende Operationen, wie z.B. eine Synchronisation, beziehen sich dann auf diesen Zustand[5]. Beide Menüeinträge sind sowohl für Datei- als auch für Containerressourcen verfügbar.

Der Eintrag *History...* erscheint hingegen nur bei Dateiressourcen. Wählen Sie diesen Eintrag aus, um die Datei mit dem Inhalt einer speziellen Revision zu ersetzen. Die Revision wird dabei im Dialog auswählt, wobei die Auswahl große Ähnlichkeit zum *History*-View hat. Bestätigen Sie den Dialog mit *Replace*, dann wird keine *sticky*-Kennzeichnung hinzugefügt. Hierfür stellt das Kontextmenü über einer Revision den Eintrag *Get Sticky Revision* bereit.

[4]Sofern man sie in ausreichender Zahl durch viele Commit-Ergebnisse festhält.

[5]Sie können den sticky-Zustand einer Ressource zurücksetzen, indem Sie über die gleiche Funktion explizit *HEAD* auschecken.

6.3.15 Neue Projekte einchecken

Um ein neues Projekt in das Repository einzuchecken, müssen Sie es unter Versionskontrolle stellen. Das im Kontextmenü verankerte *Team*-Untermenü hält hierzu den Eintrag *Share Project...* parat. Nach dessen Anwahl erscheint zunächst ein Fenster, in dem Sie den Typ des Repositorys angeben sollen. Je nachdem, welche Plugins Sie installiert haben, kann die Auswahl durchaus mehr als nur *CVS* umfassen. Die Wahl fällt hier freilich auf CVS, was Sie mit einem Klick auf *Next* > bestätigen.

Es folgt, wie in Abbildung 6-18 gezeigt, eine Liste von allen bekannten CVS-Repositories. Davon wählen Sie das Repository aus, in das das Projekt abgelegt werden soll. Ist das Repository nicht in der Liste, dann lässt sich auch ein neues Repository mit der Option *Create a new repository location* hinzufügen.

Abb. 6-18
Repository auswählen, das das Projekt aufnehmen soll

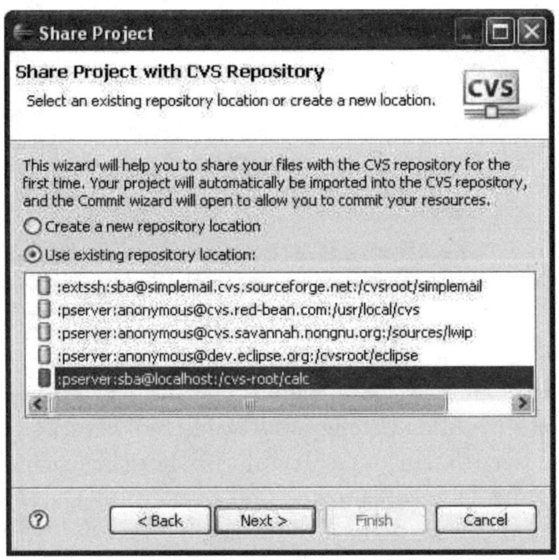

Es soll das *calc*-Projekt in das vorhin angelegte lokale Repository übertragen werden. Wählen Sie hierfür das entsprechende Repository *<user>@localhost:/cvs-root/calc* aus, oder kreieren Sie die Verbindung, falls sie noch nicht existiert. Weiter im Wizard werden Sie irgendwann auf der Seite *Enter Module Name* ankommen. Hier wird der Name des Moduls angegeben; es handelt sich um den Verzeichnisnamen, unter dem das Projekt zu erreichen ist. Es genügt, die vorgegebene Auswahl *Use project name as module name* zu belassen.

Die nächste Seite zeigt Ihnen dann, welche Ressourcen potenziell aufgenommen werden. Ressourcen, die dabei mit dem *Derived*-Flag versehen sind, bleiben außen vor. Die Option *Launch Commit wizard* sollte aktiviert bleiben, denn erst mit Hilfe des *Commit*-Wizards können die Dateien zum Server übertragen werden.

Modus für unbekannte Dateitypen festlegen

Bei diesem Beispiel könnte es vorkommen, dass zuvor die in der Abbildung rechts abbgebildete Seite dargestellt wird. Sie erscheint, wenn Eclipse im Unklaren ist, ob eine Datei binär oder textuell zu behandeln ist. Hier handelt es sich um die Datei *calc_bison.y*, die Eclipse unbekannt ist. Stellen Sie deshalb sicher, dass in der Spalte *Content* der Modus *ASCII-Text* zu lesen ist, schließlich haben wir sie selbst im Editor bearbeitet. Wenn Sie bei *Remember decision* den Wert auf *Yes* belassen, wird die angegebene Regel in eine globale Liste eingefügt, auf die Sie in den Voreinstellungen auf der Seite *Team > File Content* Zugriff haben.

Wenn Sie anschließend mit *Next >* umblättern, erscheint die Seite, in der Sie einen Kommentar hinterlassen können, um mit *Finish* die Übertragung zu starten. Anschließend sollten das Projekt *calc* sowie die Quelltextdateien mit CVS-Dekorationen versehen sein.

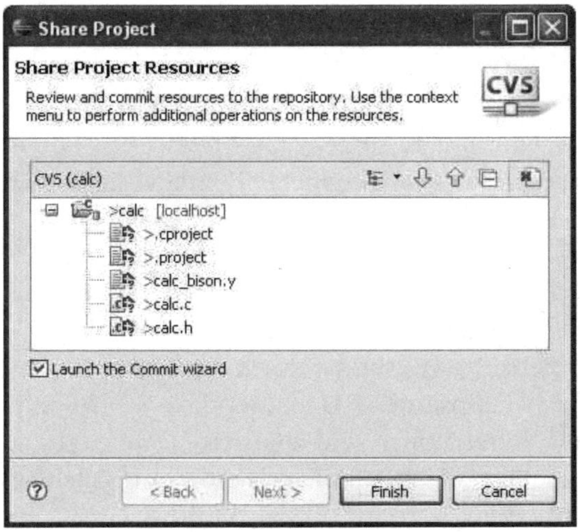

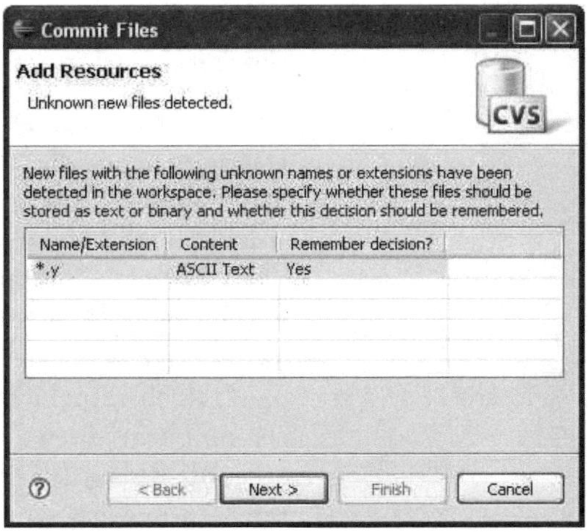

Abb. 6-19
Ressourcen auswählen

CDT-Projekte im Team

Wenn Sie ein CDT-Projekt einchecken, sollten die Metadateien nicht vergessen werden, die in Abschnitt 3.16.1 auf Seite 173 erwähnt wurden. Ebenso sollten Sie in den Einstellungen rechnerunspezifische Pfade wählen, also Pfade, in denen Umgebungsvariablen vorkommen. Nur so wissen andere Entwickler etwas mit den Projektdateien anzufangen, ohne dass sie modifiziert werden müssten.

6.3.16 Dateien ignorieren

Nicht alle Dateien sollten in einem CVS-Repository abgelegt werden. Dazu zählen aus Quelltexten erzeugte Objektdateien sowie die ausführbaren Programme selbst oder erzeugte Katalogdateien. In der Regel vermeidet man es, irgendwelche vom Computer generierten Dateien in ein Repository einzuchecken, da diese unnötig Platz beanspruchen und oftmals auch ziemlich rechnerspezifisch daherkommen. Zwar muss man nicht unbedingt jede Datei einchecken, doch werden Sie durch die Kennzeichnung permanent auf noch nicht hinzugefügte Dateien aufmerksam gemacht, was sehr störend sein kann.

Eclipse bietet deswegen drei Möglichkeiten, Dateien zu ignorieren. Zunächst werden alle als *derived* gekennzeichneten Ressourcen ignoriert. Dann respektiert Eclipse, wie jeder andere CVS-Client auch, die Datei `.cvsignore`. Schließlich kennt Eclipse das Konzept der *Ignored Resources*. Im Folgenden werden die beiden letzten Varianten ausführlich vorgestellt.

Die Datei .cvsignore

CVS stellt mit der Datei `.cvsignore` Benutzern die Möglichkeit bereit, Dateien clientseitig zu ignorieren. Diese einfache Textdatei kann sich in allen unter der Versionskontrolle stehenden Verzeichnissen befinden, wobei Sie alle Namen von Dateien enthält, die der Client im zugehörigen Verzeichnis ignorieren soll. Das Wildcard-Zeichen »?«, das ein beliebiges Zeichen ersetzt, kann dabei ebenso benutzt werden wie »*«, das für eine beliebige Zeichenkette verwendet werden kann.

Ignorierte Dateien in Eclipse

Freilich respektiert auch Eclipse diese Datei, so dass Sie sie anlegen und bearbeiten können. Letztendlich sind ignorierte Dateien daran erkennbar, dass Ihnen jegliche CVS-spezifischen Dekorationen fehlen. Schauen Sie sich dazu Abbildung 6-20 an, in der Sie Ressourcen mit verschiedenen Auszeichnungen sehen können.

Eclipse als Frontend für die Datei `.cvsignore`

Neben dem konventionellen Bearbeiten der Textdatei können Sie für das Hinzufügen zu ignorierender Dateien auch das Kontextmenü beanspruchen, und zwar den Eintrag *Team > Add to .cvsignore...*, der allerdings nur aktiv ist, falls die selektierte Datei noch nicht ignoriert wird. Nach Anwahl des Eintrages erscheint ein Dialog, in dem Sie noch Angaben über die Natur des Aufrufs machen sollen. Wie Sie in Abbildung 6-21 sehen, können Sie darin wählen, ob

- die selektierten Dateien, so wie sind,
- alle Dateien mit gleicher Dateiendung oder
- ein von Ihnen beliebig wählbares Muster

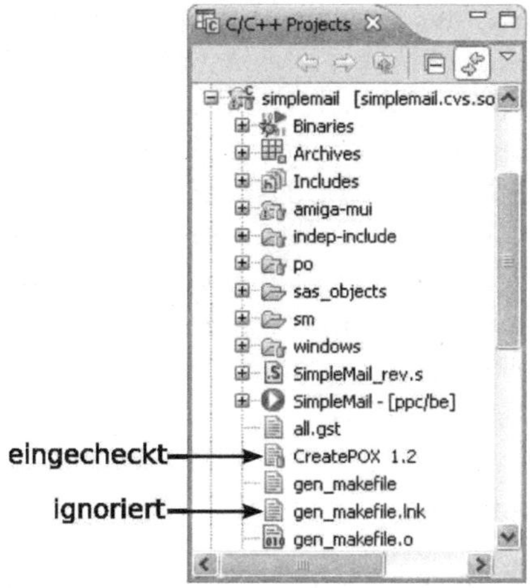

Abb. 6-20
Eingecheckte und ignorierte Ressourcen werden unterschiedlich gekennzeichnet.

ignoriert werden sollen. Mit einem Klick auf *Ok* bestätigen Sie Ihre Auswahl, und Eclipse übernimmt die Änderungen in die Datei `.cvsignore`. Soll diese Änderung für alle Benutzer gelten, dürfen Sie das Committen der Datei nach einer solchen Aktion nicht vergessen.

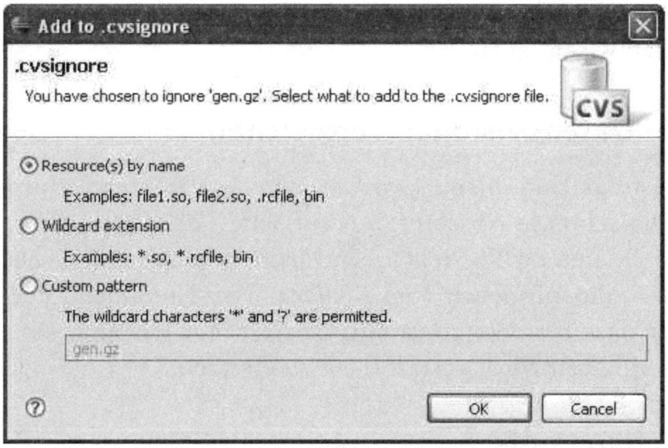

Abb. 6-21
Dateien durch Eclipse zu `.cvsignore` *hinzufügen*

Beachten Sie, dass wenn Sie eine bereits vielleicht versehentlich eingecheckte Datei ignorieren möchten, Sie diese zuvor vom Repository entfernen müssen.

Ignorierte Ressourcen

Eclipse bietet ein allgemeines Konzept an, Ressourcen zu ignorieren. Es steht dabei nicht nur CVS, sondern auch anderen Versionskontrollsystemen zur Verfügung. Bei dem Feature handelt es sich um nichts weiter als eine globale Liste, die die Namen derjenigen Ressourcen enthält, die nicht mit einer Versionskontrolle bedacht werden sollen. Dabei können auch Wildcards benutzt werden. Die Konfiguration des Features findet in den globalen Einstellungen auf Seite *Team > Ignored Resources* statt.

Vor- und Nachteile

Der Vorteil der Methode ist, dass sie unabhängig von der eingesetzten Versionskontrolle agiert. Der Nachteil dieser Methode ist, dass die Entwickler die gleichen Voreinstellungen vorgenommen haben müssen, was schwierig zu realisieren ist, zumal nicht jeder Entwickler Eclipse benutzt. Deshalb ist es angebracht, bei großen Projekten auf das spezifische Verfahren zu vertrauen.

6.3.17 Binärdateien

Auch wenn CVS nicht gerade prädestiniert für Binärdaten ist, lassen sich binäre Daten einchecken. Hierfür müssen die Dateien allerdings mit einem speziellen Flag versehen sein, was, wie Sie oben gesehen haben, vor dem Einchecken geschehen kann. Aber auch wenn sich die Datei bereits im Repository befindet, können Sie Änderungen vornehmen.

Die Funktionalität stellt Eclipse über das Kontextmenü *Team > Change ASCII/Binary Property* bereit, das für jede Ressource verfügbar ist, die von CVS verwaltet wird. Wie Sie in Abbildung 6-22 sehen, ist der Dialog sehr groß.

6.3.18 Dateirevisionen vergleichen

Hierfür ist das Untermenü *Compare* aus dem Kontextmenü zurate zu ziehen, das schon in Abschnitt 3.6 auf Seite 125 vorgestellt wurde. Bei Dateien, die unter CVS stehen, sind jedoch noch zusätzliche Einträge vorhanden, die mit denen vom *Replace With*-Untermenü übereinstimmen, nur dass bei deren Ausführung eben mit der angegebenen Ressource verglichen wird, anstatt diese zu ersetzen.

6.3.19 Einen Patch erzeugen

Wenn Sie an der Entwicklung eines großen Projektes teilnehmen, so wird es häufig der Fall sein, dass von Ihnen gemachte Änderungen nicht sofort eingecheckt werden; wenn Sie nicht über Schreibrechte verfügen, ist das schon allein aus technischer Sicht gar nicht möglich. Erst wenn andere Entwickler Ihre Änderungen begutachtet und für richtig erklärt haben, kommt Ihr Code in den offiziellen Part.

Damit andere Entwickler Ihre Änderungen zu Gesicht bekommen, können Sie mit Eclipse einen Patch erstellen. Ein Patch ist eine Datei, in

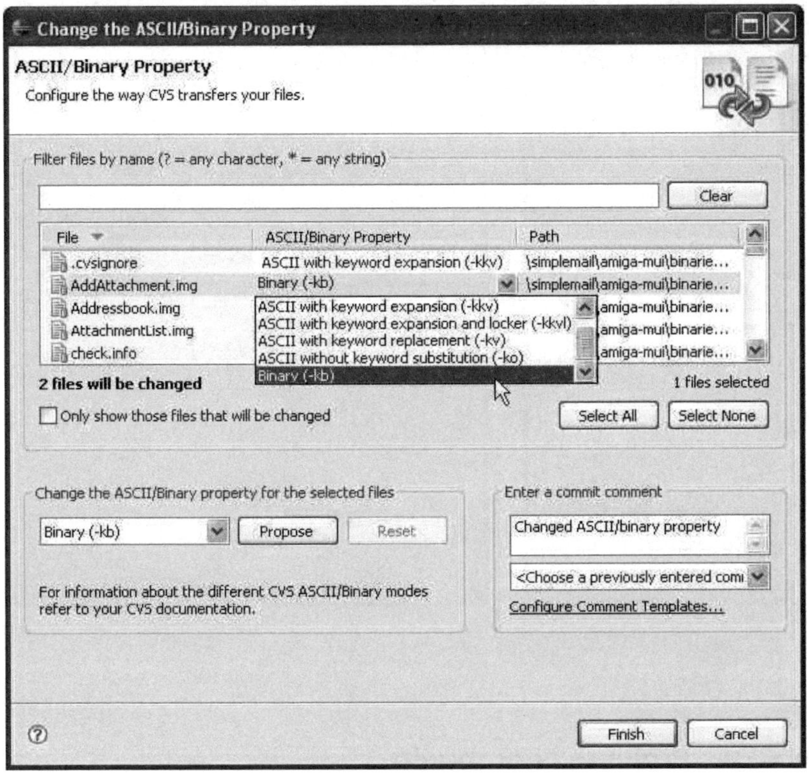

Abb. 6-22
Dialog, um für Dateien den Binärmodus zu aktivieren

der Änderungen dateiübergreifend gesichert werden, möglichst so, dass sie auch von Menschen angeschaut und von den am Projekt beteiligten Personen auch verstanden werden können.

Mit Eclipse können Sie sehr einfach so eine Datei erstellen. Hierzu selektieren Sie die Dateien, die Sie in Ihrer Arbeitskopie geändert haben und wählen den Menüpunkt *Team > Create Patch....* Daraufhin öffnet sich der *Create Patch*-Wizard, dessen zwei Seiten in Abbildung 6-23 zu sehen sind.

Auf der ersten Seite geben Sie an, wo die Patch-Datei landet. Das kann die Zwischenablage (*Clipboard*), eine Datei im lokalen Dateisystem (*File*) oder im Workspace sein. In der Hierarchie darunter können Sie die Auswahl der Dateien, die in Betracht gezogen werden sollen, noch einmal durchsehen und gegebenenfalls reduzieren.

Die zweite Seite dient der Angabe des Formats (Kasten *Diff Output*) und des Pfades, der als Ausgang für den Patch angesehen werden soll (*Patch Root*). Klicken Sie auf *Finish*, damit der Prozess in Gang gesetzt werden kann.

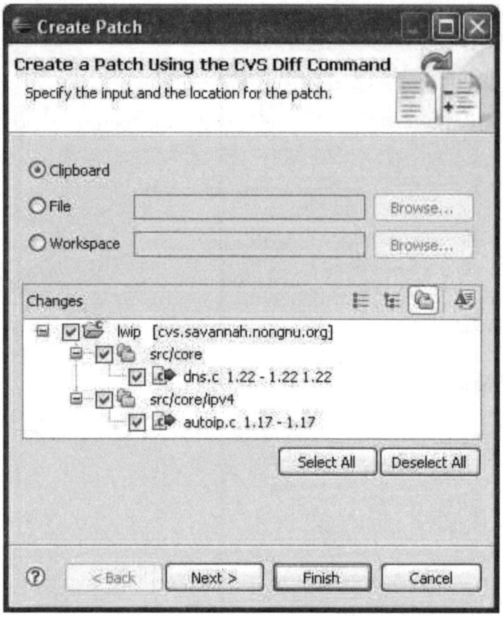

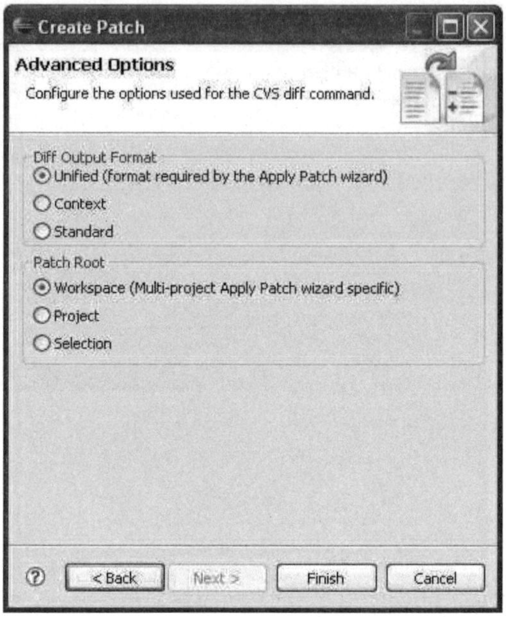

Abb. 6-23
Wizard, um Patches zu erstellen

6.3.20 Projekte entkoppeln

Projekte werden automatisch vom CVS-Repository entkoppelt, sobald sie gelöscht werden. Wenn Sie allerdings nur die Assoziation von Projekt und CVS entfernen möchten, dann können Sie dies mit Hilfe des Menüpunkts *Team > Disconnect...* tun. Wie in Abbildung 6-24 gezeigt, können Sie dabei veranlassen, dass die CVS-Metainformationen gelöscht werden oder nicht[6].

Abb. 6-24
Ein Projekt entkoppeln

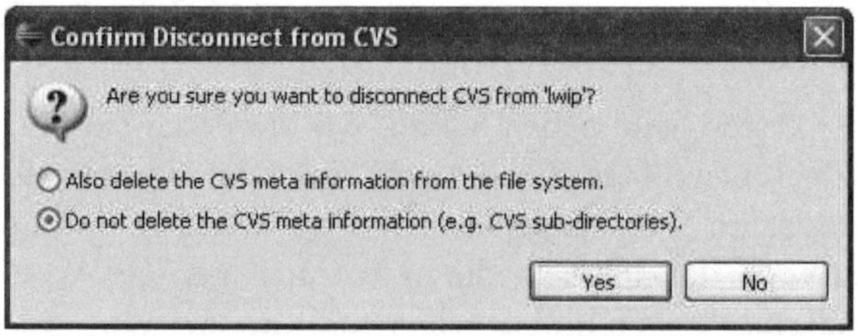

[6]Die Metainformationen werden im Verzeichnis *CVS* abgespeichert, das sich in jedem unter Versionskontrolle befindlichen Ordner befindet.

6.3.21 Abschließende Bemerkungen

Sicher hat CVS noch vieles mehr zu bieten, als in diesem Abschnitt dargestellt werden konnte. Kaum angesprochen wurde z.B. der Umgang mit verschiedenen Entwicklungszweigen. Ein weiteres, für große Entwicklerteams nützliches Feature von CVS, das auch vom Eclipse-Client unterstützt wird, stellen die Annotationen dar, mit deren Hilfe Sie für jede Zeile einer Datei feststellen können, welcher Entwickler zu welchem Zeitpunkt diese Zeile zuletzt änderte.

6.4 SVN

Von Haus aus bringt Eclipse keine Unterstützung für SVN mit. Es existieren jedoch zwei verschiedene Plugins, die eine SVN-Anbindung realisieren. In diesem Abschnitt wird das *Subclipse*-Plugin beschrieben, das unter der Webadresse

`http://subclipse.tigris.org`

zu finden ist. Daneben existiert noch ein *Subversive*-Plugin, das ähnliche Ziele verfolgt und anfänglich wie Subclipse ein eigenes Projekt darstellt, mittlerweile aber als ein Eclipse-Projekt weitergeführt wird.

Grundsätzlich gilt, dass die Bedienung von CVS und SVN auf der Kommandozeile recht ähnlich vonstatten geht. Das liegt nicht zuletzt daran, dass die Entwickler genau dieses Ziel im Sinn hatten. Den Nutzern von CVS sollte, so die Entwickler, der Umstieg auf SVN so leicht wie möglich gemacht werden, und das ist der Fall, wenn sie sich nicht mit grundsätzlich neuen Konzepten auseinandersetzen müssen.

Dokumentation zu SVN

SVN glänzt übrigens auch mit einer außergewöhnlich guten Dokumentation, die in Form eines Buchs vorliegt. Neulinge finden darin eine tolle Einführung zum Thema Versionsverwaltung, Profis dagegen nutzen es als Nachschlagewerk. Sie können es über die Webseite `http://svnbook.red-bean.com/` beziehen.

Auch was den Umgang mit Subclipse betrifft, sind im Vergleich zum CVS-Client kaum Unterschiede in der Bedienung auszumachen. Wenn Sie mit dem CVS-Client vertraut sind, dann haben Sie keine Probleme, sich in der Subclipse-Welt zurechtzufinden. In diesem Abschnitt soll deshalb nur auf die wichtigsten Unterschiede zu CVS eingegangen werden. Vorgänge, wie das Aktualisieren von Projekten, werden deshalb hier nicht erläutert. Zu guter Letzt sei noch erwähnt, dass es sich bei dem beschriebenen Subclipse-Plugin um die Version 1.4.5 handelt, die am 26. September 2008 das Licht der Welt erblickte.

6.4.1 Installation

Die Installation des SVN-Plugins ist dank p2 ein Kinderspiel. Die Adresse für die 1.4er-Version von Subclipse lautet:

```
http://subclipse.tigris.org/update_1.4.x.
```

Fügen Sie diese im *Software Updates*-Dialog ein, und tragen Sie dafür Sorge, dass davon die Features

- *Subclipse*
- *Subversion Client Adapter*
- *Subversion Native Library Adapter (JavaHL)*, für Windows
- *SVNKit Client Adapter*, für Linux
- *SVNKit Library*, für Linux

installiert werden.

Zugriff über Proxy

Ein Unterschied von SVN und CVS liegt freilich im verwendeten Protokoll. Ein SVN-Server vermag mit der Außenwelt mit Hilfe des eigenen *svn*-Protokolls zu kommunizieren. Zusätzlich ist auch WebDAV vorgesehen, das seinerseits auf HTTP aufsetzt. Benutzt ein Server dieses Verfahren, hat das für den Anwender gleich zwei Vorteile. Zum einen kann auf das Depot mit einem beliebigen Browser zugegriffen werden, zum anderen kann man auch jenseits einer Firewall Zugriff auf Repositories haben, wenn HTTP-Zugriffe über einen Proxy durchgeschliffen werden. Subclipse respektiert deshalb die Proxy-Einstellungen, die Sie in Eclipse vorgenommen haben, wie in Abschnitt 2.5.5 beschrieben.

6.4.2 Die Perspektive *SVN Repository Exploring*

Die Adressen der verschiedenen Repositories werden im View *SVN Repository* verwaltet. Dieser ist standardmäßig in der Perspektive *SVN Repository Exploring* geöffnet, die dem Framework durch das Plugin hinzugefügt wird. Zusätzlich ist noch ein *SVN Annotate*-View zu sehen sowie der *History*-View.

6.4.3 Ein neues Repository einrichten

Um ein neues Repository hinzuzufügen, benutzen Sie den Button *Add SVN Repository* aus dem *SVN Repositories*-View. Der Dialog ist, verglichen mit dem entsprechenden CVS-Dialog, um einiges simpler, denn hier wird lediglich nach einer URL gefragt. Zugriffsrechte werden in einen Authentifizierungsdialog überprüft. Sollte der Verbindungsaufbau fehlschlagen, erlaubt Ihnen Subclipse, die URL trotzdem mitaufzunehmen. Alternativ können Sie die Adresse modifizieren.

6.4.4 Mit Repositories arbeiten

Im Gegensatz zum CVS-Client können Sie im *SVN Repositories*-View einige Operationen aufrufen, die sonst einem Navigation-View vorbehalten sind. Im Kontextmenü, das in Abbildung 6-25 zu sehen ist, befindet sich z.B. der Eintrag *New > New remote folder*, mit dessen Hilfe ein neues Verzeichnis im Repository erstellt werden kann. Zudem können Sie mit *Rename/move...* Ressourcen umbenennen – eine Operation, die bei CVS nicht denkbar wäre. Eine Erläuterung zu den Aktionen des Kontextmenüs finden Sie in Tabelle 6-2. Allen Operationen, die eine Änderung im SVN bewirken, können Sie dabei einen Commit-Kommentar beifügen.

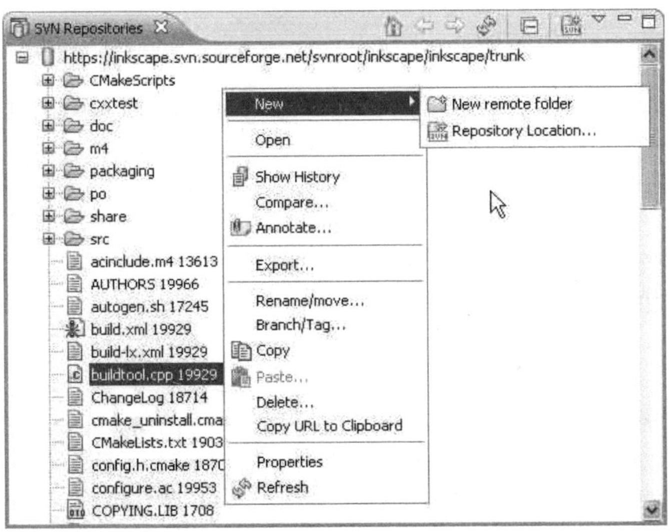

Abb. 6-25
Operationen, die direkt im Repository vorgenommen werden können

6.4.5 Projekte auschecken

Ein Projekt wird in den Workspace übertragen, indem Sie das Verzeichnis (oder das Repository selbst) im *SVN Repositories*-View selektieren und im Kontextmenü den Eintrag *Checkout...* auswählen. Es erscheint der in Abbildung 6-26 gezeigte Wizard.

Der Wizard unterscheidet sich von dem, den Sie von der CVS-Unterstützung her kennen, in kleinen Details. Sie können im Gegensatz

Tab. 6-2 *Kommandos, die im Kontextmenü des SVN* Repositories-*Views absetzbar sind. Sofern nicht anders angegeben, agieren Sie auf der selektierten Ressource.*

Eintrag	Beschreibung
New remote folder	Legt einen zu benennenden neuen Ordner an
Repository Location...	Fügt ein neues Repository hinzu
Checkout... (nur Container)	Öffnet den Checkout-Dialog
Open (nur Dateien)	Öffnet die Ressource im schreibgeschützten Quelltexteditor
Show History	Zeigt die Historie im *History*-View an
Compare...	Vergleicht die selektierte Ressource mit einer vorherigen Revision
Annotate...	Zeigt im View *SVN Annotate*, wer Textstellen zuletzt verändert hat
Export...	Exportiert die Ressource ins lokale Dateisystem
Rename/move...	Die Ressource wird innerhalb des Repositorys verschoben.
Branch/Tag...	Eine Kopie der Ressource wird angelegt.
Copy	Markiert die Ressource zum Kopieren
Paste	Fügt die mit *Copy* markierte Ressource ein
Delete...	Löscht die Ressource
Copy URL to Clipboard	Die URL der selektierten Ressource wird in die Zwischenablage kopiert.
Properties	Zeigt die SVN-spezifischen Properties
Refresh	Liest den Ordner neu ein

zum CVS-Äquivalent nur die zu übertragende Revision spezifizieren. Die Angabe einer Markierung oder eines Entwicklungszweigs auf einer zweiten Seite entfällt, da diese bei SVN durch verschiedene Pfade realisiert werden.

Ansonsten können Sie im Unterschied zu CVS die Tiefe des Vorgangs etwas präziser bestimmen. Neu sind auch die Optionen *Ignore externals* und *Allow unversioned obstructions*.

Die erste Option bezieht sich auf das SVN-Feature, innerhalb eines SVN-Repositorys auf weitere Repositories zu verweisen, die auch auf anderen Rechnern gelegen sein könnten. Standardmäßig werden diese externen Repositories ebenfalls in die Arbeitskopie übertragen. Mit der Option kann diese Automatik jedoch unterbunden werden. Die zweite Option hat zur Folge, dass ein Checkout nicht abgebrochen wird,

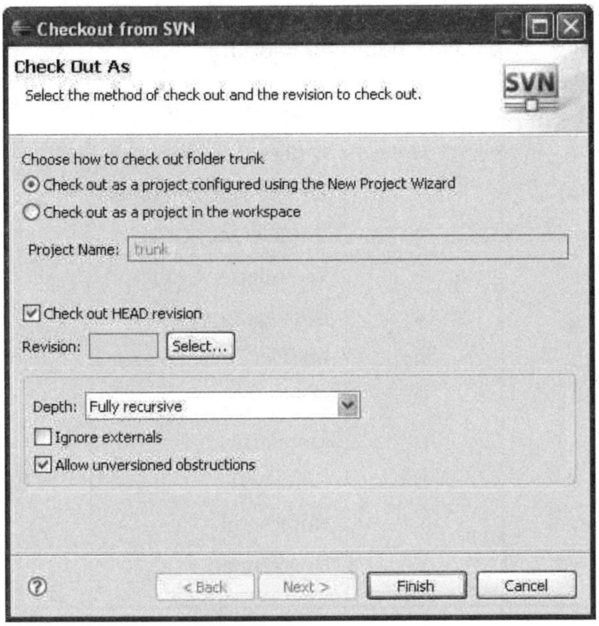

Abb. 6-26
Checkout-*Wizard*

wenn im Verzeichnis der Arbeitskopie eine nicht versionierte Datei beim Übertragen im Weg ist.

6.4.6 Dekorationen

Wie bei Projekten, die aus einem CVS-Repository ausgecheckt wurden, werden SVN-verwaltete Daten und ihr aktueller Zustand durch Dekorationen verdeutlicht. In Tabelle 6-3 werden einige durch Subclipse hinzugefügte Dekorationen aufgeführt. Welche Dekorationen benutzt werden, können Sie in den globalen Einstellungen auf Seite *Team > SVN > Label Decorations* beeinflussen.

6.4.7 Neue Projekte einchecken

Beim Hinzufügen von neuen Projekten in ein SVN-Repository müssen Sie im Wizard nach der Auswahl des Menüeintrags *Team > Share...* natürlich *SVN* auswählen. Die nächsten Schritte wurden gegenüber denen eines neuen CVS-Projektes nicht geändert, d.h., Sie müssen

Tab. 6-3
Dekorationen von Subclipse

Dekoration	Bedeutung
	Externer Ordner
	Ordner
	Zu löschender Ordner
	Umgelenkter Ordner
	Veränderter Ordner
	Hinzugefügt
	Konflikt
	Modifiziert
	Ignoriert
	Geschützt
	Nur lesend
	Unverändert
	Nicht versioniert

- ein Repository auswählen oder definieren,
- den Pfad und Namen des neuen Verzeichnisses im Repository angeben und
- einen Kommentar eingeben.

6.4.8 Dateien markieren

Wie weiter oben erwähnt wurde, fehlt SVN das Konzept, Dateien mit bestimmten Markern zu versehen. SVN hat dies aber auch nicht nötig, denn es verwaltet pro Repository nur einen Revisionszähler, und es erlaubt, Ressourcen innerhalb des Repositorys effizient zu kopieren. Effizient bedeutet, dass SVN lediglich festhält, dass eine Ressource kopiert wird, die eigentlichen Dateien oder gar deren Inhalt werden dabei nicht dupliziert.

Wenn man einen besonderen Zustand eines Ordners im Repository festhalten möchte, kopiert man diesen also in ein anderes Verzeichnis und gibt ihm einen sinnvollen Namen. Das kann mit dem Eintrag *Branch/Tag...* geschehen, den Sie sowohl im Navigation-View am Kontextmenü eines SVN-verwalteten Ordners als auch im View *SVN Repositories* benutzen können. Nach Auswahl des Eintrags erscheint der *Create Branch/Tag*-Wizard, dessen erste Seite Sie in Abbildung 6-27 sehen.

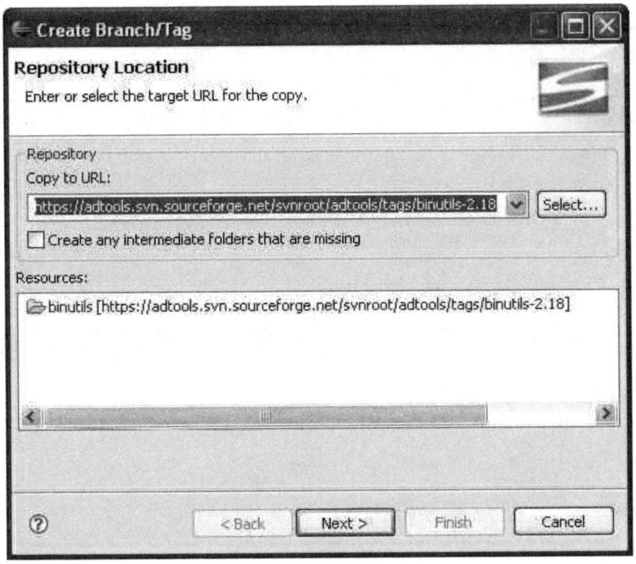

Abb. 6-27
Markieren über Kopieren

Dort geben Sie den Zielpfad der zu kopierenden Ressource an. Mit der Option *Create any intermediate folders that are missing* erstellen Sie alle Verzeichnisse auf dem Weg dahin. Auf der nächsten Seite geben Sie die Revision an, die für die Duplikation verwendet werden soll. Dann folgt die Seite, auf der Sie einen Kommentar eingeben können, der mit der Operation verbunden wird. Mit *Finish* setzen Sie die Aktion in Gang.

6.4.9 Historie anzeigen

Historien können bei SVN auch für Verzeichnisse betrachtet werden. Das ist leicht möglich, da SVN für jedes Repository einen Versionszähler benutzt, der bei jedem Commit hochgezählt wird und dabei bei allen betroffenen Ressourcen gesetzt wird. Das schließt auch die übergeordneten Verzeichnisse der Dateien ein. Den *History*-View von Subclipse finden Sie in Abbildung 6-28.

Die Liste enthält alle Revisionen, bei denen eine Änderung der selektierten Ressource stattfand. Sie besteht aus Spalten für die Revision, Datum, Autor und Kommentar. Selektieren Sie einen Eintrag, dann sehen Sie im Feld links unten, welche Ressourcen beim Commit ebenfalls betroffen waren. Rechts daneben befindet sich das Textfeld für den Kommentar.

Dem Kontextmenü über einem Eintrag können Sie folgende Aktionen entlocken:

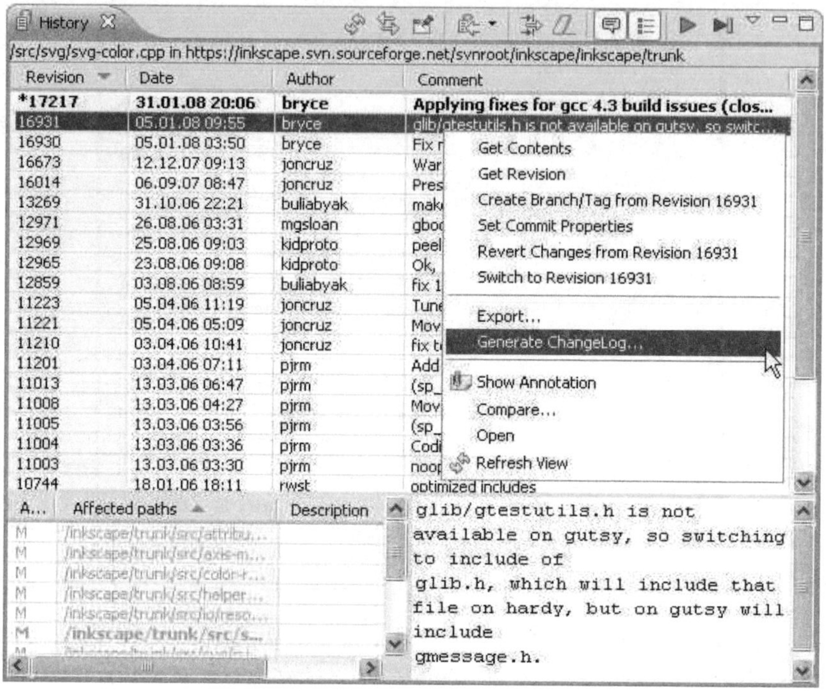

Abb. 6-28
History-*View mit Kontextmenü im SVN-Modus*

- *Get Contents.* Ersetzt den Inhalt der Ressource, von der die Historie angezeigt wird, durch den Inhalt der selektierten Revision. Die Datei wird anschließend höchstwahrscheinlich als modifiziert erscheinen, da der Inhalt nicht dem der aktuellen Revision entspricht.
- *Get Revision.* Ersetzt die Ressource durch die selektierte Revision komplett, d.h. mit dem Revisionszähler. Die Datei erscheint nicht als verändert.
- *Create Branch/Tag from Revision.* Erzeugt einen neuen Zweig oder einen neuen Tag. Bei SVN wird diese Operation durch eine Kopieraktion realisiert.
- *Set Commit Properties.* Damit können Sie nachträglich den Commit-Log der selektierten Revision ändern. Diese Funktion kann aber durch den SVN-Server unterbunden werden.
- *Revert Changes from.* Macht die Änderungen der selektierten Revision rückgängig.
- *Switch to Revision.* Bringt die Arbeitskopie auf die angegebene Revision.
- *Export....* Hiermit wird die selektierte Ressource in ein lokales Dateisystem exportiert. Die dafür benutzte Revision kann im Dialog angegeben werden.

- *Generate Change Log....* Erzeugt aus der Historie ein ChangeLog im wählbaren Format.
- *Show Annotation.* Zeigt die Annotationen im *SVN Annotate*-View.
- *Compare....* Erlaubt den Vergleich zweier Revisionen. Ein Dialog öffnet sich, in der die Revisionen angegeben werden können. Die Ausgabe kann als *unified Diff* oder grafisch im Compare-Editor erfolgen.
- *Open....* Öffnet den Inhalt der selektierten Revision in einem schreibgeschützten Editor.
- *Refresh View.* Aktualisiert den View.

6.4.10 Dateien ignorieren

Wie bei CVS können Sie Dateien vom Versionskontrollsystem ignorieren lassen. Entsprechendes können Sie durch den Menüeintrag *Team > Add to svn:ignore* veranlassen. Der daraufhin geöffnete Dialog (siehe Abbildung 6-28) ist von der CVS-Unterstützung bekannt. Hier können Sie angeben, ob nur die angegebene Datei oder alle Dateien ignoriert werden sollen, deren Namen das gleiche Suffix haben oder auf ein einzugebendes Muster passen.

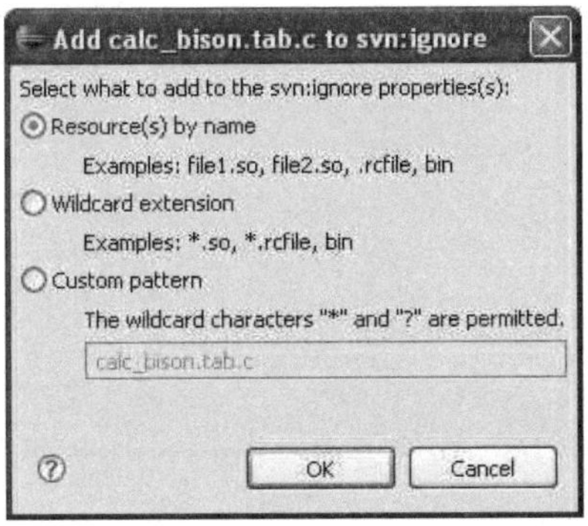

Abb. 6-29
Dateien ignorieren

Im Unterschied zu CVS landet die Information nicht in einer separaten Datei, sondern in einem Property des übergeordneten Verzeichnisses. Aus diesem Grund müssen Sie dieses Verzeichnis committen, damit das Repository die Änderung erfährt. Was es mit den Properties auf sich hat, erklärt der folgende Abschnitt.

6.4.11 Properties

Die Properties im Sinne von SVN sind nicht mit den Properties von Ressourcen zu verwechseln, die Sie über den Eintrag *Properties* auf den

Bildschirm bringen können. Die Properties sind als Metainformationen von Ressourcen zu betrachten, die ebenfalls wie die Ressourcen versioniert werden. Properties bestehen aus einer Kennzeichnung und einem Datum. Das Datum kann textueller Natur sein, aber auch als binäres Attribut vorliegen.

Einen Einblick darüber, welche Properties bei der selektierten Ressource gesetzt sind, erhalten Sie durch die Auswahl des Menüeintrags *Team > Show Properties*, wobei die Einträge in einem *SVN Properties*-View angezeigt werden. Hierüber können Sie Properties auch löschen, wenn Sie das Kontextmenü über einem Eintrag benutzen. Möchten Sie die Properties von der selektierten Ressource verändern, dann wählen Sie *Team > Set Property...* aus. Es öffnet sich ein Dialog, der in Abbildung 6-30 dargestellt ist.

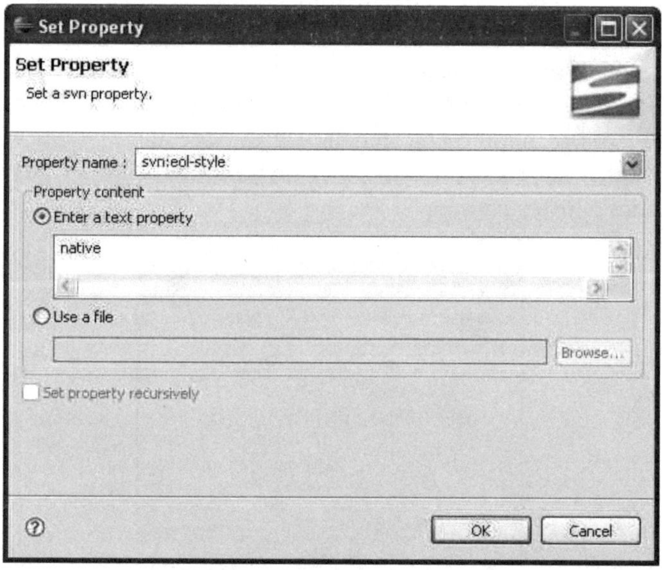

Abb. 6-30 *Dialog, um SVN-spezifische Properties zu setzen*

Im Eingabefeld *Property name* geben Sie den Namen des Propertys an. Eine Liste mit möglichen Properties ist jeweils in Tabelle 6-4 und Tabelle 6-5 dargestellt. Darüber hinaus können Sie mit dem Dropdown-Button rechts vom Eingabefeld über weitere Properties Einblick erhalten. Erläuterungen zu Sinn und Zweck gibt dann ein Popup, das erscheint, wenn Sie mit der Maus über das Texteingabefeld fahren.

Im Kasten *Property content* wird der Wert gesetzt, den das Property annehmen soll. Das kann durch das große Texteingabefeld geschehen oder mit Hilfe einer (möglicherweisen binären) Datei. Die Option *Set property recursively* lässt sich nur bei Ordnerressourcen beeinflussen.

Tab. 6-4
SVN-spezifische Properties für Dateien

Name	Beschreibung
`svn:eol-style`	Legt den Zeilenbegrenzer fest
`svn:executable`	Ist die Datei ausführbar?
`svn:keywords`	Liste von Schlüsselwörter, die in Textdateien ersetzt werden
`svn:mime-type`	Ist für Subversion ein Indikator, ob die Datei binär vorliegt. Wird aber auch an Webbrowser weitergeleitet.

Tab. 6-5
SVN-spezifische Properties für Verzeichnisse

Name	Beschreibung
`svn:ignore`	Liste mit Namen zu ignorierender Dateien
`svn:externals`	Liste von Verzeichnisnamen und SVN-URLs, die die einzubindenden externen Repositories definiert

Setzen Sie das Property, wenn Sie wünschen, dass das Property gleich für alle eingeschlossenen Ressourcen gesetzt werden soll.

Mit *Ok* bestätigen Sie den Dialog. Damit werden die Properties noch nicht auf den Server übertragen. Dies geschieht erst mit Hilfe einer Commit-Anweisung.

6.5 Team-Synchronizing-Perspektive

Nicht immer möchte man die Änderungen sofort einchecken, ohne Sie zu überprüfen. Ähnlich dazu gibt es Situationen, in denen die im Repository vorgenommenen Änderungen beim Aktualisieren in Hinblick auf Konflikte gesichtet werden sollen. Besonders eignet sich hierfür die Synchronisierungsfunktion, die Sie mit dem Menüpunkt *Team > Synchronize with Repository* aufrufen. Das Framework stellt hierfür eine eigene Perspektive *Team Synchronizing* bereit. In Abbildung 6-31 ist die Komplettansicht dargestellt.

Per Vorgabe sind in dieser Perspektive der *Synchronize*-View, ein Feld für Compare-Editoren sowie der *History*-View sichtbar.

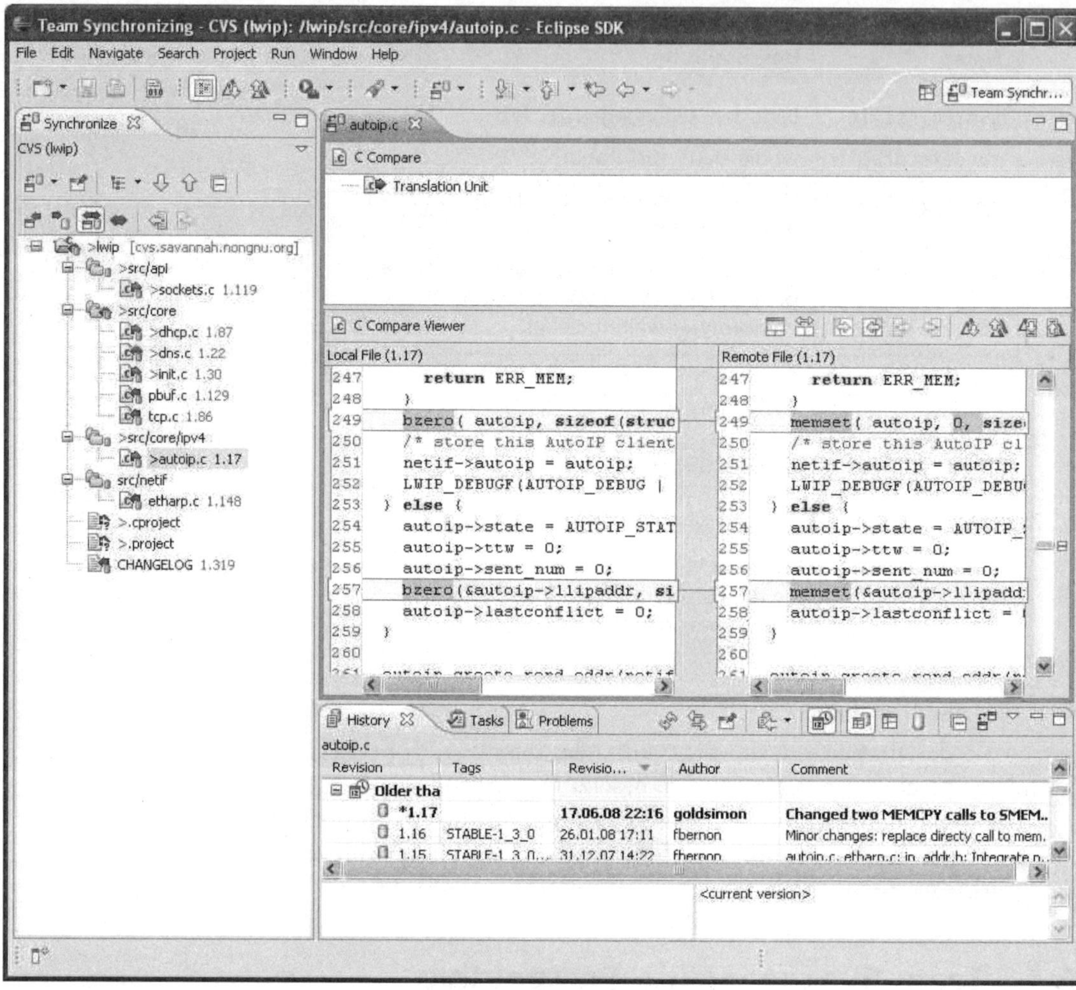

Abb. 6-31
Die Perspektive Team Synchronizing

6.5.1 *Synchronize*-View

Der *Synchronize*-View stellt bei der Synchronisation betroffene Dateien wie ein Navigation-View dar. Betroffen sind alle Dateien, die auf dem Server oder innerhalb der Arbeitskopie einer Änderung unterzogen worden sind. Je nachdem, welcher Fall eintritt, werden die Ressourcen im View durch Pfeile dekoriert. Dabei repräsentiert

- ein *grauer Pfeil* ➧ eine ausgehende Veränderung,
- ein *blauer Pfeil* ⬅ eine eingehende Veränderung und

- zwei *rote Pfeile* ⬌ eine beidseitige Veränderung (möglicherweise ein Konflikt).

Je nachdem, in welchem Modus sich der View befindet, werden nur Ressourcen mit einer bestimmten Art von Veränderung angezeigt. Den Modus schalten Sie mit Hilfe der Buttons um, deren Funktion mit denen der anderen Buttons in Tabelle 6-6 kurz zusammengefasst werden.

Anzeige filtern

Tab. 6-6
Kommandos im View Synchronize. *Zum Teil über Button, zum Teil über Menüeintrage zu erreichen*

Eintrag	Beschreibung
Synchronize	Wiederholt den Synchronisationsvorgang. Mit dem Pulldown-Menü können Sie den Pfad auch ändern und zwischen festgehaltenen Ergebnissen umschalten.
Pin Current Synchronization	Hält die Synchronisation fest
Expand All	Klappt alle Ordner auf
Next Difference	Springt zum nächsten Eintrag
Previous Difference	Springt zum vorherigen Eintrag
Collapse All	Schließt alle geöffneten Ordner
Incoming Mode	Zeigt nur eingehende Änderungen an
Outgoing Mode	Zeigt nur ausgehende Änderungen an
Incoming/Outcoming Mode	Zeigt alle Änderungen an
Conflicts Mode	Es werden nur potenzielle Konflikte angezeigt.
Update All Incoming Changes...	Alle eingehenden Änderungen werden übernommen.
Commit All Outgoing Changes...	Alle ausgehenden Änderungen werden übertragen.

Änderungen anzeigen

Wenn Sie an den Details der Änderungen interessiert sind, klicken Sie doppelt auf die Ressource. Daraufhin öffnet sich der Compare-Editor, der aus Abschnitt 3.6 bekannt ist. Hier wird er allerdings im Drei-Wege-Modus geöffnet. Als gemeinsame Referenz von Arbeitskopie und aktueller Revision auf dem Server dient der Inhalt der Revision, auf dem Ihre Arbeitskopie basiert. Selbstverständlich können Sie auf der Seite der lokalen Datei im Texteditor Änderungen vornehmen.

Änderungen einchecken

Neben den Explorationsgründen (Hat sich am Projekt zwischenzeitlich etwas geändert? Wenn ja, was?) werden Sie die Synchronisierungsfunktion dann beanspruchen, wenn eine zuvor gestellte Commit-Anweisung aufgrund von Änderungen im Repository fehlschlug. Sie können Dateien, an denen im Repository keine Änderungen vorgenommen wurden, in den meisten Fällen trotzdem übertragen. Hierzu wählen Sie diese aus und benutzen den Menüeintrag *Commit...* im Kontextmenü. Oder Sie benutzen den Button *Commit All Outgoing Changes...*, um alle Änderungen einzuchecken. Ob diese Vorgehensweise allerdings so sinnvoll ist, hängt von der Politik des Teams und der Tragweite der reduzierten Änderungen ab. In vielen Projekten wird gefordert, dass sie zumindest fehlerfrei übersetzt werden können.

Änderungen übernehmen

Ressourcen, die im Repository Änderungen erfahren haben, können Sie mit dem Kontextmenüeintrag *Update* wie gewohnt aktualisieren. Liegen bei der Ressource sowohl ein- als auch ausgehende Änderungen vor, dann können Sie des Weiteren mit *Override and Update* die Ressource mit dem Inhalt der neuen Revision überschreiben; die lokalen Änderungen gehen dadurch allerdings verloren. Hingegen legen Sie mit der Auswahl von *Mark as Merged* fest, dass die lokale Arbeitskopie der Ressource als aktuell angesehen wird (ihr Revisionszähler wird angepasst); eine eventuelle Integration der Änderungen in der neuen Revision haben Sie vorher veranlasst. Ein paar Regeln zum Aktualisieren finden Sie im Kasten auf Seite 327.

6.5.2 Konflikte

Ressourcen, die durch den roten Pfeil markiert werden, verdienen Ihre ganz besondere Aufmerksamkeit: Hier können Konflikte auftreten. Eclipse und die Versionskontrollsysteme sind in der Lage, Änderungen zusammenzuführen, die unterschiedliche Textstellen betreffen. Sind an derselben Textstelle bezüglich der Referenz jedoch in beiden anderen Textversionen zwei unterschiedliche Änderungen durchgeführt worden, bedarf es meistens Ihrer Hand.

Als Alternative zu den Markierungen im Text, die während einer *Update*-Operation durch das Versionskontrollsystem eingefügt werden, oder auch wenn Sie der automatischen Zusammenführung nicht trauen, können Sie die Unterschiede durch den Compare-Editor visualisieren lassen, der in Abbildung 6-32 für ein Beispiel zu sehen ist.

Rechts unten ist der Inhalt der aktuellen, auf dem Server vorliegenden Version, links der Inhalt der Arbeitskopie dargestellt. Darüber befindet sich der Inhalt der Referenz, die sich optional durch den Button *Show Ancestor Pane* einschalten lässt.

Unterschiede erkennen

Unterschiede zwischen den Versionen werden, wie aus Abschnitt 3.6 bekannt, durch farbige Textboxen hervorgehoben. Die Textbereiche, in denen ein Konflikt aufgetreten ist, die sich also in beiden Versionen von der Referenz unterscheiden, werden mit einer roten Farbe hinterlegt.

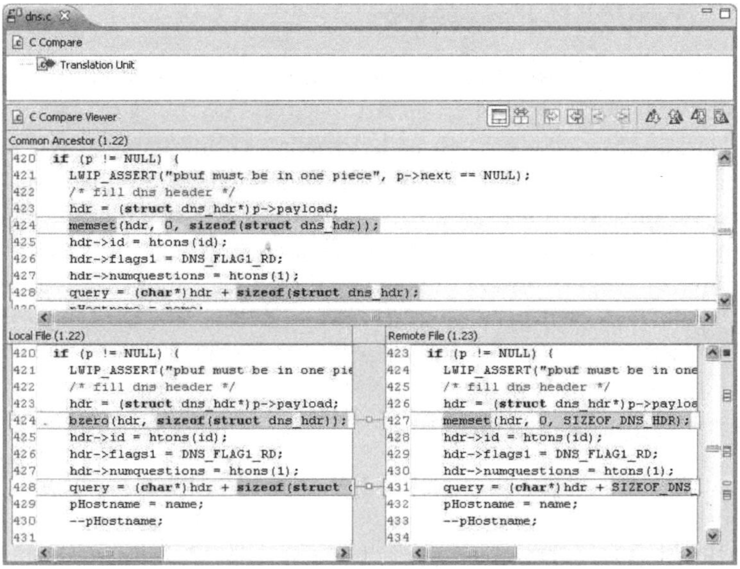

Abb. 6-32
Drei-Wege-Vergleich

Unterschiede übernehmen

Konfliktfreie Textbereiche können auf Wunsch mit dem Button *Copy All Non-Conflicting Changes from Right to Left* automatisch in die lokale Arbeitskopie übernommen werden. Konflikte müssen Sie bereinigen. Wenn Sie mit dem Zusammenführen zufrieden sind (freilich sollten Sie zwischenzeitlich in eine andere Perspektive schalten, um die Änderungen zu testen), dann können Sie den Menüeintrag *Mark as Merged* wie im letzten Abschnitt beschrieben nutzen. Falls noch weitere Dateien mit einem Konfliktstatus versehen sind, empfiehlt es sich, diese vorher zu lösen und dann alle Änderungen auf einmal zu committen.

Regeln zum Updaten

Ein *Update* sollten Sie für alle Dateien durchführen, bei denen ausschließlich eingehende Änderungen vorliegen. Alle anderen Dateien sollten Sie im Compare-Editor auf mögliche Konflikte hin untersuchen. Ist dort kein tatsächlicher Konflikt erkennbar, können Sie ebenfalls die einfache *Update*-Funktion benutzen. Andernfalls bearbeiten Sie die lokale Arbeitskopie und nutzen dann *Mark as Merged*. Der Menüeintrag *Override and Update* ist hilfreich, wenn die lokalen Änderungen verworfen werden sollen.

6.6 Projekt: Inkscape

Inkscape ist ein freies Vektorzeichenprogramm, das sich mit kommerziellen Programmen der gleichen Art messen kann. In diesem Abschnitt wird erläutert, wie Sie eine aktuelle Version von Inkscape unter Eclipse auschecken und übersetzen. Glücklich können Sie sich dabei schätzen, wenn Sie Inkscape unter und für ein Linux-Betriebssystem übersetzen können. Wenn Sie nicht gerade Inkscape ausschließlich für Cygwin und den hierfür existierenden X11-Server übersetzen, dann sind die notwendigen Vorbereitungen weitaus umfangreicher als bei Linux. Deshalb wird der Übersetzungsschritt getrennt abgehandelt.

6.6.1 Quellen auschecken

Der in diesem Kapitel interessante Teil ist natürlich die Arbeit mit dem Repository, zu der als Allererstes das Auschecken des Projektes zählt. Hierfür ist eine Adresse vonnöten, unter der die Quellen bezogen werden können. Inkscapes Projektseite `http://www.inkscape.org/` gibt, dem Link *SVN* folgend, Aufschluss über die Details.

Trunk auschecken

Mit *trunk* (zu Deutsch: Baumstamm) wird in der Regel derjenige Zweig eines Repositorys bezeichnet, der aktuell in Entwicklung befindlich ist und der unter CVS häufig als *HEAD* bezeichnet wurde. Um an ihn zu gelangen, fügen Sie im *SVN Repository*-View[7] die eben herausgefundene URL hinzu. Benutzen Sie allerdings nicht `https://inkscape.svn.sourceforge.net/svnroot/inkscape/inkscape/trunk`, denn über diese Adresse können Sie tatsächlich nur die *trunk*-Version beziehen. Besser ist es deshalb, wenn Sie als Adresse `https://inkscape.svn.sourceforge.net/svnroot/inkscape`

eintragen, da diese das Top-Level-Verzeichnis des Inkscape-Repositorys repräsentiert. Nach dem Hinzufügen befindet sich das *trunk*-Verzeichnis im *inkscape*-Ordner. Benutzen Sie den Eintrag *Checkout...* im Kontextmenü über dem Ordner, um den Vorgang zu initiieren. Wählen Sie im Dialog *Check out as a project configured using the New Project Wizard*, da das Projekt als C++-Projekt eingerichtet werden soll. Klicken Sie anschließend auf *Finish*. Im *New Project*-Wizard wählen Sie den Wizard für C++-Projekte aus. Wie in Abbildung 6-33 zu sehen, nehmen Sie dann als Namen für das Projekt `inkscape` und als Projekttypen *Makefile project* > *Empty Project*. Den Wizard beenden Sie mit

[7] Sinnvollerweise schalten Sie dafür in die *SVN Repository Exploring*-Perspektive um.

Finish, woraufhin sich möglicherweise noch ein paar Dialoge öffnen, die Sie mit *Ok* bestätigen. Eclipse lädt das Projekt nun herunter.

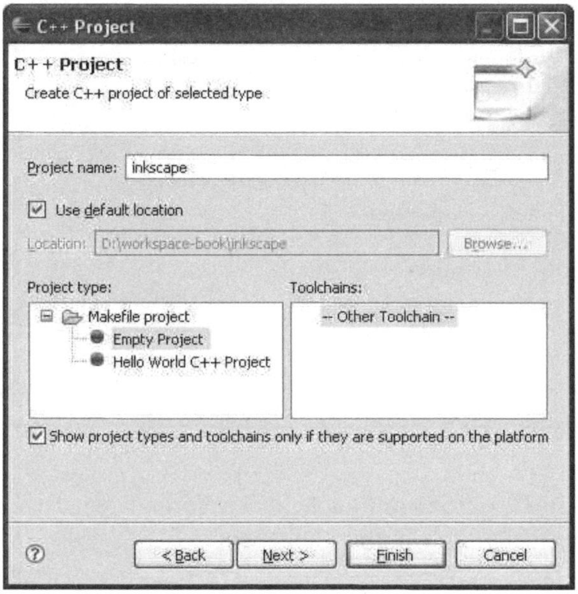

Abb. 6-33
Projekteinstellungen

6.6.2 Version 0.46 auschecken

Im übernächsten Abschnitt lassen Sie als Kapitelabschluss den Compiler die Quellen von Inkscape in eine ausführbare Datei transformieren. Da die Entwicklung von Inkscape stetig vorangeht, kann nicht garantiert werden, dass die bisher getätigten Vorarbeiten für eine später als Drucklegung verfügbare Version noch immer ausreichen. Damit die Schritte noch immer nachvollzogen werden können, werden Sie hier die Version 0.46 von Inkscape auschecken.

Man könnte diese Version in einem neuen Projekt einchecken. Hier soll allerdings der Inhalt des aktuellen Projekts durch den Inhalt der Version 0.46 ersetzt werden. Hierzu wählen Sie das *inkscape*-Projekt an und benutzen im Kontextmenü *Team > Switch to another Branch/Tag/Revision...*, so dass sich der in Abbildung 6-34 dargestellte Dialog öffnet.

Für *To URL* tragen Sie `https://inkscape.svn.sourceforge.net/svnroot/inkscape/inkscape/branches/RELEASE_0_46_BRANCH` ein und bestätigen den Dialog mit *Ok*. Zum Zeitpunkt der Drucklegung wurde auf diese Weise Revision 19973 ausgecheckt. Sollte bei Ihnen eine neuere Revision vorliegen (erkennbar an der Dekoration des ausgecheckten Projekts), dann können Sie, wenn bei der Durchführung der folgenden

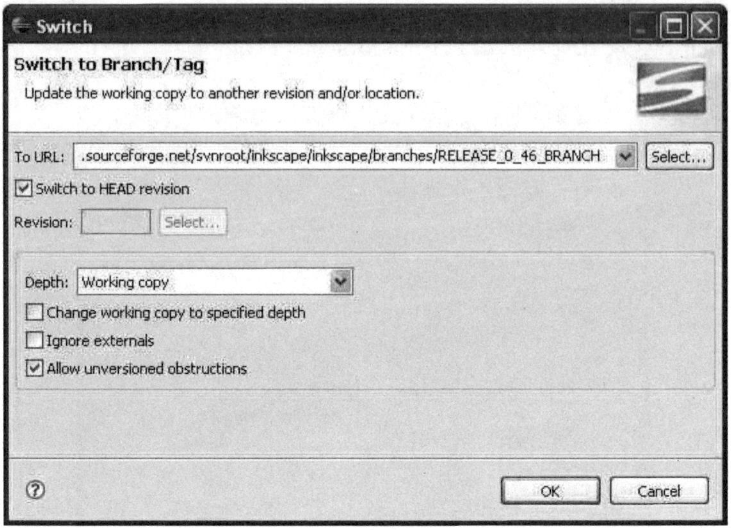

Abb. 6-34 Umschalten

Arbeitsschritte Probleme auftauchen, den Vorgang wiederholen und bei *Revision* die genannte Nummer angeben.

6.6.3 Inkscape an GCC 4.3 anpassen

Compiler-Voraussetzung

Die binären Dateien, die sich in dem Archiv befinden, wurden mit einer aktuellen MinGW-Version kompiliert, die die Dwarf2-Ausnahmebehandlungsarchitektur benutzt. Ihre MinGW-Installation muss dazu kompatible Binärdaten erzeugen, was z.B. der von TDM angebotene Compiler gewährleistet, der unter

`http://www.tdragon.net/recentgcc/`

bezogen werden kann.

Trägt der von Ihnen verwendete MinGW Compiler eine Version 4.3 oder höher und die Revisionsnummer des *Inkscape*-Checkouts 19973, dann werden mit hoher Wahrscheinlichkeit Übersetzungsfehler auftreten. Diese lassen sich jedoch allesamt einfach beheben, indem die richtigen Include-Dateien eingebunden werden[8].

[8] Als Hintergrund: In der 4.3er-Reihe von GCC haben die Entwickler versucht, die ISO-Standards besser zu respektieren. Dazu wurden u.a. die Include-Dateiabhängigkeiten überarbeitet.

Mit Hilfe eines Patches lässt sich diese Aufgabe durch Eclipse durchführen.

Listing 6.1
inkscape.patch

```
=====================================
--- buildtool.cpp (revision 19978)
+++ buildtool.cpp (working copy)
@@ -51,6 +51,7 @@
 #include <dirent.h>

 #include <string>
+#include <algorithm>
 #include <map>
 #include <set>
 #include <vector>
 Index: build.xml
=====================================
--- build.xml (revision 19982)
+++ build.xml (working copy)
@@ -49,9 +49,10 @@

   <!-- Use these settings for the native compiler -->
   <!-- -->
- <property name="arch" value="mingw32-"/>
+ <property name="arch" value=""/>
   <property name="archutil" value=""/>
- <property name="gtk" location="c:/devlibs"/>
+ <property environment="env" />
+ <property name="gtk" value="${env.DEVLIBS}"/>
   <!-- -->

   <!-- Use these settings for the cross compiler -->
=====================================
--- src/libavoid/region.cpp (revision 19978)
+++ src/libavoid/region.cpp (working copy)
@@ -20,6 +20,7 @@
  *
 */

+#include <stdio.h>
 #include <cstdlib>
 #include <algorithm>
 #include <cassert>
=====================================
--- src/libnrtype/FontInstance.cpp (revision 19978)
+++ src/libnrtype/FontInstance.cpp (working copy)
@@ -27,6 +27,7 @@
```

```
 # include FT_TRUETYPE_TABLES_H
 # include <pango/pangoft2.h>

+#include <memory>


 size_t font_style_hash::operator()(const font_style &x) const {
```

Die Beachtung der Leerzeichen ist für ein ordnungsgemäßes Anwenden notwendig. Sie finden diese Datei auch auf der Webseite des Buchs. Benutzen Sie anschließend den Menüpunkt *Team > Apply Patch...*. Wählen Sie auf der Seite *Patch Input Specification* die Patch-Datei aus und klicken Sie auf *Next >*. Auf der nächsten Seite werden Sie gebeten, das Ziel des Patches anzugegeben. Wählen Sie hier das Projekt aus, das Inkscape in der Version 0.46 beherbergt. Anschließend erscheint eine Ansicht, wie in Abbildung 6-35 zu sehen ist, wo Sie die Änderungen des Patch-Befehls im Einzelnen begutachten können. Sind keine Fehler zu erkennen, bringen Sie die Aktion mit Klick auf *Finish* in die Gänge.

Abb. 6-35
Patch verifizieren

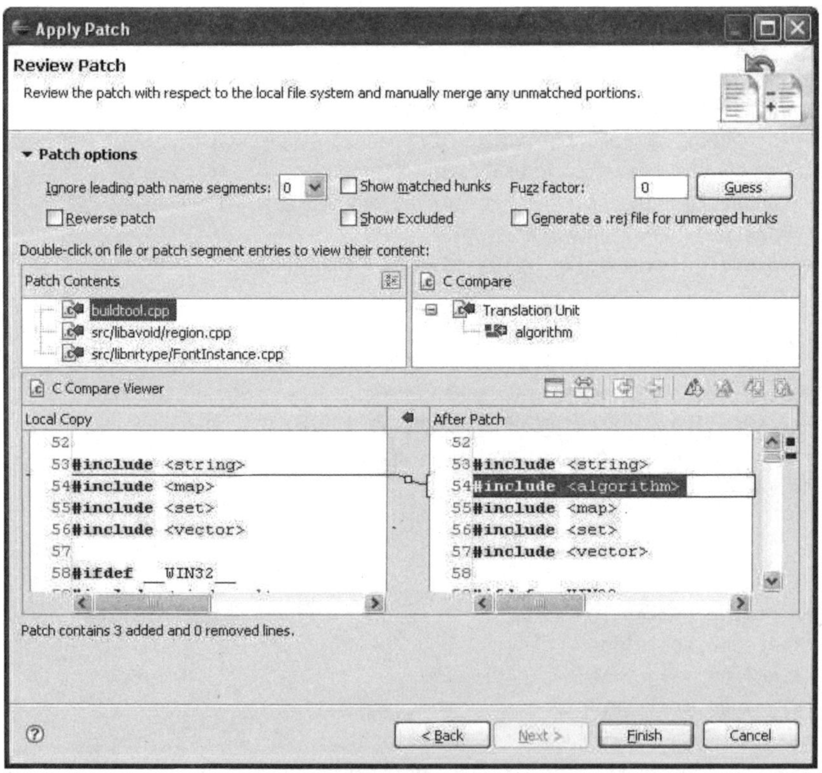

6.6.4 Inkscape unter Linux übersetzen

Als Voraussetzung müssen Sie sicherstellen, dass die Entwicklerpakete der Bibliotheken auf Ihrem System installiert sind. Ansonsten geht die Übersetzung unter dem Linux-Betriebssystem dank *autoconf* & Co. ziemlich leicht von der Hand. Dabei kommt man, wie Sie gleich sehen werden, ganz ohne die Kommandozeile aus.

Make Target hinzufügen

Hierzu fügen Sie im Projekt ein neues Make Target für *configure* hinzu. Klicken Sie dazu das Projekt im *Make Target*-View an und wählen Sie im Kontextmenü *Add Make Target* an. In Abbildung 6-36 ist dessen Konfiguration zu sehen. Als *Target Name* können Sie z.B. `configure` wählen. Das *Make Target* sollte leer bleiben. Das Feld *Build command* füllen Sie mindestens mit `sh configure`. Wenn Sie noch weitere Argumente übergeben möchten, stellen Sie diese dahinter. Sie können dabei auch Build-Variablen benutzen. Das Kommando

```
sh configure --with-prefix=${folder_prompt:Prefix}
```

würde bewirken, dass das Konfigurationspräfix vor jedem Aufruf abgefragt wird.

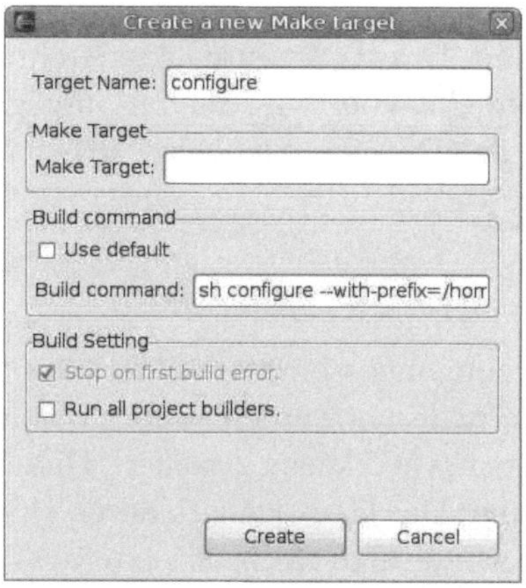

Abb. 6-36
Ziel für configure

Konfigurieren und übersetzen

Rufen Sie das eben erstellte Make Target auf. Die Ausgaben des Konfigurationsprozesses landen in der Build-Konsole. Anschließend können Sie Inkscape übersetzen, indem Sie den Build-Prozess wie gewohnt in Gang setzen, also z.B. per Menüeintrag *Project > Build Project*.

6.6.5 Inkscape unter Windows übersetzen

Damit der Versuch, Inkscape für Windows zu übersetzen, von Erfolg gekrönt ist, müssen einige Voraussetzungen geschaffen werden. Das augenscheinlich größte Problem dabei ist, dass Inkscape allerhand Open-

Source-Bibliotheken benutzt, die in der Windows-Welt nicht ohne Weiteres verfügbar sind. Zumindest muss man sie meist selbst kompilieren.

Bibliotheken besorgen

Die Inkscape-Entwickler bieten deshalb ein Paket an, das alle von Inkscape benötigten Bibliotheken in vorkompilierter Form bereitstellt. Details finden sich auf der Wiki-Seite

`http://wiki.inkscape.org/wiki/index.php/Win32Port.`

Unter anderem zählt die URL des Pakets dazu, die bei Drucklegung

`http://inkscape.modevia.com/win32libs/devlibs-2.12-080417.7z`

war. Das Paket liegt im 7-Zip-Format vor, mit dem Eclipse leider nichts anzufangen weiß, so dass Sie es nach dem Download mit einem separaten Programm entpacken müssen, das dieses Format beherrscht. Benutzen kann man dafür das originale 7-Zip-Programm, das von

`http://www.7-zip.org/`

bezogen werden kann. Das damit entpackte Archiv importieren Sie in Eclipse als neues Projekt. Hier wird davon ausgegangen, dass es sich anschließend unter dem Namen *devlibs* im Arbeitsbereich von Eclipse befindet.

Make Targets

Wie bei der Übersetzung unter Linux soll hier alles ohne die Benutzung der Kommandozeile realisiert werden. Unter Windows wird die Übersetzung durch ein eigenes Werkzeug gesteuert. Dieses wird aus Quelldatei `buildtool.c` erzeugt. Das lässt sich z.B. durch ein neues Make Target regeln. Alternativ könnte man auch ein externes Werkzeug erstellen, wie es für *doxygen* in Abschnitt 5.2 getan wurde.

Hierfür selektieren Sie im *Make Targets*-View den Ordner *inkscape* und wählen im Kontextmenü *Add Make Target* aus. Wie in Abbildung 6-37 zu sehen, tragen Sie unter *Target Name* `buildtool` ein. Das Feld *Make Target* sollte leer bleiben. Bei *Build command* tragen Sie

```
g++ buildtool.cpp -o btool
```

ein. Die Checkbox vor *Run all project builders* deaktivieren Sie.

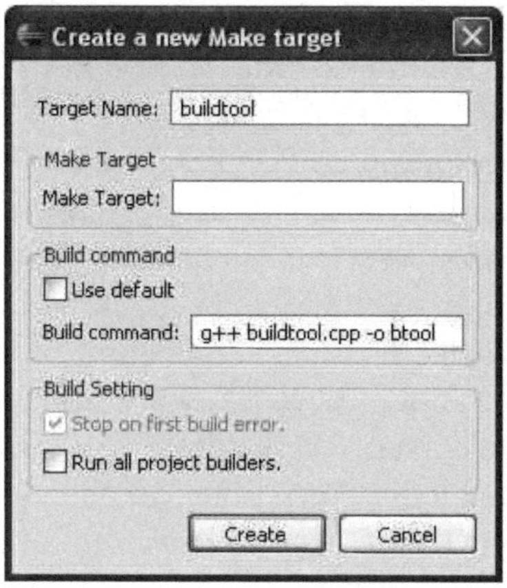

Abb. 6-37
Ziel für buildtool

Projekteinstellungen

In den Projekteinstellungen sind folgende Einstellungen vorzunehmen:

1. Anstelle von *make* wird als *Build command* das eben erzeugte *btool* verwendet.
2. Das Target *all* wird beim Bauen nicht benötigt und muss entfernt werden.
3. Fügen Sie eine Umgebungsvariable `DEVLIBS` mit Inhalt `${workspace_loc:devlibs}` hinzu.
4. Fügen Sie der Umgebungsvariable `PATH` den neuen Pfad `${DEVLIBS}\bin` hinzu, damit die Werkzeuge des Archivs gefunden werden können.
5. Stellen Sie sicher, dass der Binärparser *PE Windows Parser* aktiviert ist.

Projekt übersetzen

Bauen Sie zunächst das *buildtool*, indem Sie das Make Target z.B. doppelklicken. Anschließend können Sie den Übersetzungsvorgang des Projektes per Menüeintrag *Project > Build Project* in die Wege leiten. Wenn alles problemlos funktioniert hat, dann finden Sie im *Binaries*-Ordner die Datei `inkscape.exe` vor.

6.7 Hinweise zur Teamentwicklung

Pfadproblematik

Für Verwirrungen unter den Entwicklern eines Projektes sorgen sehr häufig Pfade, die auf jedem Rechner anders lauten. Aus diesem Grund sind solche Projekte von allen lokalen Pfaden zu befreien. Bei Projekten, die mit CDT entwickelt werden, trifft das z.B. auf die Include-Pfade und Bibliothekspfade zu. Abhilfe schafft hier die konsequente Anwendung von Build- bzw. Umgebungsvariablen.

Metadateien ins Repository?

Ebenso Eclipse-relevant ist die Frage, ob die Metadateien eines CDT-Projektes, also die Dateien `.project` und `.cproject` und die Dateien des Verzeichnisses `.settings` (siehe auch Abschnitt 3.16.1 ab Seite 173), in ein Repository gehören oder nicht. Wenn es sich dabei nicht um ein Makefile-Projekt handelt, dann kann man die Frage eindeutig bejahen, da sonst andere Entwickler das Projekt beim Auschecken selbst konfigurieren müssten. Makefile-Projekte sind nicht an Eclipse gebunden und können daher auch ohne die Metadateien auskommen.

Konflikte bei Metadateien

Falls Metadateien Teil des Repositorys sind, sollten die Änderungen an ihnen im Verlauf des Projektes minimal gehalten oder zumindest koordiniert werden. Denn Konflikte in diesen Dateien können durchaus das Projekt aus Sicht von Eclipse zerstören. In besonders schlimmen Fällen bleibt nur der Umweg über die Kommandozeile übrig, um das Projekt zu restaurieren. Dies ist ein Grund mehr, die Pfade durch Variablen zu spezifizieren, damit die Entwickler die Konfiguration nicht ändern müssen.

7 Mylyn

Bei riesigen Projekten, die aus einer großen Anzahl von verschachtelten Ressourcen bestehen, verliert man ziemlich schnell die Übersicht über noch anstehende Angelegenheiten wie das Beheben von Fehlern oder das Implementieren einer neuen Funktion; insbesondere dann, wenn das Augenmerk immerfort auf verschiedene Aufgaben gerichtet wird. Oftmals verbringt man beispielsweise mehr Zeit damit, durch ständiges Scrollen und Klicken im Navigation-View die zu bearbeitende Datei zu finden, als die eigentliche Änderung darin durchzuführen. Der Grund ist der, dass dabei der Entwickler mit einer Fülle von Informationen konfrontiert wird, über deren Wichtigkeit es zu entscheiden gilt, obgleich sie zum großen Teil für das aktuelle Anliegen keine Rolle spielen.

Dieses Problem hat auch Mik Kersten erkannt und im Rahmen seiner Doktorarbeit [9] ein sogenanntes Task-Management-System für Eclipse entwickelt. Der Entwickler definiert zunächst Aufgaben und legt dazu fest, bei welchen Ressourcen Änderungen durchzuführen sind, welche Ansichten benötigt werden und so weiter. Die Eclipse-Umgebung passt sich nun der aktuell in der Bearbeitung befindlichen Aufgabe an und blendet alle irrelevanten, den Entwickler nur verwirrenden Informationen aus, so dass er sich auf die aktuelle Problemstellung konzentrieren kann. Die in der Arbeit durchgeführten wissenschaftlichen Studien bescheinigten dieser *aufgabenfokussierten* Arbeitsweise eine signifikante Produktivitätssteigerung. Fairerweise muss erwähnt sein, dass Eclipse mit dem Konzept der Perspektiven seit Anbeginn die Möglichkeit besitzt, den Fokus auf die aktuelle Aufgabe zu lenken – schließlich lassen sich neue, auf eine Aufgabe zugeschnittene Perspektiven definieren. Allerdings führt Mylyn diesen Ansatz auch in die Inhalte der Views, so dass das Ganze viel flexibler ist.

Das aus der Doktorarbeit hervorgegangene Plugin wird nunmehr unter dem Namen *Mylyn* als Projekt unter dem Dach der Eclipse Foundation geführt. Das Ziel dieses Abschnitts wird sein, Sie in die Arbeitsweise und Möglichkeiten von *Mylyn* einzuführen. Dabei gilt der erste Abschnitt der Installation des Plugins, während Sie im zweiten Abschnitt mit Hilfe eines Beispiels in die Bedienung eingeführt werden. Anschließend wird das Wissen über die Konzepte von Mylyn vertieft.

7.1 Mylyn installieren

Haben Sie sich zu Beginn für das integrierte C/C++-Paket von Eclipse entschieden, dann haben Sie die Kernelemente von *Mylyn* bereits auf Ihrem Rechner. Manche Abschnitte setzen allerdings noch zusätzliche Pakete voraus, deshalb sollten Sie die folgenden Schritte dennoch befolgen. Zudem ist es gut möglich, dass bereits neuere Versionen von Mylyn existieren.

Öffnen Sie den *Software Updates*-Dialog und schalten Sie auf das Register *Available Software*. Beschrieben werden im weiteren Verlauf des Abschnitts Features von Mylyn, die aus mehreren Update-Sites stammen. Die URLs lauten

`http://download.eclipse.org/tools/mylyn/update/e3.4`,
`http://download.eclipse.org/tools/mylyn/update/extras`,
`http://download.eclipse.org/tools/cdt/releases/ganymede`,
`http://subclipse.tigris.org/update_1.4.x` und
`http://download.eclipse.org/tools/mylyn/update/incubator`.

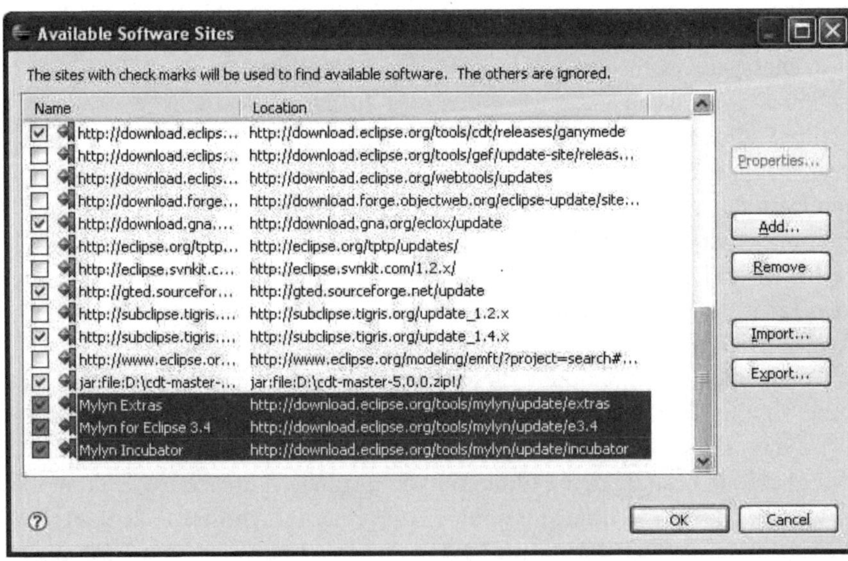

Abb. 7-1
Wahl der Update-Sites

Die ersten drei Adressen dürften bereits im Repository aufgenommen sein, so dass Sie sie über *Manage Sites...* gegebenenfalls nur aktivieren müssen. Die vierte Seite finden Sie dort ebenso schon vor, falls Sie Subclipse nutzen, das ein Thema in Kapitel 6 war. Hingegen muss die

Incubator-Site – der Begriff Incubator wird in der Eclipse-Welt im Allgemeinen für noch nicht ausgereifte Projekte verwendet – manuell hinzugefügt werden. Letztendlich sollte bei Ihnen der Dialog zum Verwalten der Update-Sites eine ähnliche Ansicht wie die in Abbildung 7-1 anbieten.

Aus der Kategorie *Mylyn* sind die Features besonders interessant, die in Tabelle 7-1 gelistet werden. Andere behandelte Features werden in Tabelle 7-2 kurz vorgestellt.

Tab. 7-1
Mylyn-Features, die hier behandelt werden

Name	Beschreibung
Mylyn Task List	Stellt die neue Aufgabenliste bereit. Dieses Feature ist auf jeden Fall notwendig.
Mylyn Bridge: Eclipse IDE	Schnittstelle zwischen Mylyn und allgemeinen Views sowie Editoren
Mylyn Bridge: Team Support	Integriert Mylyn in die *Team*-Schnittstelle von Eclipse
Mylyn Connector: Bugzilla	Integration von Bugzilla und Mylyn
Mylyn Focused UI	Stellt generelle Prinzipien von Mylyn bereit, z.B. das automatische Kontextmanagement. Wird von weiteren Plugins als Erweiterungspunkt benutzt.

Tab. 7-2
Andere Mylyn-Features, die Sie installieren sollten

Name	Beschreibung
Mylyn Bridge: C/C++ Development	Schnittstelle zwischen CDT und Mylyn
Mylyn Connector: Web Templates (Advanced)	Integration von Mylyn und Tracker, die auf Webseiten basieren (z.B. SourceForge)
Subclipse Integration for Mylyn 3.x	Schnittstelle zwischen Subclipse und Mylyn

Im Register *Available Software* des *Software Updates*-Dialogs steht nun das Installieren der in den Tabellen gelisteten Features an. So wie in Abbildung 7-2 dargestellt, ist es zu empfehlen, die Filterfunktion vom Dialog zu nutzen, um für diese Zwecke unwesentliche Features auszublenden. Sie müssen dabei allerdings ein bisschen Wartezeit in Kauf nehmen, besonders wenn die Anzahl der Update-Sites hoch ist. Wählen

Sie dann in den Tabellen die Features an und setzen Sie den Installationsprozess in Gang.

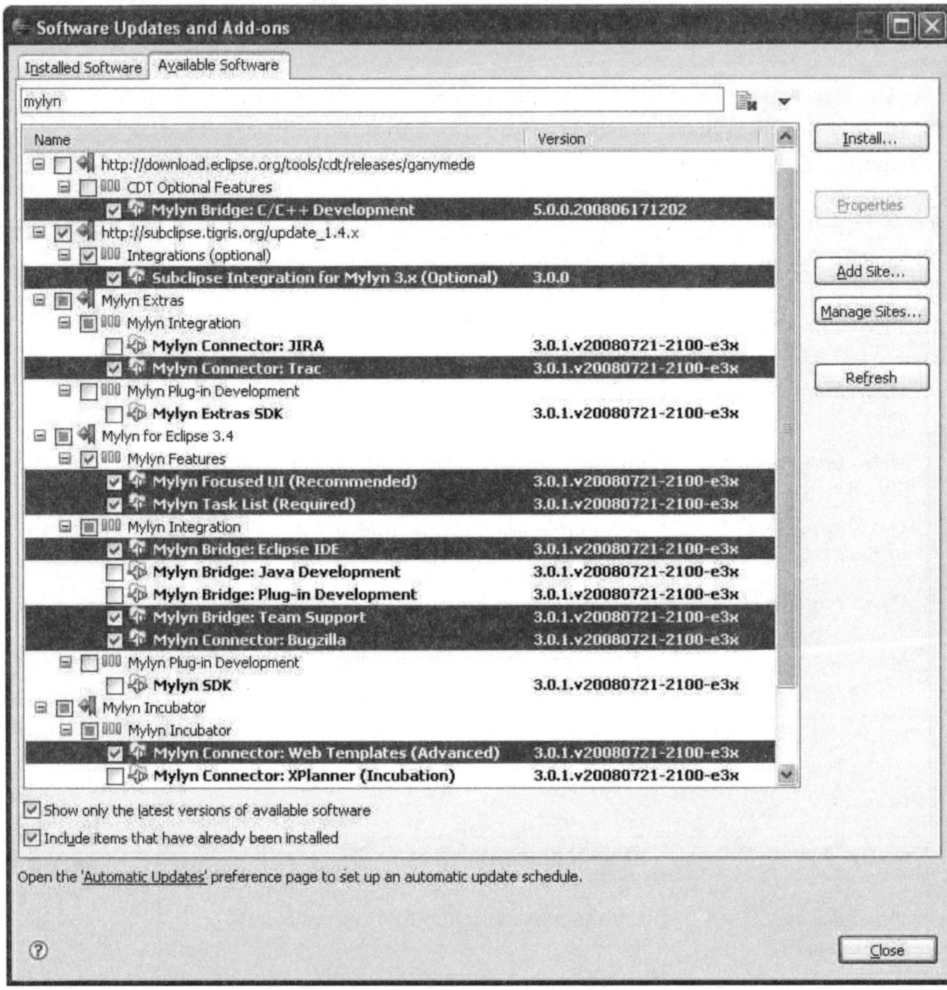

Abb. 7-2
Auswahl der Features

7.2 Einführendes Beispiel

Hier sollen grundsätzliche Konzepte von Mylyn anhand lokaler Aufgaben vorgestellt werden. Lokal sind die Aufgaben deshalb, weil sie an kein externes Repository wie Bugzilla geknüpft sind. Bearbeitet wird das Projekt *calc*, das aus Abschnitt 4.8 bekannt ist. Hier stehen zwei Aufgaben an:

1. Das Spektrum der Operationen, die *calc* unterstützt, soll um die Fakultät erweitert werden.
2. Das Projekt soll mit einer *doxygen*-Dokumentation versehen werden.

Eine neue Aufgabe definieren Sie im View *Task List*. Sie können dies wie gewöhnlich über die Auswahl in *Window* > *Show View* > *Other...* öffnen oder in die *Planning*-Perspektive umschalten, in der der View standardmäßig geöffnet ist. Im View befindet sich der Button *New Task*, auf den Sie klicken. Es öffnet sich ein Fenster, in dem Sie den Eintrag *Local* auswählen. Mit Klick auf *Finish* öffnet sich ein neues Editorfenster, so wie in Abbildung 7-3 dargestellt.

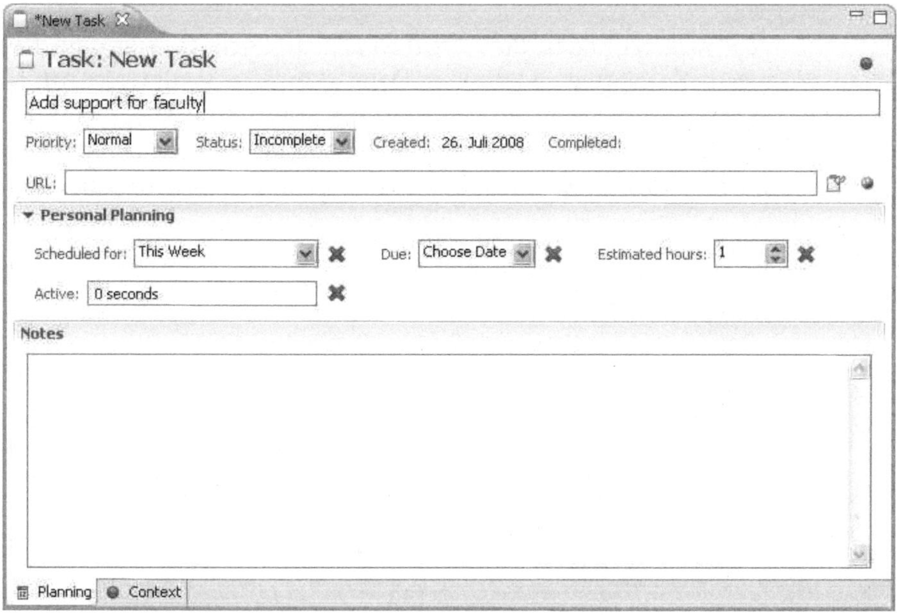

Abb. 7-3
Editorfenster für die Eingabe von Aufgaben

Ganz oben in diesem Task-Editor befindet sich ein Eingabefeld für eine Beschreibung der Aufgabe, die möglichst kurz ausfallen sollte, z.B.

```
Add support for faculty.
```

Im Rest der Felder kann man einen Zeitplan eingeben und weitere Kommentare vergeben. Für die erste Demonstration ist das aber nicht wichtig, so dass Sie die Werte der Felder so belassen, wie sie sind. Abschließend sichern Sie die Angaben in der gleichen Art und Weise, wie Sie normalerweise Textdateien sichern würden, also z.B. mit dem Tastenkürzel STRG+S.

Analog zu eben fügen Sie nun die zweite Aufgabe hinzu. Als Beschreibung können Sie in etwa

```
Provide a doxygen documentation
```

benutzen. Der *Task List*-View sollte anschließend wie in Abbildung 7-4 die zwei neuen Einträge beinhalten.

Dort lernen Sie mit dem Symbol auf dem Button *Focus on Workweek* einen wichtigen Hinweis kennen. Das Symbol ist nämlich nicht nur im *Task List*-View zu sehen, sondern nach der Mylyn-Installation auch in anderen Views wie z.B. dem *C/C++ Projects*-View. Generell gibt die Anwesenheit des Symbols an, dass sich der View an aktuelle Aufgaben anpassen kann, indem uninteressante Elemente herausgefiltert werden.

Als Nächstes gilt es, die Aufgaben abzuarbeiten. Hierfür schließen Sie zuerst alle geöffneten Editoren. Dann aktivieren Sie die erste Aufgabe, indem Sie z.B. vorne auf den Kreis des Eintrags klicken. Daraufhin sollte sich eine leicht veränderte Darstellung im View bemerkbar machen, wie es in der rechten Seite auf Abbildung 7-4 zu sehen ist:

- Die Beschreibung wird fett ausgezeichnet.
- Der Kreis bekommt eine Füllung.

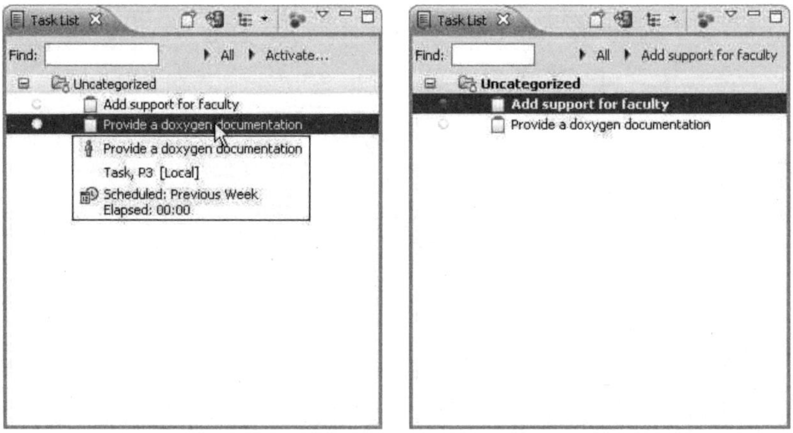

Abb. 7-4
Task List-View mit zwei Einträgen. Links im normalen Zustand mit Popup. Rechts mit aktiviertem ersten Eintrag.

Des Weiteren werden im *C/C++ Projects*-View alle Ressourcen ausgeblendet – der View befindet sich im *Mylyn*-Modus, der durch den jetzt aktiven Mylyn-Button angezeigt wird. Ausgeblendet werden alle Elemente, weil der Aufgabe noch keinerlei Kontext zugeordnet ist. Welche Ressourcen zu einer Aufgabe gehören, versucht Mylyn anhand Ihrer Aktivität zu lernen.

Dies können Sie z.B. dann erreichen, wenn Sie jetzt die zur Aufgabe gehörende Ressource öffnen. Hierfür deaktivieren Sie zuerst im *C/C++ Projects*-View den Mylyn-Modus mit Hilfe eines Klicks auf den Mylyn-Button. Die Ansicht stellt dann wie immer sämtliche ungefilterten Ressourcen dar, nur dass einige Ressourcennamen, zumindest standardmäßig, grau geschrieben werden. Grau bedeutet, dass diese Elemente nicht zur aktuellen Aufgabe zugeordnet sind. Durch simples Öffnen können Sie die Elemente der Aufgabe zuordnen.

Für die erste Aufgabe, die sich ja mit dem Hinzufügen der Fakultätsfunktion beschäftigt, sind die Dateien `calc.c` und `calc_bison.y` interessant, die Sie jetzt am besten öffnen. Wenn Sie jetzt wieder den Mylyn-Modus aktivieren, dann befinden sich nur noch die beiden geöffneten Einträge im Navigation-View.

Aktivieren Sie anschließend die zweite Aufgabe, abermals durch einfaches Klicken auf den Kreis des entsprechenden Eintrags im *Task List*-View. Die geöffneten Editoren werden daraufhin geschlossen, genauso wie die Ressourcen im Navigation-View verschwinden: Der Kontext der Aufgabe ist noch leer. Analog zu eben öffnen Sie jetzt die für die neue Aufgabe relevanten Dateien, die dieses Mal `calc.c` und `calc.h` heißen, um Dateien zum Kontext hinzuzufügen.

Zwischen den beiden Aufgaben können Sie jetzt nach Belieben wie erläutert umschalten. Dabei werden nicht nur die geöffneten Editoren gemerkt, sondern auch, an welchen Quelltextstellen Sie zuletzt gearbeitet haben, so dass Sie sich ganz schnell wieder zurechtfinden dürften. Sobald Sie mit einer Aufgabe fertig sind, wählen Sie aus dem Kontextmenü über dem Eintrag der Aufgabe, wie in Abbildung 7-5 verdeutlicht, den Punkt *Mark as > Complete* aus. Vor dem Eintrag wird daraufhin ein kleines Häkchen den Fertig-Status der Aufgabe anzeigen.

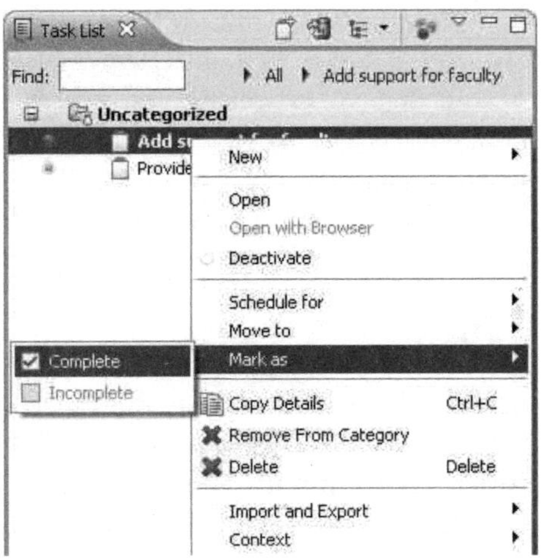

Abb. 7-5
Die Aufgabe als erledigt kennzeichnen

7.3 Konzepte

Wie Sie im letzten Abschnitt gesehen haben, ist Mylyn zunächst eine To-do-Liste, die durch eine nahtlose Einbindung in der Benutzeroberfläche den Programmieralltag angenehmer gestaltet; idealerweise lässt sich so die Zeit, die für die Navigation innerhalb eines Projektes benötigt wird, auf ein Minimum reduzieren. Die Aufgaben wurden bisher allerdings ausschließlich durch den Entwickler selbst erstellt und lokal verwaltet, was für eigene, sehr kleine Projekte häufig noch in Ordnung geht. Bei großen Projekten hingegen ist eine Kommunikation zwischen den beteiligten Entwicklern dringend vonnöten. Aber das ist noch nicht alles, tatsächlich werden die Anwender der Software nicht selten selbst in den Entwicklungsprozess mit einbezogen, z.B. dann, wenn sie einen Programmfehler melden. Die Korrespondenz aller Beteiligten gestaltet sich auf dem Wege über E-Mail sehr schwierig.

Für die Dokumentation von Programmfehlern wurden deshalb sogenannte Bugtracker ins Leben gerufen. Fehlerbeschreibungen werden in einer Datenbank gesammelt, auf die Benutzer und Entwickler häufig in Form einer Webapplikation Zugriff haben. Entwickler können daraufhin mit Anfragen reagieren, so dass der ganze Prozess hohe Ähnlichkeit mit einem Internetforum aufweist. Ein prominenter Vertreter eines solchen Systems ist Bugzilla.

Das Konzept lässt sich freilich nicht nur auf Fehler anwenden, sondern auch auf Verbesserungswünsche oder, ganz allgemein, auf *noch zu erledigende Aufgaben*. Einträge in solchen Datenbanken gleichen deshalb ziemlich genau den Einträgen einer To-do-Liste. Dass Mylyn unter der Verwendung der bereits erwähnten Eigenschaften versucht, die Welten von solchen Datenbanken und Eclipse zu vereinen, macht für Teams den wesentlichen Reiz der Erweiterung aus.

Datenbanken à la Bugzilla oder Trac werden in der Mylyn-Terminologie *Task Repositories* genannt. Die Brücke zwischen den *Task Repositories* und der Aufgabenliste von *Mylyn* schlägt der *Task Connector*, von denen Mylyn selbst welche mitbringt, die sich aber von Drittanbietern aufstocken lassen. Das Füllen der *Task List* besorgt eine Abfrage oder *Query* über das Task-Repository.

7.4 Task Connectors

Für Mylyn existieren zahlreiche Features, die die Unterstützung von speziellen Tracking-Systemen hinzufügen. In diesem Abschnitt werden zwei davon vorgestellt. Sie sollten sich dazu in der Perspektive *Planning* befinden, die durch Mylyn der Eclipse-Plattform hinzugefügt wurde.

Die Verwaltung der *Task Repositories* geschieht im View *Task Repositories*, der in der Perspektive der standardmäßigen Einstellung wenn nicht im Vordergrund, dann zumindest geöffnet sein sollte.

Im ersten Abschnitt geht es dabei um Bugzilla, während der zweite Abschnitt den Web-Connector anhand der Integration der SourceForge-Tracker beschreibt.

7.4.1 Bugzilla

Der *Task Connector* für Bugzilla ist der einzige Verbindungstyp, der in der Standardkategorie der Features von Mylyn zu finden ist. Das verwundert jedoch nicht, denn Bugzilla ist das Bug-Tracking-System für Eclipse selbst und zahlreiche Unterprojekte, wie z.B. CDT.

Es ist deshalb auch nicht verwunderlich, dass Sie über den Menüeintrag *Help > Report Bug or Enhancement...* direkt über Eclipse den Eclipse-Bugzilla-Dienst in Anspruch nehmen können. So können Fehlerberichte zu Eclipse selbst äußerst bequem eingesehen oder gar eingetragen werden. Bei der Installation von Mylyn wurde hierfür das *Task Repository* mit Namen `Eclipse.org` eingerichtet.

Hier soll allerdings eine Verbindung mit einer anderen Bugzilla-Installation eingerichtet werden. Es handelt sich um eine Test-Installation, die von den Bugzilla-Entwicklern bereitgestellt wird und unter der URL

```
https://landfill.bugzilla.org/bugzilla-3.0-branch/
```

abgerufen werden kann.

Ein neues Repository erstellen Sie, indem Sie im View *Task Repositories* die Aktion *Add Task Repository* auswählen, z.B. im Pulldown-Menü des Views. Es erscheint ein Wizard, in dem der Typ des *Task Repository* spezifiziert werden soll. Wir wählen den Eintrag *Bugzilla* und klicken auf *Next >*.

Verbindungsdaten angeben

Jetzt werden die Verbindungsdaten abgefragt. Im Rahmen dieses Beispiels wählen wir, wie in Abbildung 7-6 zu sehen, als *Server* den Eintrag `https://landfill.bugzilla.org/bugzilla-3.0-branch/` und als Label `Bugzilla-Test`, unter dem die Verbindung dann erscheinen wird. Weitere Einstellungsmöglichkeiten sind per Klick auf ein Dreieck zum Vorschein zu bringen, an dieser Stelle sind sie jedoch nicht relevant.

Verbindungsdaten testen

Nützlich ist auf jeden Fall noch der Button *Validate Settings*: Hiermit können die vorgenommenen Einstellungen getestet werden; im Fehlerfall sollten Sie die Daten nochmals modifizieren.

Konten verwalten

Mit einem Klick auf *Create new account* können Sie zudem ein neues Konto für den Tracker anlegen, mit *Change account settings* die Einstellungen des Kontos modifizieren. Beides geschieht allerdings im

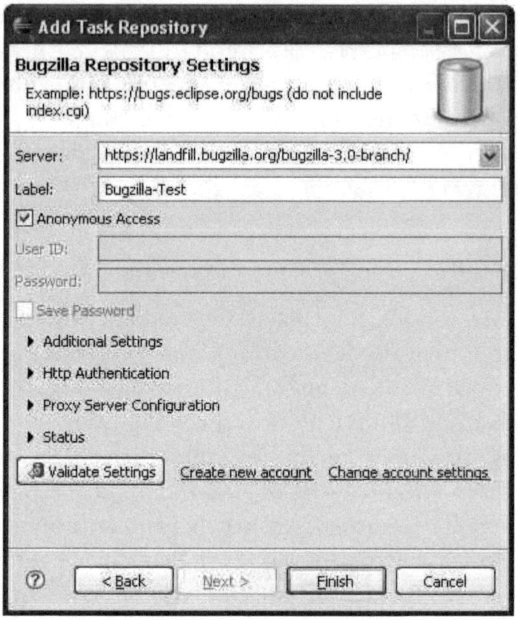

Abb. 7-6 *Einstellungen für einen Bugzilla-Tracker*

Webbrowser, der in Eclipse dargestellt wird. Da der Wizard modal ist, müssen Sie ihn schließen, bevor Sie Aktionen darin ausführen können.

Bei einem Klick auf *Finish* werden Sie gefragt, ob gleich noch eine *Query* hinzugefügt werden soll, die Einträge aus dem Tracker der *Task List* überführt. Dies bestätigen Sie mit *Yes*, woraufhin ein neuer Wizard erscheint. Er bietet die Optionen

- *Create query using from*, um den Query über ein Formular zu erstellen, sowie
- *Create query from existing URL*, um eine URL zu verwenden, die z.B. aus einem Webbrowser kopiert werden kann.

Das Formular nutzen, um die Tracker-Abfrage zu spezifizieren

Hier wählen wir die erste Option und klicken auf *Next* >. Eclipse verbindet sich nun mit dem Bugtracker und präsentiert nach kurzer Wartezeit ein ziemlich komplex anmutendes Formular, wie in Abbildung 7-7 zu erkennen ist, das freilich an das Bugzilla-Webformular angelehnt ist. Hierüber können Sie einen Query-Filter angeben, so dass Sie etwa nur solche Einträge erhalten, die bestimmte Produkte betreffen oder bestimmten Personen zugeordnet sind, wie z.B. Ihnen selbst. Wie in der Abbildung zu sehen ist, gibt es beim Test-Tracker allerhand Unsinniges, was für ein öffentliches Test-System aber nicht anders zu erwarten ist. Ich habe mich bei *Product* dann für das Element *FoodReplicator* und bei *Component* für den Eintrag *Salt* entschieden, als *Query Title* die Zeichenkette *Food Replicator / Salt* (das ist der Name, unter dem die Aufgaben im *Task List*-View erscheinen) eingegeben und anschließend auf *Finish* geklickt. Eclipse verbindet sich jetzt mit dem Server, um die Query auszuführen, was je nach Ergebnisumfang einige Zeit in Anspruch nehmen kann.

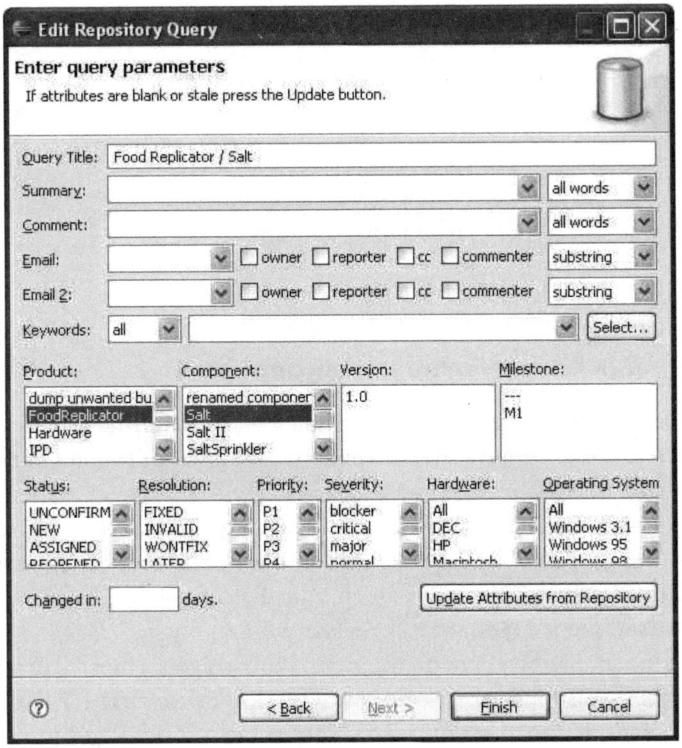

Abb. 7-7
Formular für eine Bugzilla-Query

Bugzilla-Einträge

Abbildung 7-8 zeigt den *Task List*-View mit der eben durchgeführten Query. Hier stehen Ihnen alle Features von Mylyn zur Verfügung. Wie die Aufgaben, die in Abschnitt 7.2 erstellt wurden, können auch diese Aufgaben verschiedenen Kontexten zugeordnet werden. Des Weiteren haben Sie über den Task-Editor, den Sie per Doppelklick auf den Eintrag hervorrufen, über den Reiter *Bugzilla* Zugriff auf den Bugzilla-Eintrag, den Sie so auch direkt von Eclipse aus modifizieren können.

Abgleichen

Eine bereits eingetragene Query wird im Übrigen periodisch mit der Bugzilla-Installation abgeglichen. Das Intervall hierfür lässt sich in den globalen Einstellungen auf der Seite *Tasks > Context* verändern. Zudem können Sie den Vorgang ebenfalls manuell herbeiführen, indem Sie im Kontextmenü der Query den Eintrag *Synchronize* auswählen.

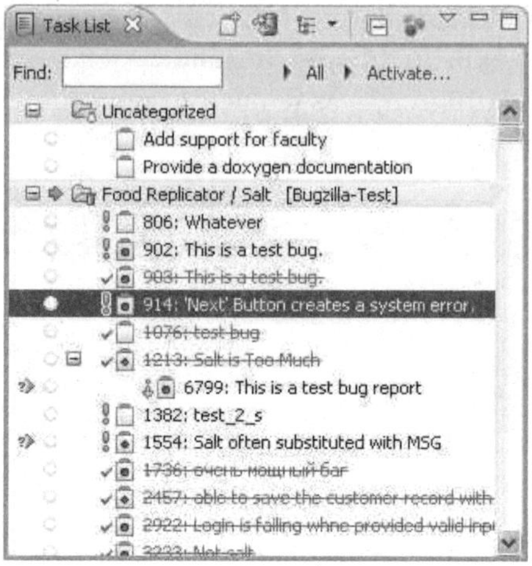

Abb. 7-8
Task List-*View mit neuer Query*

7.4.2 Mit SourceForge verbinden

Die laut eigener Aussage größte Entwicklerwebseite für Open-Source-Projekte *SourceForge* besitzt diverse Tracker, so dass man hier auch nach einer Mylyn-Integration fragen kann. Für Mylyn existiert allerdings kein spezieller Connector, mit dem man sich zu *SourceForge* verbinden könnte. In solchen Fällen führt die Benutzung des generischen Web-Connectors in der Regel doch zum Erfolg, wobei hierfür freilich ein bisschen mehr Handarbeit geleistet werden muss.

Beginnen Sie wie oben mit dem Hinzufügen eines neuen Task-Repositorys, also indem Sie im View *Task Repositories* den Menüpunkt *Add Task Repository* hinzufügen. Wählen Sie als Typ den Eintrag *Web Template (Advanced)* aus und klicken dann auf *Next >*. Dort können Sie unter *Server* eine Webadresse spezifizieren. Daneben befindet sich ein Pulldown-Menü, unter dem sich vorkonfigurierte Einstellungen verbergen. Glücklicherweise hat man dabei auch an SourceForge gedacht, wobei die Verbindung als Schablone die Einstellungen für das Filesharing-Tool *azureus* mitbringt. Wählen Sie deshalb diesen Eintrag aus. Änderungen bedarf es gegebenenfalls in dem Namen[1] und in den Feldern *User ID* und *Password*, wo Sie Ihre Registrierdaten von SourceForge eingeben. Zum Schluss klicken Sie auf *Finish*.

Auf die folgende Frage, ob Sie gleich auch eine *Query* hinzufügen möchten, antworten Sie mit *Yes*. Im neuen Fenster werden Sie nach SourceForge-spezifischen Parametern gefragt[2]. Dabei ist *group_id* die

---

[1]Tatsächlich bedarf es nur eines Task-Repositorys für alle Projekte auf SourceForge. Verschiedene Projekte können Sie mit Hilfe unterschiedlicher Querys anbinden.

[2]Diese wurden durch das verwendete SourceForge-Template definiert.

Identifikationsnummer für das Projekt, für das Sie die Tracker einbinden möchten, und *atid* die sogenannte Artifact-Id, die angibt, welcher Tracker abzufragen ist. Sie können beide Angaben auf der SourceForge-Seite zum Projekt selbst oder unter der Rubrik *Tracker* per Mouse-Hover in Erfahrung bringen; sie sind in der URL zu einem Tracker enthalten. In Abbildung 7-9 sehen Sie die Seite für ein beispielhaftes Projekt.

Abb. 7-9
An die Identifikationsnummern von Projekt und Tracker gelangen Sie z.B. über die Tracker-Site auf SourceForge.

8 Target Management

Die auf Eclipse aufbauenden Entwicklungssysteme für eingebettete Systeme, zu denen z.B. *QNX Momentics* gerechnet werden kann, verwenden oftmals nicht nur CDT als Grundbaustein, um ihre Funktionalitäten anzubieten, sondern auch weitere Eclipse-Projekte. Eines davon ist das *Target Management*-Projekt, das als Unterprojekt der *Device Software Development Platform* geführt wird.

Das TM-Projekt erweitert Eclipse durch die Fähigkeit, entfernte Systeme mit einer vereinheitlichten Benutzerschnittstelle zu verwalten und auf Ihnen innerhalb der Entwicklungsumgebung zu arbeiten. Eclipse-üblich liefert das Entwicklerteam zahlreiche Referenzimplementationen mit, die auf bekannte Netzwerkprotokolle wie FTP, SSH sowie Telnet zurückgreifen und diese nahtlos in die Eclipse-Umgebung integrieren, um dem Benutzer Zugriff auf Dateisysteme, die Shell und weitere Dienste auf dem entfernten Rechner zu gewähren. In diesem Abschnitt erfahren Sie zunächst, wie Sie TM einrichten, welche Features das Paket mitbringt und schließlich, wie Sie es für die Entwicklung Ihrer C/C++-Projekte nutzen können. Die hier präsentierte Beschreibung hat als Grundlage die Version 3.0.1 und ist Teil des Ganymede-Zyklus.

8.1 Das Target-Management-Plugin installieren

Die Update-Site von TM lautet

```
http://download.eclipse.org/dsdp/tm/updates/3.0/.
```

Die Adresse sollte Eclipse bereits bekannt sein. Sie müssen sie lediglich im *Software Updates*-Dialog mit dem *Manage Sites...* aktivieren. Für dieses Kapitel von Bedeutung sind die Pakete

- *Remote System Explorer*,
- *Remote System Explorer C/C++ Remote Debug Launcher*,
- *Remote System End-User Runtime*,
- *RSE DStore Services*,

- *RSE FTP Services*,
- *RSE Local Services*,
- *RSE SSH Services*,
- *RSE Telnet Services*,
- *RSE Terminals UI* sowie
- *Target Management Terminal*,
- *Target Management Terminal Serial Connector*,
- *Target Management Terminal SSH Connector* und
- *Target Management Terminal Telnet Connector*,

die Sie jeweils in den verschiedenen Gruppen *TM and RSE* vorfinden. Sinnvoll ist es, diejenigen Pakete auszuwählen, die in der Gruppe mit der höchsten Versionsnummer abgelegt sind.

8.2 Konzepte

Dreh- und Angelpunkt bei der Benutzung von TM sind die *Verbindungen* zu entfernten Rechnern. Eine Verbindung ist als Erstes durch einen *Systemtyp*, die *Zieladresse*, einen *Namen* sowie eine *Beschreibung* gekennzeichnet. Ein Systemtyp definiert dabei, welche *Subsysteme* des Gegenparts prinzipiell ansprechbar sind. So kann mit einer FTP-Verbindung nur über Dateien des entfernten Rechners verfügt werden, während eine SSH-Verbindung zusätzlich den Dienst einer Shell weiterleitet. Ein Systemtyp spezifiziert jedoch nicht nur die Art der Subsysteme, sondern gibt auch eine Auswahl über die benutzbaren Protokolle vor, die die Verbindung konfigurieren. Der Systemtyp *Linux* kann das Subsystem für Dateien beispielsweise entweder über FTP-Verbindungen, SSH-Verbindungen oder über das TM-projekteigene DataStore-Protokoll konfigurieren. Der Systemtyp *FTP (only)* erlaubt hingegen für derartige Zwecke ausschließlich eine Konfiguration über FTP-Verbindungen. Dabei enthält eine Konfiguration immer einen Dienst, der die Netzwerk-physische Verbindung einrichtet und einen Dienst, der die Aufgaben des Subsystems übernimmt.

Neben diesen statischen Attributen von Verbindungen, die bei der Erzeugung angegeben werden können, existieren auch weitere Attribute, wie z.B. der aktuelle Status der Verbindung zum entfernten Rechner, d.h., ob sie aktiv oder inaktiv ist. Eine Verbindung ist des Weiteren immer genau einem *Profil* zugehörig. Profile erlauben eine Gruppierung von Verbindungen, die insbesondere dann sinnvoll ist, wenn viele Verbindung verwaltet werden müssen. Profile können aktiv oder inaktiv sein, was Auswirkungen auf deren Sichtbarkeit in der normalen Ansicht des TM-Features hat. Verbindungen, die zu einem inaktiven Profil gehören, können freilich auch nicht selbst aktiv sein.

Andere wichtige Konzepte sind die *Filter* und *Filterpools*. Filter werden für alle Dienste benutzt, die entfernte Ressourcen auf dem Client anzeigen. Dabei kann die Anzeige nach bestimmten Kriterien gefiltert werden, die abhängig vom Dienst sind. Beim Dateidienst wird ein Filter über den Pfad auf dem entfernten Rechner definiert, der als Ausgangspunkt der Ressourcenhierarchie verwendet wird. Weitere Bedingungen können angegeben werden, um die Ansicht der entfernten Ressourcen einzuschränken. So können Filter derart konfiguriert werden, dass sie nur Ressourcen anzeigen, deren Namen auf ein bestimmtes Muster passt. Beim Prozessdienst können hingegen Filter nach Kriterien wie Prozessname, Benutzername und so weiter definiert werden.

Filterpools sind benennbare Container, die Filter aufnehmen und somit eine Kategorisierung erlauben. Sie sind einem Profil zugeordnet und erweisen sich dann als nützlich, wenn Sie viele Filter definiert haben. Jeder Filter ist immer genau einem Filterpool zugeordnet. Standardmäßig werden die Filterpools jedoch nicht explizit angezeigt, sondern nur die in allen Filterpools enthaltenen Filter. Auch werden Filterpools automatisch den Verbindungen als Referenz zugewiesen. Sie können aber selbst jeder Verbindung weitere Referenzen auf Filterpools mitgeben. Verbindungen besitzen ausschließlich Referenzen auf Filterpools und nicht die Fiterpools selbst.

8.3 Die Perspektive *Remote System Explorer*

Das TM-Feature erweitert Eclipse um neue Views, die in Tabelle 8-1 zusammen mit ihren Bedeutungen aufgelistet sind. Wie üblich können Sie die Views einzeln mit *Window > Show View > Other...* öffnen. Ein sinnvolles Layout wird durch die neue Perspektive *Remote System Explorer* bereitgestellt, das Sie immer dann anwählen sollten, wenn Sie zu einem entfernten Rechner Kontakt aufnehmen oder mit dessen Ressourcen arbeiten wollen. In Abbildung 8-1 ist das Standardlayout der Perspektive zu sehen. Selbstverständlich können Sie die Perspektive den eigenen Bedürfnissen anpassen.

8.4 Der *Remote Systems*-View

Die Schaltzentrale des TM-Features ist der *Remote Systems*-View. Hierüber haben Sie Zugriff auf alle eingerichteten Verbindungen und deren Ressourcen, die wie bei anderen Navigation-Views hierarchisch angeordnet sind. Während die erste Ebene die Verbindung durch ihren

Tab. 8-1
Wichtige Views des TM-Features im Überblick

Name des Views	Beschreibung
Remote Systems	Enthält alle eingerichteten Verbindungen, Filterpools sowie Filter der aktiven Profile, durch die Sie navigieren können
Remote Scratchpad	Nimmt beliebige Ressourcen per Drag'n'Drop als Referenz auf, auf denen wie im *Remote Systems*-View operiert werden kann
Remote System Details	Zeigt Parameter der im *Remote Systems*-View selektierten Ressource an
Remote Monitor	Zeigt den Status der Verbindungen an
Remote Search	Listet die Ergebnisse der entfernten Suche auf
Remote Shell	Nimmt Kommandozeileneingaben entgegen und zeigt die Ausgabe der ausgeführten Kommandos an
Team	Ermöglicht die Verwaltung von Profilen
Terminal	ANSI/VT102-Terminalemulation

Namen aufzeigt, befinden sich in der zweiten Ebene die unterstützten Dienste oder Subsysteme. In der dritten und vierten können sich je nach Modus *Show Filter Pools*, der über das Pulldown-Menü beeinflussbar ist, die Ebenen der Filterpools bzw. Filter befinden. Erst darunter verbergen sich die eigentlichen Ressourcen des entfernten Rechners.

8.5 Eine neue Verbindung anlegen

Das TM-Feature fügt der Eclipse-Plattform einen neuen Projekttyp mit Namen *Connection* hinzu. Hiermit wird eine beliebige Verbindung zu einem entfernten Rechner repräsentiert. Dabei können Sie eine Verbindung zum einen wie ein neues Projekt erzeugen, d.h., Sie wählen beispielsweise den Menüpunkt *File > New > Other...* an, um anschließend *Remote System Explorer > Connection* zu selektieren, zum anderen, und das ist die bequemere Wahl, im View *Remote Systems*, indem Sie den Eintrag *New > Connection...* im Kontext- oder Pulldown-Menü nutzen, wie in Abbildung 8-2 gezeigt.

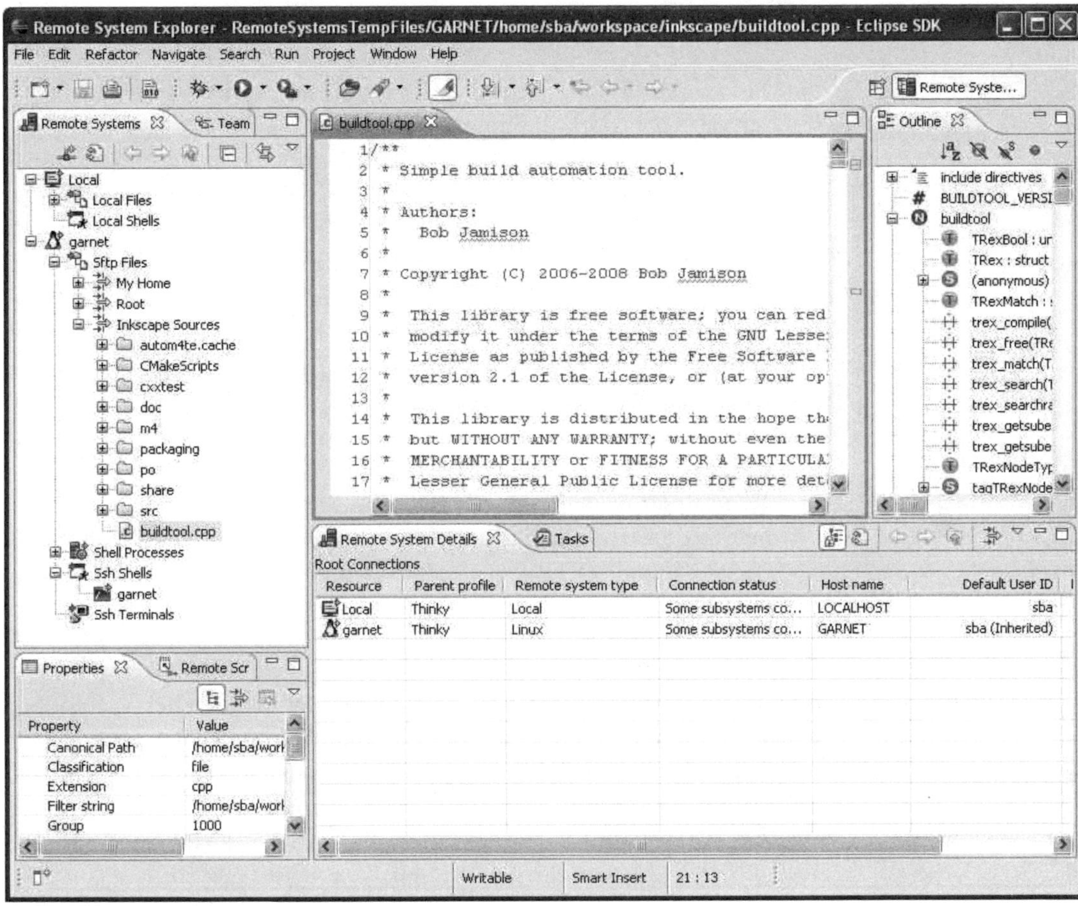

Abb. 8-1
Die Perspektive Remote System Explorer

Je nach installiertem Feature-Set werden Ihnen daraufhin verschiedene Verbindungstypen präsentiert, die sich, wie oben beschrieben, in der Auswahl der Dienste und deren Konfigurationen unterscheiden. In der hier vorgestellten Standardinstallation zählen zu den angebotenen Verbindungstypen:

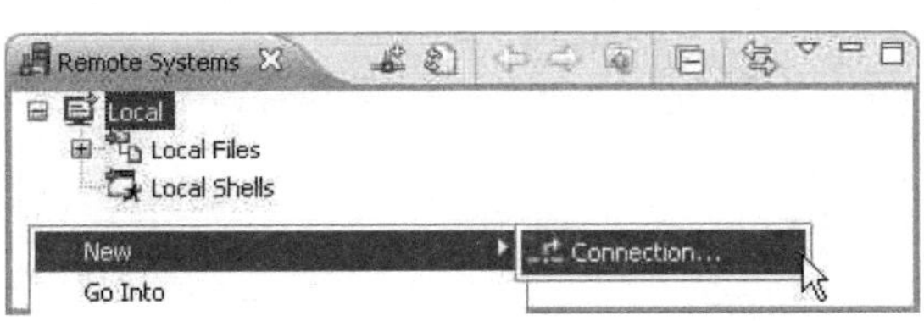

Abb. 8-2
Eine neue Verbindung anlegen

- *FTP only*, mit dem sich ausschließlich FTP-Verbindungen erzeugen lassen,
- *Linux*, der Datei-, Shell- und Prozessdienste unter Verwendung verschiedener Protokolle unterstützt,
- *Local*, mit dem Sie lediglich lokale Verbindungen einrichten können und der als einziger Typ keinen zusätzlich installierten Server-Dienst benötigt,
- *SSH Only*, mit dem Sie ausschließlich SSH-Verbindungen erstellen können und der sowohl Datei- als auch Shell-Dienste anbietet,
- *Telnet Only*, der den Shell-Dienst über das betagte Telnet-Protokoll anbietet,
- *Unix*, der dem Typ Linux ähnlich ist, allerdings die Linux-spezifische Konfiguration für die Auflistung der Prozesse nicht anbietet,
- *Windows*, mit dem Sie sich zu Windows-Rechnern verbinden können, wobei lediglich das DStore-Protokoll für Datei- und Shell-Dienste und das FTP-Protokoll für Dateidienste unterstützt werden.

Bestätigen Sie Ihre Auswahl mit *Next >*, um auf die nächste Seite zu gelangen. Sie ist in Abbildung 8-3 dargestellt. Sie werden gebeten, den Namen des entfernten Rechners (*Host name*), den Namen der Verbindung (*Connection name*) und eine optionale Beschreibung (*Description*) einzugeben. Um die Erreichbarkeit des Rechners gleich zu überprüfen, aktivieren Sie die Option *Verify host name*. Danach klicken Sie erneut auf *Next >*. Zu erwähnen ist noch, dass die globalen Proxy-Einstellungen respektiert werden, sofern dies möglich ist.

Abb. 8-3
Allgemeine Attribute der Verbindung definieren

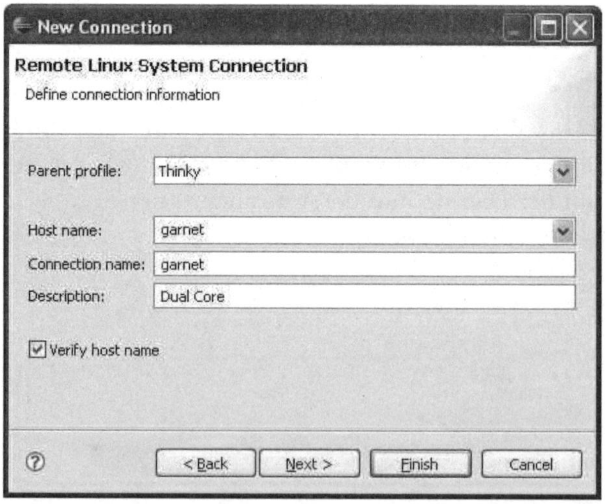

Die folgenden Seiten des Wizards widmen sich je einem Dienst, haben aber den gleichen Aufbau. Abbildung 8-4 illustriert die Oberfläche am Beispiel des Dateidienstes. In der linken oberen Liste befinden sich alle unterstützten Konfigurationen, wobei Sie sich für eine, je nach Fähigkeiten des entfernten Rechners, entscheiden müssten.

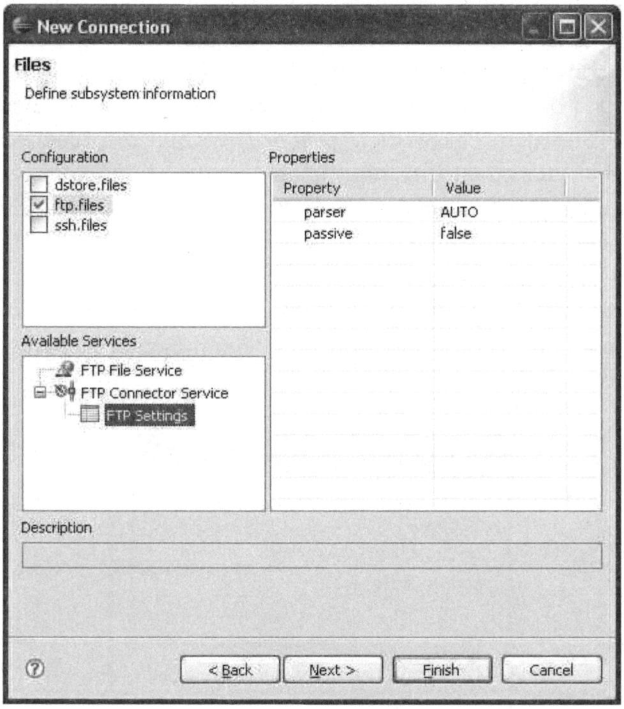

Abb. 8-4
Die Konfiguration eines Dienstes am Beispiel des Dateidienstes

Die Elemente der gewählten Konfiguration werden im Baum-Widget *Available Services* angezeigt, das sich auf der Seite links unten befindet. Solche Elemente beinhalten in ihrem Namen beispielsweise die Phrase *Connector Service*, der im Allgemeinen darauf hinweist, dass es sich bei diesem Element um den Vorgang der Initialisierung der Verbindung handelt. In dem unteren Feld *Description* findet sich eine kurze Beschreibung des gerade angewählten Elementes, falls diese verfügbar ist.

Die aufgelisteten Elemente sind keine starre Konstruktion. Eine Verbindung zum FTP-Server z.B. kann auf aktive oder auf passive Weise geschehen. Dieser notwendigen Variabilität der Elemente kommt TM durch die *Properties* entgegen, die im rechten Teil des Fensters zu sehen ist. Bei einem Klick auf ein Element füllt sich die Liste mit allen unterstützten Optionen. In der Spalte *Value* können Sie den Wert dann modifizieren. So lässt sich z.B. die Frage nach dem FTP-Verbindungsmodus unter der Eigenschaft *passive* anpassen.

8.6 Die Verbindung aktivieren

Sobald Sie die Verbindung eingerichtet haben, können Sie die Verbindung aktivieren. Hierfür wählen Sie im Kontextmenü über der Verbindung den Eintrag *Connect* an. In der Regel werden Sie dann, wie in Abbildung 8-5 zu sehen ist, in einem Dialog nach Ihrer Benutzer-ID (*User ID*) und dem Passwort (*Password*) gefragt, um den Zugriff auf den Rechner zu authentifizieren. Beide Angaben können Sie bei Bedarf auch dauerhaft festhalten lassen. Sollte dies dann einmal rückgängig gemacht werden, so benutzen Sie den Eintrag *Clear Passwords* im Kontextmenü der Verbindung. Ist die Verbindung erfolgt, so wird dies im Piktogramm der Verbindung gekennzeichnet, andernfalls wird gegebenenfalls in einem weiteren Fenster nach einem neuen Passwort gefragt, wo der Versuch dann auch abgebrochen werden kann.

Abb. 8-5
Passwortdialog

Neben der expliziten Aktivierung von Verbindungen wird auch immer dann eine Verbindung aktiviert, wenn eine Aktion einen solchen Zustand voraussetzt.

8.7 Durch Ressourcen navigieren

Die Navigation durch die Ressourcen kann ausschließlich im *Remote Systems*-View geschehen, da Verbindungen keine Projekte im eigentlichen Sinne darstellen und so nicht von den Navigation-Views erfasst werden. Die Bedienung ist allerdings sehr ähnlich. Ein Kontextmenü existiert für alle möglichen Operationen. Auch geben Symbole Aufschluss über den Typ einer Ressource. Tabelle 8-2 gibt Ihnen eine Übersicht über alle neuen Ressourcentypen.

Symbol	Ressource	Symbol	Ressource
	Filter		Subsystem (Prozess)
	Filterpool		Subsystem (Shell)
	Prozess		Verbindung (Linux)
	Remote Shell	Unix	Verbindung (Unix)
	Subsystem (Dateien)		Verbindung (Windows)

Tab. 8-2
Symbole für die verschiedenen Ressourcentypen

8.8 Filter und Filterpools einrichten

Um einen Filterpool einzurichten, also einen Container für Filter, muss sich der *Remote Systems*-View im Modus *Show Filter Pools* befinden. Unter dem Kontextmenü eines Subsystems verbirgt sich der Eintrag *New > Filter Pool...*, bei dessen Anwendung Sie unter Angabe eines Namens einen neuen Filterpool anlegen, der dann gleich für die ausgewählte Verbindung referenziert wird.

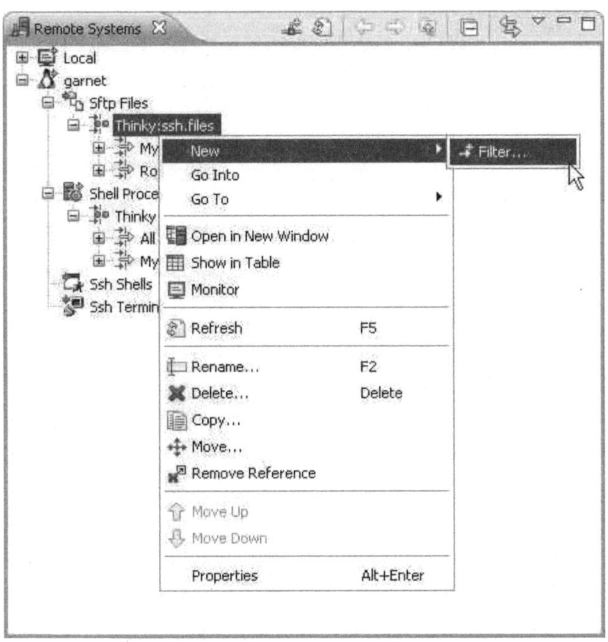

Abb. 8-6
Einen neuen Filter kreieren

Für eine Ressource vom Typ Filterpool stellt das Kontextmenü, wie in Abbildung 8-6 zu sehen ist, das Kommando *New > Filter...* bereit, mit dem Sie dann neue Filter im Pool erzeugen können. Ist der Modus *Show Filter Pools* inaktiv, dann ist der Anker das Subsystem. Die so erzeugten

Filter landen dann in einem Pool, der spezifisch für die Verbindung ist und das Präfix CN für *Connection Name* im Namen enthält.

Die Kriterien (auch Filter-Strings genannt), nach denen ein Filter erzeugt werden kann, hängen vom einschließenden Subsystem ab. Hiernach richtet sich auch das Benutzerinterface, wie Sie in Abbildung 8-7 einmal links für Dateidienste und rechts für Prozessdienste erkennen können. Nach Angabe der Kriterien führt Sie ein Klick auf *Next >* zur Aufforderung, den Namen des Filters anzugeben, so wie er im *Remote Systems*-View erscheint. Häufig ist bei der Erstellung eines Filters nur ein Filter-String spezifizierbar, obwohl die Angabe mehrerer möglich ist. Möchten Sie weitere Kriterien zum Filter hinzufügen, so können Sie dies unter den Filtereigenschaften tun, die Sie über den Eintrag *Properties* über den Filter in Erfahrung bringen. Beenden Sie den Wizard mit *Finish*. Falls sich der Inhalt des Views nicht ändert, klicken Sie die Verbindung an und wählen im Kontextmenü den Eintrag *Refresh*.

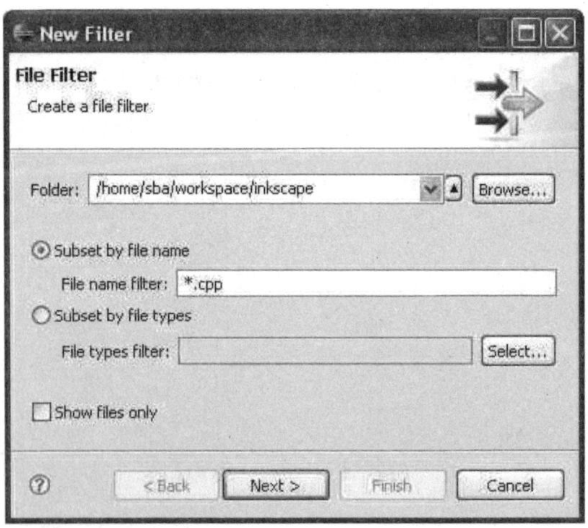

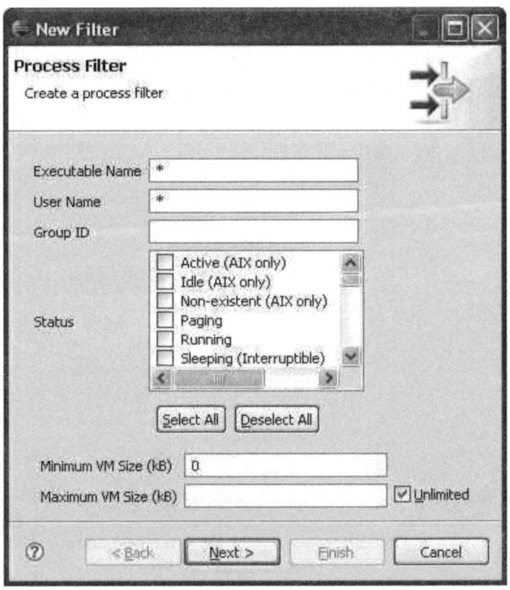

Abb. 8-7
Links befindet sich die Seite für die Kriterien eines Dateifilters, rechts die Seite für einen Prozessfilter.

8.9 Profile verwalten

Den Zugriff auf die Profile und deren Filterpools und Verbindungen haben Sie mit Hilfe des *Team*-Views, der in einer jungfräulichen Konfiguration mit dem *Remote Systems*-View um den selben Platz konkurriert.

Bringen Sie ihn einfach durch einen Klick auf den Titel des Views in den Vordergrund. Ansonsten können Sie, unabhängig von den gewöhnlichen Möglichkeiten, einen View zu öffnen, sich auch des Pulldown-Menüs im *Remote Systems*-View bedienen, das den Eintrag *Work With Profiles* enthält und den View öffnen lässt. Das Erzeugen mehrerer Profile ist dann sinnvoll, wenn Sie viele Verbindungen zu verschiedenen Rechnern erstellen möchten.

8.10 Ein Projekt auf den entfernten Rechner exportieren

Das TM-Feature erlaubt Ihnen kinderleicht ein lokales Projekt auf einen entfernten Rechner zu kopieren. Es ergänzt die Eclipse-Plattform durch den neuen Export-Typ *Other > Remote filesystem*, das Sie auswählen können, wenn Sie das Kontextmenü einer Ressource z.B. im Java- oder Ressource-View hervorbringen. Auf der Seite zu den Einstellungen wählen Sie dann wie gewöhnlich den Pfad zum Zielordner aus, wobei Sie mit *Browse...* die gesamte Hierarchie der entfernten Ressourcen abfassen können. Mit Klick auf Finish wird der Vorgang initiiert. Das gleiche Ziel können Sie auch erreichen, indem Sie im *Remote Systems*-View das Kontextmenü einer Container-Ressource hervorbringen, um dort *Import To Project...* anzuwählen.

8.11 Entfernte Projekte

Haben Sie umgekehrt auf dem entfernten Rechner ein Projekt, das von Eclipse stammt, so können Sie es in den Workspace Ihres lokalen Rechners importieren – dank dem EFS (siehe Glossar) auch derart, dass das Projekt nicht in den Workspace kopiert werden muss, sondern referenziert wird. Änderungen im entfernten Projekt über andere Wege als über Eclipse werden also spätestens beim manuellen Auffrischen übernommen. Um diese Funktion auszuführen, müssen Sie im Kontextmenü der im *Remote Systems*-View befindlichen Container-Ressource, die Sie importieren möchten, den Eintrag *Create Remote Project* anklicken. Das Projekt wird sogleich in Ihren Workspace gehängt, wobei der Name aus dem Namen der Verbindung und aus dem Namen der Container-Ressource gebildet wird.

Das System ist so flexibel, dass selbst der JDT-Compiler die Quellen zu übersetzen vermag. Allerdings ist das Ausführen dieser Datei auf dem entfernten Rechner nicht ohne Weiteres möglich, ganz zu schweigen vom Debugging. Für CDT, das C/C++-Plugin für Eclipse, wird diese Lücke durch das eingangs erwähnte Plugin zumindest teilweise geschlossen.

8.12 DataStore

Mit den Verbindungstypen SSH und FTP können bereits vielseitige Aufgaben bewältigt werden. Dennoch muss in der täglichen Arbeit mit einigen Einschränkungen gerechnet werden, die durch die Protokolle selbst auferlegt werden. TM bringt deshalb ein eigenes Protokoll, das DataStore-Protokoll, mit, das Ihnen einen noch komfortableren Umgang mit den Ressourcen des entfernten Rechners erlaubt. So können Sie unter Verwendung dieses Protokolls z.B. diverse Tar- und Zip-Archive auf dem entfernten Rechner öffnen, ohne dass die Archivdateien selbst komplett übertragen werden müssten.

Das DataStore-Protokoll wird für viele Systemtypen angeboten (erkennbar am Präfix `dstore` im Dateinamen). Wählen Sie dieses Protokoll als eine Konfiguration aus, so ist der Port, über den die Verbindung zum Server initiiert wird, in den Launcher-Properties unter dem Eintrag *DStore Connector Service* anzugeben. Das Protokoll kann freilich nur benutzt werden, wenn der »Gegenrechner« damit umzugehen weiß. Das entsprechende Server-Programm bringt TM gleich mit. Dieses verlangt auf Linux neben einer Java-Runtime-Environment auch ein installiertes Perl. Im Folgenden wird auf die Einrichtung des Server-Paketes eingegangen.

8.12.1 DataStore auf Linux einrichten

Erstellen Sie zunächst ein Verzeichnis, in dem die Dateien des Servers liegen sollen. Wechseln Sie in dieses Verzeichnis und entpacken Sie das Tar-Archiv anschließend, indem Sie

```
tar -xf <pfad zum server>
```

in einer Shell auf dem entfernten Rechner eingeben. Den Server können Sie dann ganz einfach mit

```
perl ./server.pl [port]
```

starten, wobei der optionale Parameter *port* der TCP/IP-Port ist, über den der Server auf eine Nachricht zum Verbindungsaufbau horcht. Ist *port* nicht angegeben, so sucht sich der Server selbst einen Port und gibt den gewählten Port aus. Zu beachten ist noch, dass der Server die Java-Runtime-Environment benutzt, wobei das Perl-Skript hierfür `/usr/bin/java` aufruft. Als problematisch wird hier die GCJ-Variante gesehen, Suns JRE hingegen sollte ohne Probleme arbeiten. Die bei Ihnen installierte Version finden Sie mit dem Kommando

```
java -version
```

heraus.

8.12.2 DataStore auf Windows einrichten

Entpacken Sie das Zip-Archiv in einem Verzeichnis Ihrer Wahl. Sie können den Daemon dann starten, indem Sie die Datei `deamon.bat` doppelklicken. Die Windows-Version sieht allerdings keinerlei Authentifizierung vor, so dass Sie einen Daemon nur dann benutzen sollten, wenn der Zugriff durch Fremde auf den Rechner unterbunden ist (z.B. im abgeschotteten LAN). Ansonsten können Sie den Server mit `server.bat` manuell für eine Verbindung starten, wobei der Server für die Verbindungsaufnahme nur eine bestimmte Zeit lang wartet, bevor er abbricht. Das Timeout lässt sich zusätzlich zu einem *port*-Argument als zweites Argument in Sekunden angeben. Die Vorgabe für den Port ist 4033 und für das Timeout 12000 Sekunden.

8.13 Den entfernten Rechner (fern-)steuern

Bisher wurden lediglich Wege aufgezeigt, wie Sie Zugriff auf die Ressourcen des entfernten Rechners bekommen. In diesem Abschnitt erfahren Sie, wie Sie den Rechner auf direktem Wege manipulieren können.

8.13.1 Kommandos aufrufen

Kommandos für entfernte Rechner werden über den Shell-Dienst abgesetzt. Wählen Sie hierfür im Kontextmenü des Shell-Subsystems der Verbindung, die mit dem Rechner assoziiert ist, auf dem Sie Kommandos ausführen möchten, den Eintrag *Launch Shell* an. Es öffnet sich ein dreigeteilter *Remote Shell*-View. Oben befinden sich die Register, die die Verbindungen repräsentieren, darunter sind die Ausgaben zu sehen, und ganz unten befindet sich ein Eingabefeld, ähnlich eines Shell-Prompts. Eine History-Funktion wird durch die Buttons rechts daneben bereitgestellt.

8.13.2 Terminal

Der *Remote Shell*-View ist kein wirklicher Ersatz für eine Shell, da eine Terminalemulation fehlt. Mit dem optionalen Feature *Terminal* erhalten Sie allerdings ein umfangreiches Terminal, das im neuen *Terminal*-View eingebettet ist. Dieser ist in Abbildung 8-8 dargestellt.

Eine Terminal-Session beginnen Sie, indem Sie den Button *Connect* in der Button-Zeile des Views anklicken. Da Sie keine Referenz auf bereits angelegte Verbindungen benutzen können, müssen Sie die Daten neu eingeben. Je nachdem, welchen Terminal-Connector Sie installiert haben, können serielle, Telnet- oder SSH-Verbindungen unterstützt werden.

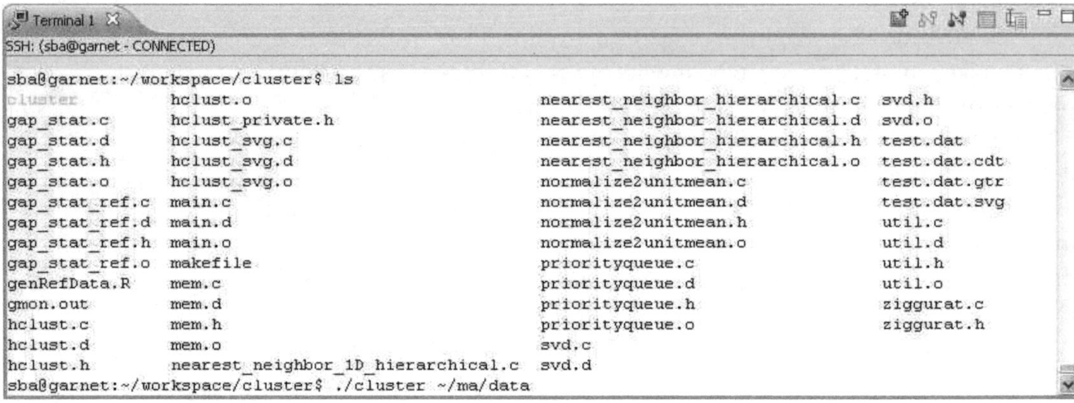

Abb. 8-8
Der Terminal-*View, der eine Terminalemulation nach ANSI/VT102 bereitstellt.*

8.14 Programme auf dem entfernten Rechner ausführen und debuggen

Das Plugin *Remote Debug Launcher* fügt der Plattform den Startkonfigurationstyp *C/C++ Remote Application* hinzu. Unterstützt werden vom Startkonfigurationstyp sowohl das Ausführen als auch das Debuggen von Programmen auf einem entfernten Rechner. Das setzt freilich voraus, dass das Programm in einer für den entfernten Rechner ausführbaren Form vorliegt. Wenn beide Rechnerplattformen von unterschiedlicher Architektur sind, muss demzufolge ein Cross-Compiler benutzt werden. Zudem muss für das Debuggen von Programmen auf dem entfernten Rechner ein Debugger vorliegen, dessen Protokoll von Eclipse unterstützt wird. Wenn Sie auf der Zielplattform z.B. *gdb* installiert haben, sind Sie auf der sicheren Seite: Das Paket *gdb* bringt auch das Programm *gdbserver* mit sich, auf dem das System tatsächlich aufsetzt. Auf der lokalen Seite sollte dann ebenso ein *gdb* vorliegen, das sich mit diesem *gdbserver* versteht.

Abbildung 8-9 zeigt das Register *Main* des neuen Startkonfigurationstyps an. Zusätzlich zu den Angaben, die ohnehin beim Startkonfigurationstyp *C/C++ Local Application* im Register *Main* gemacht werden, spezifizieren Sie in *Connection* die Verbindung zum Rechner, auf dem die Datei ausgeführt oder debuggt werden soll. Die Verbindung muss sowohl mit einem Datei-Subsystem als auch einem Shell-Subsystem konfiguriert sein. Falls noch keine passende Verbindungskonfiguration steht, so können Sie diese mit Hilfe des Buttons *New...* auch noch anlegen. Unter *Remote Absolute File Path for C/C++ Application* geben Sie den entfernten Pfad an, auf dem die Applikation hochgeladen und gestartet wird. Das vor jedem Start stattfindende Hochladen können Sie durch das Aktivieren der Option *Skip download to target path* unterbinden.

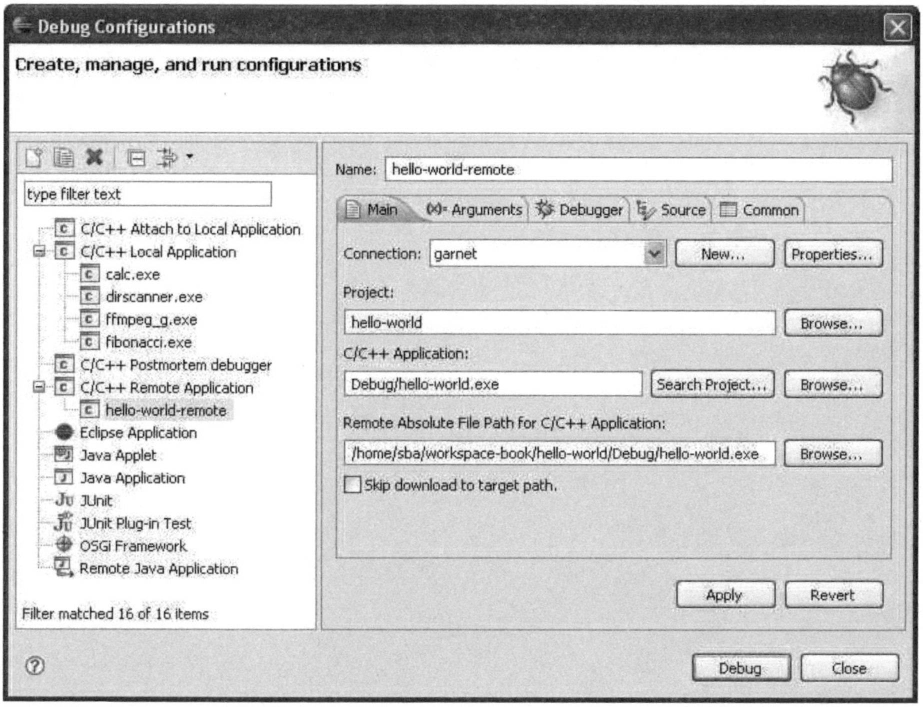

Abb. 8-9
Main-*Register*

9 Doxygen mit eclox

Die Dokumentation der Quelltexte ist ein wichtiges Thema bei der Softwareentwicklung. C/C++-Entwickler benutzen hierfür gerne Dokumentationstools, die die Informationen direkt aus dem Quelltext anhand dort eingefügter Kommentare extrahieren, um daraus eine Beschreibung zu erzeugen. Wie in Abschnitt 3.5.10 bereits erläutert, bringt CDT editorseitig im Allgemeinen ein Framework für derartige Programme und im Speziellen eine Realisierung für *doxygen* [4] mit sich, das eines der meistbenutzten Dokumentationsstools ist.

Leider konzentriert sich die Unterstützung eben ausschließlich auf diese Hilfestellung im Texteditor und geht nicht darüber hinaus. Zwar lässt sich *doxygen*, so wie in Abschnitt 5.2 gezeigt, auch von Eclipse aufrufen, aber hier war noch Handarbeit notwendig. Eine willkommene Ergänzung schafft das Plugin *eclox*. Es versucht, eine Brücke zwischen dem Werkzeug *doxygen* und Eclipse zu schlagen. Neben einer etwas komfortableren Variante, den Dokumentationserzeugungsprozess in Gang zu setzen, stellt es nämlich auch einen auf Formularen basierenden Editor für die einfache Manipulation der Konfigurationsdateien von *doxygen* bereit. Dieser Abschnitt soll Sie in die Benutzung beider Aspekte von Plugins einführen.

Im ersten Abschnitt geht es um die Installation von *eclox* und *doxygen*. Anschließend werden die Voreinstellungen von *eclox* unter die Lupe genommen, die glücklicherweise ziemlich einfach zu überschauen sind und womöglich keiner Änderung bedürfen. Danach wird aufgezeigt, wie Sie eine neue Konfigurationsdatei erzeugen und wie Sie diese bearbeiten. Der letzte Abschnitt geht schließlich auf die von *eclox* angebotene Methode ein, das *doxygen*-Programm aufzurufen. Neben einer allgemeinen Beschreibung der Funktion werden Sie diese unter Zuhilfenahme des *dirscanner*-Projektes ausprobieren, in das Sie bereits in einem früheren Abschnitt eine von *doxygen* auslesbare Dokumentation eingepflegt hatten.

9.1 Doxygen und eclox beziehen

Die Heimatseite des Plugins finden Sie unter der äußerst kurzen, sehr prägnanten Webadresse

`http://eclox.eu/,`

die Sie schon mal in Abbildung 9-1 zu sehen bekommen haben. Dort werden zum Zeitpunkt der Drucklegung unter *Download* zwei Versionen genannt. Dabei ist

- *Eclox* die stabile Version und
- *Hot Eclox* eine relativ stabile Version des aktuellen Entwicklungsstands. Für gewöhnlich werden hier mehr Features geboten, die jedoch durchaus mit einer leicht erhöhten Fehleranfälligkeit daherkommen.

Abb. 9-1
Die Homepage von eclox

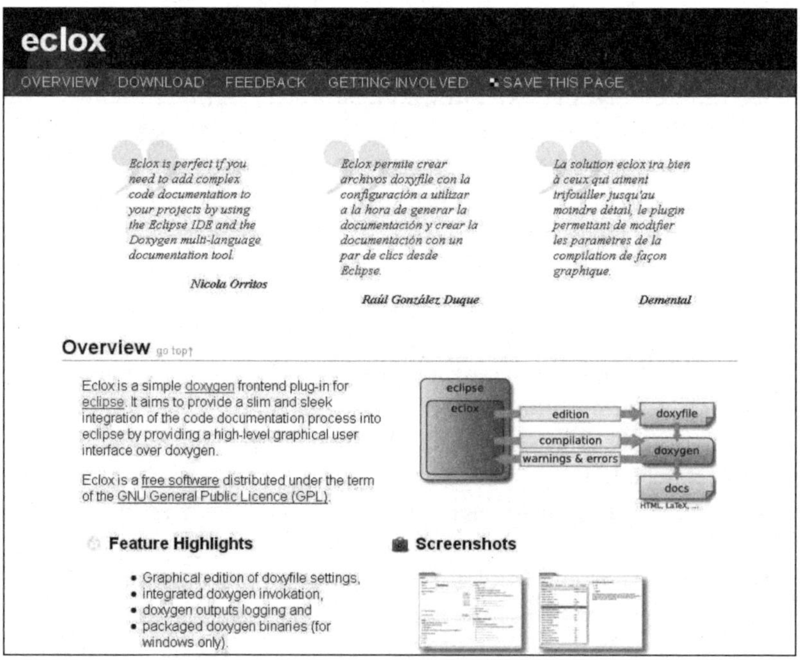

Verfügbar sind beide Versionen unter der gleichen Update-Site:

`http://download.gna.org/eclox/update.`

Die folgenden Beschreibungen basieren allesamt auf der Version 0.8.0 der *Eclox*-Variante, die im Januar 2009 aktuell war. Es ist gut möglich, dass eine neuere Version existiert, wenn Sie diese Zeilen lesen.

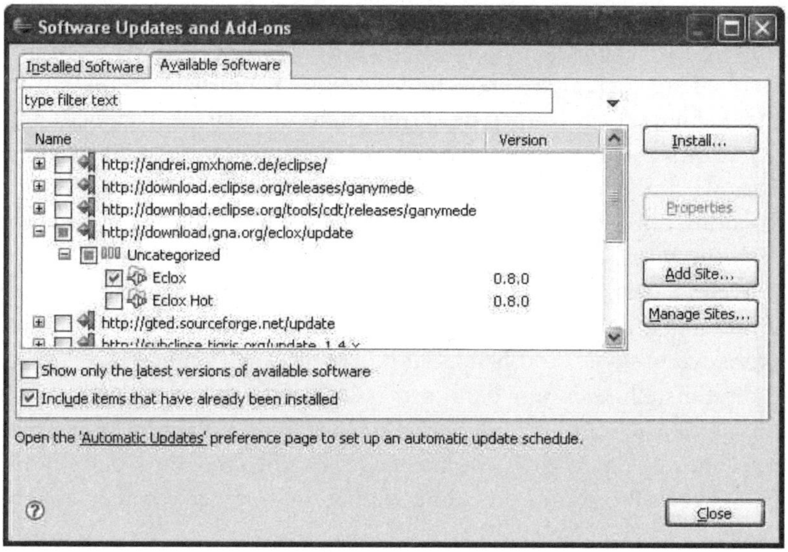

Abb. 9-2
Eclox-Pakete auswählen und installieren

Um die Version zu installieren, fügen Sie die genannte Update-Site im Dialog für *Software Updates* hinzu. Wie es in Abbildung 9-2 dargestellt ist, machen Sie anschließend bitte ein Häkchen vor der aktuellen Version von *Eclox*. Klicken Sie dann auf *Install...*, um den Installationsprozess in Gang zu setzen.

Doxygen unter Windows

Freilich müssen Sie *doxygen* auf Ihrem Rechner installiert haben, bevor Sie *eclox* vollständig benutzen können. Leider wird derzeit über die Update-Site von *eclox* nicht mehr das Feature *doxygen binaries* angeboten, das früher alles Notwendige beinhaltete. Deswegen sei hier auf die Webseite `http://www.doxygen.org` verwiesen, wo Windows-Anwender ein Installationsarchiv von *doxygen* vorfinden.

Doxygen unter Linux

Linux-Anwender installieren *doxygen* übrigens am besten auf die distributionsspezifische Art und Weise. Unter Debian geben Sie hierfür unter ausreichenden Benutzerrechten

```
aptitude install doxygen
```

ein.

9.2 Eclox konfigurieren

Eclox fügt den neuen Punkt *Doxygen* in den globalen Voreinsteller hinzu. Wie Sie in Abbildung 9-3 sehen, gibt es auf der Hauptseite nicht gerade viel zu verändern. Hier müssen Sie lediglich ein *doxygen*-Binary angeben, das von *eclox* benutzt werden soll. Das Plugin *eclox* kann dabei mehrere Versionen verwalten, die alle in der Liste angezeigt werden. Die Liste können Sie durch Klick auf *Add* erweitern. Sie werden anschließend nach dem Verzeichnis gefragt, in dem sich die ausführbare Datei befindet. Den Namen des Programms können Sie also nicht angeben; es muss sich darin immer eine *doxygen* genannte Datei befinden. Dafür wird aber die Version automatisch extrahiert. Welche Variante letztendlich von *eclox* benutzt wird, legen Sie in der dargebotenen Liste durch ein Häkchen fest.

Wenn Sie das Feature *doxygen binaries* installiert haben, so müssen Sie hier eigentlich nur Änderungen vollziehen, wenn Sie dennoch eine andere *doxygen*-Version benutzen möchten. Auch unter Linux müssen Sie die Einstellungen nur dann anpassen, wenn sich *doxygen* nicht im Kommandosuchpfad befindet oder Sie eine andere Version zu benutzen wünschen. Wie dem auch sei, mit *Add...* machen Sie *eclox* den Pfad für das *doxygen*-Programm bekannt, wobei Sie nur den Ordner angeben müssen.

Abb. 9-3
Voreinstellungen zu eclox

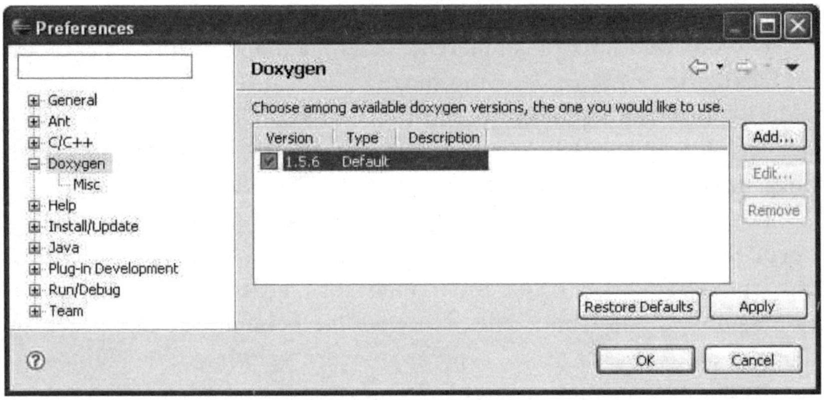

Eclox stellt zusätzlich noch die Seite *Misc* bereit. Hier können Sie die Option *Handle escapes for " and \ in value strings* anwählen und so bestimmen, ob bei beiden erwähnten Zeichen ein umgekehrter Schrägstrich vorangestellt wird oder nicht. In *Build history size* lässt sich die Anzahl der Starteinträge angeben, die sich *eclox* merkt und im Pulldown-Menü des Buttons *Choose Doxyfile...* anzeigt.

9.3 Eclox verwenden

Das Programm *doxygen* benötigt zur Erzeugung der Dokumentation ein sogenanntes *Doxyfile*, aus dem Einstellungen für das Verhalten des Programms und das Format der Ausgabe bezogen werden. Eclox fügt dem Eclipse-Framework einen neuen Dateityp *Doxyfile* hinzu und stellt für diese Dateien einen leicht zu bedienenden, grafischen Editor bereit. Um eine solche Datei zu erzeugen, wählen Sie aus dem Angebot der Wizards für neue Ressourcen[1] den Eintrag *Others > Doxyfile* aus. Der Wizard lässt Ihnen bis auf die Wahl des Zielordners und des Dateinamens sowie die Möglichkeit, einen Link zu erstellen, keine weitere Option. Auch wenn Sie theoretisch das *Doxyfile* als gewöhnliche Datei anlegen können, ist dieses Vorgehen nicht zu empfehlen, da Sie der Editor von *eclox* nur diejenigen Konfigurationseinträge ändern lässt, die bereits in der Datei angegeben sind.

Shortcut für Doxyfile

Wenn die beschriebene Art, den Wizard hervorzurufen, zu aufwendig erscheint, dann können Sie auch einen Shortcut zum Doxyfile-Dateityp hinzufügen. Fügen Sie hierfür der aktuellen Perspektive, wie in Abschnitt 2.6.1 beschrieben, den Dateityp *Doxyfile* im Untermenü *New* hinzu. In Zukunft können Sie dann das Pulldown-Menü des *New*-Buttons nutzen.

Um für das Beispiel *dirscanner* ein Doxyfile zu erzeugen, wählen Sie, bevor Sie den Wizard aufrufen, das Projekt an. Dann werden bereits der richtige Ordner sowie ein sinnvoller Name *dirscanner.doxyfile* eingetragen, so dass Sie nichts ändern müssen und mit Klick auf *Finish* die Datei erstellen können. Die neue Datei sollte daraufhin im Navigation-View erscheinen. Sie erkennen Sie sofort am Zeichen »@«.

Wenn Sie die neu erstellte Datei z.B. durch einen Doppelklick im Editor öffnen, dann erscheint anders als sonst kein Texteditor, sondern ein Formular. Genau genommen sind es zwei Ansichten, zwischen denen Sie mit Hilfe der Register umschalten können.

9.3.1 Einfache Einstellungen

Die erste Seite *Basic* wird in Abbildung 9-4 dargestellt. Hier werden die wichtigsten Einstellungen für *doxygen* übersichtlich aufbereitet.

Allgemeine Einstellungen

Im Kasten *Project* befinden sich ganz allgemeine Angaben zum Projekt. Zunächst wären da der Name und eine Versionsbezeichnung. In *Input directories* werden alle Verzeichnisse aufgelistet, in denen sich die Dateien befinden, die von *doxygen* später prozessiert werden sollen. Diese Liste können Sie mit Hilfe der rechts daneben platzierten Buttons modifizieren. In unserem Beispiel befinden sich die Dateien alle im

[1] Damit sind die Wizards gemeint, die Sie durch Auswahl des Menüeintrages *File > New > Other...* zu Gesicht bekommen.

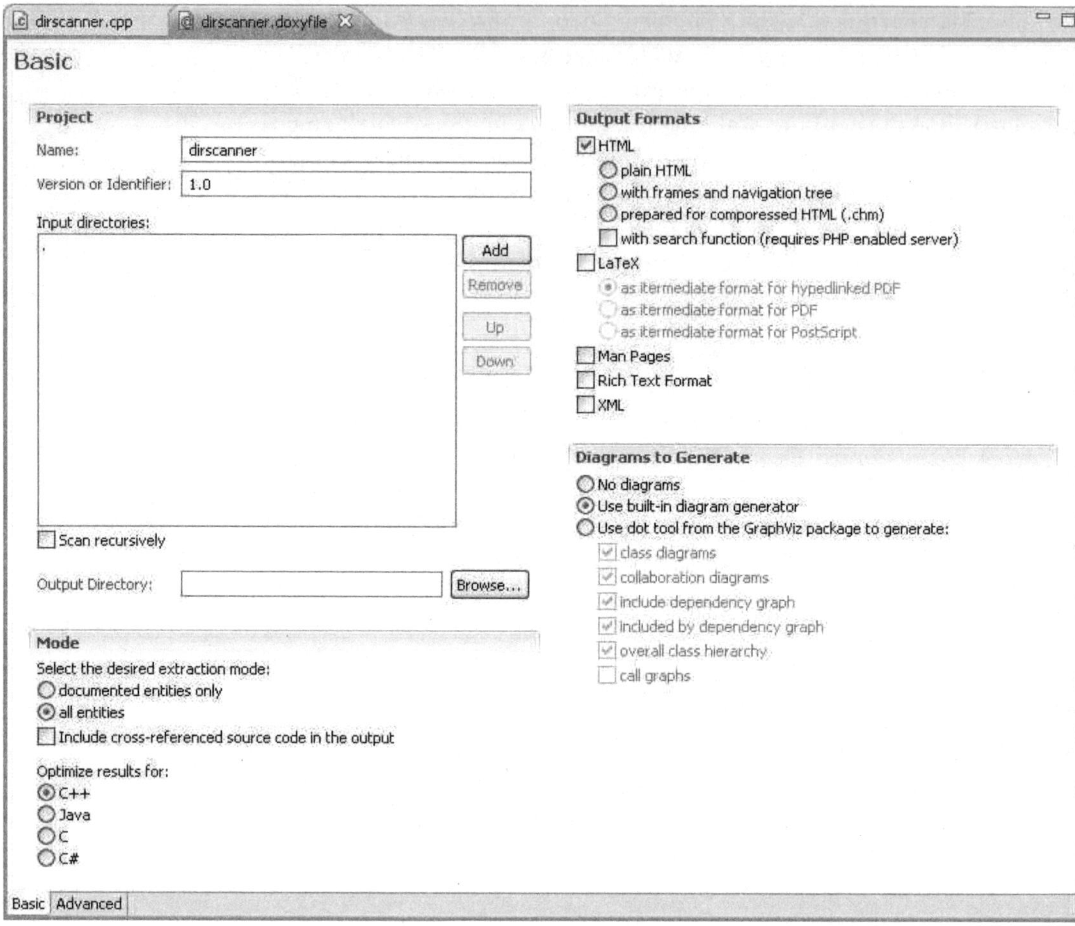

Abb. 9-4
Die erste Seite vom Editor für Konfigurationsdateien für doxygen

Projektverzeichnis, so dass Sie nur dieses angeben müssen. Da das Arbeitsverzeichnis des gestarteten *doxygen*-Prozesses das Projektverzeichnis ist, genügt es, den Punkt ».«, der das aktuelle Arbeitsverzeichnis repräsentiert, anzugeben. Wenn Sie wünschen, dass auch die Unterverzeichnisse der spezifizierten Verzeichnisse bearbeitet werden sollen, dann machen Sie ein Häkchen vor *Scan recursively*, ansonsten werden nur die tatsächlich gelisteten Verzeichnisse beachtet. In unserem Fall ist das allerdings nicht notwendig. Schließlich können Sie optional in *Output Directory* dasjenige Verzeichnis angeben, in das *doxygen* das Resultat schreibt. Auch diese Einstellung müssen Sie für das Beispiel nicht ändern. Die Dokumentationen landen dann im Projektverzeichnis.

Im Kasten *Mode* geben Sie mit *documented entries only* an, dass in der Ausgabe lediglich tatsächlich dokumentierte Einträge erscheinen. Beispielsweise bedeutet das, dass Klassen, bei denen keine Dokumentation vorangestellt oder anderswie zugeordnet ist, ignoriert werden. Im Speziellen werden Dateien nur dann aufgenommen, wenn irgendwo im Quelltext eine sich darauf beziehende Dokumentation gefunden werden kann[2]. Im Gegensatz dazu erscheinen, wenn die Wahl auf *all entries* fällt, alle erkannten Elemente des Quelltextes auch in der erzeugten Dokumentation.

Dateischablonen für doxygen

Wenn Sie nicht bei jeder neuen Datei das `@file`-Tag manuell einfügen möchten, dann empfehle ich Ihnen, eine neue, an *doxygen* angepasste Dateischablone zu erzeugen. Wie Sie das bewerkstelligen können, wird in Abschnitt 3.15.2 ab Seite 172 ausführlich vorgestellt.

Terminologie festlegen

Darunter befindet sich noch die Auswahl der Programmiersprache. Die Einstellung hat Auswirkungen auf die von *doxygen* benutzte Terminologie. So werden z.B. die Datenstrukturen von C im C++-Modus Klassen genannt.

Ausgabeformat

Im rechten Teil des Formulars können Sie die Ausgabe beeinflussen. Zunächst spezifizieren Sie im oberen Kasten *Output Format* das Dateiformat, in der die Dokumentation geschrieben werden soll. Sie können sich für HTML, LaTeX, Man Pages, RTF oder XML entscheiden. Natürlich auch für mehrere gleichzeitig, wobei die unterschiedlichen Formate in eigene Unterverzeichnisse ausgeschrieben werden.

Diagrammerzeugung

Die letzte Einstellmöglichkeit auf dieser Seite betrifft die Erzeugung der grafischen Elemente der Dokumentation. Dazu zählen Klassendiagramme, Aufrufgraphen, Abhängigkeitsgraphen und so weiter. Mit *No diagrams* unterbinden Sie die Erzeugung. Wenn Sie solche Graphen wünschen, dann aktivieren Sie entweder die Option *Use built-in diagram generator* oder *Use dot tool*, wobei letztere eben das dot-Programm aus dem GraphViz-Paket [3] voraussetzt, um das Layout des Graphen anzufertigen.

Einstellungen für dirscanner

Welche Einstellungen nehmen wir für *dirscanner* vor? Bei *Name* geben Sie `dirscanner` und bei Version irgendetwas Beliebiges, wie z.B. `1.0`, an. Das *Output Directory* lassen Sie frei, da die Dokumentation ohnehin in ein Extraverzeichnis abgelegt wird. Ansonsten wählen Sie noch *all entries* an und geben an, dass das Projekt ein reines C++-Projekt ist.

[2]Das heißt, dass sich irgendwo im Quelltext ein Dokumentarblock befindet, der mit dem Tag `@file` auf die Datei verweist.

9.3.2 Fortgeschrittene Einstellungen

Die zweite Seite des Formulars, *Advanced*, sehen Sie in Abbildung 9-5. Hier können Sie eigentlich alle (dem Plugin bekannten) Attribute der Doxygen-Konfigurationsdatei modifizieren. Die Parameter werden dabei in der Liste auf der linken Seite dargestellt. Wenn Sie einen Eintrag anklicken, dann können Sie auf der rechten Seite seine Werte modifizieren. Damit Sie über die Funktion des Parameters Bescheid wissen, erscheint neben dem eigentlichen Formular eine kurze Hilfe, wobei sogar Hyperlinks unterstützt werden.

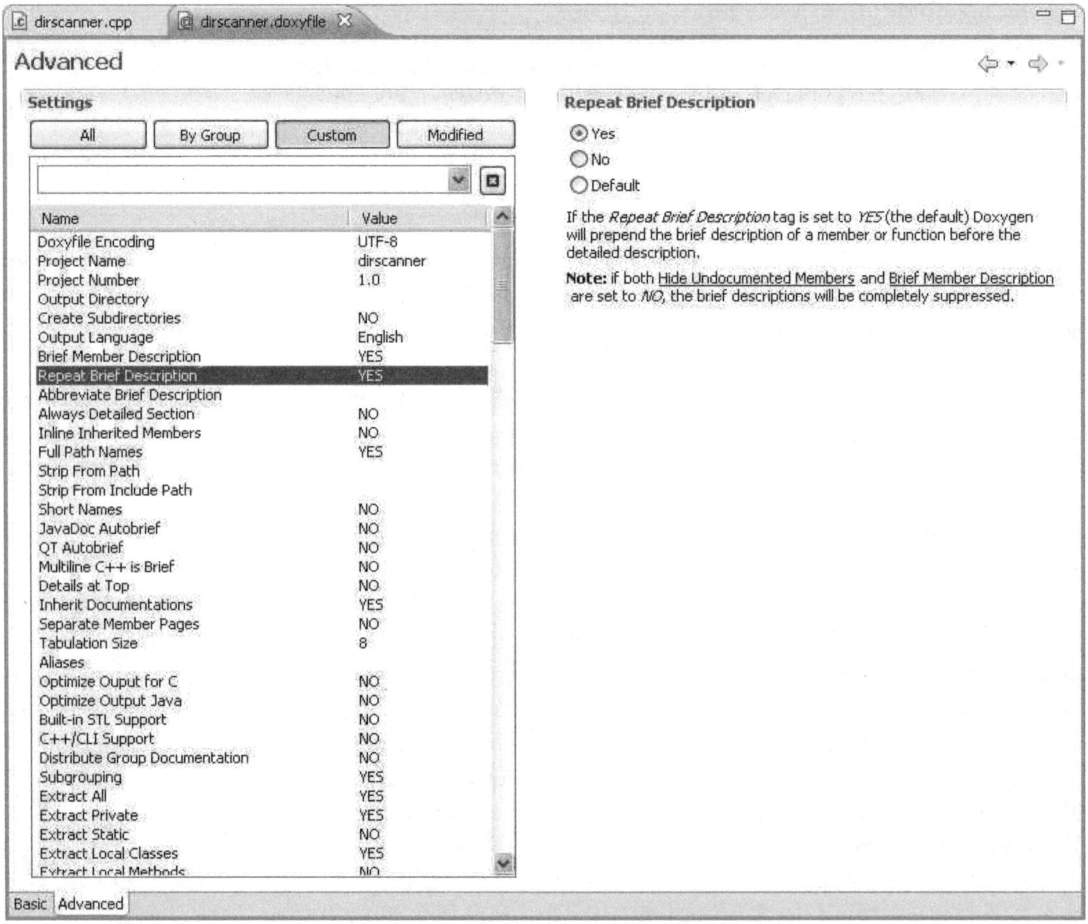

Abb. 9-5
Die zweite Seite

Oberhalb der Liste befindet sich eine Reihe von Buttons, die Ihnen ein wenig Ordnung ins Chaos der Optionen bringen können. Standardmäßig ist der Button *All* aktiv, was zur Folge hat, dass alle Optionen dargestellt werden. Etwas Struktur fügt der Modus *By Group* hinzu. Hier werden die angebotenen Einstellungen auf eine bestimmte Gruppe wie z.B. *Project*, *Inputs* oder *HTML Output* beschränkt. Mit dem Button *Custom* können Sie in einem Texteingabefeld eine Zeichenfolge eingeben, anhand derer die Liste gefiltert wird. Schließlich sehen Sie im Modus *Modified* alle diejenigen Einträge, die Sie seit dem letzten Speichern verändert haben. Diese werden übrigens auch in anderen Ansichten durch ein vorangestelltes Sternchen hervorgehoben.

9.3.3 Doxyfile manuell editieren

Das Doxyfile ist, wie Sie bereits aus Abschnitt 5.2 wissen, nichts weiter als eine normale Textdatei. Wenn Sie wünschen, können Sie diese Datei auch nach installiertem *eclox*-Plugin manuell editieren. Hierfür wählen Sie die Datei an und benutzen beim Öffnen anstatt des *Doxyfile*-Editors den normalen Texteditor, indem Sie im Kontextmenü den Eintrag *Open With > Text Editor* anwählen. Möchten Sie dann wieder den von *eclox* bereitgestellten Editor verwenden, dann müssen Sie im Kontextmenü den Eintrag *Open With > Doxyfile Editor* auswählen, da Eclipse bei einem Doppelklick immer den zuvor genutzten Editor öffnet.

9.4 Dokumentation bauen

Die auffälligste Änderung, die Sie bereits nach der Installation von *eclox* in der C/C++-Perspektive wahrnehmen können, ist ein neuer, durch ein »@«-Zeichen kenntlich gemachter Button *Build Doxyfile*, der sich, wie Sie in Abbildung 9-6 sehen können, in der Werkzeugleiste zur Gruppe der Programmstarts dazugesellt.

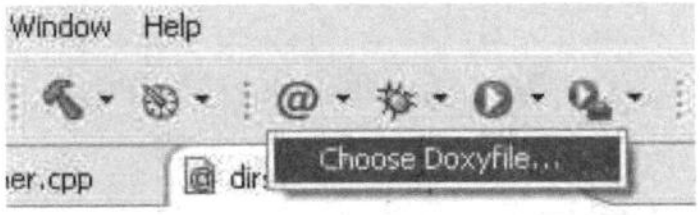

Abb. 9-6 *Die Werkzeugleiste mit dem Button* Choose Doxyfile...

Das Bauen der Dokumentation geht analog zum Starten oder Debuggen Ihrer Programme vonstatten, d.h., Sie rufen das Kommando *Doxygen Build* auf, z.B. per Mausklick über den erwähnten Button. Falls ein *doxygen*-Editor aktiv ist, dann wird das darin bearbeitete Doxyfile prozessiert. Andernfalls wird dasjenige Doxyfile benutzt, das Sie in einem Navigation-View selektiert haben. Wenn dies auch nicht gegeben ist, dann erscheint in einem neuen Fenster eine Liste, die alle von eclox erkannten *Doxyfile*-Dateien enthält, so wie es in Abbildung 9-7 dargestellt ist. Anschließend wählen Sie das gewünschte Doxyfile aus und klicken auf *Ok*. Alternativ können Sie das Fenster übrigens herbeirufen, indem Sie im Pulldown-Menü zum Button den

Eintrag *Choose Doxyfile...* wählen. Erzeugen Sie so einmal die Dokumentation zu *dirscanner*, indem Sie in dieser Liste den Eintrag *dirscanner.doxyfile* anwählen und dann *Ok* klicken.

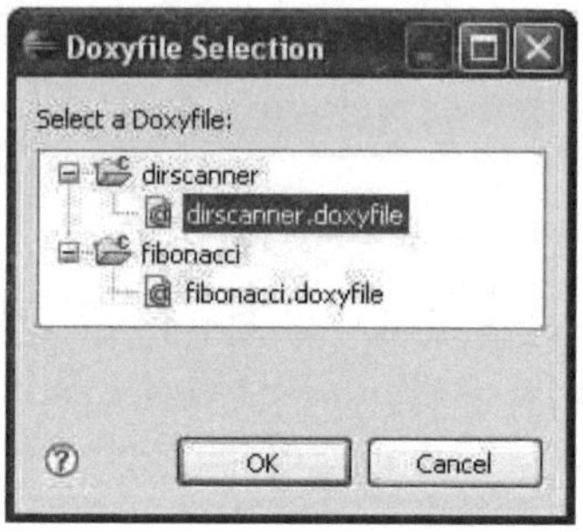

Abb. 9-7
Ein Doxyfile *auswählen*

Die Ausgaben von *doxygen* werden in den *Console*-View geschrieben. Sie sollten also darauf achtgeben, um einen möglichen Fehler zu identifizieren. Bei Erfolg frischt das *eclox*-Plugin das Projekt automatisch auf. Sie sollten jetzt den Ordner *html* darin vorfinden. Wenn Sie die Dokumentation begutachten möchten, doppelklicken Sie auf die Datei *index.html*, woraufhin, wie in Abbildung 9-8 dargestellt wird, ein neuer Tab im Editor erscheinen müsste. Mit dem Dateikontextmenüeintrag *Open With...* können Sie selbstverständlich auch andere Anzeigeprogramme auswählen.

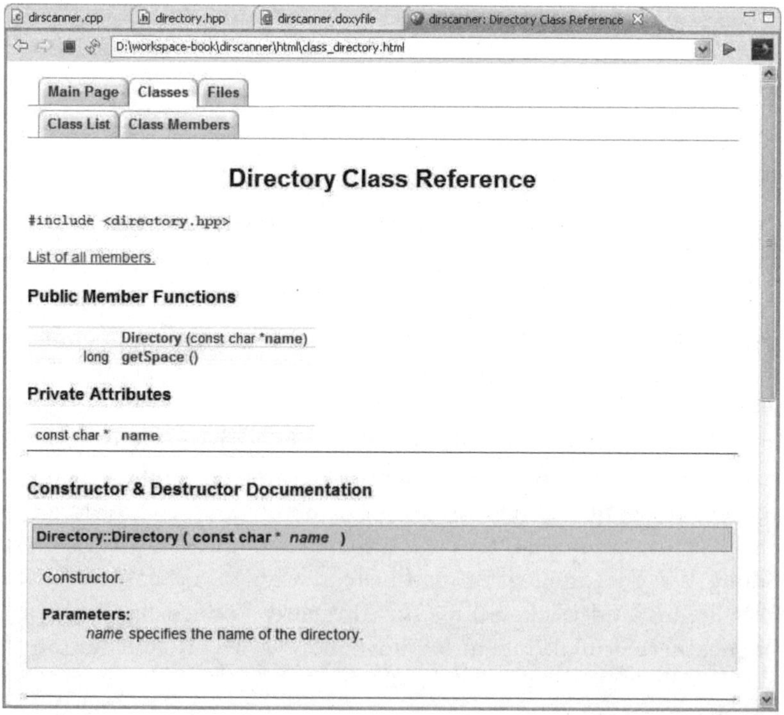

Abb. 9-8
Dokumentation zu dirscanner

Anhang

Literaturverzeichnis

[1] *Berkeley Unified Parallel C Project.* http://upc.lbl.gov/. Online, Zugriff am 11. Juli 2008.

[2] *Boost C++ Libraries.* http://www.boost.org/, 2008. Online, Zugriff am 12. September 2008.

[3] AT&T Research Labs. *Graphviz.* http://www.graphviz.org/, 2008. Online, Zugriff am 22. März 2008.

[4] Dimitri van Heesch. *doxygen.* http://www.doxygen.org/, 2008. Online, Zugriff am 2. Juli 2008.

[5] Eclipse Foundation. *EclipseCon.* http://www.eclipsecon.org/. Online, Zugriff am 22. März 2008.

[6] FFmpeg team. *FFmpeg.* http://ffmpeg.mplayerhq.hu/, 2008. Online, Zugriff am 22. März 2008.

[7] Martin Fowler. *Refactoring Home.* http://www.refactoring.com/. Online, Zugriff am 28. Mai 2008.

[8] GCC-Team. *Incremental Compiler Project.* http://gcc.gnu.org/wiki/IncrementalCompiler, 2008. Online, Zugriff am 22. März 2008.

[9] Mik Kersten. *Focusing knowledge work with task context.* PhD thesis, The University of British Columbia, 2007.

[10] J.C. Kessels. *JkDefrag.* http://www.kessels.com/Jkdefrag/. Online, Zugriff am 10. Dezember 2008.

[11] Ulla Kirch-Prinz und Peter Prinz. *C++ – Lernen und professionell anwenden.* Vmi Buch, 2007.

[12] Donald E. Knuth. *Literate Programming.* Technical report STAN-CS-83-981, Stanford University, Department of Computer Science, 1983.

[13] Achim Köhler. *Der C/C++-Projektbegleiter.* dpunkt.verlag, 2007.

[14] Open Source Initiative. *Webseite.* http://www.opensource.org/. Online, Zugriff am 22. März 2008.

[15] The GNU Project. *Bison – GNU parser generator.* http://www.gnu.org/software/bison/, 2008. Online, Zugriff am 22. März 2008.

[16] The GNU Project. *GNU Debugger*. http://www.gnu.org/software/gdb/, 2008. Online, Zugriff am 22. März 2008.

[17] The Inkscape Team. *Inkscape*. http://www.inkscape.org/, 2008. Online, Zugriff am 22. März 2008.

[18] The Valgrind Developers. *Valgrind*. http://www.gnu.org/software/bison/, 2008. Online, Zugriff am 22. März 2008.

Glossar

Ant *Ant* ist ein Build-Tool ähnlich Make, allerdings in Java geschrieben und auch am besten für Java-Projekte zu verwenden.

Binary Parser *Binary Parser* werden auf binäre Dateien angewandt, um an ihre Symbole und Debuginformationen zu gelangen.

CMake *CMake* ist ein Werkzeug, das den Build-Prozess anhand von einfach gestrickten Konfigurationsdateien steuert. Die Durchführung des Build-Prozesses wird allerdings einem anderen Werkzeug wie Make überlassen. Das Prinzip der Managed-Build-Projekte ist dem Prinzip von CMake ähnlich, wenngleich CMake derzeit leistungsfähiger ist.

Container Als *Container* werden Ressourcen bezeichnet, die weitere Ressourcen aufnehmen können.

CPL Die Abkürzung *CPL* steht für *Common Public License* und ist die Lizenz, unter der Eclipse vor *EPL* gestellt wurde. Änderungen an den unter CPL gestellten Modulen müssen in Form von Quellen ebenfalls unter der CPL veröffentlicht werden. Im Gegensatz zur *GPL* können sich darauf beziehende neue Module jedoch unter einer anderen Lizenz gestellt werden.

Editor Im *Editor* werden Ressourcen eines Projektes bearbeitet. Je nach Art der zu bearbeitenden Ressource kann dies ein Texteditor sein, ein Formular oder eine Mischform. Editoren finden ausschließlich im Editorfeld Platz.

EFS Die Abkürzung *EFS* steht für *Eclipse File System*. Es ist eine abstrakte Schnittstelle für Dateisysteme in Eclipse, bei der alle Ressourcen durch eine URI repräsentiert werden. Damit können auch Ressourcen auf nicht lokalen Dateisystemen in Eclipse eingebunden werden.

EPL Die Abkürzung *EPL* steht für *Eclipse Public License* und ist der Nachfolger der CPL.

Error Parser *Error Parser* scannen die Ausgabe von durch CDT gestarteten Werkzeugen und extrahieren daraus Warnungen und Fehler.

GPL *GPL* steht für *GNU General Public License*. Programme, die unter GPL stehen, sind frei verfügbar. Quellen müssen auf Anfrage verfügbar gemacht werden. Alle Programme, die der Öffentlichkeit zugetragen werden und die von GPL-Programmen abgeleitet sind, müssen ebenfalls unter die GPL gestellt werden.

Konfiguration Eine *Konfiguration* enthält Voreinstellungen für Parameter von Werkzeugen der ausgewählten Toolchain.

Make *Make* wird durch das sogenannte Makefile gesteuert und dient der automatischen Durchführung des Build-Prozesses.

Navigation-View Im *Navigation-View* werden Ressourcen in ihrer hierarchischen Struktur angezeigt. Ein Beispiel ist der *C/C++ Projects*-View, der für die C/C++-Entwicklung besonders dienlich ist.

Open Source Initiative Die *Open Source Initiative* ist mit dem Ziel gegründet worden, Open-Source-Software zu fördern.

Perspektive *Perspektiven* definieren für verschiedene Aufgabengebiete wie das Bearbeiten oder das Debuggen von Programmen unterschiedliche Komponenten, die auf der Workbench geöffnet sind.

Tool Ein *Tool* im Sinne von CDT bindet ein externes Werkzeug in den Übersetzungsprozess ein. Die Definition eines Werkzeugs enthält neben dem aufzurufenden Kommando, den Typ der Eingabedatei, den Typ der daraus erzeugten Datei und die möglichen Parameter, die das Verhalten des Werkzeugs beeinflussen.

Toolchain Bei CDT versteht man unter einer *Toolchain* eine geschlossene Sammlung von Tools oder Werkzeugen, die beim Übersetzungsvorgang je nach Vorhandensein von Ressourcen zur Anwendung kommen können.

Ressourcen *Ressourcen* im Sinne von Eclipse sind Dateien und Verzeichnisse, die von Ihnen oder von Eclipse selbst erzeugt worden sind und auf denen Aktionen durchgeführt werden können. Die hierarchische Anordnung von Ressourcen bekommen Sie in einem Navigation-View zur Ansicht.

View *View* sind Komponenten auf der Workbench, die Informationen über oder Ansichten von Ressourcen darstellen. Der *Outline*-View stellt z.B. die Struktur einer C/C++-Quelltextdatei dar. Views haben nicht nur Platz auf dem Workbench-Fenster, sondern können in ein eigenes Fenster ausgelagert werden.

Workbench Das Workbench-Fenster ist die Benutzeroberfläche von Eclipse. Hier werden Projekte bearbeitet und Aktionen durchgeführt. Die Oberfläche besteht hauptsächlich aus Editoren, Views sowie Werkzeug- und Menüleisten.

Index